福建建筑美育

融入中华优秀传统文化、
革命文化和社会主义先进文化的
中小幼美育教程

课程与教学设计

钱初熹 / 主 编

徐耘春　朱黎兵 / 副主编

清华大学出版社
北京

本书封面贴有清华大学出版社防伪标签，无标签者不得销售。

版权所有，侵权必究。举报：010-62782989，beiqinquan@tup.tsinghua.edu.cn。

图书在版编目（CIP）数据

福建建筑美育：融入中华优秀传统文化、革命文化和社会主义先进文化的中小幼美育教程 / 钱初熹主编. — 北京：清华大学出版社，2022.9
 ISBN 978-7-302-61872-0

Ⅰ.①福⋯ Ⅱ.①钱⋯ Ⅲ.①美育—课程建设—研究—中小学 ②建筑美学—研究—福建 Ⅳ.①G633.950.2 ②TU-862

中国版本图书馆CIP数据核字（2022）第175858号

责任编辑：宋丹青
封面设计：傅瑞学
责任校对：王凤芝
责任印制：丛怀宇

出版发行：清华大学出版社
网　　址：http://www.tup.com.cn，http://www.wqbook.com
地　　址：北京清华大学学研大厦A座　邮　编：100084
社 总 机：010-83470000　邮　购：010-62786544
投稿与读者服务：010-62776969，c-service@tup.tsinghua.edu.cn
质量反馈：010-62772015，zhiliang@tup.tsinghua.edu.cn
印 装 者：小森印刷霸州有限公司
经　　销：全国新华书店
开　　本：210mm×285mm　印　张：39.5　字　数：1040千字
版　　次：2022年11月第1版　印　次：2022年11月第1次印刷
定　　价：149.00元（全5册）

产品编号：094704-01

全国教育科学"十四五"规划 2021 年度教育部重点课题

"五育融合视域下小初高一体化美育课程体系建构及实施策略研究"

课题批准号 DLA210382

编 委 会

主　任： 黄丽丽　付晓秋

主　编： 钱初熹
副主编： 徐耘春　朱黎兵
编　委：（以姓氏拼音为序）
　　　　　高登科　赖敏丽　李　莉　李　睦　吕云萍　马慰斌
　　　　　孙墨青　张　泽　张旭东　郑宝珍　郑杰才

序 言

一、作为美育重要组成部分的美术教育

2016年9月13日，中国学生发展核心素养正式发布。中国学生发展核心素养以培养"全面发展的人"为核心，分为文化基础、自主发展、社会参与三个方面，综合表现为人文底蕴、科学精神、学会学习、健康生活、责任担当、实践创新六大素养。各素养之间相互联系、互相补充、相互促进，在不同情境中整体发挥作用。[1] 中国学生发展核心素养，主要指学生应具备的，能够适应终身发展和社会发展需要的必备品格和关键能力。中国学生发展核心素养的提出，是落实立德树人根本任务的一项重要举措，也是适应世界教育改革发展趋势、提升我国教育国际竞争力的迫切需要，为新时代背景下的美术教育指明了培养人才的方向。

2020年10月15日，中共中央办公厅、国务院办公厅印发的《关于全面加强和改进新时代学校美育工作的意见》指出："美是纯洁道德、丰富精神的重要源泉。美育是审美教育、情操教育、心灵教育，也是丰富想象力和培养创新意识的教育，能提升审美素养、陶冶情操、温润心灵、激发创新创造活力。"[2]

随着我国政府对美育的日益重视，美术教育加快了前进的步伐，取得了令人瞩目的成效。特别是在开展以中华优秀传统文化为重点的美术教育方面成绩突出。目前，美术教师群体对于通过学校美术课程开展中华优秀传统文化教育的价值与目标存在不同的认识，有的教师仅停留于知识与技能的传授层面上，有的教师在传授知识与技能的同时也注重指导学生对其内涵的感悟。但大部分美术教师对如何通过学校美术教育激发中小学生的家国情怀、增强文化自信，在认识上存在明显不足。另一方面，融入革命文化和社会主义先进文化的学校美术教育尚未在实践中受到足够的重视。

究其原因，是美术教育领域教职人员对中国学生发展核心素养中的文化基础、自主发展方面素养的认识比较深入，但却缺乏对社会参与方面素养的深入认识。中央美术学院党委书记、中国美术家协会美术教育委员会主任高洪明确指出："坚持在美术教育中实施素质教育，克服美术教育中的功利主义，是遵循美育特点的前提。"[3] 的确，作为素质教育的美术教育要遵循美育特点，就必须克服美术教育中的功利主义，全面认识作为美育重要组成部分的美术教育的价值与目的。

---

[1] 核心素养研究课题组. 中国学生发展核心素养 [J]. 中国教育学刊, 2016(10):1-3.
[2] 中共中央办公厅、国务院办公厅. 关于全面加强和改进新时代学校美育工作的意见 [N]. 人民日报, 2020-10-16.
[3] 高洪. 弘扬中华美育精神 [N]. 人民日报, 2019-8-25(08).

二、全面认识美术教育的价值与意义

(一)文化自信是国家与民族发展的力量

为解决上述问题,我们首先需要对美育视域下美术教育的价值与目的进行深入思考与探究。

2017年10月18日,习近平总书记在党的十九大报告中指出:"坚定文化自信,推动社会主义文化繁荣兴盛。""坚持社会主义核心价值体系。文化自信是一个国家、一个民族发展中更基本、更深沉、更持久的力量。必须坚持马克思主义,牢固树立共产主义远大理想和中国特色社会主义共同理想,培育和践行社会主义核心价值观,不断增强意识形态领域主导权和话语权,推动中华优秀传统文化创造性转化、创新性发展,继承革命文化,发展社会主义先进文化,不忘本来、吸收外来、面向未来,更好构筑中国精神、中国价值、中国力量,为人民提供精神指引。""坚持全民行动、干部带头,从家庭做起,从娃娃抓起。深入挖掘中华优秀传统文化蕴含的思想观念、人文精神、道德规范,结合时代要求继承创新,让中华文化展现出永久魅力和时代风采。"[1] 习近平总书记的报告为我国美育工作奠定了深厚的基础,为进一步推进美育工作注入了强劲的动力,具有重大的指导意义。

我们深刻认识到文化自信源于一个民族、一个国家以及一个政党充分肯定并积极践行其自身的文化人价值,并对其文化的生命力持有坚定信心。中国人民对中华文化的强烈认同,既是本国自立于世界的伟大精神力量,又是使民族在激烈的国际竞争中立于不败之地的强大支柱。家国情怀,其实就是古人提倡的"修身、齐家、治国、平天下"的情怀。从文献上看,《周易》是第一部较为明确地提出"君子"概念并加以论述的著作。在君子人格的起始阶段,就提出了家国一体的认识。社会主义核心价值观倡导的是新时代的家国情怀和君子人格。富强、民主、文明、和谐是社会主义核心价值观在国家层面追求的价值目标;自由、平等、公正、法治是社会主义核心价值观在社会层面追求的价值取向;爱国、敬业、诚信、友善是社会主义核心价值观在个人层面追求的价值准则。这三个层面体现了社会主义核心价值观在国家意志与个人诉求上的交互连接,在宏大叙事和日常生活上的有机统一,个人幸福和民族复兴的紧密结合。文化自信与家国情怀密切相关,相辅相成,汇聚成国家与民族发展的精神支柱与强大力量。

(二)增强文化自信与家国情怀的美术教育具有重要价值与深远意义

近年来,人工智能、大数据、基因技术、脑科学等领域的进步日新月异。智能化社会要求美术教育转型。美术教育的价值在于美术给予学生的独特经验之中,它以帮助学生获得视觉识读、造型表现、空间思维、想象创意、物尽其用、美感延展的能力为目的,以对中华文化的自信以及文化理解为目标。学校美术教育的独特价值、目的以及深度学习的目标,有助于学生在智能化时代形成对本国文化的自信,激发家国情怀,并焕发文化创造活力,积极建设社会主义文化强国。

我们要深刻理解美术教育的重要价值与深远意义。一方面,美术是一种重要的语言。当我们解读、传递、创造视觉与声音信息时,图像、文字、数字、声音等资源进行交互所带来的意外发现,易于启动不能用考试来代替的创意、想象、思考、情感和观念,促进多元的思维方式。在学习美术的过程中,学生满怀好奇,热情地对美术媒介和创作过程进行探究与实验,学习如何作出选择,拥抱跨学科的方法,学会应对复杂的学习场景,学会协调自己的手、心灵和头脑对世界进行探索,理解通过创意将不可能变为可能的价值,获

---

[1] 习近平:决胜全面建成小康社会 夺取新时代中国特色社会主义伟大胜利——在中国共产党第十九次全国代表大会上的报告[EB/OL].[2017-10-27].http://www.gov.cn/zhuanti/2017-10/27/content_5234876.htm.

得继承传统文化并创造新文化所必备的造型表现能力、自主学习能力、探究能力、批判性思考和解决问题能力、革新与创造能力，以及沟通与协作能力。另一方面，全球化背景下，随着科技与经济的联系日益紧密，本土文化的主体性面临严峻的挑战。在我国丰富的文化遗产中，蕴藏着可促进当代社会发展的智慧。通过美术教育，开展以中华优秀传统文化、革命文化和社会主义先进文化为主要内容的教学实践活动，有利于当代青少年了解祖国的优秀文化，增强文化自信和政治认同感，激发家国情怀，具备公民品格、生态文明观，并逐步树立保护、继承优秀传统文化并发展社会主义新文化的志向。

在此，我们明确提出以下观点："融入中华优秀传统文化、革命文化和社会主义先进文化的美术教育有助于实现美术教育的重要价值与深远意义，增强文化自信与家国情怀的美术教育赋予青少年自主发展的能力，激励并推动全面可持续增长的革新与创造。"接受了这样的美术教育的青少年有望具有文化自信与家国情怀，具备公民品格、生态文明观，善于应对社会、经济、文化、教育、科技、环境保护等方面的挑战，促进社会的可持续发展，在个人成长的同时，为建设社会主义强国作出杰出贡献。

三、积极开展"融入中华优秀传统文化、革命文化和社会主义先进文化"的学校美术教育

（一）培养学生核心素养的深度学习

"融入中华优秀传统文化、革命文化和社会主义先进文化"的美术课程需要达到"深度学习"的层面，在此有必要厘清"深度学习"的词义。"深度学习"的概念源于人工神经网络的研究，是机器学习研究中的新领域，由辛顿（Hinton）等人于2006年提出。其动机在于建立、模拟人脑进行分析学习的神经网络，它模仿人脑的机制来解释数据如图像、声音和文本，含多隐层的感知器就是一种深度学习结构。深度学习通过组合低层特征形成更加抽象的高层表示属性类别或特征，以发现数据的分布式特征表示。[1] 近年来，中外学者们将源于人工神经网络研究的"深度学习"拓展到人类学习的范畴。依据人工神经网络的研究成果，深度学习把学习结构看作一个网络，人脑具有一个深度结构，认知过程逐层进行，逐步抽象。

我国学者指出：深度学习以培养学生核心素养为根本追求，而只需简单记忆和机械程序的工作，是不需要深度学习的。在迅速变化的世界中取得职业和社会生活成功的关键，就是要拥有远大志向和坚强的意志、批判性思考和问题解决能力、有效的沟通和协作能力以及学科思维、学习策略和积极的学习心向等。而这些素养的获得需要深度学习的支撑，因为素养是"个体在与各种真实情境持续的社会性互动中，不断解决问题和创生意义的过程中形成的"，深度学习正是这样的活动和过程。"学科核心""知识结构""学习动机""深度理解"和"解决复杂问题"，成为深度学习的关键词。[2]

在美术教育中的"深度学习"回应培养新时代中国学生发展核心素养的挑战，以"基于项目的学习"为基础，美术学习活动的设计与实施遵循学习科学的基本原理，从强调学习什么转变为更强调如何学习以及如何运用所学，主要由专长习得、问题解决和高级思维构成对美术概念的深层次理解。学生围绕美术的核心概念，建立起相关概念、原理之间的框架及其与现实世界关联而生成的关键性问题；通过呈现真实问题情境，学生在了解既有概念的基础上，持续不断地探究，像"艺术家、设计师和工艺师"一样进行视觉艺术知识建构、问题解决和反思改进，从而实现对概念的重新认识和知识的迁移。教师通过提供并支持学生经历富有意义的美术学习过程，促使学生发生真实有效的美术学习；采取线上和线下混合式美术教学方式，培养学

---

[1] 百度百科——深度学习 [EB/OL].https://baike.so.com/doc/7000002-7222884.html，2020-8-20.
[2] 郑葳，刘月霞.深度学习：基于核心素养的教学改进 [J].教育研究，2018（11）.

生主动学习，用美术以及跨学科的方式解决人类所面临的重大问题，锻炼应对未来所需的各种能力。通过这样的美术学习活动，学生就从"浅表学习"走向"深度学习"。

（二）增强文化自信与家国情怀的美术教育

增强文化自信与家国情怀的美术教育突破二维课程（事实/技能）模式的局限，采用三维课程（事实/技能、概念、概念性理解）模式[1]，利用事实性内容和技能来支持能够跨时间、跨文化、跨情境迁移的概念和概念性理解。主题和事实性问题来自特定的时间、地点、情境；事实是主题框架内的特定知识片段；概念可以跨时间、跨文化、跨情境迁移，它们是以共同属性框定一组实例的认知建构，分为宏观概念（跨学科的）、微观概念（更多是学科内的）；概括（概念性理解）是表述两个或两个以上的概念之间关系的句子，它们是跨时间、跨文化、跨情境的迁移理解。在课程评估中，学生根据三个维度可以清晰地表述自己"知道什么""理解什么"和"能够做什么"。

（三）厦门英才学校十五年创意美术一体化课程

2020年，华东师范大学美术教育团队与厦门英才学校携手共建"厦门英才学校十五年创意美术一体化课程"，将"中国学生发展核心素养"与"英才学校美术学科核心素养"相结合，如图1-1所示。研究团队将人才培养目标定位为："通过英才学校十五年创意美术一体化课程，培养融会创意、审美、表现的关键能力，具有自主发展与社会贡献的必备品格，以及坚定的文化自信、强烈的家国情怀、宽广的全球视野的青年英才。"

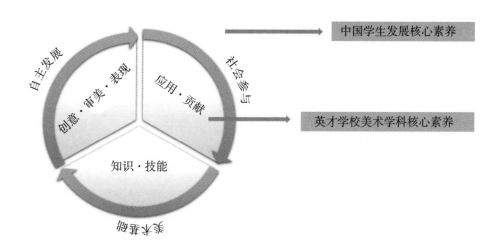

"厦门英才学校十五年创意美术一体化课程"分为三大主题：1."三种文化"（中华优秀传统文化、革命文化和社会主义先进文化），内容为"福建建筑美育"；2."中国智慧"，内容为"衣食住行"；3."生态文明"，内容为"跨学科可持续设计"。三大主题课程覆盖"共同基础课程""英才特质课程""特长生课程""博物馆研学课程"四个课组。

其中，首套课程配套教程《福建建筑美育》以增强学生的文化自信与家国情怀为根本追求，以深度学习为支撑，教师引导学生在与真实情境的社会性互动中，不断解决问题和创生意义。学生通过学习，形成远大志向和坚强意志，获得批判性思考、问题解决能力和有效沟通协作能力，激活艺术思维，提高创意表现能力，提升综合素养。

---

1 [美]林恩·埃里克森，洛伊斯·兰宁.以概念为本的课程与教学[M].鲁效孔，译.上海：华东师范大学出版社，2018:18.

四、结语

随着国际经济与文化交流日益深化，联合国教科文组织 2020 年国际艺术教育周聚焦人类创造力的惊人力量和强大韧性。国际艺术教育周于每年 5 月的第四周举行，在当下又有了新的意义。这是因为全球 90% 的学生（约 16 亿）因学校停课而受到影响；博物馆、剧院和电影院等文化机构以及文化遗产地被迫关闭。在危机时期，艺术教育意义尤其重大，艺术教育作为五育并举重要组成部分的地位空前凸显。艺术教育可以提升学习效果，帮助学习者培养新的技能，打开新的感知与思考方式。即使是在居家隔离的情况下，它也有助于激发创造力，提供心理支持，并在人与社区之间建立联系。[1]

当今世界正在经历百年未有的大变局，我国正面临前所未有的机遇与挑战。美育视域下的美术教育亟待更新观念并创新体制机制。我们要汇聚多方力量，积极开展以增强文化自信与家国情怀为重点的美术教育，培养青少年自主发展的能力，激励并推动全面可持续的革新与创造，善于应对社会、经济、文化、教育、科技、环境保护等方面的挑战，促进社会的可持续发展，在个人成长的同时，为建设社会主义强国作出杰出贡献。

钱初熹
（教育部艺术教育委员会委员，
上海市艺术教育委员会委员，
华东师范大学教授、博士生导师）
2021 年 8 月 1 日于上海舒溪书斋

---

[1] 王大根.国际艺术教育周 [EB/OL].[2020-08-01].http://www.360doc.com/content/20/0531/13/35157919_915680715.shtml.

目 录

总　论 1

第一部分　感悟鹭岛古风

第一章　幼儿园艺术活动与教学设计 7
- 第一节　幼儿园课程标准解读 7
- 第二节　幼儿园艺术活动学材 8
- 第三节　幼儿园艺术主题活动教学设计 8
- 第四节　创意工作坊活动方案 14

第二章　小学美术单元课程与教学设计 17
- 第一节　美术课程标准解读 17
- 第二节　小学美术单元学材 18
- 第三节　"欣赏·评述"单元课程教学设计 ... 18
- 第四节　"创意·表现"单元课程教学设计 ... 28
- 第五节　创意工作坊活动方案 37
- 第六节　单元课程学习评价指南 38

第三章　初中美术单元课程与教学设计 41
- 第一节　美术课程标准研读 41
- 第二节　初中美术单元学材 42
- 第三节　"欣赏·评述"单元课程教学设计 ... 42
- 第四节　"创意·表现"单元课程教学设计 ... 53
- 第五节　创意工作坊活动方案 62
- 第六节　单元课程学习评价指南 67

第四章　高中美术单元课程与教学设计 1 69
- 第一节　美术课程标准研读 69
- 第二节　高中美术单元学材 70
- 第三节　"鉴赏·理解"单元课程教学设计 ... 70
- 第四节　"创意·表现"单元课程教学设计 ... 81
- 第五节　创意工作坊活动方案 88
- 第六节　单元课程学习评价指南 90

第二部分　难忘红色记忆

第五章　幼儿园艺术活动与教学设计 93
- 第一节　幼儿园课程标准解读 93
- 第二节　幼儿园艺术活动学材 94
- 第三节　"观赏·述说"主题活动教学设计 ... 94
- 第四节　"创意·表现"主题活动教学设计 ... 98

第六章　小学美术单元课程与教学设计 103
- 第一节　美术课程标准解读 103
- 第二节　小学美术单元学材 104
- 第三节　"欣赏·评述"单元课程教学设计 ... 104
- 第四节　"创意·表现"单元课程教学设计 ... 109
- 第五节　单元课程学习评价指南 115

第七章　初中美术单元课程与教学设计 117
  第一节　美术课程标准研读 117
  第二节　初中美术单元学材 118
  第三节　"欣赏·评述"单元课程教学设计...118
  第四节　"创意·表现"单元课程教学设计...124
  第五节　单元课程学习评价指南 129

第八章　高中美术单元课程与教学设计 131
  第一节　美术课程标准研读 131
  第二节　高中美术单元学材 132
  第三节　"鉴赏·理解"单元课程教学设计...132
  第四节　"创意·表现"单元课程教学设计...138
  第五节　单元课程学习评价指南 143

第三部分　寻踪嘉庚情怀

第九章　幼儿园艺术活动与教学设计 147
  第一节　幼儿园课程标准解读 147
  第二节　幼儿园艺术活动学材 148
  第三节　"观赏·述说"主题活动教学设计..148
  第四节　"创意·表现"主题活动教学设计..153

第十章　小学美术单元课程与教学设计 157
  第一节　美术课程标准解读 157
  第二节　小学美术单元学材 158
  第三节　"欣赏·评述"单元课程教学设计...158
  第四节　"创意·表现"单元课程教学设计...163
  第五节　单元课程学习评价指南 168

第十一章　初中美术单元课程与教学设计 169
  第一节　美术课程标准解读 169
  第二节　初中美术单元学材 170
  第三节　"欣赏·评述"单元课程教学设计..170
  第四节　"创意·表现"单元课程教学设计..177
  第五节　单元课程学习评价指南 183

第十二章　高中美术单元课程与教学设计 185
  第一节　美术课程标准研读 185
  第二节　高中美术单元学材 186
  第三节　"鉴赏·理解"单元课程教学设计...187
  第四节　"创意·表现"单元课程教学设计...193
  第五节　单元课程学习评价指南 199

第四部分　探访世纪华章

第十三章　幼儿园艺术活动与教学设计 203
  第一节　幼儿园课程标准解读 203
  第二节　幼儿园艺术活动学材 204
  第三节　幼儿园主题活动教学设计 204
  第四节　创意工作坊活动方案 209

第十四章　小学美术单元课程与教学设计 211
  第一节　美术课程标准解读 211
  第二节　小学美术单元学材 212
  第三节　"欣赏·评述"单元课程教学设计...212
  第四节　"创意·表现"单元课程教学设计...221
  第五节　创意工作坊活动方案 228
  第六节　单元课程学习评价指南 230

第十五章　初中美术单元课程与教学设计 231
  第一节　美术课程标准研读 231
  第二节　初中美术单元学材 232
  第三节　"欣赏·评述"单元课程教学设计..232
  第四节　"创意·表现"单元课程教学设计..241
  第五节　创意工作坊活动方案 249
  第六节　单元课程学习评价指南 253

第十六章　高中美术单元课程与教学设计 255
  第一节　美术课程标准研读 255
  第二节　高中美术单元学材 256
  第三节　"鉴赏·理解"单元课程教学设计...256
  第四节　"创意·表现"单元课程教学设计...264

第五节　创意工作坊活动方案 ....269　　　　第六节　单元课程学习评价指南 271

第五部分　英才校园景观

第十七章　幼儿园艺术活动与教学设计 275
第一节　幼儿园课程标准解读 275
第二节　幼儿园艺术活动学材 276
第三节　"观赏·述说"主题活动教学设计...276
第四节　"创意·表现"主题活动教学设计...280

第十八章　小学美术单元课程与教学设计 285
第一节　美术课程标准解读 285
第二节　小学美术单元学材 286
第三节　"欣赏·评述"单元课程教学设计...286
第四节　"创意·表现"单元课程教学设计...291
第五节　单元课程学习评价指南 296

第十九章　初中美术单元课程与教学设计 297
第一节　美术课程标准解读 297
第二节　初中美术单元学材 298
第三节　"欣赏·评述"单元课程教学设计...298
第四节　"创意·表现"单元课程教学设计..303
第五节　单元课程学习评价指南 309

第二十章　高中美术单元课程与教学设计 311
第一节　美术课程标准研读 311
第二节　高中美术单元学材 312
第三节　"鉴赏·理解"单元课程教学设计...312
第四节　"创意·表现"单元课程教学设计...318
第五节　单元课程学习评价指南 324

后　记 325

总 论[1]

一、课程理念与目标

(一)课程理念

为推进英才学校十五年创意美术一体化课程的发展,本课题组将"中国学生发展核心素养"与"英才学校美术学科核心素养"相结合,在首套《福建建筑美育》中以增强学生的文化自信与家国情怀为根本追求,以深度学习为支撑,教师引导学生在与真实情境的社会性互动中,不断解决问题和创生意义。学生通过学习,形成远大志向和坚强意志,获得批判性思考、问题解决能力和有效沟通协作能力,激活艺术思维,提高创意表现能力,提升综合素养。课程在理念上遵循以下两大原则:

1. 艺术性与育人目标相统一

以立德树人为教育的根本任务,以培养学生的美术学科核心素养与中国学生发展核心素养为育人目标,美术学科课程与教学要将艺术性与育人目标紧密结合在一起,凸显艺术教育的感性特征,充分发挥艺术教育寓教于乐、潜移默化的育人作用。

2. 知识性、技能性与价值性、思想性相统一

美术学科的知识、技能是课程内容的核心,回答了"教什么"的问题,而何为厦门英才学校十五年创意美术一体化课程的价值性和思想性,则需要回答"为什么教"和"如何教"的问题。美术学科自身所蕴含的政治认同、家国情怀、文化自信、艺术精神、健全人格、生态意识等都体现了美术学科的价值性和思想性。我们要将知识性、技能性与价值性、思想性相统一,开展美术学科的教学活动,促使大中小学生"知道"-k(know)、"能做"-d(doing)和"理解"-u(understanding),培养美术学科核心素养与中国学生发展核心素养。

(二)课程目标

在现代教育中,理解(understanding)是一个非常重要的概念,本课题组在进行课程目标的设定时,采用"KDU"的课程与教学模式,强调学生对美育课程中核心概念的理解,而非仅仅记忆事实性知识和学习基本技能。同时课程也秉持"做中学"的教育理念,在"做"(doing)的过程中理解与福建建筑美育课程相关的概念和原理。本课题组认为,运用这一模式开展的英才学校十五年创意美术一体化课程设计与教学实践,有助于实现学生核心素养的提升,以及培养融会创意、审美、表现的关键能力,具有自主发展与社会贡献的必备品格,以及坚定的文化自信、强烈的家国情怀、宽广的全球视野的青年英才。

1. 核心素养

通过课程的学习,不同学段的学生能够提升的核心素养包括:

幼儿园阶段——造型游戏、艺术感知、审美情趣、家国情怀;

小学阶段——审美情趣、创意思维、多元表现、家国情怀、文化自信、公民品质;

初中阶段——审美鉴赏、创意思维、多元表

---

[1] 本章作者:上海师范大学美术学院讲师徐耘春。

现、文化理解、政治认同、家国情怀、文化自信、公民品质；

高中阶段——审美判断、创意思维、多元表现、文化理解、政治认同、家国情怀、文化自信、公民品质、生态文明、国际视野。

2. 学生能够知道

（1）"欣赏·评价"课例

· 建筑基本信息，名称、建造时间、占地面积、高度等；

· 欣赏方法，如费德曼四步法、城市建筑鉴赏六步法、对话法、发现法、比较法、分析法、多媒体法、情境法等；

· 视觉元素，如线条、形状、色彩、肌理、空间、明暗等；

· 形式原理，如对称、均衡、节奏、比例、重复等；

· 色彩知识，如色彩三要素、色彩的冷暖、色彩情感特征等；

· 透视知识，如平行透视、成角透视、圆面透视等。

（2）"创意·表现"课例

· 造型表现方法，如写实、夸张、变形、抽象、装饰等；

· 建筑模型制作方法，如测量、画图、切折、切割、粘贴、组合、装饰等。

3. 学生能够做到

（1）"欣赏·评述"课例

· 运用正确的美术语言赏析福建建筑的造型特征、空间布局与装饰风格；

· 运用多样、恰当的方法开展福建建筑的鉴赏活动；

· 运用文字、手绘与影像等方法完成福建建筑的视觉考察报告。

（2）"创意·表现"课例

· 运用不同的工具和媒材，灵活采用写实、夸张、变形、抽象等表现方式，描绘各种事物，表达情感和思想；

· 根据创作主题，采用合适的绘画构图形式组织、安排画面；

· 选择用泥、纸、木材、废弃物品、金属丝等媒材，用雕刻、塑造、组装等方式创作建筑模型；

· 运用剪贴、针刻、雕刻等手段，在厚纸板或木板上，制作黑白或套色版画；

· 根据建筑的审美、功能和内涵，进行文创产品设计，提出设计目标，并用手绘草图、思维导图、模型来呈现设计构思；

· 利用计算机、相机、录像机等进行造型表现活动。

4. 学生能够理解

（1）"欣赏·评述"课例

· 福建代表性建筑的基本信息、艺术风格、构成要素、美学内涵、地域特色与人文价值；

· 福建建筑与城市历史、经济、文化发展之间的关联与重要意义；

· 建筑与城市精神的关系；

· 福建建筑中所蕴含的中华优秀传统文化、革命文化与社会主义先进文化的内涵。

（2）"创意·表现"课例

· 理解使用传统或现代的工具与媒材，采用不同的表现形式（写实、夸张、变形、抽象）创作美术作品；

· 在创作美术作品时，可通过归类、重组、改变等方式进行构思和实践，创作富有创意的美术作品；

· 理解中国建筑在世界建筑与美术文化中自成体系，独树一帜；

· 理解现代媒材技术拓宽了人们认识世界的方式；

· 在参与班级或小组的各种活动中，能尊重和理解别人不同的看法或想法。

二、课程框架

"福建建筑美育"在课程框架上分为五个部分，依次为：

【第一部分：感悟鹭岛古风】

游览沙坡尾，探访那些承载历史记忆的老建

筑，去了解鹭岛最深刻的底蕴。

【第二部分：难忘红色记忆】

寻访闽西经典红色景点（古田小镇等），感受红色文化的历史与发展，重温党的奋斗历程，凝心聚力共创未来。

【第三部分：寻踪嘉庚情怀】

陈嘉庚在集美学村留下了建筑，也留下了故事，师生在此领略中西方文化的交融。

【第四部分：探访世纪华章】

鹭岛的每一幢新建筑，都是改革开放的亲历者，也是城市发展的见证者。

【第五部分：英才校园景观】

英才学校的每一幢建筑，都是学校发展的亲历者；每一处公共艺术景观，都是培养青年英才的见证者。

从幼儿园到高中五部分课程均按照"欣赏"与"创作"两大单元形式开展，课程配有"美术课程标准解读""学材""教学设计（教案）""课程学习评价指南"等内容，其中"感悟鹭岛古风"和"探访世纪华章"两个部分还设有创意工作坊的学材与活动方案。

三、教学设计指南

美术教学单元，是指整体教学内容中，具有共同内容特征，可以自成一组、自成体系的相对独立的教学内容单元。单元规划是基于课标、结合教材，根据一定的规划原则进行的单元分类和定位。单元教学的起点是研读课程标准和教材，终点是形成规模适当的教学单元。单元教学设计旨在引导教师在明确单元类型的基础上进行教材教法分析、单元教学目标设计、单元学习活动设计、单元评价设计以及单元资源设计等。

（一）单元教材教法分析

单元教材教法分析是以开展单元教学为目的，系统分析教学内容和教学方法，挖掘教材教学价值，确定单元主要教学内容与要求的研究活动。

1. 分析单元定位

本部分包括"细化课程目标""以往学习基础""未来学习要求""单元定位"四部分内容。其中，"细化课程目标"是指单元教学设计要以相应学段的课程标准为依据，对课程标准中的相关学段内容与要求进行细化，与本部分课程内容进行对应，为接下来的"单元定位"提供重要依据。

2. 整合内容结构

本部分包括"梳理教材内容"与"单元教学内容结构"两个环节。其中，梳理单元教材内容是指教师依据课程目标与单元定位，对教材所呈现的已有内容进行分析与整理，对教材中的关键信息不断完善，形成完整的教材内容。"单元教学内容结构"包括"学科知识与技能结构图""人文内涵""审美层面"三方面："学科知识与技能"是指运用图表的形式对本单元课程中的核心知识与技能进行梳理，为课程教学目标的设定提供依据；"人文内涵"是指根据单元知识与技能，结合学情与地域特点，思考教学内容和人文内涵的联系。"审美层面"是指学生通过课程学习能够在美术能力、审美素养上得到提高。

3. 分析教法依据

本部分包括"教学内容特点""学段学情特点""教学资源选取"三方面，教师可基于学生年龄与美术学习能力水平，对教材内容进行分析、整理，选择合适的教学资源开展教学设计活动。

4. 设计教学方法

结合教法分析，预设本单元的教学方法，包括教师主导（讲授型）、学生自主（观察与探究型）、师生互动（交流与讨论型）三类。

5. 定位学科能力

学科能力主要包括专业能力与通识能力两部分。专业能力是指通过课程学习，学生获得审美判断、创意思维、多元表现、文化理解等美术方面核心素养上的提升。通识能力是指学生在政治认同、家国情怀、国际视野、公民品质、社交合作等方面得到的锻炼。

（二）单元教学目标设计

单元目标设计分为"单元教学目标"与"单元教学重难点"两个方面，单元教学目标按照"知识与技能""过程与方法""情感、态度和价值观"三维进行撰写；教学重难点则是提取出单元课程中必须掌握和理解的核心要点以及不易掌握的内容。

（三）单元学习活动设计

1. 规划单元活动

根据本单元教学目标、教学重点和难点，对单元主要学习活动进行规划，包括不同活动环节的主题、内容、方法等。

2. 制订活动方案

根据单元活动规划制订详细的活动内容，包括每个环节的活动主题、活动性质、内容特点、学习任务、活动形式、活动资源等，同时课程在设置活动时，将概念为本的理念贯穿其中，不同环节分布设置"关键问题""小问题"等大观念，学生在完成任务探究的过程中，既提高了美术知识与技能，也加深了对美育课程中核心概念的理解。

四、学习评价指南

单元评价是根据单元教学目标，运用科学、合理的评价工具，通过系统地收集、分析、整理信息，对单元学习的过程与结果所作的价值判断和反馈。本课程的评价将形成性评价与结果性评价相结合，以学习评价表的方式开展单元课程评价活动。评价表分为教师评价表与学生评价表两份，评价的要素包括评价目标、评价内容、评价观测点、评价标准、评价方法和评价反馈等方面。

五、课程资源开发指南

课程资源是指以达成单元目标为导向，为教学的有效开展所设计、开发与使用的相关资源。课程资源设计是指在单元活动开展的过程中，对能保证完成活动任务、促进活动目标达成所需的主要资源。

（一）明确使用目的

从活动保障、活动形式和活动效益方面明确资源的使用目的。不同的活动形式有不同的资源需求，在欣赏类课程中，需要的资源用于辅助学生开展欣赏活动，而在表现类课程中，需要的资源应能适用于学生开展各类美术创作活动。

（二）细化资源设计

美术课程资源可分为素材资源、技术资源和环境资源等。其中，与教学内容直接相关的素材资源是指文本、图像、实物、生活经验等；技术资源可分为实践技术资源和信息技术资源，包括教具、模型、配套工具与材料、网络、多媒体、课件等；教学环境资源包括美术专用教室、校园，以及拓宽学习内容和美术实践活动范围的博物馆、美术馆、展览馆、艺术家工作室、民间艺人作坊等。

（三）形成课程资源

基于课程目标与教学内容，选择预设素材、技术、环境三类资源开展活动，积累资源素材，最终形成课程资源库。

第一部分
感悟鹭岛古风

第一章
幼儿园艺术活动与教学设计[1]

第一节　幼儿园课程标准解读

课程标准解读

（一）研读《3—6岁儿童学习与发展指南》[2]

1. 总体研读

《3—6岁儿童学习与发展指南》（以下简称《指南》）将艺术领域划分为感受和欣赏、表现和创造两个子领域，并从对艺术的态度（艺术兴趣）和艺术能力（感受和表现创作的能力）这两个方面提出了四项目标："喜欢自然界与生活中美的事物""喜欢欣赏多种多样的艺术形式和作品""喜欢进行艺术活动并大胆表现""具有初步的艺术表现与创造能力"。其中三项目标都用了"喜欢"一词，强调幼儿艺术兴趣的养成，凸显了"情感态度"在幼儿艺术教育中的地位。

《指南》中就幼儿艺术教育领域给出这样几条原则："和幼儿一起感受、发现和欣赏自然环境和人文环境中美的事物""创造条件让幼儿接触多种艺术形式和作品""展示幼儿的作品，鼓励幼儿用自己的作品或艺术品布置环境"。指出了教师要注重支持和引导幼儿的审美感受与表现，幼儿园教室内外的环境，丰富可操作性的材料，是促进幼儿学习发展的基础。

《指南》整合各领域教育，促进幼儿身心全面、协调发展。《指南》将幼儿学习与发展以领域的方式呈现，分别是健康、语言、社会、科学、艺术五个领域。每个领域按照幼儿学习与发展最基本、最重要的内容进一步划分为若干子领域，但这并不意味着我们的教育走回分科教学的模式。幼儿园美术活动离不开幼儿手的参与，幼儿语言发展亦与幼儿美术表现和创造相辅相成。美术活动中，教师努力营造相互尊重的氛围，支持幼儿的自主表现和创造，这与社会领域的"人际交往"目标相契合……教师应全面了解各年龄段幼儿在各领域行为发展的特点，整合各领域教学，深化相互之间的联系，真正落实《指南》所倡导的"关注幼儿学习与发展的整体性"的理念。

2. 阶段目标研读

本单元为幼儿园大班"艺术"领域的教学内容。《指南》中该领域5—6岁的课程目标包括：①喜欢自然界与生活中美的事物；②喜欢欣赏多种多样的艺术形式和作品；③喜欢进行艺术活动并大

---

[1] 本章作者：上海师范大学天华学院学前教育学院讲师杨莹、上海师范大学天华学院学前教育学院本科生程愈敏。
[2] 2012年，教育部颁布《3—6岁儿童学习与发展指南》。

胆表现；④具有初步的艺术表现与创造能力。

（二）明确类型

本单元主题活动"这里是沙坡尾"属于《指南》中划分的幼儿园艺术领域，以幼儿园美术活动为核心，结合了健康教育、语言教育、社会教育，活动设计中的作品呈现形式从平面到立体，既有幼儿个体创造表现，也有幼儿们的合作互动。

活动规划：三次集体活动为主，可拓展区角游戏、环境创设、家园互动。

（三）确定内容

本单元为幼儿园大班"艺术"领域的教学内容。《指南》中该领域美术部分 5—6 岁（大班）的课程分目标包括：①乐于收集美的物品或向别人介绍所发现的美的事物；②艺术欣赏时常常用表情、动作、语言等方式表达自己的理解；③愿意和别人分享、交流自己喜爱的艺术作品和美感体验；④积极参与艺术活动，有自己比较喜欢的活动形式；⑤能用多种工具、材料或不同的表现手法表达自己的感受和想象；⑥艺术活动中能与他人相互配合，也能独立表现。

本主题的学习内容基于以上 6 点进行设定。

第二节 幼儿园艺术活动学材

一、感悟鹭岛古风

活动一：这里是沙坡尾

活动二：穿越时空的房子

活动三：小船的一天

二、创意工作坊

创意工作坊一：我家门前有片海

创意工作坊二：自制放映机

创意工作坊三：拼·骑楼记忆

第三节 幼儿园艺术主题活动教学设计

一、主题活动目标设定

活动目标

1. 学生能够知道

·视觉元素，如线条（曲线、直线、粗线、细线、长线、短线等），形状（圆形、方形、三角形），色彩（识别各种颜色）；

·绘画工具，如铅笔、油画棒、彩色水笔等；

·手工制作的基本方法，如画、撕、剪、粘、卷等。

2. 学生能够做到

·尝试用纸、泥等多种媒材以及简便的工具，通过折、叠、揉、搓、压等方式，塑造立体造型作品；

·寻找合适的工具、材料创作一件作品；

·与同学分享交流构思及制作的过程。

3. 学生能够理解

·对身边容易找到的各种工具和媒材的特点有初步的认知和理解，利用绘画、泥塑等方式，结合媒材特点进行创作与设计游戏活动；

·与他人交流自己的想法与方法。

4. 核心素养

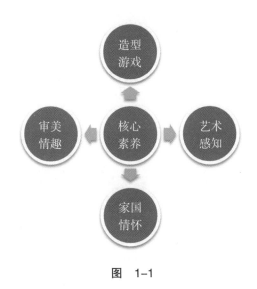

图 1-1

2. 以往学习基础

通过中班的学习，幼儿对生活有了一定的感受，对绘画、手工的表现手法有了一定了解，可以使用多种方式表现自己的所见所想。

3. 未来学习要求

本主题活动是幼儿园美术领域学习的最高阶段。

4. 主题定位

本主题活动帮助幼儿了解厦门的起源与发展，了解沙坡尾与海的关系，初步体会厦门早期城市风貌，使幼儿在美术活动中感知家乡的可爱之处，在心里种下热爱生活的种子，能够用多种方式表现自己对生活环境和对建筑的认识。

二、主题活动教材教法分析

（一）分析单元定位

1. 细化活动目标

根据《指南》，本单元大班幼儿美术学习领域的内容要求是：①艺术欣赏时能用表情、语言等方式表达自己的理解；②乐于发现美的事物，感受沙坡尾古早建筑的特点；③愿意和别人分享、交流自己喜爱的艺术作品和美感体验，在艺术活动中能与他人相互配合，也能独立表现；④能用多种工具、材料或不同的表现手法表达自己的感受和想象，能用自己制作的美术作品布置环境、美化生活。

（二）整合内容结构

1. 梳理教材内容

城市建筑欣赏活动（结合幼儿园语言领域）；

绘画活动（结合区角活动、家园互动）；

手工活动（结合区角游戏）；

创意活动一（绘画与手工活动的延续）；

创意活动二（结合区角活动，幼儿园玩教具制作，教师与幼儿共同设计）；

创意活动三（结合区角活动或者环境创设）。

2. 主题单元活动内容结构

（1）学科知识与学科技能

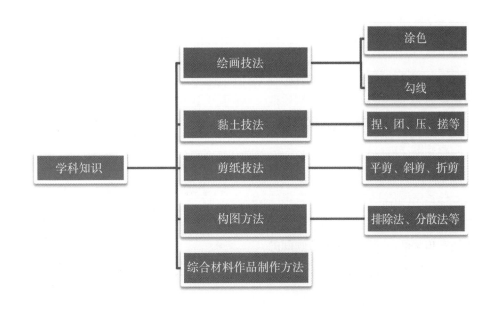

第一部分 感悟鹭岛古风

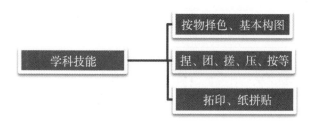

图 1-2

(2) 人文内涵

① 建筑来源于历史。

充分感受沙坡尾的风格，了解沙坡尾建筑的形成，理解船、海与城市的关系，理解避风坞的作用。

② 建筑创造美的环境。

通过了解沙坡尾骑楼的结构、色彩特点，幼儿设计自己心中的沙坡尾，感受环境的美感。

③ 建筑是人的内心情感的体现。

在沙坡尾模型的制作过程中，体会过去的生活，感受厦门的生活气息。

(3) 审美层面

① 体验和感受建筑的结构美感。

② 感受不同材料表达的美感。

③ 欣赏生活环境中的美。

（三）分析教法依据

1. 教学内容特点

本单元主要是幼儿对家乡建筑的特点的了解与对美术材料的应用。

2. 学段学情特点

一方面，大班的幼儿注意力进一步发展，能比较集中地观察对象，深度知觉开始发展，开始有兴趣注意分辨某些前后关系，手眼协调能力明显提高，开始在使用工具材料中尝试把握不同的力度，可以初步按一定的逻辑顺序进行思考与操作；另一方面，通过之前的学习，大班幼儿有了色调的概念，可以分辨同一色系中颜色的深浅变化，尝试用色彩表现画面的内容，逐步尝试运用轮廓线取代图形，可以有目的地安排画面，在变化中体会画面的均衡感，分辨比较明显的前后位置，尝试表现重叠的图像。

3. 教学资源选取

本主题选取的与教学内容直接关联的素材资源主要是用于表现沙坡尾的各种绘画工具和材料，如油画棒、水彩笔、丙烯或水粉颜料、超轻黏土、画笔、画纸等。在主题活动的各个阶段，教师可以利用它们保障学生有效实践，形成学习成果。

本单元选取的场景教学资源主要是沙坡尾，通过对沙坡尾各处景物的实地观察和绘本阅读，为幼儿探究性学习提供更加生动、丰富的内容和素材。

（四）设计教学方法

结合分析，预设本次主题活动的主要教学方法：

1. 教师主导——讲授：针对概念性知识、历史知识、合作方法等进行讲授。

2. 学生自主——合作与探究：引导幼儿结合以往的学习基础和学习经验，充分调动学习主动性，从日常生活中的现象出发，进行探究性学习，增进幼儿的探索欲；引导幼儿与同伴合作，初步学习分工，共同完成作品，感受快乐。

3. 师生互动——交流与讨论：针对人文内涵及审美层面的内容，例如大海与城市的关系，生活中的建筑特点，引导幼儿结合所学知识及以往基础进行思考，通过语言的交流讨论，形成一定的理解与感悟。通过教师与幼儿共同完成玩教具或环境创设，提高幼儿对美的感受，增进情感交流，培养幼儿的小主人精神。

（五）定位学科能力

1. 关键能力

运用不同材料与方法进行表现和创作的能力；

感受与欣赏自然和生活的能力。

2. 其他能力

自主思考的能力、语言表达能力；

与他人合作的能力。

三、主题活动设计

（一）单元教学目标

帮助幼儿了解厦门的起源与发展，了解沙坡尾与海的关系，初步体会厦门早期城市风貌，使幼儿在美术活动中感知家乡的可爱之处，在心里种下热爱生活的种子。

（二）单元教学重难点

教学重点：了解沙坡尾历史，掌握沙坡尾建筑的特点；学会用不同材料进行表现。

教学难点：理解厦门城市发展的原因，大海、船和港口的关系；初步学习装饰设计的方法。

（三）单元学习活动思路

通过主题活动让幼儿了解沙坡尾早期居民们的生活。首先，了解沙坡尾人居住的"骑楼"。"骑楼"商住合一，上楼下廊，人们闲来无事便会在小铺门口喝茶，还会有吆喝声从远处传来，体现了厦门是一个充满生活气息的城市。因此，"穿越时空的房子"既能让幼儿知道沙坡尾传统骑楼的建筑特征，感受骑楼外部的精美装饰，以及在骑楼居住的百姓的生活气息，又能让幼儿感受油画棒、水彩笔不同质地带来的不同视觉感受；既促进幼儿的美术欣赏与感知能力，又借助绘本导入的方式促进幼儿语言文字理解能力的发展。

其次，了解沙坡尾人的劳动。沙坡尾的人们靠出海打捞、海上贸易维持生计，"船"对于当地百姓十分重要。为了帮助幼儿了解小船的功能、作用以及小船的造型特点，感受这片海对人们以及对城市发展的重要性，我们设计了"了不起的小船"。在"了不起的小船"这一活动中，幼儿需要锻炼自己的手部肌肉来对黏土进行揉、搓、捏、压，这一过程可以促进幼儿的感知能力，提高手眼协调能力。

最后，综合幼儿之前对沙坡尾的了解，我们设计了大班美术领域合作活动"我家门前有片海"进一步激发幼儿对沙坡尾的热爱，引导幼儿运用综合材料制作城市建筑模型。此外，本环节还利用了前两个活动中的作品，这也使得美育活动具有延续性。幼儿在借助美术材料感受沙坡尾城市风貌的同时，还通过在美术活动中的合作得到了社会性发展。

（四）设计单元活动框架

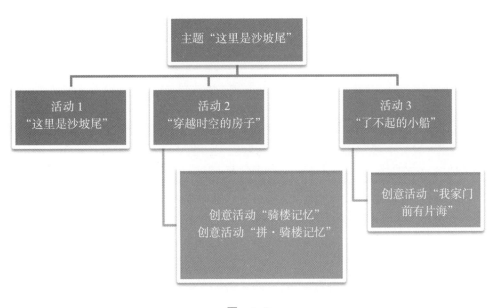

图 1-3

(五) 制订每次活动方案

表 1-1

活动1：这里是沙坡尾			
基本信息	幼儿园大班、课时：30分钟、学习领域：语言领域		
活动目标	1. 借助图画书阅读，培养幼儿的阅读能力 2. 通过欣赏与感受厦门城市的美好风光，尤其是沙坡尾的特点，了解民俗文化，增进对家乡的热爱之情		
活动重难点	重点：掌握厦门的城市特点，尤其是沙坡尾的特点 难点：理解厦门城市发展的原因，大海、船和港口的关系		
活动准备	材料准备：绘本《这里是中国·厦门》、沙坡尾图片 经验准备：幼儿曾经去过沙坡尾（可由家长带领完成）		
活动环节	活动内容	活动任务	设计意图
导入部分	1. 谈话导入	请幼儿说说自己对厦门的认识	巩固幼儿经验，有利于后续主题活动的开展
展开部分	1. 自主阅读，感受乐趣 2. 细致读图，深入理解	1. 引导幼儿讲述自己对绘本的理解 2. 引导幼儿理解厦门的发展与城市的建筑特点 3. 引导幼儿讲述大海、船、港口与城市发展的联系	《纲要》中指出"扩展幼儿对社会生活环境的认识，激发爱家乡的情感"让孩子们在绘本的"潜移默化"中，了解厦门，了解沙坡尾
结束部分	教师总结	教师完整讲述绘本，特别是历史发展部分，升华情感	激发幼儿对沙坡尾古早建筑的兴趣与喜爱
活动成果	加深幼儿对厦门、对沙坡尾的了解		
活动延伸	将绘本摆放在阅读角，幼儿可以继续阅读，教师可以制作有关沙坡尾的主题活动墙		
活动2：穿越时空的房子			
基本信息	幼儿园大班、课时：30分钟、学习领域：美术领域		
活动目标	1. 知道骑楼是沙坡尾古早建筑的一种类型；了解骑楼低矮、拥挤、楼房窄长的结构特点，感受骑楼的色彩特点 2. 能够在作品中体现骑楼的建筑特点以及色彩风格 3. 喜爱骑楼的建筑风格，激发对城市古早建筑的兴趣		
活动重难点	重点：掌握骑楼建筑特点，并在作品中体现 难点：骑楼装饰元素的创作，如墙面图案、阳台栏杆造型等		
活动准备	材料准备：骑楼图片，绘画工具（牛皮纸、铅笔、橡皮、马克笔、油画棒等） 经验准备：绘本阅读《这里是中国·厦门》		
活动环节	活动内容	活动任务	设计意图
导入部分	1. 回忆绘本 2. 观察沙坡尾骑楼建筑图片	观察骑楼图片并与同伴讨论；初步了解骑楼建筑特点	巩固幼儿经验，有利于下一环节幼儿的表达部分
展开部分	1. 介绍作画步骤 2. 教师个别指导	设计沙坡尾骑楼 （油画棒、水彩笔上色，或者彩色纸撕贴、剪贴、拓印等；这部分，老师可以结合幼儿实际能力灵活选择）	幼儿能通过绘画，表达自己的感受和想象

结束部分	1. 整理绘画工具 2. 集体分享作品内容、作画感受	幼儿轮流上台和同伴们分享自己建造楼房时的构思以及感受	激发幼儿对沙坡尾古早建筑的兴趣与喜爱
活动成果	绘画作品			
活动延伸	1. 区角活动：城市纪录片《骑楼记忆》，见创意工作坊2 教师自制放映机，并将幼儿在本次活动中的美术作品放至放映机中。手摇放映机右侧把手，幼儿的美术作品就会转动，仿佛纪录片一般一帧帧展示在大家眼前；该作品既可展示幼儿的美术作品，体现厦门早期城市风貌，又可作为本次主题活动的探究成果 2. 家园合作：照亮房子的灯 幼儿与父母一起准备一块圆形木板，并在木板中央粘贴迷你灯泡；随后将绘画作品贴在圆形木板的边上，一个小夜灯就此制成			

活动3：了不起的小船

基本信息	幼儿园大班、课时：30分钟、学习领域：美术领域		
活动目标	1. 了解小船的作用与功能：运输货物、出海打捞等 2. 能够完整呈现小船的工作内容，能合理安排房屋、小船的位置 3. 学会运用综合材料进行创作		
活动重难点	重点：用超轻黏土制作小船 难点：作品中房屋、货物等装饰部分的美工与设计		
活动准备	1. 工具准备：PPT，创作工具（蓝色卡纸、各色超轻黏土、教师剪成房屋造型的瓦楞纸、各色颜料、黑色马克笔） 2. 经验准备：初步了解古早小船的外部特征，阅读绘本《这里是中国·厦门》		
活动环节	活动内容	活动任务	设计意图
导入部分	1. 回忆绘本，故事导入 2. 观察绘本中航运部分和船的图片	总结船的作用和功能：运输货物、出海打捞	加深幼儿对船的作用与功能的了解
展开部分	1. 制作"海港区域"与小船 2. 教师个别指导	1. 与同伴交流自己的创作想法 2. 幼儿在已剪成房屋造型的瓦楞纸上涂上相应颜色的颜料，印在卡纸上部1/3（教师提前准备）；用笔刷蘸取白色颜料在卡纸空白处（"海港区域"）画白色波浪 3. 用各色黏土制作立体船只，并放置在"海港区域" 4. 在船只与居民区之间使用马克笔添加船夫、货物等	幼儿需要锻炼自己的手部肌肉来对黏土进行搓、揉、捏、压，这一过程可以促进幼儿的感知能力，提高手眼协调能力。
结束部分	1. 整理绘画工具 2. 集体分享作品内容与创作感受	幼儿和同伴们分享自己创作小船的构思及感受	帮助幼儿巩固对小船的造型特点的认识，感受海对城市发展的重要性
活动成果	手工作品			
活动延伸	1. 区角活动（角色区）：教师在该区角设置"码头"，放置用废旧物品制成的小船以及相关货物，供幼儿体验小船的一天；在此基础上还可提供船夫服装，使区角内的角色更丰富 2. 家园合作：幼儿将小船拟人化，通过对小船功能与作用的了解，与父母一起创编关于小船的故事《小船的一天》；随后，使用水彩笔、纸拼贴等技法表现小船一天所经历的精彩瞬间，并将每一瞬间的画面装订成绘本		

四、主题活动评价设计

表 1-2

评价目的	
1. 评估幼儿对沙坡尾特点的掌握程度 2. 观测幼儿在美术活动中表现的兴趣与态度 3. 评定幼儿的学习结果	
评价内容	
学习兴趣	1. 用沙坡尾作为表现对象，表达情感的意愿 2. 能根据主题与同伴合作
学习习惯	主动观察、感受和探究沙坡尾的情况
学业成果	1. 能简要说出骑楼的特点，沙坡尾的历史 2. 能运用美术的基本方法创作体现沙坡尾建筑特点的作品 3. 能运用综合材料的方法设计沙坡尾模型
细化评价观测点	
活动内容	评价观测点
认识沙坡尾	1. 认真阅读 2. 主动发表看法
骑楼建筑初体验	1. 能否说出骑楼的特点 2. 能否在画面中构成骑楼建筑 3. 能否从建筑的角度描述画面
主题性创作	1. 能否根据构思有意图地构成和组织画面 2. 能否根据构思大胆尝试各种工具和材质，进行沙坡尾的设计与表现 3. 能否通过作品表达自己的情感 4. 能否和其他幼儿合作

说明：本主题的评价，应结合主题教学内容，从学习过程中所体现出的兴趣与习惯以及学习成果的呈现两方面进行。评价内容以主题活动为载体，通过课堂观察、表现性任务分析和美术作品分析等路径，采用幼儿自评、互评和教师评价相结合的方式，以鼓励性语言和等第、评语的形式反馈评价结果。

第四节　创意工作坊活动方案

活动方案

（一）创意工作坊1：我家门前有片海

1. 活动信息

活动对象：大班幼儿

活动时间：30分钟

2. 活动目标

（1）了解厦门早期的城市布局以及建筑特点；认识海对厦门的重要影响；

（2）能够运用综合材料、各类技巧制作厦门早期的城市模型；

（3）体会厦门早期城市风貌，增添对家乡的喜爱之情；享受与同伴合作的快乐。

3. 材料准备

物质准备：纸板箱、蓝色及黄色安全沙；

经验准备：

（1）了解沙坡尾古早建筑、沙坡尾海港形状以及渔船造型等特点；

（2）已画过骑楼、制作过黏土小船。

4. 设计思路

内容设计：综合幼儿之前对沙坡尾的了解，进一步激发幼儿对沙坡尾的热爱之情，引导幼儿运用综合材料制作简单的城市建筑模型；

与现有学材课例的关系：是活动2"穿越时空的房子"与活动3"小船的一天"的延续，节约时间可以利用已画过的骑楼、制作完成的黏土小船；

教学方法：谈话法、讨论法、合作法。

5. 活动过程

（1）导入部分

谈话导入，回忆沙坡尾的建筑特色等；

总结：沙坡尾的海是月牙形；沙坡尾的建筑低矮，且建筑一层多为商铺；沙坡尾的船多为小渔船，且可运输货物；

了解创作材料及工具。

（2）展开部分

与同伴、教师一同讨论创作内容；

幼儿集体创作，教师及时引导。

创作步骤：

①在底板上方1/3处制作高台，作为居民区；

②将之前的骑楼作品进行修剪，贴在居民区（可以利用以前画过的画，前一环节可以鼓励幼儿多画两张）；

③在底板底处铺上蓝色、黄色沙子，作为海与沙堤；

④用手抹出海浪纹理，并在个别区域放置做好的黏土小船。

（3）结束部分

幼儿分享作品内容以及创作感受；

把这个模型放在美工区。

（4）活动延伸

将作品布置在班级环境中作为主题活动的成果展示，同时也起到美化班级环境的作用。此外，布置在班级环境中还可让主题活动对孩子的影响继续延续下去，形成新的活动。幼儿可以在个别化活动的时候，继续为"沙坡尾"增添美丽的风景和有趣的事物。

6. 活动收获

综合运用幼儿已经掌握的基本美术技法，使用综合材料进行创作，增强了幼儿的艺术表达能力。

本次创意工作坊，是幼儿美术领域与社会领域的融合，增强了幼儿的合作性，促进幼儿社会性发展。

（二）创意工作坊2：自制放映机

1. 活动信息

活动对象：大班幼儿

活动时间：30分钟

2. 活动目标

（1）了解沙坡尾的特色；

（2）大胆、简洁地描绘避风坞。

（3）进一步增添对沙坡尾的兴趣，激发对城市古早建筑的热爱。

3. 材料准备

物质准备：教师提前制作好的手摇放映机（需要纸板、热熔胶枪、白胶、裁纸刀、剪刀、圆规、尺子、圆管、竹签等），水彩笔，白色纸，勾线笔等；

经验准备：幼儿在主题活动中对沙坡尾特点已有初步认知。

4. 设计思路

内容设计：通过游戏的方式，加深幼儿对沙坡尾避风坞功能的理解；通过集体制作，体会动画片原理，同时激发幼儿对科学的热爱。

与现有学材课例的关系：是三个活动的延伸与拓展。

教学方法：合作法、探究法、游戏法。

5. 活动过程

（1）导入部分

故事导入，回忆沙坡尾特点，引出避风坞的特点。

（2）展开部分

与同伴、教师一同讨论创作内容；

幼儿集体创作"动画片"部分。

创作步骤：

① 结合骑楼特点，绘制避风坞（如果怕影响后面效果，教师可以打印底稿，幼儿添画）；

② 注意分工，不同幼儿绘制的小船位置不同；

③ 将绘画作品对折、粘贴在竹签上；

④ 教师进行组合。

（3）结束部分

教师展示，摇动放映机，说明船和港的关系；

教师简单讲解动画片原理，激发幼儿的科学兴趣。

（4）活动延伸

把这个模型放在美工区，作为玩教具，供幼儿探索、玩耍。

6. 活动收获

运用美术的方式进行创造性表达，在合作学习中了解科学知识；

幼儿能用自己制作的美术作品布置环境、美化生活。

（三）创意工作坊3：拼·骑楼记忆

1. 活动信息

活动对象：大班幼儿

活动时间：30分钟

2. 活动目标

（1）了解骑楼的色彩特色与建筑纹理特点；

（2）大胆配色，简单刻画骑楼墙面纹样；

（3）进一步增添对骑楼的兴趣，激发对城市古早建筑的热爱。

3. 材料准备

物质准备：教师已画出大致线稿的骑楼拼图块、各色马克笔、底板画有拼图块造型的相框（注意拼图块的缝隙要整齐，方便幼儿移动）；

经验准备：在"穿越时空的房子"活动中对骑楼色彩有初步认知。

4. 设计思路

内容设计：通过游戏的方式，加深幼儿对骑楼建筑特色的理解；

与现有学材课例的关系：活动1"这里是沙坡尾"与活动2"穿越时空的房子"的延伸；

教学方法：合作法、讨论法、游戏法。

5. 活动过程

（1）导入部分

谈话导入，回忆骑楼特点；

总结：共有2—3层，1层多为商铺的小房子，商铺装饰色彩鲜艳。

（2）展开部分

仔细观察图片，找不同；

教师分别展示三组骑楼图片，每一组骑楼图片中有两幅外表相似但纹理刻画不同的骑楼，让幼儿在"找不同"的游戏中知道骑楼纹理的多种可能；

总结：骑楼阳台栏杆上的柱子融合西方古典柱式，外墙上的花纹融合西方元素，门的造型有方型门、圆拱门等，玻璃门上可能贴有菱形、圆形、三角形等造型的彩纸；

小组讨论、分享自己心中骑楼的花纹样式；

教师展示拼图原貌，分发拼图块；

开始作画，教师个别指导；引导幼儿大胆运用对比色，刻画不同造型纹理，并将纹理刻画细致。

（3）结束部分

将作品置于相框的相应位置，组成骑楼拼图；

欣赏作品，与作品合影。

（4）活动延伸

益智区"建造新骑楼"：幼儿尝试打乱原有拼图模式，建造新拼图，教师准备的"拼图"越多，幼儿创造的新骑楼样式越多；

如果教师觉得"拼图"不好裁割，不方便，可以直接裁成正方形或者长方形，后续可以四角打洞，用绳子串起悬挂，作为吊饰隔断，用于环境创设布置。

6. 活动收获

幼儿积极参与艺术活动，在活动中与他人相互配合，有助于社会性发展；

幼儿能用自己制作的美术作品布置环境、美化生活。

第二章
小学美术单元课程与教学设计[1]

第一节 美术课程标准解读

一、"欣赏·评述"课例

（一）研读标准

本单元课程设置为小学三年级"欣赏·评述"学习领域的教学内容。《义务教育美术课程标准（2011年版）》（以下简称《课程标准》）中第二学段3—4年级的目标是"欣赏符合学生认知水平的中外美术作品，用语言或文字等多种形式描述作品，表达感受与认识"。本单元引导学生通过对沙坡尾与红砖厝进行观察、描述和分析，认知作品的思想内涵、形式与风格特征、相关的历史与背景，并用语言、文字等多种方式表达自己的认识，逐步形成审美趣味和美术欣赏能力。

（二）明确类型

本单元属于"欣赏·评述"学习领域。课时规划：4课时。

（三）确定内容

《课程标准》中"欣赏·评述"学习领域的课程分目标包括：①尝试对美术作品，特别是具有我国民族特色的美术作品，用语言或文字进行描述，用多种方式表达自己的感受与认识；②搜集我国民间美术作品，并了解其中的特点或寓意，进行交流；③以小组合作学习的方式，讨论我国民居建筑的特色。

本单元教材的学习内容基于以上3点进行设定。

二、"创意·表现"课例

（一）研读标准

本单元课程设置为小学三年级"创意·表现"学习领域的教学内容。《课程标准》中第二学段3—4年级阶段的目标是"初步认识线条、形状、色彩与肌理等造型元素，学习使用各种工具，体验不同媒材的效果，通过观察、绘画、制作等方法表现所见所闻、所感所想，激发丰富的想象，唤起创造的欲望"。本单元主要通过不同的创作方法表现对象、

---

[1] 本章作者：上海师范大学美术学院美术教育专业硕士研究生刘朱怡。

表达情感。

（二）明确类型

本单元属于"创意·表现"学习领域。课时规划：4课时。

（三）确定内容

《课程标准》中"创意·表现"学习领域的课程分目标包括：①观察、认识与理解线条、形状、色彩、空间、明暗、肌理等基本造型元素，运用对称、均衡、重复、节奏、对比、变化、统一等形式原理进行造型活动，增进想象力和创新意识；②通过对各种美术媒材、技巧和制作过程的探索及实验，发展艺术感知能力和造型表现能力；③体验造型活动的乐趣，敢于创新与表现，产生对美术学习的持久兴趣。

本单元教材的学习内容基于以上3点进行设定。

第二节 小学美术单元学材

一、第一单元："欣赏·评述"

第一课：走进沙坡尾
第二课：古老安静的渔港
第三课：走进红砖厝
第四课：红砖厝里的独特记忆

二、第二单元："创意·表现"

活动一：旧时光里的留声机
活动二：今天的文化创意港
活动三：沙坡尾的前世今生

第三节 "欣赏·评述"单元课程教学设计

一、单元课程目标设计

课程目标

1. 学生能够知道
· 欣赏方法，如情境法、对话法、费德曼四步法等；
· 视觉元素，如线条、形状、色彩、肌理、空间等；
· 形式原理，如对称、均衡、节奏等；
· 色彩知识，如原色、间色、复色、冷色调、暖色调、对比色、邻近色等。

2. 学生能够做到
· 用不同的欣赏方法，启发自己对作品的想法与感受；
· 用不同的欣赏方法欣赏其他建筑，学会迁移；
· 倾听别人的意见，尊重他人的见解。

3. 学生能够理解
· 闽南古建筑的人文价值与建筑背后的文化底蕴，增强民族自豪感；
· 传统建筑中的文化传承和创新精神，形成文化认同感；
· 在欣赏建筑作品时，可以尝试各种欣赏方法，进行多角度欣赏；
· 在参与班级或小组的各种欣赏活动中，能尊重和理解别人不同的看法或想法，虚心倾听、理解别人的意见或建议。

4. 核心素养

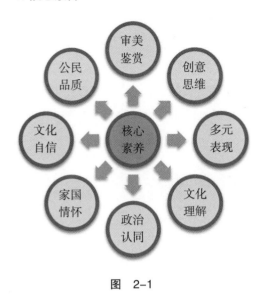

图 2-1

二、单元教材教法分析

（一）分析单元定位

1. 细化"课程目标"

根据"课程目标"，三年级美术在"欣赏·评述"学习领域的学习活动建议包括：①对美术作品，特别是具有我国民族特色的美术作品，尝试用语言或文字进行描述，用多种方式表达自己的感受与认识；②搜集我国民间美术作品，并了解其中的特点或寓意，进行交流；③以小组合作学习的方式，讨论我国民居建筑的特色。

2. 以往学习基础

通过二年级的学习，学生对建筑形成了一定的感受和理解力，具备了一定的审美判断能力。

3. 未来学习要求

本单元要求学生掌握多种欣赏方法对建筑进行解读与分析。

4. 单元定位

本单元作为小学学段美术中"欣赏建筑"主题学习的最高阶段，教师应引导学生深入了解建筑的历史、功能、空间、造型、色彩、文化，综合运用各种欣赏方法，提高鉴赏能力。

（二）整合内容结构

1. 梳理教材内容

能够从历史、空间、功能、结构、造型与色彩维度欣赏沙坡尾；

能够从文化的角度深入欣赏沙坡尾；

能够通过"摸一摸""看一看"来欣赏红砖厝；

能够通过红砖厝图饰深层次了解红砖厝背后寓意。

2. 单元教学内容结构

（1）学科知识与学科技能

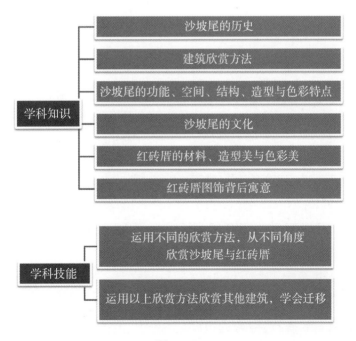

图 2-2

第一部分 感悟鹭岛古风

（2）人文内涵

① 建筑是一本史书，从建筑可以阅读历史；

② 建筑是人类文明的脉络，保存与延续着思想文化；

③ 建筑与人类生活交汇融合，焕发新的生机。

本单元教学内容的核心是"建筑的欣赏方法"，可以结合建筑特色及不同的欣赏方法，提炼出相关的人文内涵。如第二课"古老安静的渔港"介绍了沙坡尾的渔文化，浓缩了厦门老一辈对码头的记忆和追念，学生从而了解沙坡尾的古建新生。在第四课"红砖厝里的独特记忆"中，建筑独有的雕饰纹样向人们传递着文化意义和时代精神。

（3）审美层面

① 建筑的功能与空间；

② 建筑的结构与技术；

③ 建筑的造型与细部；

④ 建筑的象征和意义。

（三）分析教法依据

1. 教学内容特点

本单元主要是对厦门传统建筑的欣赏方法进行理解、运用与迁移。

2. 学段学情特点

一方面，三年级的学生已经对部分欣赏方法有了一定的了解，具备了进行建筑欣赏的自主探究性学习的基础和能力；另一方面，通过之前的学习，三年级学生形成了一定欣赏经验，具备了运用所学知识和实践经验进行分析的基础和能力。

3. 教学资源选取

本单元选取的与教学内容直接关联的素材资源主要是用于描绘与表现沙坡尾以及红砖厝的各种工具和材料，如水彩笔、铅笔、橡皮、画纸等。在单元学习的各个阶段，教师可以指导学生利用它们进行有效实践，形成学习成果。

本单元设计的技术资源主要有：

（1）信息技术资源：通过不同的欣赏方法，营造出生动活泼的教学情境，激发学生学习的积极性，促使他们进行自主思考和探究。

（2）实践技术资源：学习单能够帮助学生更好地规划探究性学习的步骤，提高探究的效率，形成对学习经历和探究过程的记录。

（3）教学环境资源：通过对沙坡尾与红砖厝中各处景物的实地观察和拍摄，为学生探究性学习的开展提供更加生动、丰富的内容和素材。

（四）设计教学方法

结合分析，预设本单元的主要教学方法：

1. 教师主导——讲授：针对概念性知识进行讲授，如沙坡尾的历史、空间、功能、结构、造型与色彩特点，红砖厝的材料、造型、色彩与图饰。

2. 学生自主——观察与探究：针对不同欣赏方法以及知识点，通过实地考察，引导学生结合以往的基础和学习经验，充分调动学习主动性，进行探究性学习。

3. 师生互动——交流与讨论：针对人文内涵及审美层面，引导学生结合所学知识及以往基础，积极进行思考，通过语言、文字等方式进行交流讨论，形成一定的理解与感悟。

（五）定位学科能力

1. 关键能力

审美能力；

感受与鉴赏能力。

2. 其他能力

自主思考与探索的能力；

共情能力；

合作、表达与交流的能力。

三、单元教学活动设计

（一）单元教学目标

知识与技能：认识沙坡尾的历史、功能、空间、结构、造型与色彩特点，深入了解沙坡尾的渔文化，提高在文化情境中欣赏美的能力；认识红砖厝的材料、造型、色彩特点，了解红砖厝装饰图饰特点及其背后的寓意；利用不同的建筑欣赏方法欣赏沙坡尾和红砖厝。

过程与方法：①从历史、功能、空间、结构、造型与色彩维度欣赏沙坡尾；②从文化维度深层次欣赏沙坡尾；③通过"摸一摸"与"看一看"欣赏红砖厝的美；④从图饰寓意深入欣赏红砖厝。

情感、态度和价值观：理解沙坡尾与红砖厝在厦门建筑群中的重要性；感受闽南传统古建筑的价值与保护意义，领会传承与创新相辅相成的关系，感悟沙坡尾与红砖厝所蕴含的文化底蕴，筑文化认同，扬家国情怀。

（二）单元教学重难点

教学重点：运用不同方法欣赏沙坡尾与红砖厝。

教学难点：从文化与精神层面深入欣赏沙坡尾和红砖厝。

（三）单元学习活动

1. 设计单元活动框架

根据本单元教学目标、教学重点和难点，对单元主要学习活动进行规划。

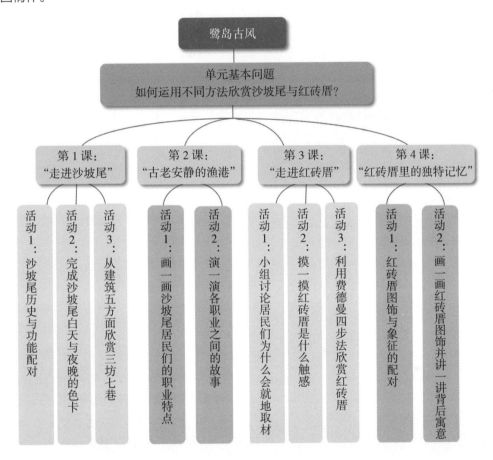

图 2-3

2. 制订每课活动方案

表 2-1

第1课：走进沙坡尾	
基本信息	三年级、一课时、学习领域：欣赏·评述
核心问题（大观念）	如何从建筑五方面欣赏沙坡尾？

第一部分　感悟鹭岛古风

续表

小问题	1. 不同时期的沙坡尾有着怎样的历史？ 2. 不同时期的沙坡尾有着怎样的区域功能？ 3. 沙坡尾的空间、结构、造型与色彩有什么特点？ 4. 如何从建筑五方面欣赏沙坡尾并学会知识与方法迁移？		
教学目标	1. 知识与技能：认识沙坡尾的历史各阶段对应的功能；了解沙坡尾空间、结构、造型与色彩的特点；从建筑的历史、功能、空间、结构、造型与色彩方面欣赏建筑 2. 过程与方法：了解沙坡尾历史——思考沙坡尾功能——感受沙坡尾空间——找到沙坡尾结构线——认识沙坡尾造型与色彩——欣赏福州的三坊七巷 3. 情感、态度和价值观：理解不同时期的沙坡尾在厦门建筑群中的重要性；激发对传统建筑的热爱之情与探索建筑艺术的兴趣，提升欣赏能力		
教学重难点	1. 重点：了解沙坡尾的历史、功能、空间、结构、造型与色彩 2. 难点：学会迁移，从建筑五方面欣赏福州的三坊七巷		
教学资源	1. 教具：多媒体、沙坡尾图片、福州的三坊七巷图片 2. 学具：铅笔、橡皮等绘画工具		
活动环节	活动内容	活动任务	设计意图
课前导入	1. 播放视频，了解沙坡尾各阶段历史与功能 2. 导入课题 · 渔民迁入，开埠通商（明末清初—清末民初）——兼具渔港、商港、军港的属性 · 渔区发展，港池建设（民国初期—1949年前）——形成一个为渔业生产服务的供应网 · 体制变革，渔港发展（1949年—20世纪90年代）——渔村发展成为厦门市三大工业区之一 · 渔业衰败，渔港没落（20世纪90年代—2014年）——大型渔船无法进入沙坡尾，渔港功能转移 · 渔港退渔，整体改造（2015年至今）——沙坡尾传统生产性渔港功能消逝，产业发生转变	完成沙坡尾历史与功能配对连线。	通过视频的方式引导学生进入主题学习内容，激发学生对沙坡尾的探索兴趣
新课讲授	1. 播放沙坡尾的图画或者照片，找一找沙坡尾街道建筑的内部空间与外部空间 2. 介绍建筑师芦原义信，并通过在照片上绘画的方式，直观了解建筑的第一轮廓线与第二轮廓线 3. 播放沙坡尾航拍的视频或者照片，引导学生想象沙坡尾外在的造型 4. 对比播放白天与夜晚的沙坡尾，引导学生涂一涂，完成色卡小练习	1. 每位同学动手画一画沙坡尾的第一轮廓线与第二轮廓线 2. 根据白天与夜晚沙坡尾照片，绘制色卡	通过照片可以更加直观了解空间；通过画一画、涂一涂等小活动可以激发学生的学习兴趣

续表

教师示范学生实践	1. 教师示范从建筑五方面欣赏沙坡尾 2. 引导学生从建筑的历史、功能、空间、结构、造型与色彩欣赏福州的三坊七巷	从建筑五方面欣赏三坊七巷，学会迁移	在欣赏沙坡尾时可以很好地回顾本课的知识，并在欣赏三坊七巷中学会知识与方法迁移
总结与拓展	1. 总结：我们可以从建筑的历史、功能、空间、结构、造型与色彩进行欣赏 2. 思考：还有什么方面可以深入欣赏建筑呢？		为下节课埋下伏笔
活动成果	学生对于沙坡尾、三坊七巷的欣赏与交流		
评价方案	1. 了解沙坡尾历史与建筑特点 ☺☺☺ 2. 运用今天所学的方法欣赏其他建筑，学会迁移 ☺☺☺		

表 2-2

第 2 课：古老安静的渔港			
基本信息	三年级、一课时、学习领域：欣赏·评述		
核心问题 （大观念）	如何从建筑的文化维度深入欣赏沙坡尾？		
小问题	1. 沙坡尾有怎样的文化？ 2. 现在的沙坡尾如何被保护从而新生？ 3. 如何运用情景剧的方式深入欣赏沙坡尾？		
教学目标	1. 知识与技能：了解沙坡尾的渔文化，感受沙坡尾今昔的变化，通过小组合作情景剧的方式，演一演自己所理解的沙坡尾文化 2. 过程与方法：创设情境——讨论沙坡尾今昔的异同——选择沙坡尾居民们的职业——情景剧演一演对于沙坡尾文化的独特理解 3. 情感、态度和价值观：感悟沙坡尾建筑中所蕴含的文化底蕴，形成保护与发展沙坡尾的意识，激发文化认同与家国情怀		
教学重难点	1. 重点：今昔沙坡尾文化的异同 2. 难点：通过情景剧的方式表达对于文化的理解		
教学资源	1. 教具：多媒体、沙坡尾今昔的图片和视频、鱼竿 2. 学具：铅笔、橡皮等绘画工具		
活动环节	活动内容	活动任务	设计意图
课前导入	1. 老师做捕鱼、钓鱼的动作，创设情境 2. 导入课题	学生猜猜老师的动作	创设情境，引导学生进入主题
新课讲授	1. 通过沙坡尾的纪录片，了解沙坡尾的渔市、蛋民，初步了解渔文化 2. 引导学生讨论自己理解的渔文化是怎样的 3. 老师拿出钓鱼竿，结合图片，具体介绍"延绳钓"；引导学生了解过去的沙坡尾形成了一个为渔业生产服务的供应网	1. 小组讨论，说说自己理解的渔文化是怎样的？ 2. 说一说过去沙坡尾形成的渔业生产服务的供应网有哪些职业呢？ 3. 说一说现在沙坡尾引入的创意产业？	通过环环相扣的小活动，以及沙坡尾今昔的对比，逐步加深学生对于沙坡尾文化的理解，形成保护与发展沙坡尾的意识

第一部分 感悟鹭岛古风 23

续表

新课讲授	4.老师展示现在沙坡尾的照片，引导学生思考，沙坡尾的今昔的区别是什么？		
教师示范学生实践	1. 老师画下渔夫的特点，将道具戴在头上，并进行渔夫的演绎 2. 以小组为单位，进行情景剧的演绎	选择一个职业，并画下他们职业特点，以小组为单位，演一演他们之间会发生什么有趣的故事呢？	通过情景剧的方式，学生可以更加有趣地表达对于沙坡尾文化的理解
总结与拓展	总结：欣赏建筑艺术，还要由表及里真正走进去；今天，我们感受沙坡尾文化的独特魅力，下节课让我们走进红砖厝进行学习吧！ 拓展：除了情景剧，我们还可以编写故事的形式对建筑进行深入欣赏		回顾本节课所学习的内容，引导学生尝试使用不同的方法欣赏
活动成果	情景剧：演一演沙坡尾中各职业之间的故事		
评价方案	1.在欣赏过程中可以了解沙坡尾的渔文化 2.勇于表达自己对沙坡尾文化的理解 3.激发文化认同与家国情怀		

表 2-3

第3课：走进红砖厝				
基本信息	三年级、一课时、学习领域：欣赏·评述			
核心问题（大观念）	如何运用费德曼四步法欣赏红砖厝？			
小问题	红砖厝有什么特点？ 红砖厝的造型与色彩有什么寓意吗？ 如何运用费德曼四步法欣赏红砖厝？			
教学目标	1.知识与技能：了解红砖厝的历史、材料、造型与色彩的特点；感受建筑所蕴含的人文精神；运用费德曼四步法欣赏红砖厝 2.过程与方法：导入—"摸一摸"——"看一看"红砖厝的造型与色彩——运用费德曼四步法欣赏红砖厝 3.情感、态度和价值观：感悟红砖厝的色彩美与造型美，理解红砖厝在厦门建筑群中的重要性			
教学重难点	重点：红砖厝的材料、色彩与造型特点 难点：运用费德曼四步法欣赏红砖厝			
教学资源	教具：多媒体、教材、红砖厝图片 学具：铅笔、橡皮等绘画工具			
活动环节	活动内容	活动任务		设计意图
课前导入	1.老师将厦门红砖放在黑色塑料袋中，让学生上台摸一摸，猜猜是什么？ 2.导入课题	学生上台摸一摸，并猜测		通过"摸一摸"让学生感受建筑的触感，激发学习兴趣

续表

新课讲授	1.播放红砖厝图片，民居就地取材，大量采用当地厦门红砖为建筑材料 2.老师展示燕尾脊的图片，引导学生描述燕尾脊的特征 3.老师展示不同的红色，让学生选择红砖厝的红是哪一种红色？ 4.通过了解红砖厝的造型与色彩背后的寓意，感受闽南人不断拼搏、勇于进取的精神	1.小组讨论：居民们为什么会就地取材呢？ 2.欣赏燕尾脊，描述燕尾脊的特征 3.调一调：尝试调出红砖厝的红色	引导学生学习燕尾脊的造型与色彩，提升审美敏感性；通过了解背后的寓意，有利于感受建筑的人文精神
教师示范学生实践	1.老师示范运用费德曼四步法欣赏沙坡尾 2.学生运用费德曼四步法欣赏红砖厝	运用费德曼四步法欣赏红砖厝	加深对于红砖厝特点的理解
总结与拓展	总结：我们今天通过"摸一摸""看一看"欣赏了建筑！相信你一定不会忘记红砖厝具有"红砖白石双坡曲，出砖入石燕尾脊，雕梁画栋皇宫式"的特点了 思考：红砖厝表面有哪些图案呢？		回顾本节课所学习的内容，为下一节课作铺垫
活动成果	运用费德曼四步法欣赏红砖厝		
评价方案	1.认识红砖厝的材料、造型与色彩特点 2.感受闽南人不断拼搏、勇于进取的精神 3.学会运用费德曼四步法欣赏红砖厝		

表 2-4

第4课：红砖厝里的独特记忆	
基本信息	三年级、一课时、学习领域：欣赏·评述
核心问题（大观念）	如何近距离深层次欣赏红砖厝？
小问题	1.红砖厝哪些部位有图饰呢？ 2.红砖厝的装饰图饰有什么寓意吗？
教学目标	1.知识与技能：了解红砖厝的装饰图饰，了解红砖厝运用图饰的位置以及图饰的寓意，尝试画一画，并说一说背后的寓意 2.过程与方法：欣赏墙身图饰——欣赏梁架图饰——欣赏规尾图饰——画一画红砖厝图饰——交流分享 3.情感、态度和价值观：理解红砖厝图饰背后寓意，感悟红砖厝的文化魅力，近距离认识闽南古建的人文价值，提升对传统建筑的解读能力，激发文化认同与家国情怀

第一部分 感悟鹭岛古风

教学重难点	重点：红砖厝图饰特点与背后的寓意 难点：红砖厝图饰背后的寓意		
教学资源	教具：多媒体、红砖厝图饰图片 学具：铅笔、橡皮等绘画工具		
活动环节	活动内容	活动任务	设计意图
课前导入	1. 回顾上节课知识点，上节课我们从材料、造型、色彩欣赏了红砖厝，这节课让我们近距离从细部观察与欣赏红砖厝 2. 引出课题	认真回顾上节课所学习的内容	开门见山，通过上节课知识点的回顾有助于学生快速进入主题
新课讲授	1. 通过图片、视频，引导学生了解红砖厝图饰的位置 （1）欣赏墙身图饰 （2）欣赏梁架图饰 （3）欣赏规尾图饰 在屋脊下"鸟踏线"以上的山尖称为"规尾" 2. 观看视频，提问：人们为什么要用这些图饰呢？并完成连一连小练习 六角形代表"六六大顺"；八角形代表"八方如意"；钱币代表着富贵财运；葫芦与"福禄"音似，葫芦图形又有福气的意思	1. 讨论红砖厝图饰的位置 2. 思考红砖厝图饰意义，完成红砖厝图饰与象征意义的配对	引导学生学习红砖厝图饰的位置与意义；通过了解寓意，有利于感受建筑的精神
教师示范学生实践	1. 老师选择梁架图饰，画下喜鹊，并讲述其喜气吉祥的寓意 2. 画下最喜欢的图饰，并分享交流	选择一个你最喜欢的红砖厝图饰，并画下它，向大家分享一下其背后的寓意	加深对于红砖厝图饰特点与背后寓意的理解
总结与拓展	总结：建筑独有的雕饰纹样向人们传递着文化意义和时代精神，今天我们近距离观察与欣赏了红砖厝，认识了图饰背后的寓意 拓展：大家可以运用同样的方法，近距离欣赏一下身边其他的建筑吗？		回顾本节课所学习的内容，引导学生学会知识与方法迁移
活动成果	红砖厝图饰绘画作品展示与交流		
评价方案	1. 认识红砖厝的图饰 ☆☆☆☆ 2. 理解红砖厝的图饰所蕴含的寓意 ☆☆☆☆		

四、单元评价设计

表 2-5

评价目的
1. 评估学生对沙坡尾与红砖厝的历史、功能、空间、结构、造型、色彩、文化的掌握程度
2. 观测学生在欣赏沙坡尾和红砖厝过程中的兴趣与态度
3. 评定学生运用不同欣赏方法进行欣赏的学习结果

评价内容	
学习兴趣	1. 体验沙坡尾建筑的历史、功能、空间、结构、造型、色彩、文化和红砖厝的材料、色彩与造型、图饰与寓意 2. 用不同方法欣赏沙坡尾和红砖厝,传承记忆与情怀
学习习惯	主动观察、感受和探究沙坡尾和红砖厝的情况
学业成果	1. 能了解沙坡尾与红砖厝的历史、功能、空间、结构、造型、色彩、文化 2. 能运用不同的方法欣赏沙坡尾和红砖厝 3. 在欣赏过程中,勇于表达,传承先辈记忆与情怀

细化评价观测点	
活动内容	评价观测点
走进沙坡尾	1. 了解沙坡尾历史、功能、空间、结构、造型、色彩 2. 能够从建筑五方面欣赏沙坡尾 3. 理解不同时期的沙坡尾
古老安静的渔港	1. 了解沙坡尾的渔文化 2. 结合情景剧深入欣赏沙坡尾 3. 小组合作,勇于表达 4. 激发文化认同与家国情怀、增进自己对沙坡尾文化的理解
走进红砖厝	1. 了解红砖厝建筑的特点 2. 运用费德曼四步法欣赏红砖厝 3. 理解红砖厝的色彩美与造型美 4. 在欣赏过程中,感受红砖厝建筑与当地人的关系
红砖厝里的独特记忆	1. 了解红砖厝图饰背后的寓意 2. 能够结合绘画从文化层面欣赏红砖厝 3. 勇于表达自己对红砖厝文化的理解 4. 激发文化认同与家国情怀

说明:本单元的评价应结合单元教学内容,围绕"沙坡尾"和"红砖厝建筑",从学习过程中所体现出的兴趣与习惯,以及学习成果的呈现两方面进行。评价内容以单元活动为载体,通过课堂观察、表现性任务分析和美术作业分析等路径,采用学生自评、互评和教师评价相结合的方式,以鼓励性语言和等第、评语的形式反馈评价结果。

第四节 "创意·表现"单元课程教学设计

一、单元课程目标设计

课程目标

1. 学生能够知道

· 视觉元素，如线条、形状、色彩、肌理、空间等；

· 形式原理，如对称、均衡、节奏等；

· 色彩知识，如原色、间色、复色、冷色调、暖色调、对比色、邻近色等；

· 构图形式，如横线、垂线、十字形、S形、圆形、三角形等；

· 透视知识，如平行透视、成角透视等；

· 造型表现方法，如写实、夸张、变形等；

· 立体书表现手法，如V型结构、平行折线结构等。

2. 学生能够做到

· 用基本的摄影和绘画构图形式，合理而有美感地安排画面；

· 用色彩与透视原则，描绘自己对身边建筑的认识和感受；

· 用立体书的方式，使用平面变立体的技巧，创作承载着沙坡尾前世今生记忆的立体书；

· 反思自己创作或制作的作品，倾听别人的意见或建议。

3. 学生能够理解

· 使用传统或现代的工具，采用不同的表现形式，可以创作不同风格的美术作品；

· 在创作美术作品时，应大胆想象、擅于变通，并尝试以自己的想法创作富有创意的美术作品；

· 在参与班级或小组的各种活动中，能尊重和理解别人不同的看法或想法；对自己创作或制作的作品能进行反思，虚心倾听、理解别人的意见或建议，并加以改进；

· 理解家乡文化，体会老厦门人对于沙坡尾的情怀，并将这份独特的记忆传承下去；

· 提高保护厦门传统建筑的意识，增强民族自豪感，形成文化认同，筑家国情怀。

4. 核心素养

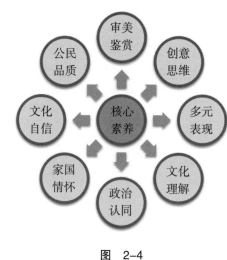

图 2-4

二、单元教材教法分析

（一）分析单元定位

1. 细化课程目标

根据课程目标，三年级美术在"创意·表现"学习领域的学习活动建议包括：①用写生（速写）、记忆、想象和创造等方式，进行造型表现活动；②学习线条、形状、色彩和肌理的基本知识，并用于描绘事物，表达情感；③选择各种易于加工的媒材，运用剪贴、折叠、切挖和组合等方法，进行有意图的造型活动。

2. 以往学习基础

通过二年级的学习，学生对建筑形成了一定的感受和理解力，对各类表现手法有了一定了解，动手能力也有所增强，具备了一定的表现能力。

3. 未来学习要求

本单元要求学生掌握多种技法，制作出一本承载着厦门传统建筑记忆、有温度的立体书作品。

4. 单元定位

本单元作为小学学段美术中"表现建筑"主题学习的最高阶段,教师应引导学生深入了解建筑的功能与空间、造型与色彩、故事与文化,综合运用以往所学的建筑知识与创作方式,进行个性化表现,提高表现能力。

(二) 整合内容结构

1. 梳理教材内容

沙坡尾实地考察创意活动

摄影创意活动

立体书内页(立体)创意活动

立体书封面(平面)创意活动

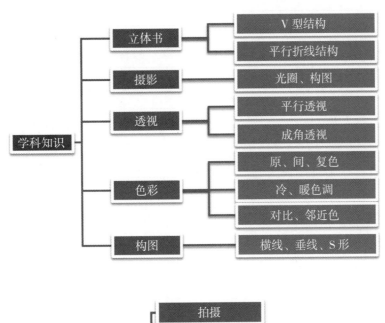

图 2-5

2. 单元教学内容结构

(1) 学科知识与学科技能[1]

(2) 人文内涵[2]

① 建筑融汇了艺术与历史的记忆;

② 建筑保存与延续着思想文化;

③ 建筑是人的认知与情感的体现。

(3) 审美层面

① 感受平面变立体的魅力;

② 感受颜色之间的搭配美;

③ 感受不同构图的美感;

④ 体验和感悟不同的创作手法创作出的画面。

(三) 分析教法依据

1. 教学内容特点

本单元主要是学习与应用平面变立体的方法,色彩、透视与构图原理。

2. 学段学情特点

一方面,三年级的学生已经初步了解了视觉元素、形式原理、色彩知识、构图形式等;另一方

---

[1] 本单元学科知识与技能的核心是"表现手法",即彩铅技法、立体书制作方法,旨在引导学生不同的表现手法,进行表现与创作实践。

[2] "人文内涵"应依据单元知识与技能,结合学情及地域特色,思考教学内容和人文内涵各个领域的联系。本单元教学内容的核心是"建筑的表现手法",可以结合建筑本身及不同的表现手法,提炼出相关的人文内涵。

第一部分 感悟鹭岛古风 | 29

面，通过之前的学习，三年级学生形成了一定的色彩表现与构图经验，具备了运用所学知识和实践经验进行创作的基础和能力。

3. 教学资源利用

本单元选取的与教学内容直接关联的素材资源主要是用于表现沙坡尾的各种绘画工具和材料，如彩铅、剪刀、胶水、画纸等。教师可以利用它们在单元学习的各个阶段保障学生进行有效实践，形成学习成果。

本单元设计的技术资源主要有：

（1）信息技术资源：通过自创的多媒体探究游戏，营造出生动活泼的教学情境，激发学生学习的积极性，促使他们进行自主思考和探究。

（2）实践技术资源：学习任务单能够帮助学生更好地规划探究性学习进度，提高探究效率，形成对学习经历和探究过程的记录。

本单元选取的教学环境资源——沙坡尾，为学生探究性学习的开展提供更加生动和丰富的内容和素材。

（四）设计教学方法

结合分析，预设本单元的主要教学方法：

1. 教师主导——讲授：针对概念性知识进行讲授，如固有色、环境色、S形构图、摄影的光圈、平行透视、成角透视、立体书概念、立体书技法等。

2. 学生自主——观察与探究：针对知识内容，引导学生结合以往的学习基础和学习经验，充分调动学习主动性，从日常生活中的现象出发，进行探究性学习。

3. 师生互动——交流与讨论：针对人文内涵及审美层面的内容，引导学生结合所学知识及以往基础，积极进行思考，通过语言或者文字的交流讨论，形成一定的理解与感悟。

（五）定位学科能力

1. 关键能力

对视觉信息的解读能力；

运用所学知识与技能进行表现和创作的能力；

自主思考与探究平面变立体、色彩规律、摄影现象的能力；

表达创作过程及创作体会的能力。

2. 其他能力

沟通、合作的能力；

复杂环境下解决综合问题的能力。

三、单元教学活动设计

（一）单元教学目标

知识与技能：回顾沙坡尾的前世今生，掌握色调、透视原理、拍摄原理、彩铅技巧与立体书的技巧，制作一本承载着沙坡尾记忆、有温度的立体书。

过程与方法：构思——草图——正稿——细节——成书

情感、态度和价值观：理解沙坡尾在厦门建筑群中的重要性；感悟沙坡尾建筑所蕴含的文化底蕴，感受和欣赏沙坡尾今昔的不同魅力，筑文化认同，扬家国情怀。

（二）单元教学重难点

教学重点：理解色彩的构成与组织规律、空间中的透视关系、摄影原理与平面向立体的转变的V形结构和平行折线结构。

教学难点：运用色调规律，组织画面色彩；将成角透视运用到建筑绘画中；将V形与平行折线结构运用到立体书的制作。

（三）单元学习活动

1. 设计单元活动框架

根据本单元教学目标、教学重点和难点，对单元主要学习活动进行规划。

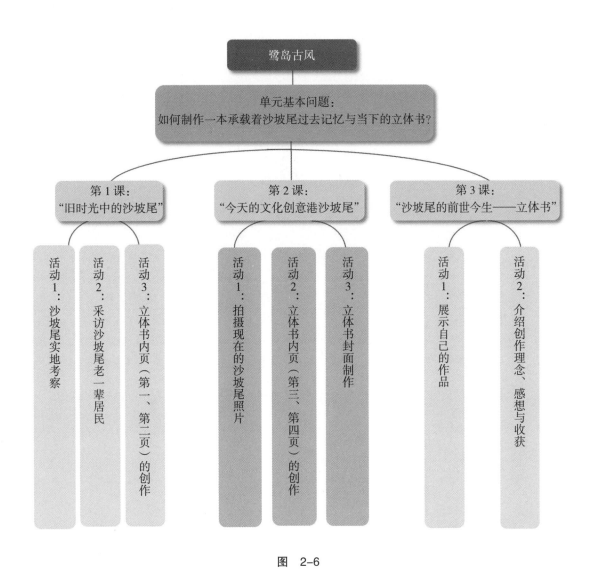

图 2-6

2. 制订每课活动方案

表 2-6

第1课：旧时光中的沙坡尾	
基本信息	三年级、一课时、学习领域：造型·表现
核心问题（大观念）	如何创作出表现旧时光中的沙坡尾的作品？
小问题	1. 这些古老的沙坡尾建筑背后有哪些故事呢？ 2. 如何让平面变成立体呢？ 3. 如何在作品中体现这是过去的沙坡尾呢？
教学目标	1. 知识与技能：采访沙坡尾老一辈居民，挖掘建筑背后的故事，掌握立体书V形结构与色调规律；制作表现旧时沙坡尾的立体书内页（第一、第二页） 2. 过程与方法：设计采访稿——实地采访——记录沙坡尾背后故事——语音转文字——创作立体书内页 3. 情感、态度和价值观：感悟沙坡尾建筑背后所蕴含的故事，激发对沙坡尾的探索兴趣，传承沙坡尾的记忆
教学重难点	1. 重点：沙坡尾背后的故事、立体书V形结构与色调规律 2. 难点：利用V形结构与色调规律制作旧时沙坡尾的立体书内页
教学资源	1. 教具：多媒体、沙坡尾过去的图片、沙坡尾立体书 2. 学具：铅笔、橡皮、水笔等绘画工具，录音笔、胶带、剪刀

第一部分 感悟鹭岛古风 | 31

续表

活动环节	活动内容	活动任务	设计意图
课前准备	1. 设计采访稿，小组合作到沙坡尾实地考察 2. 围绕"过去的沙坡尾"，采访沙坡尾老一辈居民，记录建筑背后的故事		通过亲自设计采访稿与实地考察更能激发对沙坡尾的探索兴趣
课前导入	1. 同学们分享：采访沙坡尾老一辈居民，谈谈建筑背后的故事 2. 引出课题	分享与交流采访所记录的故事	创设在过去沙坡尾的情境
新课讲授	1. 提问引出立体书：我们如何通过视觉的方式有趣地留住旧时光中沙坡尾的这些感人故事呢？ 2. 引出这节课的小任务，制作旧时沙坡尾的立体书内页（第一、第二页） 3. 播放立体书的照片以及视频，学生思考：如何才能将平面的变成立体的呢？介绍立体书V形结构 4. 对比播放不同色调的图片，提问：这些图片都给了你什么样的感受呢？让学生了解色调是指一幅作品色彩外观的基本倾向；一幅绘画作品虽然用了多种颜色，但总体有一种倾向，可以表达情感或者一种氛围。引导学生根据采访的故事感觉选择色调 5. 播放老电影，引导学生思考想要表现过去的沙坡尾色调选择应该选择什么样的呢？	1. 小组讨论：如何才能将平面的变成立体的呢 2. 比一比：平面的变成立体的方法哪个小组最多 3. 思考色调的选择	通过环环相扣的提问，引导学生思考，加深理解

教师示范学生实践	1. 教师示范立体书技巧 V 形结构，并讲解选择色彩的原因 2. 学生动手创作，教师巡回指导	1. 结合立体书技巧（V形结构）进行立体书内页（第一、第二页）的创作	通过示范可以让学生更加直观的学习
总结与拓展	1. 总结：今天我们感受了过去的沙坡尾，了解了过去的回忆，那现在的沙坡尾又有什么有趣的故事呢？ 2. 拓展：任意拍摄 2 张你认为代表今天沙坡尾的照片		为下节课埋下伏笔
活动成果	制作旧时沙坡尾的立体书内页（第一、第二页）		
评价方案	1. 掌握活动步骤 ❀❀❀❀❀ 2. 掌握立体书 V 形结构与色调规律 ❀❀❀❀❀ 3. 传承沙坡尾先辈记忆 ❀❀❀❀❀ 4. 作品想法、审美、创意性 ❀❀❀❀❀		

表 2-7

第 2 课：今天的文化创意港沙坡尾	
基本信息	三年级、二课时、学习领域：造型·表现
核心问题（大观念）	如何创作出表现今天的沙坡尾的作品？
小问题	1. 在拍摄时，要注意什么呢？ 2. 如何利用彩铅表现画面呢？ 3. 如何在作品中体现这是今天的沙坡尾呢？
教学目标	1. 知识与技能：掌握摄影方法、彩铅技巧；了解空间中的透视关系；利用立体书结构（平行折线结构）创作今日沙坡尾的立体书内页（第三、第四页），封面与封底，最终完成立体书 2. 过程与方法：拍下现在的沙坡尾——画下草图——正稿上做出立体结构——正稿上用铅笔起稿——画小船，上色并剪下——将小船贴在立体处，并添加细节——完成封面、封底设计——将页面粘贴在一起——完成立体书 3. 情感、态度和价值观：感受过去与现在沙坡尾文化的异同，感悟沙坡尾的古建新生，激发保护与发展沙坡尾的意识，形成文化认同
教学重难点	1. 重点：摄影方法、彩铅技巧、透视关系、平行折线结构 2. 难点：摄影方法、彩铅、平行折线结构的运用；利用成角透视画建筑
教学资源	1. 教具：多媒体、沙坡尾现在的照片与视频、立体书 2. 学具：铅笔、彩色铅笔、橡皮、剪刀、胶水

活动环节	活动内容	活动任务	设计意图
课前导入	1. 交流分享上节课让大家拍摄的代表今天沙坡尾的照片 2. 引出课题	分享与交流	与上节课衔接，使课程更具有连贯性

续表

新课讲授	1.选择学生与教师拍摄的几张沙坡尾的照片（一张背景虚化的以及几张不同构图的沙坡尾照片），对比欣赏，说一说你最喜欢哪张，为什么 引出摄影相关知识点：光圈与构图 2.继续观看沙坡尾照片，仔细观察其建筑，思考：照片中哪些建筑是平行透视，哪些建筑是成角透视 引出透视相关知识点：平行透视与成角透视 图2-22 立方体的平行透视 成角透视 消失点　　消失点 3.思考：除了V形结构，还有什么方法可以使平面变立体呢	1.选择照片，说一说喜欢的理由 2.思考平行透视与成角透视的区别 3.画一画平行透视与成角透视的建筑	通过选择学生自己拍摄的沙坡尾照片更能激起学生的兴趣与关注度，有助于加深学生对于摄影与透视的理解
教师示范学生实践	1.教师示范平行折线结构 2.教师示范彩铅技巧，笔的轻重体现色彩的深浅，不同色彩叠加可以产生新的颜色 彩铅用笔时要适当加强力度 色彩之间的柔和过渡，注意用笔要细腻，过渡自然。　　通过水粘接、过度色彩，发挥水溶性彩铅的特点 3.小组合作，完成立体书的创作	1.制作立体结构：平行折线结构 2.每个小组选择1张沙坡尾照片，绘制今天的沙坡尾 3.利用之前所学的艺术字体，创作沙坡尾立体书的封面与封底	通过示范可以让学生更加直观地学习 小组合作更有利于发挥不同学生的特长
总结与拓展	1.总结：今天我们学习了摄影方法、彩铅技巧、透视关系、平行折线结构，利用所学，我们创作了充满记忆和温度的立体书。 2.拓展：大家能用同样的方法，制作一本关于红砖厝的立体书吗？		激发保护与发展沙坡尾的意识 学会迁移所学的知识

续表

活动成果	表现今日沙坡尾的立体书内页（第三、第四页）、封面与封底，完成立体书
评价方案	1. 在拍摄中学会了构图，了解3光圈及其应用 2. 掌握立体书技巧：平行折线结构 3. 掌握了彩铅技巧 4. 在创作中认识透视并学会应用 5. 体现出现在沙坡尾的特色 6. 作品有自己的想法，具有审美与创意性

表 2-8

第3课：沙坡尾的前世今生——立体书			
基本信息	三年级、一课时、学习领域：造型·表现		
核心问题（大观念）	如何向观者传达沙坡尾前世今生的观念		
小问题	1. 你作品中沙坡尾的前世今生是如何体现的呢？ 2. 在表现的过程中，你是如何将所学融入作品中的呢？		
教学目标	1. 知识与技能：学会表达自己的观点，能够清晰、客观地评价自己与他人的作品，并制作学习档案袋，举办成果发布会 2. 过程与方法：整理过程性资料——学习档案袋评价——学生作品发布会 3. 情感态度价值观：回顾沙坡尾的前世与今生，勇于表达自己的观点与想法，学会使用学习档案袋整理过程性资料，形成自己对于沙坡尾独特的记忆，培养文化认同与家国情怀		
教学重难点	1. 重点：学习档案袋整理，举办作品发布会 2. 难点：清晰表达作品传达的观念		
教学资源	1. 教具：多媒体、学习档案袋 2. 学具：学习档案袋、立体书作品		
活动环节	活动内容	活动任务	设计意图
课前导入	今天，我们要举办小小作品发布会，每个小组整理好学习档案袋以及作品，向大家介绍一下你们的创作理念与感想		创设情境，引导学生进入主题
作品发布会	1. 整理收录每个环节的评价表、反馈表、学习单、设计草稿等过程性材料，学生亲自设计学习档案袋封面 2. 各小组展示项目成果——沙坡尾的前世今生立体书，举办成果发布会；小组所有成员上台，介绍分工，描述设计构思与创新点，分享项目实施中遇到的问题及采取的解决方案，总结在学习中的收获与感想，介绍作品中是如何融入小组成员对于沙坡尾今昔记忆的	1. 整理、设计学习档案袋 2. 立体书分享与交流	学会表达个人观点想法的能力、沟通交流能力，学会使用学习档案袋整理过程性资料
活动成果	作品发布会		
评价方案	1. 主动展示作品，尊重他人想法 2. 整理学习档案袋 3. 表达自己的想法，传承沙坡尾记忆 4. 形成自己对沙坡尾独特的记忆		

四、单元评价设计

表 2-9

评价目的	
1. 评估学生对过去与现在沙坡尾的了解程度 2. 观测学生在创作表现过程中的兴趣与态度 3. 评定学生创作表现的学习结果	
评价内容	
学习兴趣	1. 体验过去与现在的沙坡尾 2. 表现沙坡尾的前世与今生,传承沙坡尾记忆
学习习惯	主动观察、感受和探究沙坡尾
学业成果	1. 能观察、分析、理解沙坡尾建筑 2. 能根据主题,综合运用色调、透视、立体方法,创作承载着沙坡尾前世今生记忆、有温度的立体书 3. 交流分享作品,介绍创作理念与感受
细化评价观测点	
活动内容	评价观测点
活动1: 旧时光沙坡尾	1. 掌握活动步骤 2. 掌握立体书V形结构 3. 传承沙坡尾先辈记忆 4. 作品的想法、审美、创意性
活动2: 今天的文化创意港沙坡尾	1. 在拍摄中学会了构图,了解了光圈及其应用 2. 掌握立体书技巧:平行折线结构 3. 掌握彩铅技巧 4. 在创作中认识透视并学会应用 5. 体现出今日沙坡尾的特色 6. 作品的想法、审美、创意性
活动3: 沙坡尾的前世今生——立体书	1. 主动展示作品,尊重他人想法 2. 整理学习档案袋 3. 表达自己的想法,传承沙坡尾记忆 4. 形成自己对沙坡尾独特的记忆

说明:本单元的评价,应结合单元教学内容,围绕"沙坡尾的前世今生",从学习过程中所体现出的兴趣与习惯以及学习成果的呈现两方面进行。评价内容以单元活动为载体,通过课堂观察、表现性任务分析和美术作业分析等路径,采用学生自评、互评和教师评价相结合的方式,以鼓励性语言和等第、评语的形式反馈评价结果。

第五节　创意工作坊活动方案[1]

活动方案

（一）活动信息

活动名称："方方正正闽南红"储物盒

活动对象：1—6年级

活动时间：90分钟

（二）活动目标

知识与技能：了解蔡氏古居民建筑群的历史与特点，以其为原型设计一件储物盒。

过程与方法：通过观察与学习蔡氏古居民建筑群的细节与特点，运用储物盒的形式将其风貌展现出来。

情感、态度和价值观：从厦门改革开放以来的变迁和发展中感悟古居民建筑的文化历史。

（三）材料准备：

A4卡纸、颜料、彩笔、直尺、胶水、铅笔、毛笔、剪刀

（四）设计思路

1. 内容设计

本次工作坊活动分为蔡氏古居民建筑群欣赏和主题储物盒制作两部分。

创作活动的主题是设计制作"方方正正闽南红储物盒"。储物盒是运用纸结构，将纸从平面变成立体，需要依据主题设计建筑平面图，裁剪卡纸，收集图片资料，通过绘制表现蔡氏古建筑群风貌。

2. 与学材课例的关系

创意工作坊的内容是对学材鉴赏单元第三课"走进红砖厝"的拓展。第三课以了解红砖厝特点，运用费德曼四步法欣赏红砖厝为主，创意工作坊的学习使学生深入了解"闽南红"建筑特点，加强对红砖厝建筑的感受与理解。

3. 教学方法

本次创意工作坊活动采用直观演示法、讲授法、讨论法与练习法相结合的教学方法，注重启发学生对建筑细部欣赏的兴趣，引导其进行主题储物盒设计与创作，提升学生的创造性思维能力、设计制作能力。

（五）活动过程

1. 了解蔡氏古民居建筑群

教师运用多媒体播放蔡氏古民居建筑群的视频和照片，提出问题："蔡氏古民居建筑群从外观上有什么特点？它的功能与空间是怎样的？"

2. 观察蔡氏古民居建筑群细部

教师向学生分发建筑细部图片，并让学生进行小组讨论："它们各自有什么特点，彼此之间有什么联系？"

3. 准备材料

学生了解过建筑的外部与内部空间之后，教师详细讲解建筑平面图的设计，并列出准备材料。

4. 画或打印出盒子的比例图

教师给出储物盒的比例，学生按照比例图进行修改、调整。

5. 准备卡纸

学生剪下卡纸、压痕。

6. 设计及绘制

在每一面进行绘制，结合建筑的历史文化，思考建筑背景与建筑细部的图案设计，并进行粘贴、调整，完成作品。

7. 小组交流展示评价环节

学生展示作品并进行自评，互相交流，教师给出指导建议及点评。

---

[1] 本节作者：上海市黄浦区劳动技术教育中心教师罗淑敏、上海师范大学美术学院中国画专业硕士研究生毕晨。

（六）活动收获

1. 学习评价

学生能通过观察蔡氏古民居建筑群感悟历史风貌及建筑特色。

学生能掌握储物盒制作方法。

学生能围绕蔡氏古民居建筑，设计并制作储物盒。

学生的作品能富有创意和想法。

2. 核心素养提升

本次工作坊活动以设计储物盒为主题，学生结合蔡氏古民居建筑群的历史文化及建筑特色动手制作储物盒。活动旨在培养学生的家国情怀，同时在设计制作中培养审美判断、图像识读和文化理解能力，在小组合作中培养创意实践能力、交流能力、合作能力、解决问题能力。

图 2-7

第六节 单元课程学习评价指南

一、"欣赏·评述"课例

表 2-10

评价项目	评价标准	等级（权重）（评价为1—5分）		
		自评	组评	师评
知识与技能	认识沙坡尾的历史			
	认识沙坡尾的功能、空间、结构、造型与色彩特点			
	了解沙坡尾的文化			
	认识红砖厝的材料、造型美与色彩美			
	了解红砖厝图饰的寓意			
	能运用多种方法欣赏建筑，并学会迁移			
过程与方法	能熟练查阅资料			
	能与同学一起合作、交流			

续表

情感、态度和价值观	对课题活动充满兴趣			
	对身边的传统建筑感兴趣			
	欣赏能力有所提升			
	形成保护与发展古建筑的意识			
	对家乡的建筑形成文化认同			
	课上积极参与，勇于发言			
我这样评价我自己的表现				
同学眼里我的表现				
老师的话				
课堂反馈（建议、收获）				

二、"创意·表现"课例

表 2-11

评价项目	评价标准	等级（权重）（评价为1—5分）		
		自评	组评	师评
知识与技能	掌握立体书V型结构与平行折线结构			
	掌握摄影光圈、构图			
	掌握平行透视、成角透视			
	认识色调规律			
	掌握彩铅技巧			
	能运用多种表现方法创作传承沙坡尾记忆的立体书			
过程与方法	能熟练查阅资料			
	能与同学一起合作、交流			

第一部分 感悟鹭岛古风

续表

情感、态度和价值观	对课题活动充满兴趣			
	对过去与现在的沙坡尾感兴趣			
	创作能力有所提升			
	形成保护与发展古建筑的意识			
	对家乡的建筑形成文化认同			
	课上积极参与，乐于发言			
我这样评价我自己的表现				
同学眼里我的表现				
老师的话				
课堂反馈（建议、收获）				

第三章
初中美术单元课程与教学设计[1]

第一节 美术课程标准研读

一、"欣赏·评述"课例

（一）研读标准[1]

本单元设定为八年级"欣赏·评述"学习领域的教学内容。《义务教育美术课程标准（2011年版）》（以下简称《课程标准》）中第四学段7—9年级阶段的目标是"欣赏不同时代和文化的美术作品，了解重要的美术家及流派。通过描述、分析、比较与讨论等方式，认识美术的不同门类及表现形式，尊重人类文化遗产，对美术作品和美术现象进行简短评述，表达感受和见解"。本单元主要通过不同的鉴赏方法进行讲解，在文化情境中认识美术，培养视觉审美能力。

（二）明确类型

本单元属于"欣赏·评述"学习领域。课时规划：5课时。

（三）确定内容

《课程标准》中"欣赏·评述"学习领域的课程分目标包括：①感受自然美，了解美术作品的题材、主题、形式、风格与流派，知道重要的美术家和美术作品，以及美术与生活、历史、文化的关系，初步形成审美判断能力；②学会从多角度欣赏与认识美术作品，逐步提高视觉感受、理解与评述能力，初步掌握美术欣赏的基本方法，能够在文化情境中认识美术；③提高对自然美、美术作品和美术现象的兴趣，形成健康的审美情趣，崇尚文明，珍视优秀的民族、民间美术与文化遗产，增强民族自豪感，养成尊重世界多元文化的态度。

本单元教材的学习内容基于以上3点进行设定。

二、"创意·表现"课例

（一）研读标准

本单元设定为八年级"创意·表现"学习领域的教学内容。《课程标准》中第四学段7—9年级阶段的目标是"有意图地运用线条、形状、色彩、肌

---

[1] 本章作者：上海师范大学美术学院美术学（师范）专业本科生陈依宁、秦赞、高语妍、陈姣睿、陈沁语。

理、空间和明暗等造型元素以及形式原理，选择传统媒介和新媒材，探索不同的创作方法，发展具有个性的表现能力，表达思想与情感"。

（二）明确类型

本单元属于"创意与表现"学习领域。课时规划：3—4课时。

（三）确定内容

《课程标准》中"创意·表现"学习领域的课程分目标包括：①观察、认识与理解线条、形状、色彩、空间、明暗、肌理等基本造型元素，运用对称、均衡、重复、节奏、对比、变化、统一等形式原理进行造型活动，增进想象力和创新意识；②通过对各种美术媒材、技巧和制作过程的探索及实验，发展艺术感知能力和造型表现能力；③体验造型活动的乐趣，敢于创新与表现，产生对美术学习的持久兴趣。

本单元教材的学习内容基于以上3点进行设定。

第二节 初中美术单元学材

一、第一单元："欣赏·评述"

第一课：认识鹭岛建筑
第二课：闽南清韵·传统古厝民居
第三课：万家灯火·侨乡民居
第四课：读古知今·传统文化新生

二、第二单元："创意·表现"

活动1：水彩闽南·神韵鹭岛
活动2：灯彩福州·三坊七巷
活动3：漫画厦门·认识定格动画
活动4：城市风貌·鹭岛宣传

第三节 "欣赏·评述"单元课程教学设计

一、单元课程目标设计

课程目标

1. 学生能够知道

· 欣赏方法，如费德曼四步法、发现法、比较法、思维导图法、对话法、情境法等；

· 视觉元素，如线条、形状、色彩、肌理、空间等；

· 形式原理，如对称、均衡、节奏等；

· 色彩知识，如原色、间色、复色、冷色调、暖色调、对比色、邻近色等。

2. 学生能够做到

· 从美术家、美术流派、人文历史环境等角度欣赏与认识建筑，并能倾听别人的想法和不同的解读；

· 运用恰当的欣赏方法（如描述、分析、解释、评价等）认识并解读传统建筑；

· 综合运用发现法和情境法来探究建筑的造型特征、装饰风格，用比较法来多角度分析建筑；

· 综合运用情境法和对话法从文化角度解读传统建筑的独特价值，认识古建筑的发展和变化。

3. 学生能够理解

· 闽南古建筑的人文价值，采用不同的鉴赏方法来解读建筑的风格美和结构美；

· 传统建筑中的文化传承和创新精神，提高保护古建筑的意识和自觉性；

· 提高对自然美、人文美、文化美的兴趣，形成高雅的情趣，从而养成自觉珍视优秀的民族、民间美术与文化遗产，增强民族自豪感，尊重世界多元文化的态度；

· 在参与班级或小组的各种活动中，能尊重和理解别人不同的看法或想法；对自己创作或制作的作品能进行反思，虚心倾听、理解别人的意见或建议，并加以改进。

4. 核心素养

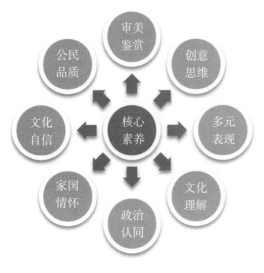

图 3-1

二、单元教材教法分析

（一）分析单元定位

1. 细化"课程目标"

根据"课程目标"，八年级美术在"欣赏·评述"学习领域的学习活动建议包括：①对不同时代和文化的美术作品，尝试运用描述、分析、解释、评价等美术欣赏方法进行学习和研究；②通过查阅或搜集资料的方式，了解中外著名美术家及流派；③通过观摩和讨论，分析设计作品的实用性与审美性；④通过观摩录像或采访当地工艺美术家、民间艺人，了解中国传统工艺的制作方式与特点；⑤欣赏中外优秀的建筑作品，并结合当地的建筑与环境进行评述，体会建筑、环境与人之间的关系；⑥欣赏书法与篆刻作品，感受其特征；⑦欣赏新媒体艺术作品，了解科技发展与美术创作的关系；⑧对现实生活中发生的美术现象及相关图片报道，进行简单的解读、分析和评述。

2. 以往学习基础

通过七年级的学习，学生对建筑形成了一定的感受和理解能力，具备了一定的审美判断能力。

3. 未来学习要求

本单元要求学生掌握多种欣赏方法对建筑进行解读与分析。

4. 单元定位

本单元作为初中学段美术中"欣赏建筑"主题学习的最高阶段，通过引导学生观察了解建筑的样式、结构、装饰、色彩等各方面的特点，综合运用欣赏评述的多种方法，自主探究闽南传统建筑的形式美与结构美，提高学生的审美能力。

（二）整合内容结构

1. 梳理教材内容

· 认识"鹭岛"传统建筑

· 闽南清韵·古厝民居

· 万家灯火·近代侨乡民居

· 读古知今·传统文化的新生

2. 单元教学内容结构

（1）学科知识与学科技能

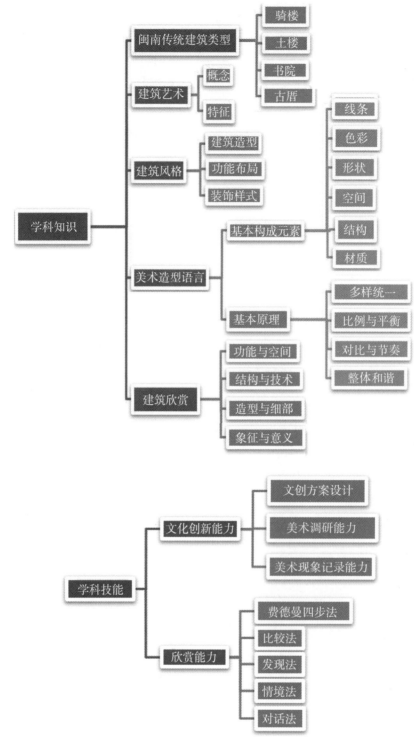

图 3-2

本单元学科知识与技能的核心是"欣赏方法"，即费德曼四步法、发现法、比较法、思维导图法、对话法、情境法等，培养学生的建筑鉴赏能力。

（2）人文内涵

① 建筑具有民族性，反映出整个民族的文明和社会状态；

② 建筑具有地域性，创造出美的人文环境；

③ 建筑具有历史性，是"文化的史书"。

（3）审美层面

① 感受建筑的深刻艺术内涵；

② 理解建筑的设计精神；

③ 领会建筑的形式美。

（三）分析教法依据

1. 教学内容特点

本单元主要是使学生学会运用多种方法欣赏对闽南传统建筑。

2. 学段学情特点

初中阶段八年级的学生，虽智力水平、身心发展以及审美认知都已经有了一定的积累，可以进行自主的探究式学习，但在"欣赏·评述"环节中，仍然还是喜欢直观地审美欣赏，在音频、视频、图片以及实物等多媒体的帮助下，直观地对欣赏客体进行观察与认知。一方面，八年级的学生已经对视觉元素、形式原理、色彩知识、构图形式、透视知识具有了一定的了解，能够理解建筑的设计原理，具备了进行自主探究性学习的基础和能力；另一方面，通过之前的学习，八年级学生形成了一定的色彩感受和色彩表现的经验，具备了运用所学知识和实践经验进行分析和探讨的基础和能力。

3. 教学资源选取

本单元选取的与教学内容直接关联的素材资源主要是建筑欣赏资料。教师可以利用它们在单元学习的各个阶段保障学生进行有效实践，形成学习成果。

本单元设计的技术资源主要有：

（1）信息技术资源：通过图文并茂的交互式多媒体欣赏，营造出生动活泼的教学情境，激发学生学习的积极性，促使他们进行自主思考和探究。

（2）实践技术资源：基于欣赏课例的学习任务单能够帮助学生更好地规划探究性学习的步骤，提高探究的效率，形成对学习经历和探究过程的记录。

（四）设计教学方法

综合分析，预设本单元的主要教学方法：

1. 教师主导——针对概念性知识进行讲授，如建筑样式、空间布局、风格特征、装饰工艺与造型视觉元素等。

2. 学生自主——针对建筑的审美现象，在教师的引导下进行观察与感受，综合运用欣赏评述的多种方法，进行小组讨论，自主探究闽南传统建筑的形式美与结构美。

3. 师生互动——从人文内涵与审美层面，教师与学生进行交流与讨论，引导学生结合所学知识与美术语言积极探索建筑形式美感，并对建筑艺术的人文内涵进行积极的思考与探索，形成一定的审美判断能力与艺术感知力。

（五）定位学科能力

1. 关键能力

运用不同的欣赏方法丰富审美感知能力；

对自然及生活中建筑的感受与欣赏的能力。

2. 其他能力

自主探索与思考建筑形式美的能力；

合作、表达与交流欣赏感想的能力；

评述欣赏成果的综合能力。

三、单元教学活动设计

（一）单元教学目标

知识与技能：认识闽南古建筑样式的名称、类型与主要建筑功能；掌握美术欣赏的基本方法，提高在文化情境中认识美术的能力；了解厦门传统建筑的审美、功能与内涵；认识闽南古建筑的类型及其建筑风格所代表的民族文化特点；了解闽南古建筑的价值与保护意义及其创新和发展。

过程与方法：通过自主学习、范例学习、探究合作学习、发现学习等多种学习方式，运用美术语言从多个角度探究厦门传统建筑的个性表现；观察并分析厦门传统建筑的基本类型、风格特点、功能样式与空间结构；在讨论与交流中增进对建筑艺术的审美认知。

情感、态度和价值观：感受鹭岛深刻的传统人文底蕴，初步形成审美判断能力；理解闽南古建筑所代表的设计精神与家国情怀；培养对多元文化尊重包容的态度；理解、感受厦门传统建筑的艺术人文之美以及其中蕴含的民族文化。

（二）单元教学重难点

教学重点：综合运用多种方法欣赏厦门传统建筑；运用美术语言对厦门传统建筑进行分析；从

不同角度解读厦门传统建筑的设计原则与建筑风格特点。

教学难点：了解厦门传统建筑的形式美与结构美。

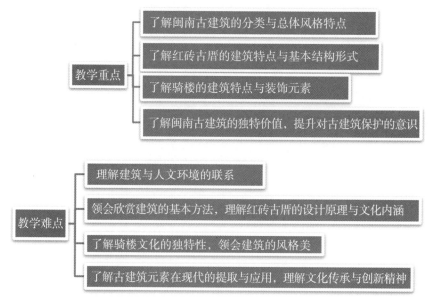

图 3-3

（三）单元学习活动

1. 设计单元活动框架

根据本单元教学目标、教学重点和难点，对单元主要学习活动进行规划。

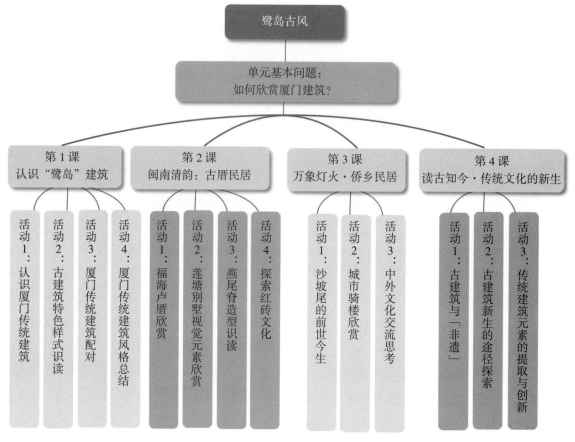

图 3-4

2. 制订每课活动方案

表 3-1

第1课：认识"鹭岛"建筑			
基本信息	八年级、一课时、学习领域："欣赏·评述"		
核心问题	厦门传统建筑具有哪些特点和样式类型		
小问题	1. 你认识哪些厦门本土的传统建筑 2. 这些传统建筑在色彩、具有哪些相同点 3. 厦门传统建筑的类型有哪些，它们分别有什么特点		
教学目标	1. 知道闽南古建筑样式的名称、类型与主要建筑功能 2. 通过讨论与交流分析建筑的地理环境，探索厦门地区古建筑的特点 3. 理解建筑结构风格与地理环境、文化习俗的联系，提升对传统建筑文化的学习兴趣，激发探索建筑艺术的兴趣		
教学重难点	1. 了解厦门传统建筑的分类与总体的风格特点 2. 理解建筑与人文环境的联系		
教学资源	教具：多媒体课件、不同类型的厦门传统建筑照片、宣传片《浮生厦门》		
活动环节	活动内容	活动任务	设计意图
课前导入	教师运用多媒体设备播放厦门城市宣传片《浮生厦门》，围绕其中出现的建筑场景进行简要的提问（视频链接：https://www.bilibili.com/video/av61541930/）	观看宣传片《浮生厦门》，仔细观察视频中出现的建筑，说一说认识的建筑名称和地点	创设情境，以播放多媒体影像的方式引导学生进入主题学习内容，激发对厦门建筑的探索兴趣
知识传授	活动1：认识厦门传统建筑样式，包括：骑楼、古厝、土楼、书院等 活动2：古建特色样式——燕尾脊的功能识读 活动3：厦门传统建筑配对	1. 了解厦门传统建筑样式的类型、代表建筑与基本信息 2. 学生根据燕尾脊的造型特点，分析其实际功用和价值 3. 根据所学内容对建筑图片与其对应名称类型进行配对连线	通过厦门传统建筑概览、建筑类型识读和样式功能的学习，对本课核心问题进行探讨，鼓励学生采用探究型的活动方式进行学习
小组讨论	教师提问：不同类型的厦门传统建筑分别有哪些特点和标志	学生结合线条、形状、色彩、样式等元素讨论厦门传统建筑的风格特点	自主探究厦门传统建筑的总体特点，培养学生的逻辑思维能力与审美意识
课时总结	活动4：总结厦门传统建筑的总体特点： （1）出砖入石；（2）红砖白墙；（3）燕尾脊样式；（4）聚群而居	了解厦门传统建筑的总体风格特点与文化象征	总结课上内容，引导学生从多角度欣赏传统建筑，培养学生的审美意识
课后拓展	寻找身边的古建筑，采用文字、绘画、图片等多种形式表现感兴趣的建筑，并对这一建筑进行归类与介绍		开拓艺术视野，培养学生发现美、感受美、表现美的能力
活动成果	学生对厦门传统建筑的样式与总体特点有了初步的了解，能够识读并辨别不同类型的闽南古建筑		
评价方案	自评与互评： 1. 是否知道闽南古建筑的基本样式与代表建筑 2. 是否了解建筑的风格特点与独特样式功能 3. 能否通过图片信息分辨厦门不同的建筑类型		

表 3-2

第2课：闽南清韵·古厝民居			
基本信息	八年级、二课时、学习领域："欣赏·评述"		
核心问题	如何欣赏闽南古厝		
小问题	1. 如何运用多种方法欣赏分析古厝的建筑特点 2. 我们可以从哪些方面对建筑进行评述 3. 燕尾脊的造型有什么实际功用，在色彩搭配上有什么特点		
教学目标	1. 认识红砖古厝的文化背景与建筑特点 2. 通过范例学习，自主探究分析红砖古厝的建筑结构与视觉艺术元素 3. 理解闽南古建筑的人文价值，提升对古建筑的解读能力		
教学重难点	1. 了解古厝的建筑特点与基本结构形式 2. 领会欣赏建筑的基本方法，理解红砖古厝的设计原理与文化内涵。		
教学资源	1. 教具：建筑欣赏资料、建筑实物照片、多媒体放映设备 2. 学具：学习任务单《莲塘曲韵·古厝植物纹饰赏析》		
活动环节	活动内容	活动任务	设计意图
课前导入	教师朗诵现代诗《闽南红砖古厝》并提问：这首诗给你带来怎样的感受，你觉得诗人所描绘的红砖古厝是一种怎样的建筑	朗读诗词，感受作者字里行间的家国情怀与故思情感，联系建筑的造型和意义说一说作者所描绘的古厝是怎样的一种建筑	诗词导入能够让学生对红砖古厝产生亲切感，这首诗由总到分、由点及面，完成由意象到物象的思维转变，从而过渡到古厝形式的欣赏
知识传授	活动1：运用费德曼四步法欣赏福海卢厝 1. 认识费德曼四步法 2. 运用费德曼四步法 3. 评价费德曼四步法 提问：你觉得费德曼四步法对学习建筑欣赏有哪些帮助，又有哪些地方可以更加完善 活动2：分析莲塘别墅的视觉元素：教师播放莲塘别墅的图片，展示其造型特征、总体布局。引导学生思考莲塘别墅名称与其建筑特征之间的关联 活动3：讨论思考燕尾脊的造型与色彩特征	1. 了解费德曼四步法的基本步骤与内容，并且学会用四步法欣赏分析福海卢厝 第一步：描述建筑整体结构样式 第二步：结合建筑特点与风格分析建筑的设计原理与工艺 第三步：解释建筑的历史沿革与昔人旧事 第四步：总结卢厝的人文价值，进行主观的审美评价 2. 欣赏莲塘别墅的整体布局和造型，认识回字形院落以及护厝、马鞍脊、平脊等屋脊造型，思考并讨论莲塘别墅名称与其建筑特征之间的关联	1. 设计费德曼四步法的教学活动，使学生学会基本的欣赏方法，为欣赏莲塘别墅打好基础 2. 引导学生从造型特征了解莲塘别墅：了解莲花状中心花园、回字形院落，以及闽南传统建筑中的装饰特征 3. 燕尾脊艺术特点的学习思考，有助于学生审美经验的提升与发散性思维的培养
教师示范	教师展示燕尾脊的图片，引导学生思考燕尾脊的特征、作用和色彩搭配上的特色	欣赏燕尾脊的形状色彩，思考燕尾脊的特征及功用	引导学生学习燕尾脊的造型特征、作用、色彩搭配，提升审美经验。
小组讨论	教师展示闽南古建筑中红砖建筑的图片，介绍闽南的红砖文化，组织学生进行小组讨论	学生进行小组讨论，各小组可选择某一感兴趣的红砖建筑，由组长安排组员先进行自主学习，然后组织组员发言讨论，最后由组长或组员写出学习报告，综合各小组的研究结果后，对各种古厝建筑形成较为完整的认识和理解	培养学生思考探究、积极沟通的能力，将自己的想法和总结结合理解阐述汇报，以培养学生自主学习、发现问题的能力

续表

课后拓展	活动4： 欣赏闽南古建筑，探索红砖文化的艺术价值，说一说对红砖文化的理解与认识，并思考：不同地区的古厝民居在造型、色彩和选材有什么不同？民居和当地的气候、地理环境有什么关系	设计有关红砖文化的知识拓展与体验，启发学生的探索求知兴趣，培养文化素养与艺术感知能力，提升学生发现能力、分析能力与解决问题的能力
活动成果	学生能通过描述、分析、解释、评价四步有条理地欣赏古厝民居，对红砖文化具有了一定了解，具有欣赏、评述能力	
评价方案	自评与互评： 1. 是否了解闽南古厝的空间结构、建筑样式与造型风格 2. 能否通过查找资料、合作讨论的方式，综合分析古厝民居的设计原理与装饰工艺 3. 能否运用多种美术语言分析古厝的色彩特点、装饰风格与纹样特征 4. 能否说出红砖文化的艺术特点，理解闽南古建筑的形式美感与人文内涵	

表 3-3

第3课：万象灯火·侨乡民居			
基本信息	八年级、一课时、学习领域："欣赏·评述"			
核心问题	如何欣赏侨乡文化下的骑楼建筑			
小问题	1. 你认为有哪些因素在推动着沙坡尾的变革 2. 我们可以从哪些方面对侨乡建筑进行评述和欣赏 3. 骑楼具有哪些象征意义；你认为外来文化会对本地传统文化产生哪些影响，它们又有哪些意义			
教学目标	1. 了解沙坡尾的历史沿革、建筑功能与装饰风格 2. 运用比较法与情境法从多角度分析骑楼建筑形象，探索骑楼装饰的多样性与中外文化融合的建筑形式美 3. 理解骑楼建筑的风格美与结构美，培养对多元文化尊重包容的态度			
教学重难点	1. 了解骑楼的建筑特点与装饰元素 2. 了解骑楼文化的独特性，领会建筑的风格美			
教学资源	教具：建筑欣赏资料、建筑图片、多媒体设备			
活动环节	活动内容	活动任务	设计意图
课前导入	活动一：沙坡尾的前世今生 1. 沙坡尾的历史变革 2. 沙坡尾骑楼建筑风格 教师介绍南薰楼（又被称为"鹦哥楼"）与思明电影院的建筑历史与建筑风格，对其代表的装饰艺术（Art Deco）风格进行简要介绍	认识沙坡尾建筑在建造形式、装饰艺术等方面的特征，用美术语言对典型的侨乡民居进行描述，说出其特色，表达自己的感受，体会"渔港船迹绝，鸥鹭少临游，岸旁竚笠翁，苦等船儿归"的乡愁以及对传统渔乡文化的留恋	在课堂开始时，教师播放具有沙坡尾特色的歌曲，穿插沙坡尾背后的小故事来调动学生积极性，从沙坡尾的取名缘由与功能变迁两个方面引导学生进行自我角色代入，创设有效有趣的教学情境；通过展示沙坡尾的发展与演变使学生对沙坡尾的历史沿革有一定的了解

知识传授	活动二：人间烟火：城市骑楼欣赏 教师引导学生从以下四个方面认识并欣赏骑楼建筑： 1. 功能与空间 （1）建筑功能：上寝下店 （2）街道空间：高低错落、疏密结合、开阔有序、富有韵律感 2. 结构与技术 开放式的长廊打破了中国传统围院式的建筑结构，促进对外沟通与往来 3. 造型与细部 （1）线条：横竖相交得当，曲直变化丰富 （2）色彩：以红、黄、白三色为主，多为浅色，给人以明亮活泼之感 （3）材质：传统清水砖墙 4. 象征与意义 人文、建筑与环境的和谐统一	运用比较法与发现法探究欣赏中山路骑楼的建筑特点 骑楼建筑纵横交错，在"厦门港"一带形成了独特的城市肌理，呈现"五纵四横"的特点	通过观察、比较与分析，从功能与空间、结构与技术、造型与细部、象征与意义四个角度了解骑楼建筑的风格特点与艺术形式，使学生能够灵活运用比较法、发现法等多种欣赏与评述方法
小组讨论	活动三：思考中外文化交流为当地建筑、文化和习俗带来哪些影响，哪些影响至今仍有意义？	学生查找资料，发现不同的艺术表现形式，通过比较中外文化和习俗差异，体会艺术理想、美感趣味的不同追求，思考中外文化的相互影响与意义	通过展示不同文化之间的建筑与人文习俗差异图像，引导学生积极主动地探索中外文化的比较与相融；充分发挥学生的主观能动性，由点及面地思考历史发展规律，理性认识世界
课后拓展	观看由华侨大学拍摄制作的纪录片《最后的沙坡尾》，了解与思考沙坡尾百年灯火的变革图景（视频链接：https://v.youku.com/v_show/id_XMTUzNTc0MjkyOA==）		通过设置课后拓展活动，鼓励学生自主探索建筑文化，思考建筑功能的变迁与文化和民俗的关系，培养学生的爱国情怀与文化包容态度
活动成果	了解沙坡尾的发展与演变，能够通过不同建筑风格的比较，综合欣赏分析骑楼建筑，达到对其他厦门传统建筑进行自主探究的目的，并同时提高审美能力		
评价方案	自评与互评： 1. 是否知道沙坡尾的历史沿革与功能变迁 2. 能否从多个角度欣赏分析骑楼的建筑特点 3. 是否了解骑楼文化的风格及其成因 4. 能否辩证看待中外文化的交流为当地建筑带来的不同影响，积极思考骑楼的艺术人文价值		

表 3-4

第4课：读古知今·传统文化的新生	
基本信息	八年级、一课时、学习领域："欣赏·评述"
核心问题	如何保护闽南古建筑？

续表

小问题	1. 古建筑体现了哪些价值和人文情怀 2. 与厦门有关的非遗项目有哪些 3. 我们能为保护古建筑做些什么力所能及的事情 4. 古建筑有哪些创新发展		
教学目标	1. 知道闽南建筑中逐渐消失的古建筑；了解闽南古建筑的价值与保护意义及其创新和发展 2. 通过欣赏闽南古建筑中的传统纹饰和建筑了解古建筑的人文内涵；讨论和交流保护古建筑的方法；提取古建筑中的元素来探究古建筑的创新与发展 3. 通过对探究结果的总结，能够联系生活实际，提升对古建筑的保护意识，理解建筑的文化传统和创新精神		
教学重难点	1. 了解闽南古建筑的独特价值，提升对古建筑的保护意识 2. 在古建筑创新与发展的不同表现中，了解古建筑元素的提取与运用，理解其文化传承和创新精神		
教学资源	教具：文创产品、多媒体放映设备、建筑图片		
活动环节	活动内容	活动任务	设计意图
课前导入	教师讲解闽南古建筑的现状，放映古建筑原貌与现在的对比图	学生需要关注到古建筑的消失现象，培养保护古建筑的意识	引导学生代入文物保护者的角色中，使其关注部分传统古建筑与文化日渐式微的现状
知识传授	活动1：讲解闽南古建筑中的地方特色、人文内涵，并布置小组思考与讨论有关厦门的其他非遗项目 活动2：播放视频《古建筑之美》并讲解古建筑中的创新与发展及其相关的保护政策（视频链接：https://v.qq.com/x/page/z0521wez092.html） 活动3：教师展示特色文创产品，介绍古建筑中艺术元素的创新运用与发展	1. 学生需要了解古建筑中的精美图案、地方特色以及独特的人文内涵；了解厦门漆线雕工艺，可以课后通过扫描二维码来了解漆线雕工艺的制作过程，并进行积极地讨论，思考厦门其他的非物质文化遗产项目 2. 学生通过观看视频了解古建筑的变迁和发展，通过了解古建筑的工艺美，从而感受建筑之美——美在于能工巧匠对传统和创新的完美呈现 3. 学生学习和掌握古建筑中元素的创新与运用的几个方面	1. 引导学生认识到古建筑中的人文内涵和非遗项目 2. 引导学生自主探究思考可以为保护古建筑做的事情 3. 引导学生思考古建筑的多种创新形式；学生了解相关的闽南文化保护发展办法，认识到全社会参与保护闽南文化的责任，加强闽南古建筑保护意识
示范总结	教师归纳总结课堂内容	学生整理思路，归纳课整合课堂所学内容	梳理课堂知识点
课后拓展	教师布置拓展活动，引导学生观察厦门现存的传统建筑，查阅表现家乡古建筑的绘画、雕塑、摄影、纪录片等作品资料，提出行之有效的古建筑创新设计方案： 1. 带上照相机，去记录身边古厝的样貌吧 2. 找一找古建筑还有哪些不同形式的创新和发展	学生在课后完成布置的小拓展	引导学生积极开展课外探索，培养保护古建筑的意识
活动成果	学生能认识闽南古建筑的价值与其保护意义，能够从文化角度解读传统建筑，理解传统建筑的文化传承和创新精神		

评价方案	自评与互评： 1. 是否了解闽南古建筑的价值，提升了对古建筑的保护意识 2. 是否掌握了古建筑的创新与发展情况，理解我国建筑的文化传承和创新

四、单元评价设计

表 3-5

评价目的	
1. 评估学生对厦门传统建筑形式语言和设计原则的掌握程度 2. 观测学生在厦门传统建筑识读欣赏过程中的兴趣与态度 3. 评定学生自主探究厦门传统建筑并进行欣赏表现的学习结果	
评价内容	
学习兴趣	1. 体验闽南古建筑、鹭岛古风的魅力和特色 2. 通过欣赏厦门传统建筑，了解其独特艺术价值和人文内涵
学习习惯	主动观察、感受和探究厦门传统建筑的情况
学业成果	1. 能了解厦门传统建筑的样式种类、特征和艺术价值 2. 能运用多种欣赏方法多角度鉴赏厦门传统建筑结构与视觉艺术形式 3. 能通过欣赏，了解闽南古建筑的独特价值和人文内涵，培养保护古建筑的意识
细化评价观测点	
活动内容	评价观测点
认识"鹭岛"传统建筑	1. 是否认识闽南古建筑的基本样式与代表建筑 2. 是否了解建筑的风格特点与独特样式功能 3. 能否通过图片信息分辨厦门不同的建筑类型
欣赏古厝民居	1. 是否了解厦门地区古厝的空间结构、建筑样式与造型风格 2. 能否通过查找资料、合作讨论的方式，综合分析古厝民居的设计原理与装饰工艺 3. 能否运用多种美术语言分析古厝的色彩特点、装饰风格与纹样特征 4. 是否能说出红砖文化的艺术特点，理解闽南古建筑的形式美感与人文情怀 5. 积极思考、发表观点的情况
欣赏沙坡尾的骑楼建筑	1. 是否了解沙坡尾的历史演变过程及其功能 2. 能否从多个角度分析骑楼的建筑特点 3. 能否了解和认识骑楼文化的独特性 4. 积极思考、发表观点的情况
保护闽南古建筑	1. 是否了解闽南古建筑的价值，提升了对古建筑的保护意识 2. 是否掌握了古建筑的创新与发展情况，以及古建筑中元素的提取与运用 3. 是否关注和理解我国建筑的文化传承和创新的人文内涵 4. 积极思考、发表观点的情况

说明：本单元的评价，应结合单元教学内容，围绕"厦门传统建筑的欣赏"开展教与学的活动，从学习过程中所体现出的兴趣与习惯以及学习成果的呈现两方面进行；评价内容以单元活动为载体，通过课堂观察、任务分析和美术作业分析等路径，采用学生自评、互评和教师评价相结合的方式，以鼓励性语言和等第、评语的形式反馈评价结果。

第四节 "创意·表现"单元课程教学设计

一、单元课程目标设定

课程目标

1. 学生能够知道

· 视觉元素，如线条、形状、色彩、肌理、空间等；

· 形式原理，如对称、均衡、节奏等；

· 色彩知识，如原色、间色、复色、冷色调、暖色调、对比色、邻近色等；

· 构图形式，如横线、垂线、十字形、S形、圆形、三角形等；

· 透视知识，如平行透视、成角透视等；

· 造型表现方法，如写实、夸张、变形等；

· 设计师的意图和工作方法，如思维方式、流程等。

2. 学生能够做到

· 用不同的工具和媒材，采用写实、夸张或变形等表现形式，描绘自己对生活的认识和感受；

· 用基本的绘画构图形式，合理而有美感地安排画面；

· 用新媒体工具，按照步骤、合理运用设计要素，小组合作与厦门有关的作品；

· 从给出的样品中探究制作的步骤并解读作品的含义；

· 分享与反思小组合作的作品，倾听别人的意见。

3. 学生能够理解

· 理解厦门的城市风貌、人文风情和宣传的重要性，提高保护厦门传统建筑的意识，增强民族自豪感；

· 理解使用传统或现代的工具与媒材，采用不同的表现形式（写实、夸张或变形），可以创作美术作品；

· 理解在创作美术作品时，应有多种构想和变通能力，并尝试各种方法，创作富有创意的美术作品。

· 在参与班级或小组的各种活动中，能尊重和理解别人不同的看法或想法；对自己创作或制作的作品能进行反思，虚心倾听、理解别人的意见或建议，并加以改进。

4. 核心素养

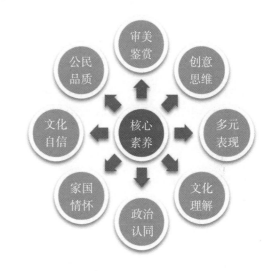

图 3-5

二、单元教材教法分析

（一）分析单元定位

1. 细化"课程目标"

根据"课程目标"，八年级美术在"创意表现"学习领域的内容要求是：有意图地运用线条、形状、色彩、肌理、空间和明暗等造型元素以及形式原理，选择传统媒介和新媒材，探索不同的创作方法，发展具有个性的表现能力，表达思想与情感。学习活动建议包括：①选择写实、变形和抽象等方式，运用造型元素和形式原理，进行造型表现，描绘事物，表达情感和思想；②学习透视、色彩、构图、比例等知识，提高造型表现能力；③学习速写、素描、色彩、中国画和版画等表现方法，进行绘画练习；④学习漫画、动画的表现方法，并进行制作练习；⑤选择计算机、照相机和摄像机等媒介，进行艺术表现。

2. 以往学习基础

通过六、七年级的学习，学生对建筑形成了一定的感受和理解力，对各类表现手法有了一定了解，具备了一定的表现能力，学生对于新媒体材料比较感兴趣。

3. 未来学习要求

本单元要求学生掌握多种技法，制作出体现厦门风貌和人文情怀的作品。

4. 单元定位

本单元作为初中学段美术中"表达建筑"主题学习的最高阶段，教师应引导学生深入了解厦门风貌和多种艺术形式的制作方法，灵活运用以往所学的美术知识与创作方式，进行新媒体形式的个性化表现。

（二）整合内容结构

1. 梳理教材内容

表 3-6

活动名称	活动类型
水彩闽南·神韵鹭岛	建筑水彩画创意活动
灯彩福州·三坊七巷	制作彩花灯创意活动
漫画厦门·认识定格动画	制作定格动画创意活动
城市风貌·鹭岛宣传	制作宣传手册创意活动

2. 单元教学内容结构

（1）学科知识与学科技能

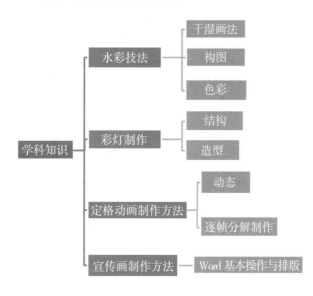

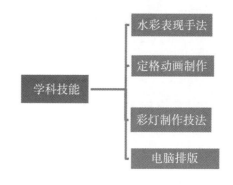

图 3-6

（2）人文内涵

① 古建筑中处处蕴含着悠久的历史内涵；

② 建筑中的美体现了不同民族文明的特点；

③ 作品折射了人的内心情感。

（3）审美层面

① 体验和感悟不同的画法形成的独特画面呈现；

② 感受不同构图形式带来的感官体验；

③ 感受颜色之间各种搭配的魅力；

④ 感受和欣赏建筑上装饰的设计美感。

（三）单元学习活动

1. 教学内容特点

本单元主要是在学生具备一定观察力的基础上培养其创新创意。

2. 学段学情特点

一方面，八年级的学生已经掌握了一些理论和实践的基础知识，对于美术技巧性表达也有了一定的掌握，并且具备了进行自主探究性学习的基础和能力；另一方面，通过之前的学习，八年级学生具备了灵活运用所学知识和实践经验进行分析和探讨的基础和能力，思维较为成熟，在创造力表达中应当给予充分的空间，在教学中应当灵活运用教学方法，鼓励学生用自己喜爱的方式来表达和创作。教师在学习评价中也要制订分层评价目标，因材施教，帮助学生达成学习目标。

3. 教学资源利用

本单元选取的与教学内容直接关联的素材资源主要是用于表现厦门的各种绘画和新媒体工具，如水粉颜料、画笔、画纸、绘画软件、电脑等。教师可以利用它们在单元学习的各个阶段保障学生进行有效实践，形成学习成果。

（1）信息技术资源：通过播放多媒体，营造出生动活泼的教学情境，激发学生学习的积极性，促使他们进行自主思考和探究。

（2）实践技术资源：学习任务单能够帮助学生更好地规划探究性学习的步骤，提高探究的效率，形成对学习经历和探究过程的记录。

（四）设计教学方法

结合分析，预设本单元的主要教学方法：

1. 教师引导——提问法：结合学生已有知识，引导学生通过观察来提出问题，如构图、色彩原理的知识性问题。

2. 学生自主——观察与探究：针对构图、布局等原理知识的内容，引导学生结合以往的学习基础和学习经验，并结合现代媒体艺术的运用，鼓励学生小组合作，进行探究性学习。

3. 师生互动——交流与讨论：针对人文内涵及审美层面，例如不同的构图所带来的感受、定格动画的趣味性等，引导学生结合所学知识及以往基础，积极进行思考，通过语言或者文字的交流讨论，形成一定的理解与感悟。

（五）定位学科能力

1. 关键能力

运用绘画原理写生及创作的能力；

对视觉信息的解读能力；

整合信息的能力。

2. 其他能力

小组协作和探究专业问题的能力；

分享交流和反思创作过程的能力。

三、单元教学活动设计

（一）单元教学目标

知识与技能：了解厦门传统建筑的基本概念和设计特点，感悟厦门传统建筑中所蕴含的中国元素之美，理解传统建筑在厦门本土建筑群中的重要性。

过程与方法：结合写生，观察与分析传统建筑的基本特点，运用厦门传统建筑的元素表现多种创意主题。

情感、态度和价值观：体验创作表现不同主题的魅力，综合运用各种媒介手段，设计与构思有创意的美术产品；在创作过程中，培养学生形成积极、主动观察与探究的学习态度，形成保护厦门传统建筑的责任感。

（二）单元教学重难点

教学重点：了解厦门传统建筑的整体风貌，认识其构成和组织的规律，运用多种创意表现方式来创作与厦门传统建筑相关的拓展作品。

教学难点：理解美术学科相关知识，并能灵活运用于创作之中，形成丰富的美术作品，真正能从观察、体验到创作的过程中感受到厦门传统建筑的魅力。

（三）单元学习活动

1. 设计单元活动框架

根据本单元教学目标、教学重点和难点，对单元主要学习活动进行规划。

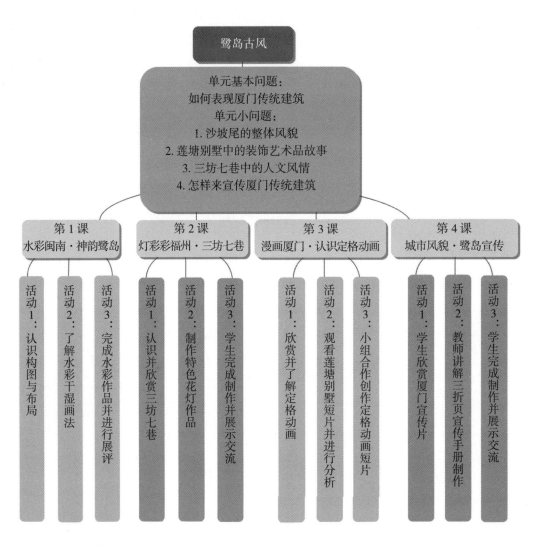

图 3-7

2. 制订每课活动方案

表 3-7

第1课：水彩闽南·神韵鹭岛	
基本信息	八年级、一课时、学习领域："造型·表现"
核心问题（大观念）	如何画一幅厦门风景水彩画？
小问题	1. 图片中的景物的布局是什么式，这是什么构图 2. 你还能想到其他以此构图形式的画面吗 3. 这幅绘画的前中后景物分别是什么，你能说一说一些有名的风景画中的前后层次安排吗 4. 你知道干湿画法的区别吗 5. 你知道干湿画法分别适用于画哪些物体吗
教学目标	1. 知识与技能：能够知道构图的基本方法，掌握水彩画的基本表现技巧，并运用于写生创作中 2. 过程与方法：通过教师的讲授与示范，学生在了解原理和作画步骤后进行创作实践 3. 情感、态度和价值观：能够在创作活动中感悟沙坡尾人文情怀，提升审美素养，培养观察能力，用审美的眼光看待周边事物，形成对家乡的热爱
教学重难点	1. 教学重点：学会运用水彩的方式来快速描绘一处风景 2. 教学难点：掌握和理解构图的形式，学会根据不同场景来安排构图

续表

教学资源	1. 教具：多媒体、照片、范画 2. 学具：铅笔、毛笔、水彩颜料		
活动环节	活动内容	活动任务	设计意图
课前导入	教师展示三幅厦门图片，教师提问让学生想一想图片中的构图是什么形式	学生通过不同构图的风景照片回答不同的构图会给人带来什么样的感受 教师总结常见的构图形式有哪些	以一些生活中常见的照片作为导入，让学生体会构图的美源自于日常生活中，引发学生的兴趣
知识传授	1. 教师根据一张沙坡尾图片的构图，思考前、中、后景在画面中的布局，并了解速写绘画的基本步骤与要点 第一步：完成线稿 第二步：区分明暗关系 第三步：主体物刻画 第四步：加上背景色，进一步调整 2. 教师讲解水彩干湿画法的联系与区别，了解水彩画的特点	1. 学生小组讨论构图的基本布局特点 2. 将画面中船和水面作比较，思考绘画效果上有什么不同之处	由浅入深，从构图的布局让学生对画面形成认知，在此基础上引入水彩画的基本技法和步骤，体会水彩的魅力以提升审美素养
学生实践	运用所学基本技法和相关构图知识，用多种色彩搭配进行以厦门沙坡尾为主题的创作	1. 学生先设计接下来要画的草图 2. 学生进行水彩上色，教师进行指导	通过直观演示法，让学生更容易观察和学习掌握水彩的技法
展示评价	开展"我是水彩小画家"展览，让学生进行互评	学生创作完成后举办一个班级水彩展，并从水彩画的技法、构图形式、色彩搭配三个方面进行评价	通过成果展示，让学生与他人的作品的比较中能够互相学习，了解自己的不足，同时可以激发学生的学习兴致
总结拓展	通过这次的学习体验，同学们在今后的学习生活中逐渐形成观察联想，独立思考的习惯； 在课后，同学们可以继续探索各种形状各异、颜色丰富的风景，同时也可以思考环境和人类的关系	教师展示沙坡尾环境污染的相关图片，学生进行思考与发言	培养学生的基本审美意识、探索研究能力及爱护环境的意识
活动成果	完成一幅色彩丰富、构图完整的水彩风景画		
评价方案	1. 能否认识到构图对一幅画面的重要性 2. 能否区分不同的构图形式，并能对画面进行合理的分析 3. 能否在写生的画面中表现适当的布局和构图，将画面呈现得更为饱满 4. 能否在写生的画面中主动构图和布景 5. 能否在写生的画面中表现沙坡尾的独特景色 6. 能否通过其他的角度或视角来表现个人眼中的沙坡尾 7. 能否运用水彩的干湿技法将画面表现得更为丰富 8. 能否运用一些基础色彩原理将画面表现得更为和谐 9. 能否运用一些特殊的色彩技法来增添画面效果		

表 3-8

第 2 课：灯彩福州·三坊七巷			
基本信息	八年级、二课时、学习领域："设计·应用"		
核心问题（大观念）	如何制作有福州特色的花灯作品		
小问题	1. 图片中的雕饰是什么，你能说说你对建筑装饰的感受吗 2. 你能说说三坊七巷的坊巷格局是什么吗 3. 你知道从三坊七巷走出过多少文化名人吗 4. 你知道中国传统彩灯制作技艺吗		
教学目标	1. 知识与技能：能够认识三坊七巷的布局结构、雕饰特色，学会制作具有福州特色的彩灯作品 2. 过程与方法：通过教师的讲授与示范，学生能够运用美术语言分析建筑的造型和结构，学会制作花灯作品 3. 情感、态度和价值观：能够在传统花灯创作活动中认识三坊七巷建筑的造型特色，感悟福州历史街区的文化传承，形成对家乡的热爱之情		
教学重难点	1. 教学重点：学会运用传统彩灯技艺制作具有福州特色的彩灯作品 2. 教学难点：理解三坊七巷的历史文化与发展价值		
教学资源	1. 教具：多媒体、照片、学习单、实物教具 2. 学具：铅笔、彩笔、木棒、彩纸、剪刀、胶水		
活动环节	活动内容	活动任务	设计意图
课前导入	教师播放《三坊七巷》电视剧（节选），教师提问：同学们去过三坊七巷吗，可以分享你们游玩的经历吗	学生通过视频回忆在三坊七巷的游玩经历，并与同学们进行分享	通过视频进行导入，引入三坊七巷的欣赏
知识传授	1. 了解三坊七巷 （1）布局和结构（2）造型和装饰（3）历史与风貌 2. 彩灯制作 （1）认识、欣赏彩灯 教师介绍彩灯在三坊七巷的渊源。在福州，每逢元宵，点灯、赏灯都不可少；在三坊七巷，各种各样卡通花灯摆满货架，其中，有着本地特色、手工制作的莲花灯、宫灯等传统花灯备受追捧 教师播放三坊七巷花灯照片，一起重返三坊七巷花灯节现场，欣赏的同时提问彩灯有哪些种类和造型 学生了解不同造型、功能的彩灯种类，感受光影摇曳的三坊七巷 （2）传统彩灯制作材料、技艺 教师播放三坊七巷南后街中坚守花灯传承技艺的谢善玲师傅的彩灯介绍视频，介绍传统彩灯制作技艺背后的匠心和巧思，提问学生彩灯制作的工序和装饰技艺 学生通过观看视频，了解传统彩灯制作的多重工序技艺，感受传统手工艺的魅力 教师总结归纳、介绍彩灯制作的材料种类，以及多项传统装饰工序，如裁纸、染色、破竹、扎灯架、糊纸等	1. 学生从不同的角度来欣赏三坊七巷，感受传统建筑的布局、构造之美，体悟三坊七巷的历史与文化脉络 2. 学生通过观看照片和视频回答教师的问题，并学习传统彩灯的制作材料和制作工艺，掌握彩灯的制作步骤	教师首先通过介绍三坊七巷的整体布局造型的情况，使得同学们能够欣赏了解三坊七巷，并从中提取视觉信息；接着介绍福州的彩灯，尤其是三坊七巷古镇中的花灯节别具风情；然后学习彩灯的制作工艺，表现福州传统特色

续表

学生实践	教师与学生一起提取传统彩灯制作的重要步骤，制作独具三坊七巷特色彩灯	学生进行彩灯的制作，首先设计图稿，再动手实践，提炼传统艺术元素	通过教师的演示，学生能够掌握关键技巧
展示评价	教师在学校长廊中布置以三坊七巷为主题的花灯展览，装饰校园景色；教师组织学生对作品展开自评、互评和他评	学生小组合作布置场景与展览，向他人阐述作品的构思，并能用美术语言评价他人的作品	光影艺术是非常新颖且有趣的艺术，在现当代艺术创作中不断呈现出新形态
总结拓展	总结三坊七巷的历史文化，通过新老照片的展示，引发学生对于传统建筑保护的思考；教师拓展现代彩灯的发展，以及传统彩灯衍生的文创产品	教师展示图片，学生对其进行思考与发言	
活动成果	完成一件能够体现三坊七巷特点并具有福州特色的传统彩灯作品		
评价方案	1. 能否了解三坊七巷的布局结构、造型设计以及历史人文风貌 2. 能否识别不同类型的彩灯作品 3. 能否说明传统彩灯的制作材料 4. 能否学会传统彩灯的制作工序和装饰技艺 5. 能否做出具有三坊七巷特点和福州特色的彩灯作品 6. 能否领会三坊七巷的历史保护与传承意义		

表 3-9

第3课：漫画厦门·认识定格动画	
基本信息	八年级、一至二课时；学习领域："创意·表现"
核心问题（大观念）	定格动画是怎样制作而成的
小问题	1. 动画中的人物、道具或场景是怎么制作而成的 2. 如何拍摄主体 3. 这些作品的主题是什么 4. 你能够根据这些画面想象出作者的一些思考与制作的创意吗 5. 你们小组想要表现的是什么艺术品，你们的创意是什么呢 6. 你们的小组是怎么分配的，遇到了哪些困难，最终又是如何解决的呢
教学目标	1. 知识与技能 掌握动态的拆分，学会绘制简单的场景，能够制作简单的定格动画 2. 过程与方法 通过欣赏莲塘别墅的彩塑，引发想象，将静态的彩塑变为一段生动有趣的动画，在创作中深入认识莲塘别墅的魅力 3. 情感、态度与价值观 能够在创作活动中培养一定的想象力与创造力，以及团队协作能力，形成对厦门传统建筑更加深刻的感知，自觉成为传统建筑的保护人
教学重难点	1. 教学重点：了解定格动画，能够将绘制的场景与主题物拍摄合成一段动画短片 2. 教学难点：能够将照片合成定格动画并且将古建筑中的静态彩塑生动有趣地呈现在动画中
教学资源	1. 教具：纸片 2. 学具：绘画工具、照相机、电脑软件

续表

活动环节	活动内容	活动任务	设计意图
课前导入	播放定格动画短片《兔子和鹿》 视频链接：（https://www.vmovier.com/41233?from=search_post） 学生做到边欣赏边观察，教师简单介绍定格动画的原理	学生仔细思考这是怎么制作而成的，用图结合文字的方式来表达，教师对其总结	通过课前的导入让学生首先对其产生一定的兴趣，并能够引发思考
交流分享	欣赏一段关于莲塘别墅的短片 （视频链接：https://haokan.baidu.com/v?vid=14159099968995091006&pd=bjh&fr=bjhauthor&type=video） 教师带领学生认识莲塘别墅中的艺术品，并让学生观察和总结，而后分享和交流	学生观看莲塘别墅的视频，观察其中的装饰艺术品，并结合自我理解来赏析其中一幅印象较为深刻的建筑装饰品	认识定格动画之后，让学生进入莲塘别墅的情境中，学生赏析其中一件艺术品，并与大家分享交流
总结评价	分组合作，完成一段关于莲塘别墅艺术品的定格再创作，用较为简洁清晰的线条和块面来表现，视频不超过10秒	学生分为几个小组，确定组长，分配任务，并合作完成动画短片制作，小组内互相交流	从小组合作中培养学生协作的品质，在制作过程中探寻定格动画的乐趣
活动成果	完成关于莲塘别墅内装饰艺术品的定格动画		
评价方案	1. 能否发现这些定格动画的特别之处，并且说出与以往所看到的动画片或影片的不同 2. 能否大胆猜想并与同学们积极交流 3. 仔细观察影片中的内容，并能够说出影片中展现了哪些种类的艺术品 4. 能够结合鉴赏部分的内容与同学交流这些艺术品在整个建筑中的寓意和价值 5. 能够根据一幅画面或者艺术品想象出一些它的制作创意 6. 能否与同学们说出本组的创意与构思，并且能将作品完整展现 7. 能否在动画作品中呈现多种场景和巧妙构思 8. 是否能够与同学们合理分工，并解决困难		

表 3-10

第4课：城市风貌·鹭岛宣传	
基本信息	八年级、二课时、学习领域：创意·表现
核心问题（大观念）	宣传页是怎样制作而成的
小问题	1. 你了解的厦门风貌是怎样的 2. 如果让你宣传厦门的话，你会用什么形式 3. 制作三折页的步骤是什么 4. 制作的过程中可能遇到哪些问题，你打算如何处理 5. 设计宣传手册的主要元素各有什么含义 6. 展示出的宣传品各有什么特点 7. 你们小组对这次设计的大概构思是怎样的
教学目标	1. 知识与技能：认识宣传品设计的内容、特点，掌握制作宣传片的基本步骤 2. 过程与方法：在制作宣传手册的过程中，学生能够充分理解厦门人文，并按照制作宣传手册的步骤描绘出厦门的特色 3. 情感、态度和价值观：理解创作的整体意识，能够表现厦门的城市风貌和人文内涵

续表

教学重难点	1. 教学重点：能够将宣传手册设计中的主要元素有机结合 2. 教学难点：设计的宣传手册能够体现厦门的城市风貌，能灵活运用设计宣传手册的元素		
教学资源	1. 教具：图片 2. 学具：绘画工具、纸、电脑		
活动环节	活动内容	活动任务	设计意图
课前导入	教师播放厦门宣传片《WE ARE 厦门》 （视频链接：https://haokan.baidu.com/v?vid=11113032888368052363&pd=bjh&fr=bjhauthor&type=video） 学生认真观看后进行分享交流	学生思考对厦门的感受并发言分享，教师进行补充并总结大家心中的厦门形象	情景导入使学生更快进入气氛，也使课堂有趣活泼，大家一起分享自己的厦门印象，使厦门的形象更加多样丰富
知识传授	1. 教师展示三折页的样张，学生以小组为单位总结制作三折页的步骤 第一步：设置基本格式 第二步：添加页面颜色，加入字体 第三步：加入图案 第四步：打印出成品 2. 教师讲解设计宣传手册的四大元素 四大元素：图形、文字、色彩、版式	学生观看样张，并以小组为单位总结三折页的制作步骤，教师讲解设计手册四大元素	让学生讨论并总结制作步骤，加深印象，培养学生思维能力
总结评价	教师展示各类宣传品，引导学生欣赏；学生小组合作，完成厦门宣传三折页的制作	学生先欣赏各类宣传品打开眼界与思路，再进行小组合作，制作厦门宣传三折页	打开学生眼界，感受制作宣传页的魅力，提升审美素养，以小组合作的形式锻炼学生的合作精神
活动成果	完成厦门宣传册三折页		
评价方案	1. 能否了解厦门的城市风貌和人文内涵 2. 能否理解宣传品的重要性 3. 能否掌握制作三折页的步骤 4. 能否理解设计宣传手册的四大元素的内涵 5. 能否说出4种宣传品且知道它们各自的特点 6. 能否运用宣传手册设计所需的四大元素进行设计 7. 手册内容能否表现出厦门的城市风貌		

四、单元评价设计

表 3-11

评价目的
1. 评估学生对厦门传统建筑和人文风情的掌握程度 2. 观测学生在表现厦门传统建筑过程中的兴趣与态度 3. 评定学生表现厦门传统建筑的学习结果

评价内容	
学习兴趣	1. 体验厦门传统建筑、城市风貌的魅力 2. 用厦门传统建筑表现其人文风情、表达情感的意愿

续表

学习习惯	主动观察和探究厦门传统建筑的情况
学业成果	1. 能辨别、认识观察和分析厦门传统建筑 2. 能根据主题，综合运用厦门传统建筑相关知识，构思画面中厦门传统建筑的构成与布局，创作带有主观情感的作品 3. 能选用不同的艺术形式来表现不同主题的作品

细化评价观测点	
活动内容	评价观测点
认识鹭岛风貌	1. 观看图像和视频，进行思考与探究的情况 2. 能否体会到鹭岛的独特魅力
了解不同的艺术形式	1. 能否认识到构图的重要性 2. 能否理解定格动画的原理 3. 能否制作传统彩灯作品 4. 能否掌握宣传页的制作步骤与设计手册的四大元素 5. 积极交流讨论的情况
制作鹭岛相关的作品	1. 能否运用所学知识，进行探究性学习 2. 能否与同学们合理分工，并解决困难 3. 主动发表观点，积极交流讨论的情况
分享交流展示作品	1. 能否在作品中展示出鹭岛风貌 2. 积极介绍作品，分享构思的情况
鹭岛相关作品赏析	1. 能否运用所学知识，对作品进行欣赏与综合分析 2. 能否表述出作品的含义以及合理推测作者的意图 3. 能否对之前的作品进行反思并进一步深化 4. 积极参与互动、分享欣赏感受、交流想法的情况

说明：本单元的评价，应结合单元教学内容，围绕"厦门传统建筑的表达"，从学习过程中所体现出的兴趣与习惯以及学习成果的呈现两方面进行；评价内容以单元活动为载体，通过课堂观察、表现性任务分析和美术作业分析等路径，采用学生自评、互评和教师评价相结合的方式，以鼓励性语言和等第、评语的形式反馈评价结果。

第五节 创意工作坊活动方案

一、"欣赏·评述"活动方案

（一）活动方案

1. 活动信息

【活动名称】莲塘曲韵·古厝植物纹饰赏析

【活动对象】初中生

【活动时间】80分钟

2. 材料准备：超轻黏土及其相关工具，笔、纸、相框

3. 活动目标

知识与技能：了解莲塘别墅的装饰工艺手法和纹饰种类，能够知道植物纹饰的种类和特点。

过程与方法：运用理论知识与超轻黏土设计并制作创意古厝植物纹饰。

情感、态度和价值观：理解建筑中装饰工艺的美以及纹饰象征的文化含义。

活动重难点：掌握植物纹饰中卷草纹及其特点，学会用超轻黏土并制作创意古厝植物纹饰。

4. 设计思路

（1）内容设计

本次工作坊活动分为纹饰欣赏和纹饰创作两部分。

纹饰欣赏的对象主要是莲塘别墅的装饰工艺和不同种类的纹饰，活动侧重对植物纹饰的欣赏分析。在活动过程中，通过设置"填一填"的互动环节，引导学生将不同类型的纹饰名称和图片进行匹配，以此了解学生对植物纹饰的了解程度。之后着重介绍植物纹饰中的卷草纹，包括卷草纹的造型特点和"二方连续"的排列特征，完成"动动手"的纹饰绘制。

纹饰创作主要是提取植物纹饰进行图案设计，并运用超轻黏土制作植物纹饰的工艺作品。在过程中，学生需要掌握设计的整体步骤，分别是提取元素、设计草图、选择颜色、调整设计。然后了解超轻黏土制作纹饰的技巧和方法，以小组合作的形式完成一件富有创意的作品。

（2）与现有学材课例的关系

创意工作坊的内容是对学材鉴赏单元第二课"闽南清韵·古厝民居"的拓展。第二课以莲塘别墅的整体布局和装饰工艺的欣赏为主，引导学生欣赏建筑的特征；学习单中的活动则是对莲塘别墅里的植物纹饰进行细部赏析，并进行创意纹饰制作。通过"欣赏＋创作"的活动过程，使学生进一步巩固学材知识以及认识和掌握纹饰的特点，理解纹饰象征的文化含义。

（3）教学方法

本次创意工作坊活动教学采用直观演示法、讲授法、讨论法与练习法相结合的教学方法，注重启发学生对纹饰欣赏的学习兴趣，引导其进行黏土卷草纹饰作品的设计与创作，提升学生的创造性思维能力和造型能力。

5. 活动过程

活动1：了解莲塘别墅的纹饰（15分钟）

（1）导入（5分钟）

教师运用多媒体展示莲塘别墅的纹饰工艺，提出问题："莲塘别墅的纹饰可分为哪几类？"

纹饰大致可分为：植物纹、动物纹、几何纹等。

左：植物纹　　中：蝴蝶纹　　右：几何纹

图 3-8

学生完成"填一填"小练习，了解不同纹饰，教师介绍纹饰的象征意义。

（2）知识传授（10分钟）

教师采用问题推进式的教学方法，引导学生了解莲塘别墅中的植物纹饰及其特点。

问题1：植物纹饰的形态有什么特征？

左：荔枝纹饰　　　　右：牡丹纹饰

图 3-9

植物纹中多含重复、曲线的图案，姿态丰富，样式精美，装饰性强。

问题2：植物纹饰中最多见的卷草纹有什么样式特点？

图 3-10

卷草纹多取忍冬、荷花、兰花等花草，经处理后作"S"形波状排列，构成二方连续图案，通称卷草纹。卷草纹造型突出纹样在节奏、对称、比例等构成要素方面的特点。它象征中国古人对生命"生生不息、万代绵长"的向往与祝福。

在了解了卷草纹样式特点后，学生进行学习单

"动动手"的内容实践，尝试以绘画形式表现卷草纹的造型特点。

问题 3：什么是二方连续？

二方连续是由一个单位纹样，向上下或左右两个方向反复连续而形成的纹样。

上：单位纹样

下：二方连续纹样

图 3-11

活动 2：制作创意植物纹饰（50 分钟）

学生以小组为单位，根据提取元素、设计草图、选择颜色、调整设计四个步骤来进行卷草纹样草图的初步设计，然后进行创意古厝植物纹饰的黏土制作。过程中，教师运用多媒体演示植物纹饰的制作方法和过程，并对步骤进行创作要点提示。

（1）工具材料介绍（5 分钟）

教师介绍超轻黏土和其他工具材料的特性。

超轻黏土是新型环保工艺材料，颜色多样，可以用基本颜色按比例调配各种颜色。它可与木头、金属片、亮片、玻璃等材质完美结合使用，可以永久保存。制作作品的基本工具和原料有锥形针、月牙刀、齿刀、丸棒、塑形针、勺形刀。

（2）设计草图（10 分钟）

教师展示设计草图的步骤和要点，引导学生用二方连续展现出卷草纹的特点，设计出初步造型。

（3）制作创意植物纹饰（35 分钟）

教师运用多媒体演示步骤，结合实物进行要点讲解。

表 3-12

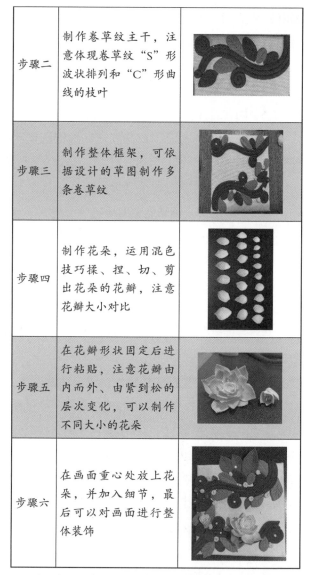

植物纹饰创作设计		
步骤一	纹样草图设计，根据四步骤进行设计	
步骤二	制作卷草纹主干，注意体现卷草纹"S"形波状排列和"C"形曲线的枝叶	
步骤三	制作整体框架，可依据设计的草图制作多条卷草纹	
步骤四	制作花朵，运用混色技巧揉、捏、切、剪出花朵的花瓣，注意花瓣大小对比	
步骤五	在花瓣形状固定后进行粘贴，注意花瓣由内而外、由紧到松的层次变化，可以制作不同大小的花朵	
步骤六	在画面重心处放上花朵，并加入细节，最后可以对画面进行整体装饰	

活动 3：作品展评（15 分钟）

各个小组完成和展示作品，分享设计理念，填写学习单内容。教师对本次工作坊内容和要点进行总结和评价。

6. 活动收获

（1）学习评价

学生能够了解和认识莲塘别墅的装饰纹样类型。

学生能掌握植物装饰纹样的造型特点。

学生能设计出一件富有古厝纹饰特色的超轻黏土作品。

学生的作品能富有创造力和表现力。

（2）核心素养提升

本次工作坊活动以设计制作创意植物纹饰为主题，学生通过欣赏莲塘别墅纹饰、了解植物纹饰中的卷草纹以及设计制作，增强审美判断、图像识读和文化理解能力，同时在小组合作中提升创意实践、交流能力、合作能力与解决问题的能力。

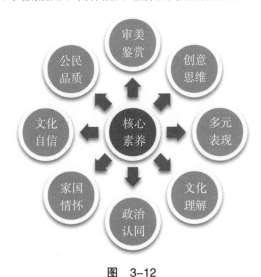

图 3-12

二、"创意·表现"活动方案

（一）活动方案

1. 活动信息

【活动名称】鹭岛光影·创意纸雕

【活动对象】八年级

【活动时间】80 分钟

2. 活动目标

知识与技能：了解纸雕的历史、种类与基本概念；知道半立体纸雕的制作步骤。

过程与方法：运用镂刻、剪切、折压等方式制作半立体建筑纸雕作品，增强立体思维与表现能力。

情感、态度和价值观：提升对材料美、工艺美和抽象美的认识水平和创造能力；理解建筑的形式与造型美，提升对古建筑的保护意识。

3. 活动重难点

掌握纸雕的特点、种类和制作方法；掌握设计并制作具有创意的立体建筑纸雕的方法。

4. 材料准备：剪刀、卷笔刀或美工刀、胶水、铅笔、卡纸、垫板、镊子。

5. 设计思路

（1）内容设计

本次工作坊活动分为纸雕欣赏与创意建筑纸雕创作两部分。

欣赏部分侧重引导学生欣赏不同种类的纸雕作品，从工艺角度了解纸雕的材料美与造型美，并在讨论交流中完成学习单相应内容的填写。创作部分的主题为制作创意建筑纸雕，活动分为纸雕设计、纸雕制作和纸雕展示三个环节。在教师的指导下，提取厦门传统建筑的造型元素设计纸雕平面草图，在纸雕制作过程中掌握设计、镂刻、剪切等步骤与方法，最终以小组形式完成富有创意的建筑纸雕作品。

（2）与现有学材课例的关系

创意工作坊的内容是对自学材鉴赏单元第四课"读古知今·传统文化的新生"的拓展。第四课的课例以欣赏为主，引导学生从文化角度解读厦门传统建筑；学习单的活动则是以创作为主，从工艺角度认识厦门传统建筑在纸雕艺术中的创意表现形式。

（3）教学方法

工作坊的教学活动主要运用讲授法、多媒体结合法、直观演示法、归纳法、讨论法与练习法等教学方法，教师引导学生观察、思考、理解、制作和总结。

6. 活动过程

活动1：了解纸雕（15分钟）

（1）导入（5分钟）

教师根据学习内容，引导学生完成"课前活动"栏目的填写。

教师展示不同种类的雕刻图片，提出问题："对比不同的雕刻作品，纸雕的特点是什么？"

纸雕的特点：用材轻巧、制作简易、造型概括、装饰感强。

石雕

木雕

铜雕

纸雕

图 3-13

（2）知识传授（10分钟）

教师采用问题推进式的教学方法，引导学生仔细观察、积极思考并完成学习单相应问题：

问题1：纸雕是什么？

纸雕是纸经过折叠、卷曲或切割形成有凹凸起伏的直线或弧线造型，在一定光线照射下，产生立体效果的一种雕塑。纸雕的起源可以追溯到中国汉朝纸的发明及16世纪德国对纸的改良成果。

问题2：它们的种类有哪些？

表 3-13

纸雕的种类	
浮雕	浮雕是雕塑与绘画相结合的艺术表现形式，用压缩的方法来处理表现对象，依靠纸的前后视觉距离、颜色的深浅变化等来表现三维立体空间，其特点是只有一面或两面供人观看 
圆雕	圆雕是独立于纸的平面空间、立于地面或悬挂于空中的雕塑种类，适合于从各个角度欣赏 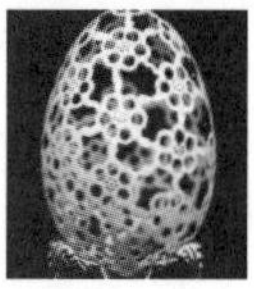

问题3：平面的纸是如何产生立体效果的？

活动2：设计纸雕（25分钟）

结合厦门翔安古厝的纸雕设计作品，教师用多媒体演示立体建筑纸雕的制作过程与方法，并对关键步骤进行提示。

（1）提取建筑元素

图 3-14

图 3-15

（2）把握古厝中轴对称的特点，设计纸雕总体造型

小贴士：注意剪纸的正负形关系。

（3）在卡纸上设计出虚线（包括谷线与山线）和实线。

图 3-16

讨论：比较，思考图3-17黄色的实线、白色的实线、蓝色的点划线与绿色的虚线分别代表什么？

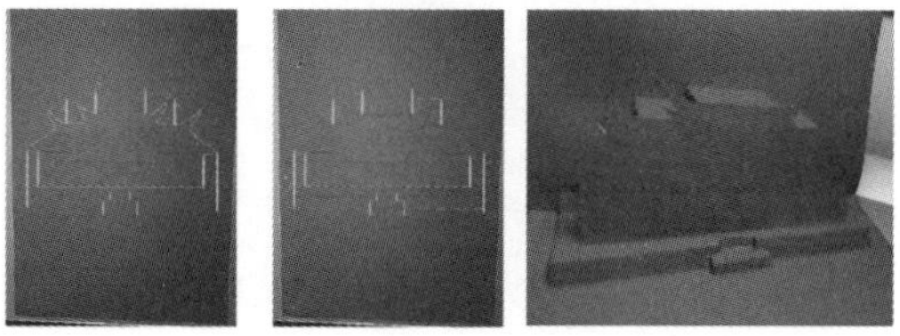

图 3-17

活动3：制作纸雕（30分钟）

教师介绍纸雕的制作方法：剪切、镂刻、折压，粘贴等，交流制作步骤。

（1）使用压痕笔或带尖头直角边缘的硬质材料将卡纸上所画的虚线压出折痕；

（2）沿实线仔细雕刻，可借助直尺、刻刀等辅助工具；

（3）整理折痕与边角；

（4）推拉弹起，让建筑"立"起来（图3-18），可通过调节光源的方向与强度展示作品（图3-19）。

图 3-18　　　　　图 3-19

活动4：作品展评（10分钟）

教师对本次创意工作坊内容进行总结和评价，布置学习拓展活动"生活中的纸艺"，鼓励学生探索纸艺形式的多样性与想法的多元性。

7. 活动收获

（1）学习评价

我掌握了纸雕的特点、种类和制作方法。

我能提取古建筑的基本造型特点进行设计。

我能运用多种技法制作具有特色的立体建筑纸雕。

（2）核心素养提升

本次工作坊的活动以纸雕设计创作为主题，学生通过了解古建筑、欣赏古建筑到创作古建筑相关的文创产品，既提高了审美鉴赏能力、多元表现能力与创意思维能力，又增强了对古建筑的保护意识，有助于文化自信的建立。

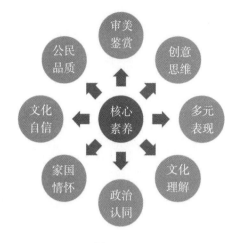

图 3-20

第六节 单元课程学习评价指南

一、"欣赏·评述"课例

（一）教师：学习评价方法

单元学习总评表

评价内容包括过程性表现、结果性表现，观测点分为主动性、探究性、合作性。

表 3-14

教师评价表						
评价内容	1	2	3	4	5	评语
过程性表现 主动性						
过程性表现 探究性						
过程性表现 合作性						
结果性表现 主动性						
结果性表现 探究性						
结果性表现 合作性						

说明：评价为1—5分。

（二）学生：自评、互评方法

表 3-15

自评、互评表		
评价内容	学生自评	同伴互评
1. 能搜集厦门传统建筑相关知识		
2. 能从不同角度探究传统建筑的文化意义		
3. 能运用多种欣赏方法从造型、材质、色彩等方面分析建筑风格		
4. 能运用美术语言描述厦门传统建筑的特色		
5. 能合作完成内容完整、形式多样的古建筑欣赏报告		
6. 能尊重并合理评价他人的意见与作品		

说明：评价为1—5分。

第一部分 感悟鹭岛古风 | 67

二、"创意·表现"课例

（一）教师：学习评价方法

单元学习总评表

评价内容包括过程性表现、结果性表现，观测点分为主动性、探究性、合作性。

表 3-16

教师评价表						
评价内容	1	2	3	4	5	评语
过程性表现 主动性						
过程性表现 探究性						
过程性表现 合作性						
结果性表现 主动性						
结果性表现 探究性						
结果性表现 合作性						

说明：评价为1—5分。

（二）学生：自评、互评方法

表 3-17

自评、互评表		
评价内容	学生自评	同伴互评
1. 能搜集厦门传统建筑相关知识		
2. 能用水彩画描绘出沙坡尾的美景		
3. 能用彩灯表现三坊七巷的建筑装饰特点和福州特色		
4. 能利用新媒体艺术形式表现厦门传统建筑的特色		
5. 能合作完成小组作品		
6. 能欣赏他人作品		

说明：评价为1—5分。

第四章
高中美术单元课程与教学设计[1]

第一节 美术课程标准研读

一、"鉴赏·理解"课例

（一）研读课标

本单元课程设定为高中美术的鉴赏教学内容。《普通高中美术课程标准（2017年版2020年修订）》（以下简称《课程标准》）中高中阶段的目标是"识别图像的形式特征，分析图像的风格特征和发展脉络，理解图像蕴含的信息；运用多种工具、材料和美术语言创作具有一定思想和文化内涵的美术作品及其他表达意图的视觉形象；依据形式美原理分析自然、日常生活和美术作品中的美，形成健康审美观念；具有创新意识，运用创造性思维进行创意，并用美术的方法和材料予以呈现和完成；从文化角度分析和理解美术作品，认同并弘扬中华优秀传统文化，尊重人类文化的多样性"。

（二）明确类型

本单元旨在培养学生"图像识读""美术表现""审美判断""创意实践""文化理解"五大核心素养。课时规划：5课时。

（三）确定内容

《课程标准》中对"美术鉴赏"模块的内容要求包括：①从材料、工具、技法或题材等方面区分不同的美术门类，并在现实情境中加以识别；知道中外美术史的基本脉络和重要风格、流派的代表人物及代表作。②了解美术创作的基本过程，学习美术作品审美构成的造型元素和形式原理，并用于分析、理解和解释美术作品。③掌握2—3种美术鉴赏的基本方法，联系文化情境认识美术作品的主题、内涵、形式和审美价值，并用恰当的术语进行解读、评价和交流。④辨析美术作品中存在的不同文化、品位和格调的差异，形成健康向上的审美情趣。⑤了解近代以来中国美术的发展，以及新中国成立后讴歌党、祖国、人民、英雄的精品力作，探究民族文化传统的继承与发展关系。⑥运用比较法分析中外传统美术在材料技法、语言风格和创作观念等方面的不同。⑦通过了解不同历史阶段美术的社会功能与作用，理解美术创作与现实生活的关系、艺术家的社会角色与文化责任。⑧选择中外著名艺术家或当代美术现象进行专题研究，在调查、分析和讨论的基础上撰写评论文章，并通过宣讲、展示等方式发表自己的看法。

本单元的学习内容基于以上8点进行设定。

---
[1] 本章作者：上海师范大学美术学院讲师徐耘春、上海师范大学附属第二实验学校教师毛倩倩。

二、"创意·表现"课例

（一）研读课标

同"鉴赏·理解"课例之研读课标。

（二）明确类型

本单元旨在培养学生"图像识读""美术表现""审美判断""创意实践""文化理解"五大核心素养。课时规划：12课时。

（三）确定内容

《课程标准》中对五大核心素养的解读包括：
① 图像识读：对美术作品、图形、影像及其他视觉符号的观看、识别和解读。② 美术表现：运用传统与现代媒材、技术和美术语言创造视觉形象。③ 审美判断：对美术作品和现实中的审美对象进行感知、评价、判断与表达。④ 创意实践：在美术活动中形成创新意识，运用创意思维和创造方法。⑤ 文化理解：从文化的角度观察和理解美术作品、美术现象和观念。

本单元的学习内容基于以上5点进行设定。

第二节　高中美术单元学材

一、第一单元："欣赏·评述"

第一课：最闽南·红砖古厝
第二课：古迹新生·沙坡尾
第三课：南洋风情·厦门骑楼

二、第二单元："创意·表现"

第一课："厝"综复杂
第二课："海"沙坡尾
第三课："看"三坊七巷

第三节　"鉴赏·理解"单元课程教学设计

一、单元课程目标设计

课程目标

1. 学生能够知道
· 建筑基本信息：名称、建造时间、占地面积、高度等；
· 欣赏方法：如费德曼四步法、城市建筑鉴赏六步法、对话法、发现法、比较法、分析法、多媒体法、情境法等；
· 视觉元素，如线条、形状、色彩、肌理、空间、明暗等；
· 形式原理，如对称、均衡、节奏、比例、重复等；
· 色彩知识，如色彩三要素、色彩的冷暖、色彩情感特征等；
· 建筑空间：城市规划、布局、透视等。

2. 学生能够做到
· 学会运用恰当的方法鉴赏厦门经济特区建立以来的地标性建筑；
· 综合运用发现法和情境法来探究建筑的造型

特征、装饰风格，用比较法来多角度分析建筑；

· 运用文字、手绘与影像等多种方式考察、记录厦门经济特区建立以来建筑与城市发展新面貌，完成鉴赏日志与展览设计。

3. 学生能够理解

· 厦门经济特区建立以来新落成的地标性建筑的基本信息、艺术风格、构成要素、美学内涵、地域特色与人文价值；

· 厦门地标性新建筑与经济特区建立发展之间的关联与重要意义；

· 厦门地标性新建筑与厦门承古融今、开放进取、勇于创新的城市精神的关系；

· 厦门城市发展的成就，提升政治认同、文化自信与民族自豪感。

4. 核心素养

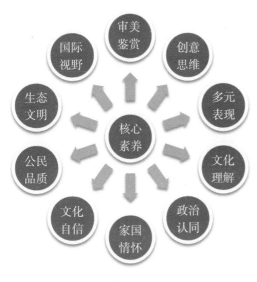

图 4-1

二、单元教材教法分析

（一）分析单元定位

1. 细化"课程目标"

根据"课程目标"，高中学段美术在"鉴赏·理解"学习领域"建筑"主题中关于厦门经济特区建立以来地标性建筑的内容要求是：①知道厦门经济特区建立以来重要的地标性建筑，感受创新城市日新月异的变化；②能够运用多样的方法（5种以上）鉴赏以上地标性建筑；③透过建筑鉴赏，理解厦门城市精神与经济特区建立的重要意义；④理解厦门城市发展的成就，提升政治认同、文化自信与民族自豪感。

2. 以往学习基础

在初中美术"欣赏·评述"领域的学习后，学生掌握了基本的美术作品鉴赏方法，初步了解厦门经济特区建立以来的建筑特色，能够根据自己的兴趣选择厦门地标性建筑开展欣赏、考察与探究活动，对于高中阶段的鉴赏学习奠定基础。

3. 未来学习要求

本单元侧重对厦门经济特区建立以来的代表性建筑进行全方位赏析，并运用多元方法开展探究性鉴赏、考察、策展学习活动。

4. 单元定位

本单元作为高中学段美术中"建筑鉴赏"主题学习的最高阶段，教师应引导学生深入了解厦门经济特区建立以来不同时期的代表性建筑，着重对厦门高崎国际机场、世茂海峡大厦（双子塔）、演武大桥、厦门国际会议展览中心、闽南大戏院等建筑，综合运用以往所学的知识与方法，从造型元素、结构功能、审美内涵、文化价值等方面进行深入鉴赏，感悟厦门城市精神以及经济特区建立以来取得的"厦门高度"与"厦门速度"，提升对社会主义制度的政治认同，增强社会主义先进文化的自信与民族自豪感。本单元特别注重对学生图像识读、审美判断、文化理解三大核心素养的培养，希望引导学生形成独立探究、批判性思考的能力。

（二）整合内容结构

1. 梳理教材内容

· 最闽南 · 红砖古厝

认识红砖古厝；鉴赏红砖古厝；红砖古厝与区域乡村；古厝传承保护与创新发展。

· 古迹新生 · 沙坡尾

沙坡尾的建筑色彩；沙坡尾的历史与民俗；沙坡尾传统与时尚交融的魅力；艺术复兴沙坡尾。

·南洋风情·厦门骑楼

厦门骑楼的来历；厦门骑楼鉴赏；厦门骑楼与东西方文化交融共生；我的厦门骑楼鉴赏考察计划。

2. 单元教学内容结构

（1）学科知识与学科技能

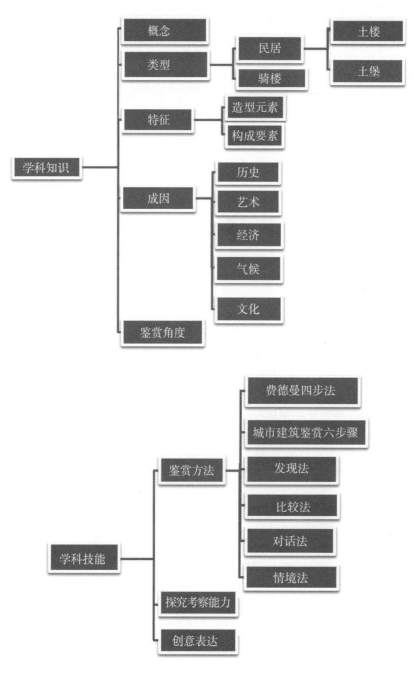

图 4-2

（2）人文内涵

① 闽南红砖古厝与厦门骑楼承载着当地独有的历史文化；

② 厦门传统建筑渗透着强烈的家国情怀与中华民族同根同源的文化认同感；

③ 沙坡尾建筑是厦门渔港文化的真实写照，承载着老一辈厦门人的对厦门本土文化根脉的守望；

④ 厦门传统建筑是本土渔港文化、闽南文化、东南亚侨乡文化以及中西方文化艺术融合的重要见证；

⑤ 厦门传统建筑新生促进厦门潮流活力文化的兴起与发展。

（3）审美层面

① 辨别和认知厦门传统建筑中的造型、类型与功能；

② 鉴赏和理解厦门传统建筑独有的结构要素与空间布局；

③ 体悟厦门传统建筑蕴含的艺术之美与文化内涵。

（三）分析教法依据

1. 教学内容特点

本单元主要是对建筑结构、布局、艺术特色与文化内涵进行理解与鉴赏。

2. 学段学情特点

高中学段的学生对概念知识、视觉元素、造型特征、结构要素、空间布局、文化内涵已有一定的了解，能够理解与鉴赏建筑中的结构美、造型美、装饰美，具备了进行自主探究性学习的基础和能力；同时，通过之前的学习，学生也积累了一定的艺术欣赏和创意表达的经验，具备了运用所学知识和实践经验进行分析、探讨和研究的基础和能力。

3. 教学资源选取

本单元选取与教学内容直接关联的素材资源主要用于对厦门传统建筑的鉴赏，如书籍、图册、绘画、照片、建筑纪录片、学习单、网络资料、建筑模型、文创产品等。教师可以利用它们在单元学习的各个阶段保障学生进行有效实践，形成学习成果。

本单元设计的技术资源主要有：

· 信息技术资源：通过图文并茂的交互式多媒体欣赏，营造出生动活泼的教学情境，激发学生学习的积极性，促使他们进行自主思考和探究。

· 实践技术资源：基于欣赏课例的学习任务单能够帮助学生更好规划探究性学习的步骤，提高探究的效率，形成对学习经历和探究过程的记录。

· 教学环境资源：主要是现存于厦门地区的红砖古厝、骑楼建筑，通过实地考察与鉴赏，为学生探究性学习的开展提供更加生动和丰富的形式。

（四）设计教学方法

本单元的主要教学方法包括：

1. 教师主导——针对概念性知识进行讲授，如建筑样式、形成原因、风格流派、空间布局、装饰工艺与造型视觉元素等。

2. 学生自主——针对建筑的审美现象，在教师的引导下进行观察与感受，综合运用欣赏评述的多种方法，进行小组讨论，自主探究厦门传统建筑的形式美与结构美。

3. 师生互动——针对人文内涵与审美层面，教师与学生进行交流与讨论，教师引导学生结合所学知识与美术语言积极探索建筑形式美感与人文内涵，形成一定的审美判断能力与艺术感知力。

（五）定位学科能力

1. 关键能力

运用不同鉴赏方法的能力；

透过建筑理解不同地域文化的能力。

2. 其他能力

自主思考与探索建筑形式美的能力；

合作、表达与交流灵感与感想的能力；

评述欣赏成果的综合能力。

三、单元教学活动设计

（一）单元教学目标

知识与技能：认识厦门传统建筑的类型功能、布局与形成原因，掌握建筑鉴赏的多元方法，学会从造型元素、空间结构、装饰工艺、审美特征与文化内涵等层面开展美术鉴赏活动。

过程与方法：通过课堂讲解、文献阅读、实地考察、在线学习等多样化学习方式，开展厦门传统建筑鉴赏活动，运用文字、手绘、影像、工艺等方式完成研究性考察与鉴赏报告。

情感、态度和价值观：认识中华优秀传统美术的文化内涵及独特艺术魅力，理解闽南古建筑体现的人民的智慧，传承闽南古建筑所蕴含的文化精神，形成对古建筑的保护意识。

（二）单元教学重难点

教学重点：运用多种方法对厦门传统建筑进行鉴赏，从不同角度解读其建筑风格、结构要素与空间布局。

教学难点：通过鉴赏建筑，感悟传统建筑所蕴藏的家国情怀与文化认同。

（三）单元学习活动

1. 设计单元活动框架

根据本单元教学目标、教学重点和难点，对单元主要学习活动进行规划。

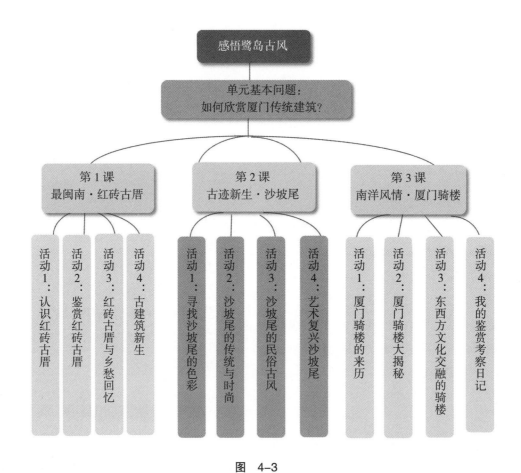

图 4-3

2. 制订每课活动方案

表 4-1

第1课：最闽南·红砖古厝	
基本信息	高中一年级、二课时
核心问题 （大观念）	如何鉴赏闽南建筑红砖古厝
小问题	1. 什么是红砖古厝 2. 红砖古厝可以从哪些方面进行鉴赏 3. 如何通过鉴赏古厝理解闽南红砖文化与浓郁的乡愁情怀
教学目标	1. 认识厦门红砖古厝的材料、样式、功能与艺术特点 2. 学会运用多种方法鉴赏厦门红砖古厝中的代表性建筑 3. 理解闽南深厚的红砖文化，感悟浓郁的乡愁情怀

续表

教学重难点	1. 重点：理解红砖古厝的建筑结构、空间布局与装饰工艺 2. 难点：感悟建筑背后的两岸同胞与侨民同根同源的闽南文化认同与家国情怀		
教学资源	红砖古厝建筑模型、建筑纪录片、照片、挂图等		
活动环节	活动内容	活动任务	设计意图
认识红砖古厝	1. 理解红砖古厝概念、特点与文化内涵 2. 了解闽南古民居的四种类型：土楼、土堡、红砖厝和灰砖厝	1. 展示厦门海沧区新安古民居与翔安的邱氏宗祠，初步认识红砖古厝的建筑样式与造型特征 2. 展示不同民居的照片，比较红砖古厝与其他三类民居在样式、功能、艺术特点上的异同 3. 查阅资料，说一说福建的古民居还有哪些类型，它们为何会呈现如此多样的面貌	通过对福建不同类型古民居的比较与探究，了解红砖古厝在建筑造型、结构、功能、文化上的独特性
鉴赏红砖古厝	1. 从材料、结构、功能、空间布局、艺术元素等方面对红砖古厝进行鉴赏 2. 结合厦门代表性的古厝建筑鉴赏屋顶造型中的大厝"皇宫起"与燕尾脊 3. 从闽南方言中的"架步"一词入手，探究厦门"五架厝""九架厝""十一架厝"代表性建筑以及不同"架步厝"在空间上的差异	1. 展示红砖古厝"出砖入石"的砌墙方式，从化学、地理、气候等因素分析闽南古建筑使用红砖的原因。比较我国古民居不同材料的差异 2. 展示古厝模型，结合模型分析古厝前埕后厝式的结构以及护厝、踏寿、前进、深井等部位，进一步理解屋顶构造中的艺术特征 3. 绘制"架步"（梁架）的结构，并且找一间古厝民居实地考察测量，深入理解架步厝的含义与特征	结合建筑模型、实地考察、纪录片欣赏、互动探究等方法，对红砖古厝的造型结构、空间布局、材料，特别是对建筑的功能、寓意有深入地理解

第一部分　感悟鹭岛古风　｜　75

鉴赏红砖古厝	4. 结合不同的古厝纪录片与摄影照片，理解闽南古厝"光厅暗屋""一明两暗"的空间布局特征 5. 结合厦门市翔安区马巷镇亭洋村的古厝，了解闽南传统社区及院落内民居、祠堂、宫庙三者共存的独特现象 6. 欣赏闽南红砖古厝中的装饰工艺，如石雕、砖雕、木雕、泥塑、彩绘、剪贴等，了解古厝建筑丰富多彩的装饰手法，理解它们表达的美好寓意	4. 观看闽南古厝纪录片与照片，感受"光厅暗屋"的古厝布局，有条件的学生可以自己进行拍摄。 5. 厦门有很多社区与乡镇存在民居、祠堂、宫庙共存的红砖古厝式建筑；学生结合课上学过的知识，带上相机，进行一番实地影像考察，完成厦门古厝的考察日志，并在课堂上与同学们分享这三类不同功能建筑的特点与差异 6. 将图片与对应的寓意"连一连"理解装饰工艺与闽南人平安和乐、祈福纳祥愿望的关系	
红砖古厝与乡愁回忆	了解古厝背后闽南文化中的家国情怀	观看纪录片，欣赏厦门大嶝岛的金门县政府旧址与翔安马巷元威殿	理解海峡两岸同根同源的文化传承
古厝新生	红砖古厝联合申遗的保护与改造更新	了解红砖古厝申报世界文化遗产的历程，结合一些知名的古厝代表性建筑了解古建筑新生的途径与意义	
评价方案	1. 我了解了红砖古厝的建筑特征 2. 我学会了鉴赏红砖古厝的方法 3. 我体悟到红砖古厝蕴含的深厚的闽南文化		

表 4-2

第 2 课：古迹新生·沙坡尾			
基本信息	高中一年级、二课时		
核心问题（大观念）	如何通过鉴赏沙坡尾艺术创意街区感悟厦门多元的城市文化		
小问题	1. 沙坡尾的建筑色彩与厦门文化有哪些联系 2. 如何运用城市建筑鉴赏六步法来欣赏沙坡尾的建筑 3. 艺术如何点亮和复兴老街区		
教学目标	1. 了解沙坡尾的历史沿革、建筑样式与色彩特征 2. 运用多样的鉴赏方法体悟沙坡尾艺术创意街区的魅力 3. 理解艺术在历史古迹更新与城市文化发展中的作用与价值		
教学重难点	1. 重点：鉴赏沙坡尾建筑，理解沙坡尾所反映的厦门文化特征 2. 难点：学会从不同面向理解沙坡尾文化的多元性		
教学资源	1. 教具：沙坡尾文创、地图、图册、纪录片等 2. 学具：相机、综合材料、画纸、画笔等		
活动环节	活动内容	活动任务	设计意图
多彩沙坡尾	1. 了解沙坡尾的历史成因与建筑风格 2. 记录沙坡尾建筑的色彩，感悟沙坡尾的魅力 3. 沙坡尾城市色彩与澳门城市建筑色彩比较，透过建筑色彩了解城市文化	1. 考察大学路与艺术西区，搜集沙坡尾建筑色彩，分析不同类型建筑色彩的异同 2. 考察沙坡尾商铺、艺术西区文创商店、艺术工作室、交通工具及区域景观的色彩，感受沙坡尾的时尚活力 3. 运用画笔、相机在沿街商铺、居民社区、艺术园区中记录、捕捉、表现沙坡尾的多彩之美，完成一份视觉艺术考察笔记	以实地探访的形式搜集、记录沙坡尾城市建筑色彩，从美术的角度感悟沙坡尾的魅力

第一部分　感悟鹭岛古风

		续表
双面沙坡尾	运用城市建筑鉴赏六步法走街串巷，了解沙坡尾"一面现代、一面传统"的独特魅力	1.考察沙坡尾的老弄堂与居民区，用视觉影像，拼贴出一个多元的沙坡尾，感受传统街区的魅力	从生活与文化的角度鉴赏沙坡尾
多元沙坡尾	了解沙坡尾的历史与民俗，从渔港文化的视角深层次理解厦门文化	1.参观接官亭、活态展示馆、送王船非遗纪念馆等，了解沙坡尾的历史与民俗 2.运用绘本形式讲述1—2则能够代表老厦门的渔港故事、非遗民俗与历史典故，重现多彩的古风古味	从民俗、历史的角度了解沙坡尾与老厦门文化
复兴沙坡尾	了解艺术西区前世今生，感悟文创艺术对城市老旧街区发展的作用	1.考察艺术西区的画廊、文创商店、艺术家工作室，搜集与体现今日沙坡尾特征的信息，了解沙坡尾具有活力、面向年轻人的特点 2.了解我国旧厂房改造成文创艺术园区的艺术复兴城市典型案例，思考艺术与城市发展、社区更新之间的关系	从文创艺术复兴沙坡尾的角度思考沙坡尾如何更好地面向未来
评价方案	1.我了解了沙坡尾悠久的历史与多元的民俗文化 2.我能够通过鉴赏沙坡尾建筑的色彩感受城市社区的魅力 3.我体悟到艺术在城市更新、社区改造中的作用		

表 4-3

第3课：南洋风情·厦门骑楼	
基本信息	高中一年级、二课时
核心问题（大观念）	如何鉴赏厦门骑楼建筑
小问题	1.厦门骑楼建筑的来历与成因有哪些 2.厦门骑楼该从哪些方面进行鉴赏 3.如何通过鉴赏骑楼建筑理解南洋侨乡文化

续表

教学目标	1. 了解厦门骑楼形成的原因、分布现状与建筑构成要素 2. 学会鉴赏厦门代表性骑楼建筑的立面与细节特征 3. 理解骑楼在变迁过程中所反映的侨乡文化与地域特色		
教学重难点	1. 重点：厦门骑楼建筑立面结构与装饰元素鉴赏 2. 难点：通过对厦门骑楼建筑不同要素的样本分析，总结骑楼的特点		
教学资源	1. 教具：骑楼模型、图册、地图、影像资料 2. 学具：相机、纸、笔		
活动环节	活动内容	活动任务	设计意图
厦门骑楼的来历	介绍骑楼的由来、特点与分布情况	1. 结合课上讲解的知识点，为厦门代表性骑楼建筑建立一份"身份档案" 姓名：思明电影院 类型：骑楼 出生地：厦门思明北路2号 出生年月：1928年 功能：戏院、电影院	通过建立骑楼"身份证"的互动游戏，引导学生查阅资料，对骑楼有更深入的了解
揭秘厦门骑楼	1. 从气候、历史、经济、艺术等方面分析厦门骑楼最早出现的原因 2. 结合厦门地形图，讲解厦门骑楼"五纵二横"的布局 3. 选择开元路、大同路、思明路、中山路四条骑楼街上的建筑进行样本汇总与分析，了解不同民居与商业街骑楼建筑在层高上的差异 4. 欣赏窗扇的类型、材料与新旧窗扇在造型上的差异 5. 展示坡屋顶与平屋顶的差异，结合具体建筑，介绍厦门骑楼屋顶的色彩 6. 欣赏厦门骑楼的女儿墙，分析女儿墙的样式 7. 鉴赏廊柱的立面装饰工艺和纹样，分析墙面上的装饰风格	1. 运用田野调查、样本分析的方法开展鉴赏，既能了解厦门骑楼层高、功能等整体面貌的异同，还能比较不同建筑立面结构、色彩、材料、装饰等细节的区别 2. 拍摄骑楼，并按色彩进行分类 3. 厦门骑楼有支撑廊檐的廊柱，按柱身形状可分为矩形和圆形两种，矩形柱的柱头形式多样，学生找找厦门骑楼有哪几种柱头，将它画成示意图加以分析	学会对厦门骑楼建筑进行深入鉴赏

第一部分　感悟鹭岛古风 | 79

		4. 用连一连的方法将纹样图案与它的类型进行连接	
揭秘厦门骑楼			
骑楼：东西方文化交融的见证	理解厦门骑楼与背后的闽南侨乡文化	从艺术的角度了解从古希腊廊柱式建筑到当代骑楼建筑的演变，感受到其中艺术样态变化	充分调动创意思维，让学生从文化理解层面来赏析建筑
活动成果	我的骑楼鉴赏日志		
活动评价	1. 我了解了厦门骑楼的形成原因与分布现状 2. 我学会了鉴赏骑楼的视角与方法 3. 我体悟到骑楼建筑所蕴含的东西艺术交融与南洋侨乡文化的地域特点		

四、单元评价设计

表 4-4

评价目的	
1. 评估学生对厦门传统建筑造型元素、构成原则与装饰特色的掌握程度 2. 观测学生在厦门传统建筑鉴赏与理解过程中的兴趣与态度 3. 评定学生自主探究厦门传统建筑并进行探究性鉴赏的学习结果	
评价内容	
学习兴趣	1. 体会闽南古建筑、鹭岛古风的魅力和特色 2. 通过鉴赏厦门传统建筑，了解其独特艺术价值和人文内涵
学习习惯	主动观察、感受和探究厦门传统建筑的情况
学业成果	1. 能了解厦门传统建筑的样式种类、特征和艺术价值 2. 能运用多种鉴赏方法来鉴赏厦门传统建筑造型特色与结构特征 3. 能通过欣赏，了解闽南古建筑的独特价值和人文内涵，培养保护古建筑的意识
细化评价观测点	
活动内容	评价观测点
红砖古厝鉴赏	1. 我了解了红砖古厝的建筑特征与装饰艺术特色 2. 我学会了 3—5 种鉴赏红砖古厝的方法 3. 我体悟到红砖古厝蕴含的深厚的闽南文化与民族智慧
古厝焕新	1. 我了解了红砖古厝申报世界文化遗产的进程与意义 2. 我知道了红砖古厝在现代社会中的创新运用

续表

欣赏沙坡尾传统建筑	1. 我能够通过搜集、比较、分析的方法了解沙坡尾建筑的色彩、类型与功能 2. 我学会了运用多元的鉴赏方法鉴赏沙坡尾街区中的建筑与景观 3. 我能够透过欣赏沙坡尾的传统建筑感到老厦门的市井文化与时尚文化的融合
复兴沙坡尾	1. 我了解了沙坡尾从渔港到活力街区发展的变迁史 2. 我理解了沙坡尾传统民俗非物质文化遗产在现代社会中创新发展的价值 3. 我了解了艺术在促进沙坡尾街区改造中的重要作用
厦门骑楼鉴赏	1. 我从气候、历史、艺术、经济等角度了解了厦门骑楼建筑的形成原因 2. 我掌握了从不同方面鉴赏厦门骑楼建筑的方法 3. 我能够以个人或小组合作的形式运用绘画、文字、影像等方式完成一篇厦门骑楼考察日志

第四节 "创意·表现"单元课程教学设计

一、单元课程目标设定

课程目标

1. 学生能够知道

·视觉元素，如线条、形状、色彩、肌理、空间、明暗等；

·形式原理，如对称、均衡、节奏、比例、重复等；

·色彩知识，如色彩三要素、色彩的冷暖、色彩情感特征等；

·透视知识，如平行透视、成角透视、圆面透视等；

·造型表现方法，如写实、夸张、变形、装饰等；

·建筑模型制作的方法，如测量、画图、切折、切割、粘贴、组合、装饰等；

·新媒体艺术与传统媒材造型的区别。

2. 学生能够做到

·用不同的工具和媒材，采用写实、夸张、变形、抽象等表现方式，描绘各种事物，表达情感和思想；

·根据创作主题，采用合适的绘画构图形式组织、安排作品画面；

·选择用泥、纸、木材、废弃物品、金属丝等媒材，用雕刻、塑造、组装等方式创作建筑模型；

·运用剪贴、针刻、雕刻等手段，在厚纸板或木板上，制作黑白或套色版画；

·根据建筑的功能、审美和内涵，进行文创产品设计，提出设计目标，并用手绘草图、思维导图、模型来呈现设计构思；

·利用计算机、相机、录像机等进行造型表现活动。

3. 学生能够理解

·可以使用传统或现代的工具与媒材，采用不同的表现形式（写实、夸张、变形、抽象）创作美术作品；

·可通过归类、重组、改变等方式进行构思和实践，创作富有创意的美术作品；

·中国传统绘画在世界美术文化中自成体系，独树一帜；

·现代媒材技术拓宽了人们认识世界的方式；

·在参与班级或小组的各种活动中，能尊重和理解别人不同的看法。

4. 核心素养

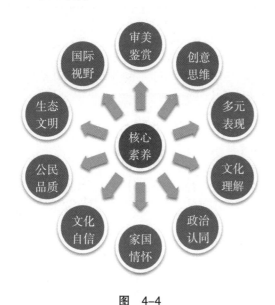

图 4-4

二、单元教材教法分析

（一）分析单元定位

1. 细化"课程目标"

根据"课程目标"，高中学段的学习要求是：①能以联系、比较的方法进行整体观看，感受图像的造型、色彩、材质、肌理、空间等形式特征；从形态、材料、技法、风格及发展脉络等方面识别图像的类别；②能形成空间意识和造型意识；了解并运用传统与现代媒材、技术，结合美术语言，通过观察、想象、构思和表现等过程，创造有意味的视觉形象，表达自己的意图、思想和情感；③能感受和认识美的独特性和多样性，形成基本的审美能力，显示健康的审美趣味；通过语言、文字和图像等方式表达自己的审美感受；④能养成创新意识，学习和借鉴美术作品中的创意和方法，运用创造性思维，尝试创作有创意的美术作品；联系现实生活，通过各种方式搜集信息，进行分析、思考和探究，对物品和环境进行符合实用功能与审美要求的创意构想，并以草图、模型等予以呈现，不断加以改进和优化；⑤能逐渐形成从文化的角度观察和理解美术作品、美术现象和观念的习惯，了解美术与文化的关系；认识中华优秀传统美术的文化内涵及独特艺术魅力，坚守中华文化立场，坚定文化自信；理解不同国家、地区、民族和时代的美术作品所体现的文化多样性，欣赏外国优秀的美术作品；尊重艺术家、设计师和手工艺者及其创造的成果和对人类文化的贡献。

2. 以往学习基础

通过小学、初中阶段的学习，学生对建筑形成了一定的感受和理解力，对各类表现手法有了较为深入的了解，同时具备一定的创意表达能力。

3. 未来学习要求

提升学生的创意能力，运用不同的方法、媒材进行艺术表现活动，将艺术与生活相联系，理解在艺术创作中所蕴含的人文情怀。

4. 单元定位

本单元作为高中学段美术中"表现建筑"主题学习的最高阶段，教师应引导学生深入了解建筑的结构和造型，综合运用以往所学的建筑知识与创作方式，进行个性化表现，提高表现能力。

（二）整合内容结构

1. 梳理教材内容

古厝元素创意演变活动

新媒体艺术创作活动

展现古建筑艺术与文化的创意创造活动

2. 单元教学内容结构

（1）学科知识与技能

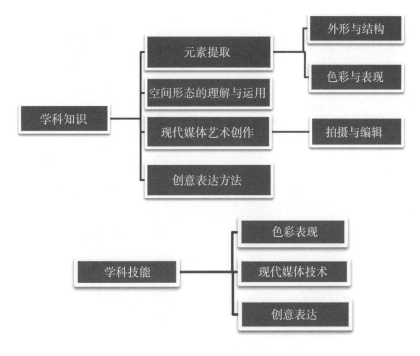

图 4-5

（2）人文内涵

① 建筑来源于历史；

② 建筑创造美的环境；

③ 建筑体现人民的智慧；

④ 建筑承载了当地独有的历史文化。

（3）审美层面

① 辨别和欣赏生活及环境中的色彩；

② 体验结构与色彩的协调统一之美；

③ 感受和欣赏建筑独有的结构和纹理；

④ 体悟建筑蕴含的艺术之美与文化内涵。

（三）分析教法依据

1. 教学内容特点

本单元主要是对建筑结构、色彩与文化进行了解与应用。

2. 学段学情特点

高中学段的学生对色彩知识、结构原理、构图形式、透视知识、造型表现方法都具有了一定的了解，能够理解建筑中的结构美、色彩美，具备了进行自主探究性学习的基础和能力；同时，通过之前的学习，学生也积累了一定的艺术感受和创意表达的经验，具备了运用所学知识和实践经验进行分析和探讨的基础和能力。

3. 教学资源选取

本单元选取与教学内容直接关联的素材资源主要是用于提取并表现闽南古建筑特点的绘画工具和材料，如水粉颜料、画笔、画纸、综合材料等。教师可以利用它们在单元学习的各个阶段保障学生进行有效实践，形成学习成果。

本单元设计的技术资源主要有：

实践技术资源：学习任务单能够帮助学生更好地规划探究性学习的步骤，提高探究的效率，形成对学习经历和探究过程的记录。

教学环境资源：主要是现存于厦门地区的闽南特色建筑，通过实地观察与创作，为学生探究性学习的开展提供更加生动和丰富的形式。

（四）设计教学方法

结合分析，预设本单元的主要教学方法：

1. 教师主导——讲授：针对概念性知识进行讲授，如建筑欣赏方法、色彩概念、元素提取方法等。

2. 学生自主——观察与探究：针对建筑的艺术特点，引导学生结合以往的学习基础和学习经验，充分调动学习主动性，从日常生活中的现象出发，进行探究性学习。

3. 师生互动——交流与讨论：针对人文内涵及审美层面，例如不同建筑的艺术特点、特色建筑的历史源流、古建筑承载的文化内涵等，引导学生结合所学知识及以往基础，积极进行思考，通过语言或者文字的交流讨论，形成一定的理解与感悟。

（五）定位学科能力

1. 关键能力
对建筑进行欣赏的能力；
提取元素并进行创意表现的能力。
2. 其他能力：
自主思考、探究、解决问题的能力；
团队交流与合作创造的能力。

三、单元教学活动设计

（一）单元教学目标

知识与技能：了解闽南古建筑的材料、结构与色彩特征，掌握提取古建筑元素的视角与方法。

过程与方法：通过提取元素的方法深入探究古厝的结构与色彩，使用数字手段对古建筑艺术与文化特色进行创意表现。

情感、态度和价值观：认识中华优秀传统美术的文化内涵及独特艺术魅力，理解闽南古建筑体现出人民的智慧，传承闽南古建筑所蕴含的文化精神，形成对古建筑的保护意识。

（二）单元教学重难点

教学重点：学会提取闽南古建筑元素进行创意建筑制作。

教学难点：用创意的方式表现闽南古建筑承载的艺术与文化。

（三）单元学习活动

1. 设计单元活动框架

根据本单元教学目标、教学重点和难点，对单元主要学习活动进行规划。

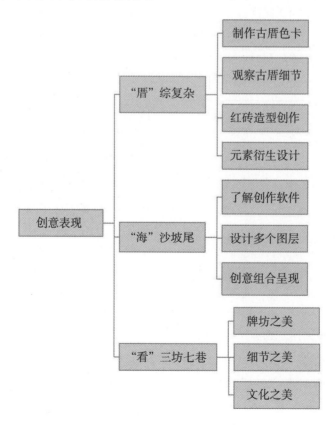

图 4-6

2. 制订每课活动方案

表 4-5

第1课："厝"综复杂			
基本信息	高中一年级、四课时		
核心问题（大观念）	艺术是如何表达对自然或社会现象的感受、认识和理解的		
小问题	1. 建筑的艺术是如何进行表达的 2. 传统文化面临着挑战 3. 如何将建筑艺术进行创意表达		
教学目标	1. 了解闽南传统民居的造型特点 2. 运用提取元素的方法进行实践 3. 理解闽南传统民居蕴含的艺术与文化内涵		
教学重难点	1. 重点：如何用艺术的眼光欣赏闽南古厝 2. 难点：从古厝中提取元素的思路与方法		
教学资源	1. 教具：古厝红砖 2. 学具：相机、画纸、画笔、水粉颜料		
活动环节	活动内容	活动任务	设计意图
制作古厝色卡	运用所学赏析方法，分析总结古厝建筑特点	1. 用拍摄的形式将古厝之美记录下来 2. 提取照片中的色彩信息，制作古厝色卡	近距离观察古厝建筑，以产生更加深刻的感受
红砖造型创作	学习红砖运用的图形演变	1. 尝试提取古厝中相关的辅助元素并进行排列组合 2. 设想主题进行元素的组合设计	了解古厝元素的艺术表达形式
元素衍生设计	将所提取的元素进行衍生设计	1. 将所提取的元素并进行创新衍生，在联系实际的前提下拓展思维进行创作	将创意思维运用到现实生活的情境中
活动成果	古厝色卡，古厝元素重组作品		

表 4-6

第2课："海"沙坡尾	
基本信息	高中一年级、四课时
核心问题（大观念）	艺术是如何表达对自然或社会现象的感受、认识和理解的
小问题	1. 如何用艺术的眼光挖掘建筑特色 2. 我们该如何设计，能够让人们感受到扑面而来的文化信息以及传统文化魅力
教学目标	1. 了解沙坡尾建筑结构与艺术特点 2. 运用现代多媒体技术进行场景创作 3. 理解沙坡尾建筑承载的历史文化与记忆
教学重难点	1. 重点：沙坡尾建筑具有的艺术特点 2. 难点：运用现代多媒体技术设计并创作
教学资源	1. 教具：计算机 2. 学具：计算机、相机、画纸、画笔、颜料、综合材料

续表

活动环节	活动内容	活动任务	设计意图
认识软件	了解设计软件的使用方法	1. 使用 Townscaper 进行街道楼宇的设计创作 2. 使用 Photoshop 调整画面细节	掌握运用现代多媒体技术进行创作的方式和方法
图层设计	手绘沙坡尾景象	1. 提取沙坡尾建筑的艺术元素，运用手绘方式进行元素的再创作 2. 将手绘图进行剪裁，形成图层	从沙坡尾的建筑与环境细节中认识社区文化特色
立体呈现	运用近景与远景的设计增强艺术作品的视觉层次	1. 选用具有厚度的相框，将计算机设计作品置于内部，其他图层粘于玻璃上 2. 改变光照角度，形成动态的视觉艺术效果	运用图层叠加的方法打造立体效果，拓展艺术创作思路
活动成果	沙坡尾创意立体作品		

表 4-7

第3课："看"三坊七巷	
基本信息	高中一年级、四课时
核心问题（大观念）	艺术是如何表达对自然或社会现象的感受、认识和理解的
小问题	1. 如何传播中国传统文化 2. 如何让艺术同优秀的文化传统完美结合
教学目标	1. 认识三坊七巷的建筑特征 2. 运用不同的视角观察三坊七巷的艺术细节 3. 理解三坊七巷承载着城市的历史文化
教学重难点	1. 重点：三坊七巷不同建筑的艺术表现 2. 难点：如何通过艺术的方式表现与传承文化内涵
教学资源	相机、支架、电脑、纸、笔、综合材料

活动环节	活动内容	活动任务	设计意图
牌坊之美	牌坊速写与"一键上色"	1. 观察不同牌坊的细节与特点，用速写进行表现 2. 将速写扫描后运用现代多媒体技术上色，呈现出多样的效果	在创作实践中感受牌坊的设计特色，提升设计思维
细节之美	门环的创作	1. 使用速写的方式记录门环细节设计，作为图纸 2. 使用综合材料制作手工门环，并加以上色	认识不同材料的特性，培养有效利用材料的意识
文化之美	表现三坊七巷的建筑与文化的自由创作	1. 挖掘人文内涵，选用合适的创作方法，以独特的视角"看"三坊七巷	充分调动学生的创意思维与设计思维
活动成果	牌坊速写、综合材料作品、自由创作作品		

四、单元评价设计

表 4-8

评价目的	
1. 评估学生对闽南古建筑艺术特色的掌握程度 2. 观测学生在创意表现过程中的兴趣与态度 3. 评定学生运用闽南古建筑元素进行重组与重构的学习结果	
评价内容	
学习兴趣	1. 对闽南古建筑材料、结构与色彩特点的赏析情况 2. 用闽南古建筑元素进行创意表现的意愿
学习习惯	主动观察、感受和探究闽南古建筑的情况
学业成果	1. 能观察、辨别和分析闽南古建筑特点 2. 能充分运用从闽南古建筑中提取的元素进行再创作 3. 能根据主题，综合运用闽南古建筑与传统文化的相关知识，充分调动创意思维进行创作活动
细化评价观测点	
活动内容	评价观测点
制作古厝色卡	1. 主动进行思考与互动活动 2. 色彩的提取与有效排列
红砖造型创作	1. 对古建筑发展的认识情况 2. 对古建筑欣赏方法的掌握情况
元素衍生设计	1. 能否运用所学知识进行探究性学习 2. 积极主动参与创意表现活动 3. 能否主动表达自己的观点与认识
认识软件	1. 掌握现代多媒体艺术创作的基本方法 2. 能否有机地运用计算机进行创作
图层设计	1. 能否运用所学知识提取沙坡尾元素 2. 能否捕捉建筑与环境特点 3. 积极参与体验活动，与同学交流想法
立体呈现	1. 提取恰当的元素进行创作 2. 能否充分调动创意思维进行作品设计 3. 作品在细节设计、视觉呈现等方面是否具有独创性
牌坊之美	1. 能否将建筑与其附属置于同一空间中进行赏析 2. 能否挖掘建筑背后的文化内涵
细节之美	1. 能否根据构思，表达自己的想法 2. 能否通过作品直观表达自己的认识
文化之美	1. 能否大胆尝试各种工具和材质，进行创意表现 2. 能否在欣赏建筑艺术特点的同时，关注到人文与审美领域的情况

第五节 创意工作坊活动方案 [1]

一、活动方案

（一）活动信息

【活动名称】"永定土楼鉴定师"养成记
【活动对象】高中生
【活动时间】90 分钟

（二）活动目标

知识与技能：认识永定土楼的内外结构、功能用途和人文价值；了解捏塑超轻黏土的制作步骤；学会制作永定土楼鉴定书。

过程与方法：运用超轻黏土制作永定土楼模型，用文字来记录分析永定土楼，提高观察能力以及动手能力。

情感、态度和价值观：认识中华传统建筑的造型美与人文美，养成文化自信与爱国情怀。

（三）活动重难点

重点：学会使用超轻黏土创作；
难点：掌握较为复杂的永定土楼造型，并把它较为写实地制作出来。

（四）材料准备：

超轻黏土、彩笔、压印工具、A4 纸、剪刀。

（五）设计思路

1. 内容设计

本次工作坊活动内容为"永定土楼欣赏"与"承启楼鉴定书的设计制作"。

欣赏部分侧重引导学生认识永定土楼的内外结构、功能用途，从永定土楼建筑风格中了解客家文化，并在对土楼的聚居生活模式的讨论交流中了解土楼承载的厚重的中华传统文化。创作部分是用超轻黏土制作永定土楼的作品，活动分为观察土楼、制作黏土模型、设计鉴定书三个环节，学生在过程中深入地认识其建筑结构和风格特点。

2. 与现有学材课例的关系

创意工作坊的内容是对学材建筑类型的拓展。学材的创意表现单元活动侧重提高学生对认识古厝肌理、制作微视频与设计文创的能力，学习单的活动则是结合了土楼欣赏与创作，通过认识土楼、捏制土楼、完成土楼鉴定书三个活动环节，以学习建筑的内在结构与创作立体模型的方式了解闽南的传统客家文化。

3. 教学方法

工作坊的教学活动主要运用讲授法、多媒体结合法、直观演示法、归纳法、讨论法与练习法等教学方法，引导学生进行观察、思考、理解、制作和总结。

（六）活动过程

活动 1：认识永定土楼（20 分钟）

（1）教师用动画电影《大鱼海棠》中的一段作为导入，与学生交流动画中的场景。

（2）教师展示永定土楼相关的照片，让学生了解永定土楼的建筑结构：外部结构，方圆土楼造型各异；内部结构，外高内低、楼内有楼、环环相套。

（3）教师与学生共同探讨土楼的聚居生活模式与客家文化，了解永定土楼的功能用途和人文价值。

布置活动任务：制作永定土楼黏土模型并设计一份永定土楼的鉴定书。

---

1 本节作者：上海市黄浦区劳动技术教育中心教师罗淑敏，上海师范大学美术学院美术学（师范）专业本科生陈姣睿。

活动2：捏制永定土楼（40分钟）

教师展示黏土捏制的承启楼，学生在教师的引导下完成以下步骤：

图 4-7 黏土工具

第一步：观察和分析承启楼；
第二步：捏塑承启楼的城墙；
第三步：捏塑、压印承启楼的瓦顶；
第四步：捏塑细节，黏合承启楼。

捏塑泥墙　　　捏塑、压印瓦顶

捏塑细节　　　黏合土楼

图 4-8

活动3：制作永定土楼鉴定书（30分钟）

从结构、材料、功能以及历史小故事来记录自己选择的一座永定土楼，并对其进行相应的评价。

活动4：作品展评（5分钟）

学生展示黏土作品，并就作品进行交流与评价，教师对本次创意工作坊内容进行总结和评价。

（七）活动收获

1. 学习评价

我了解了永定土楼的内外结构、功能价值和人文价值；

我能运用超轻黏土设计制作并记录永定土楼的造型、结构、材料和功能。

2. 核心素养提升

本次工作坊的活动以承启楼鉴定书的设计创作为主题，学生通过欣赏认识土楼、用黏土复刻土楼的造型、用文字记录其背后的故事，既提高了审美鉴赏能力、观察能力和动手能力，也增强了对闽南传统建筑的认识与感受，学生的文化理解能力也得以激发与提高。

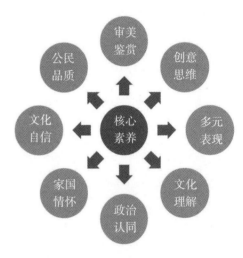

图 4-9

第一部分　感悟鹭岛古风 | 89

第六节　单元课程学习评价指南

一、"鉴赏·理解"课例

（一）教师：学习评价方法

评价内容包括过程性表现、结果性表现，观测点分为主动性、探究性、合作性。

表　4-9

教师评价表							
评价内容		1	2	3	4	5	评语
过程性表现	主动性						
	探究性						
	合作性						
结果性表现	主动性						
	探究性						
	合作性						

说明：评价为1—5分。

（二）学生：自评、互评方法

表　4-10

自评、互评表		
评价内容	学生自评	同伴互评
1. 能搜集厦门传统建筑相关知识		
2. 能从不同角度探究传统建筑的文化意义		
3. 能运用多种欣赏方法从造型、材质、色彩、结构、空间、装饰工艺等方面分析建筑风格		
4. 能理解传统建筑在现代社会的保护与再生		
5. 能合作完成内容完整、形式多样的厦门传统建筑鉴赏视觉考察报告		
6. 能尊重并合理评价他人的意见与作品		

说明：评价为1—5分。

二、"创意·表现"课例

表　4-11

评价项目	评价标准	等级（权重）（评价为1—5分）		
		自评	组评	师评
知识与技能	了解色彩的提取与搭配			
	能设计并制作立体造型			
	能表现自己的创意构思			
过程与方法	能熟练使用综合材料			
	能运用新媒体艺术的形式进行创作活动			
	能与同学一起合作交流			
情感、态度和价值观	对创作活动充满兴趣			
	积极表现自己的构思和想法			
	关注建筑和文化的关系，在作品中能体现建筑的历史文化内涵			
我这样评价我自己				
同学眼里的我				
老师的话				
课堂反馈（建议、收获）				

第二部分
难忘红色记忆

第五章
幼儿园艺术活动与教学设计[1]

第一节　幼儿园课程标准解读

一、课程标准解读[1]

（一）研读《3—6岁儿童学习与发展指南》

1. 总体研读

《3—6岁儿童学习与发展指南》（以下简称《指南》）将艺术领域部分划分为感受和欣赏、表现和创造两个子领域，并从对艺术的态度（艺术兴趣）和艺术能力（感受和表现创作的能力）这两个方面提出了四项目标："喜欢自然界与生活中美的事物""喜欢欣赏多种多样的艺术形式和作品""喜欢进行艺术活动并大胆表现""具有初步的艺术表现与创造能力"。其中三项目标都用了"喜欢"一词，强调了幼儿艺术兴趣的养成，凸显了"情感态度"在幼儿艺术教育中的地位和作用。

《指南》中幼儿艺术领域教育建议中给出这样几条原则："和幼儿一起感受、发现和欣赏自然环境和人文环境中美的事物""创造条件让幼儿接触多种艺术形式和作品""展示幼儿的作品，鼓励幼儿用自己的作品或艺术品布置环境"，指出了教师要注重支持和引导幼儿的审美感受与表现，幼儿园教室内外的环境、丰富可操作性的材料，是促进幼儿学习发展的基础。

《指南》整合各领域教育，促进幼儿身心全面、协调发展。《指南》将幼儿学习与发展以领域的方式呈现，分别是健康、语言、社会、科学、艺术这五个领域。每个领域按照幼儿学习与发展最基本、最重要的内容划分为若干子领域，但这并不意味着我们的教育走回分科教学的模式。幼儿园美术活动离不开幼儿身体的参与；幼儿语言发展与幼儿美术表现和创造相辅相成；美术活动中，教师努力营造相互尊重的氛围，支持幼儿的自主表现和创造，这与社会领域的"人际交往"目标相契合……所以教师应全面了解各年龄段幼儿在各领域行为发展的特点，整合各领域教学，推动相互之间的联系，真正落实《指南》所倡导的"关注幼儿学习与发展的整体性"的理念。

2. 阶段目标研读

本单元为幼儿园大班"艺术"领域的教学内容。《指南》中"艺术"学习领域5—6岁的课程目标包括：①喜欢自然界与生活中美的事物；②喜欢欣赏多种多样的艺术形式和作品；③喜欢进行艺术活动并大胆表现；④具有初步的艺术表现与创造能力。

1　本章作者：杭州师范大学美术学院硕士研究生王鑫琦、王沙、郑天舒。

（二）明确类型

本单元主题活动"走进红色建筑"属于《指南》中划分的幼儿园艺术领域，以幼儿园美术活动为核心，结合了健康教育、语言教育、社会教育，活动设计中的作品呈现从平面走向立体，既有幼儿个体创造表现，也有幼儿的合作互动。

活动规划：以集体活动为主，可拓展区角游戏、环境创设、家园互动等。

（三）确定内容

本单元为幼儿园大班"艺术"领域的教学内容。《指南》中"艺术"学习领域美术部分5—6岁（大班）的课程分目标包括：①乐于收集美的物品或向别人介绍所发现的美的事物；②艺术欣赏时常常用表情、动作、语言等方式表达自己的理解；③愿意和别人分享、交流自己喜爱的艺术作品和美感体验；④积极参与艺术活动，有自己比较喜欢的活动形式；⑤能用多种工具、材料或不同的表现手法表达自己的感受和想象；⑥艺术活动中能与他人相互配合，也能独立表现。

本主题的学习内容基于以上6点进行设定。

第二节 幼儿园艺术活动学材

走进红色建筑

"观赏·述说"主题活动：古田会议会址

"创意·表现"主题活动：创意水粉画

第三节 "观赏·述说"主题活动教学设计

一、课程目标设定

课程目标

1. 学生能够知道

视觉元素，如线条（曲线、直线、粗线、细线、长线、短线等），形状（圆形、方形、三角形），色彩（识别各种颜色）。

绘画工具，如铅笔、油画棒、彩色水笔等。

手工制作的基本方法，如画、撕、剪、粘、卷等。

建筑知识，如"红色建筑"的名称、形状、颜色以及大体的历史功能。

2. 学生能够做到

简单描述红色建筑的形状、颜色。

尝试用纸、泥等多种媒材以及简便的工具，通过折、叠、揉、搓、压等方式，塑造立体造型作品。

寻找合适的工具、材料创作一件"红色建筑"主题作品。

与同学分享交流学习感受、制作构想与制作过程。

3. 学生能够理解

认识身边容易找到的各种工具和媒材特性，

利用绘画、泥塑等方式,理解创作设计与工具媒材的关系。

与同伴交流自己的想法与方法,并尊重与理解同伴的感受与想法。

4. 核心素养

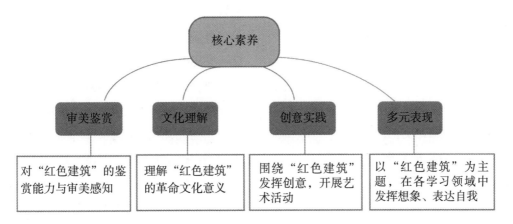

图 5-1

二、主题活动教材教法分析

(一)分析单元定位

1. 细化"活动目标"

根据《指南》,本单元大班幼儿美术学习领域的内容要求是:通过教师的引导,幼儿能够认识、述说建筑的形状、色彩,简单了解建筑的历史功能、红色文化。

2. 以往学习基础

通过中班的学习,幼儿对生活有了一定的感受,对绘画、手工的表现手法有了一定了解,可以使用多种方式表现自己的所见所想。

3. 未来学习要求

本主题活动是幼儿园美术领域学习的最高阶段。

4. 主题定位

本主题活动帮助幼儿认识"红色建筑",了解建筑的初步知识,引导幼儿学会观察述说,初步形成表达能力。

(二)整合内容结构

1. 梳理教材内容

红色建筑欣赏活动(结合幼儿园语言领域)

·说一说古田会议会址的整体面貌。

·找一找古田会议会址的形状。

·画一画古田会议会址建筑的颜色。

·想一想古田会议会址承载的红色故事带给你怎样的感受。

2. 主题活动教学内容结构

(1)学科知识与技能

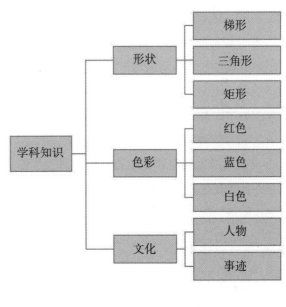

图 5-2

说明:幼儿园阶段建筑欣赏的学习,主要侧

重对建筑的整体面貌、形状、色彩的认识、简单表达对建筑文化、红色故事的感受。学科知识上，通过问答的方式引导学生理解"红色建筑"，其次认识建筑的面貌、形状、色彩以及文化；学科技能上，用质朴的语言描述建筑的外观，并表达内心的情感。

（2）人文内涵

① 红色建筑展现中国建筑艺术美；

② 红色建筑承载革命文化；

③ 红色建筑激发爱国情怀。

说明：对于红色建筑的欣赏，教师可以通过图片、音乐或者实地考察等方式让幼儿体会人文内涵。

（3）审美层面

① 感受红色建筑的艺术美；

② 体会红色建筑的革命精神。

（三）分析教法依据

1. 教学内容特点

本单元主要引导幼儿认识、述说红色建筑的形状、颜色、文化。

2. 学段学情特点

幼儿园学段的孩子刚刚开始学习生活，初次接触"观赏·述说"学习的领域，教师可通过趣味性教学引导学生表达自我，提升语言能力。

3. 教学资源利用

本主题选取的与教学内容直接关联的素材资源包括闽南地区其他红色建筑（除课本展示之外）、红色主题博物馆、陈列馆等。

（四）设计教学方法

综合分析，预设本单元的主要教学方法：

教师主导——讲授：针对红色革命建筑、古田会议建筑等建筑的概念性知识、历史知识、合作方法等进行讲授。

幼儿自主——合作与探究：引导幼儿结合以往的学习基础和学习经验，充分调动学习主动性，从日常生活中的现象出发，进行探究性学习，增进幼儿的探索欲；引导幼儿与同伴合作，初步学习分工，共同完成作品，感受快乐。

师生互动——交流与讨论：针对人文内涵及审美层面，例如建筑承载的革命故事给人带来的感受，引导幼儿结合所学知识及以往基础进行思考，通过语言的交流讨论，形成一定的理解与感悟。通过教师与幼儿共同完成玩教具或环境创设，培养幼儿的小主人精神，增进情感交流，提高幼儿对美的感受。

（五）定位学科能力

1. 关键能力

观察建筑外观形状的能力；

认识建筑颜色的能力。

2. 其他能力

描述建筑特征的能力；

表达内心情感的能力。

三、主题活动设计

（一）单元教学目标

帮助幼儿认识古田会议会址等红色建筑的形状、色彩，能够简单地表达观看的感受。感知建筑的独特造型美和革命先驱留下的红色文化，在心中种下热爱国家的种子。

（二）单元教学重难点

教学重点：引导幼儿认识建筑的形与色。

教学难点：理解红色革命文化，尊重革命先烈。

（三）单元学习活动设计

1. 制订活动方案

表 5-1

序号	活动主题	活动任务	关键问题
活动1	说一说	师生对话，认识红色建筑	观察图片，看看图片里有些什么
活动2	找一找	补齐建筑所缺的部分	1. 建筑的局部像什么形状 2. 你知道建筑的这些构成材料吗
活动3	画一画	找出对应颜色进行填涂	图片上的建筑都有些什么颜色
活动4	想一想	表达对红色文化的感受	这里给你带来怎样的感受

2. 活动组织形式

独立学习：红色故事、制作建筑拼贴画。

合作学习：探究、交流、构思等。

3. 运用活动资源

图片资料：红色建筑图片。

绘画材料：蜡笔或水彩笔。

活动场所：美术专用教室。

4. 分享活动收获

认识形状与颜色。

能够描述性表达。

四、单元评价设计

表 5-2

评价目的	
1. 评估幼儿美术学习的情绪状况	
2. 评估幼儿对形与色的认识情况	
3. 评估幼儿对建筑文化的了解状况	
4. 评估幼儿对于祖国文化的热爱程度	
评价内容	
学习兴趣	1. 是否热爱美术欣赏的学习 2. 是否提升对祖国建筑文化的学习积极性
学习习惯	1. 主动观察、感受、探究红色建筑知识的情况 2. 主动表达对建筑艺术与文化的感受情况
学业成果	1. 看到红色建筑能说出名称并简单描述建筑外观 2. 通过建筑认识基本的形状与颜色 3. 用简洁的语言表达内心感受
细化评价观测点	
活动内容	评价观测点
说一说	1. 对红色建筑的兴趣程度 2. 描述外观的能力
找一找	1. 能否认识基本的形状 2. 能否认识局部细节
画一画	1. 能否认识建筑的颜色 2. 能否根据提示找到正确的颜色进行填涂
想一想	1. 能否理解建筑功能 2. 是否尊重革命文化、尊重历史人物 3. 能否正确表达感受

五、单元资源设计

（一）明确使用目的

本单元活动性质属于欣赏类。

"走进红色建筑"单元的教学重点为：帮助幼儿初步了解建筑文化，以此为基础认识基本的形状与色彩，为下一学段的欣赏学习打下基础。教学难点在于理解红色革命文化，尊重革命先烈。

为了突破教学难点，教师应通过图片、视频、制作等直观展现建筑的方式，分解难点。本单元的主要活动目标应该是"能够认识建筑、认识形与色、表达感受"。活动任务有两个，一是认识建筑，二是认识形与色。

（二）细化资源设计

首先，在红色建筑的欣赏活动中，幼儿仅仅通过图片无法对建筑有全面的、立体的认识，教师可以带领幼儿外出实地参观，增强直观感受。

其次，为了增强幼儿多方面的美术能力，教师可以结合创作（泥模型、纸模型等），让幼儿更加了解建筑的构成，为未来的中小学欣赏学习打下基础。

（三）形成单元资源

1. 在资源选择与积累方面：教师选取的图片与视频能够帮助幼儿直观理解建筑的特色，对幼儿进一步体会建筑的内涵有很大帮助，应妥善保存。

2. 在资源利用与梳理方面：在实地考察前，教师可以为幼儿设计一份学习单，引导幼儿带着问题去参观建筑，并且可以进行实地写生。也需要提醒幼儿在参观的过程中注意对建筑陈设的爱护，建立对古建筑的保护意识。

第四节 "创意·表现"主题活动教学设计

一、主题活动教材教法分析

（一）分析单元定位

1. 细化"教学基本要求"

根据《指南》，本活动对大班幼儿美术学习领域的要求是：运用多种材料和手段，体验造型乐趣，表达个人情感和思想。本单元在创意表现这一领域选择了绘制有创意的水粉画，引导幼儿用各种材质表现建筑的形状、色彩等方面，帮助幼儿加深对红色建筑的感受。

2. 以往学习基础

通过中班的学习，幼儿已经能够认识基本的形状和颜色，能够分辨不同的建筑，在创作时，能够在教师引导下学习各种美术材料和工具的用法，具备了简单的动手制作能力和创意表现的能力，可以初步使用综合材料创作有表现力的画面。

3. 未来学习要求

本主题活动是幼儿园美术领域学习的最高阶段。

4. 主题定位

本单元属于幼儿园学段"创意·表现"领域，着重引导幼儿尝试用多种材料和手法表现红色建筑。

（二）整合内容结构

1. 梳理教材内容
·认识古田会议会址的建筑造型；
绘制创意水粉画。

2. 单元教学结构

（1）知识与技能

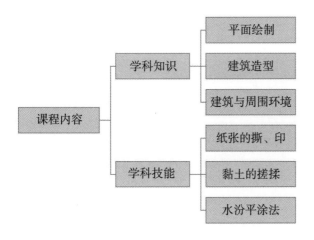

图 5-3

说明：在幼儿园阶段"创意·表现"的学习中，学生需要学习的学科知识有：绘制平面绘画，用简单的形状概括建筑造型，认识建筑周围环境。幼儿需要学习的学科技能有：对不同纸张的撕、揉、印，用黏土搓揉出屋顶的造型，学习用水粉的平涂法表现建筑。

（2）人文内涵

① 感受红色建筑的革命文化；

② 聆听古田会议的背景故事；

③ 激发爱国情怀。

（3）审美层面

① 欣赏红色建筑结构、色彩、材质等美的特征；

② 感受建筑美与生活、文化的紧密联系；

③ 体会建筑美与艺术创作的联系。

（三）分析教法依据

1. 教学内容特点

本单元主要引导幼儿尝试使用多种材料表现建筑特征，感知红色建筑的美。

2. 学段学情特点

幼儿园学段学生能区分革命时期红色建筑与现代建筑的不同，但需要教师引导幼儿进一步认识、抓住红色建筑特征，帮助幼儿用他们已有的知识和能力去表现较为复杂的建筑。学生初步尝试不同的材料和工具，能大胆表现对象，突出建筑的特征特色。

（四）设计教学方法

综合分析，预设本单元的主要教学方法：

1. 教师主导——讲授并示范材料和工具的使用方法以及创意水彩画的绘制步骤。

2. 学生自主——观察与体验：观察古田建筑激发灵感，体验用不同绘画工具表现建筑。

3. 师生互动——交流与讨论：以生动有趣的方式引导幼儿感知建筑的人文内涵、拓展建筑的创意表现方式。

（五）定位学科能力

1. 关键能力

对建筑形象进行简化，培养抽象概括能力。

运用多种手法表现建筑形象，培养动手能力。

2. 其他能力

建筑特征的表现力。

整体观察与协调画面的能力。

二、主题活动设计

（一）活动教学目标

帮助幼儿认识红色建筑的形状和色彩，尝试运用水粉、黏土、纸完成创意水粉画。熟悉材料的使用方法，通过揉、捏、印、画等多种形式塑造简单的红色建筑造型。产生对传统建筑美的体验，感知红色文化，初步形成爱国情怀。

（二）教学重难点

教学重点：用多种材料表现古田会议会址的特征。

教学难点：学习掌握不同材料的用法、特性并用材料表现造型。

（三）单元学习活动设计

1. 制订活动方案

表 5-3

序号	活动主题	活动任务	关键问题
活动1	观看古田会议会址	观看古田会议会址的图片、视频，从各个角度认识红色建筑，找到自己认为最美的一部分	1. 古田会议会址的建筑外形特征是怎样的 2. 你认为这个建筑的哪个部分最吸引你
活动2	熟悉各种材料	准备材料，搓一搓、揉一揉黏土感受质地；把纸巾揉成团，蘸取颜料印一印；摸一摸水粉笔的毛，用一用水粉颜料	1. 怎样把黏土搓成粗细一样的条状 2. 纸巾印出来和水粉笔画出来的肌理效果有何不同 3. 水粉笔和普通笔的区别
活动3	绘制创意水彩画	用黏土制作屋顶，用水粉颜料画墙面，用纸巾营造建筑周围环境	1. 怎样制作梯形的屋顶 2. 如何表现细节，如飞檐、墙面

2. 组织活动形式

独立学习：材料的使用、设计草稿。

合作学习：讨论制作方法，互相帮助等。

3. 选择活动资源

图片资料：红色建筑图片。

绘画材料：水粉笔、水粉颜料。

综合材料：学习任务单、黏土、纸巾、A4纸。

活动场所：幼儿园美术专用教室。

4. 分享活动收获

设计创意水粉画。

能表现红色建筑的艺术作品。

三、单元评价设计

表 5-4

评价目的
1. 评估幼儿对当地红色建筑的学习兴趣和表现
2. 评估幼儿的作品制作过程和学习成果
3. 评估幼儿的学习习惯

评价内容	
学习兴趣	1. 对当地红色建筑的有关故事和文化背景感兴趣的程度 2. 对各种工具和媒材尝试探索的意愿 3. 对创意表现活动的参与程度
学习习惯	1. 有目的、有步骤地学习创作方法的情况 2. 耐心细致地表达建筑细节的情况 3. 追求原创构思的情况
学业成果	1. 材料的应用能力 2. 色彩的运用能力 3. 了解红色建筑的文化背景

续表

细化评价观测点	
活动内容	评价观测点
观看古田会议会址	1. 观看古田会议图片、视频等相关材料的积极性 2. 能否区别古建筑与现代建筑 3. 能否主动表达自己对建筑的感受 4. 能否说出古田会议建筑的特点
熟悉各种材料	1. 参与探索各种材料的积极性 2. 能否用黏土独立捏出简单的形状 3. 能否观察到纸巾与水粉笔表现的不同肌理 4. 能否使用水粉笔平涂法
绘制创意水彩画	1. 能否在老师的指导下有步骤地进行创作 2. 能否在画面中表现细节 3. 画面是否完整 4. 能否与他人表达自己的创作意图

四、单元资源设计

（一）明确使用目的

由于幼儿在控制材料塑造或者画出建筑造型时会感受到困难，所以本主题活动的目标是"把复杂的建筑造型归纳为简单的形状，再用材料去塑造简单的形状"。为了突破教学重难点，教师应努力创设情境，分解教学重难点，如：

1. 通过多媒体对建筑进行感知，认真观察与思考古田会议建筑可以归纳为哪些我们已知的形状；

2. 给幼儿空间，感受各种材料，掌握材料的使用方法，抓住材料的特性，才能更好地服务于画面；

3. 讲解一些制作过程中的巧妙方法。

（二）细化资源设计

本单元设计的技术资源主要有：

1. 信息技术资源：教师可用图片、视频及3D效果视频等多媒体资源使幼儿对红色建筑有沉浸式的体验，设置教学情境。

2. 实践技术资源：①教师可准备古田会议建筑的模型，让幼儿近距离观察；②教师准备一些梯形、长方形等简单形状的纸片，让幼儿拼一拼，加深对建筑造型的理解和记忆；③教师可以多准备一些黏土、纸巾等材料，保障练习的顺利实施，便于向幼儿展示更多的可能性。

（三）形成单元资源

1. 在教学环境资源的选择上，幼儿园可以依据学情，结合地区的文化资源，如建筑实物、当地文化馆等，鼓励幼儿深入探究，增加对生活和艺术创作的体验。在课前，学生可以向长辈们了解红色建筑及背后的故事，在课后鼓励幼儿去古田会议会址看一看，感受传统建筑的魅力。

2. 在素材资源的利用上，教师可以针对单元活动的各阶段进行更加灵活的设计。在课前教师可以搜集和总结一些黏土塑形的小技巧，在制作艺术作品的阶段教给幼儿，同时引导和鼓励幼儿尝试多种绘画材料和多种方式，体验不同的肌理和绘画的质感，也可以实验不同的画面效果，以达到拓展幼儿创意思维的效果。

第六章
小学美术单元课程与教学设计[1]

第一节　美术课程标准解读

一、"欣赏·评述"课例[1]

（一）研读标准

本单元课程设置为小学 3—4 年级"欣赏·评述"学习领域的教学内容。《义务教育美术课程标准（2011 年版）》（以下简称《课程标准》）中第二学段 3—4 年级的目标是"欣赏符合学生认知水平的中外美术作品，用语言或文字等多种形式描述作品，表达感受与认识"。本单元引导学生通过对闽南红色革命建筑进行观察、描述和分析，认知作品的思想内涵、形式与风格特征、相关的历史与背景，并用语言、文字等多种方式表达自己的认识，逐步形成审美趣味和美术欣赏能力。

（二）明确类型

本单元属于"欣赏·评述"学习领域。课时规划：4 课时。

（三）确定内容

《课程标准》中"欣赏·评述"学习领域的课程分目标包括：①尝试对美术作品，特别是具有我国民族特色的美术作品，用语言或文字进行描述，用多种方式表达自己的感受与认识；②搜集我国民间美术作品，并了解其中的特点或寓意，进行交流；③以小组合作学习的方式，讨论我国民居建筑的特色。

本单元教材的学习内容基于以上 3 点进行设定。

二、"创意·表现"课例

（一）研读标准

本单元课程设置为小学 3—4 年级"创意·表现"学习领域的教学内容。《课程标准》中第二学段 3—4 年级阶段的目标是"初步认识线条、形状、色彩与肌理等造型元素，学习使用各种工具，体验不同媒材的效果，通过观察、绘画、制作等方法表现所见所闻、所感所想，激发丰富的想象，唤起创造的欲望"。本单元主要通过不同的创作方法表现对象、表达情感。

（二）明确类型

本单元属于"创意·表现"学习领域。课时规

---

[1] 本章作者：杭州师范大学美术学院硕士研究生余青、谢汉城、王鑫琦、王沙、郑天舒。

划：4课时。

（三）确定内容

《课程标准》中"创意·表现"学习领域的课程分目标包括：①观察、认识与理解线条、形状、色彩、空间、明暗、肌理等基本造型元素，运用对称、均衡、重复、节奏、对比、变化、统一等形式原理进行造型活动，增进想象力和创新意识；②通过对各种美术媒材、技巧和制作过程的探索及实验，发展艺术感知能力和造型表现能力；③体验造型活动的乐趣，敢于创新与表现，产生对美术学习的持久兴趣。

本单元的学习内容基于以上3点进行设定。

第二节 小学美术单元学材

一、第一单元"欣赏·评述"

单元课例：追寻红色建筑

二、第二单元"创意·表现"

活动一：立体贺卡

活动二：邮票设计

第三节 "欣赏·评述"单元课程教学设计

一、单元课程目标设计

课程目标

1. 学生能够知道

· 视觉元素，如线条、形状、色彩、材质等；

· 形式原理，如对称、均衡、节奏等；

· 色彩知识，如青瓦白墙等红色建筑展现的色彩；

· 红色知识，如红军长征、古田会议等红色故事；

· 造型表现方法，如写实、夸张等；

· 拼贴表现手法，如拆解、重组等；

· 立体贺卡制作的方法，如设计、画图、剪贴、组合、装饰等；

· 邮票设计知识，如邮票的由来、形状和构成要素等。

2. 学生能够做到

· 初步学会用简单的语言描述"红色建筑"的建筑特征、内部陈设、历史故事并表达对建筑和红色文化的感悟与理解；

· 根据所见所闻所想，大胆表现画面；

· 选择纸、泥、废弃物品等，用描绘、雕塑、拼贴等手段和方法表达思想和情感，体验造型的乐趣；

· 反思自己创作或制作的作品，倾听别人的意见或建议。

3. 学生能够理解

· 理解"红色建筑"作为中国传统建筑所展现的艺术美以及革命文化与革命情怀；

· 理解使用传统或现代的工具与媒材，可以创作不同形式的美术作品，表达自己的想法；

· 理解在创作美术作品时，可以产生各种构想并尝试各种方法，创作富有创意的美术作品；

· 在参与班级或小组的展示、讨论等活动中，能与他人合作，并能尊重和理解别人不同的看法。

4. 核心素养

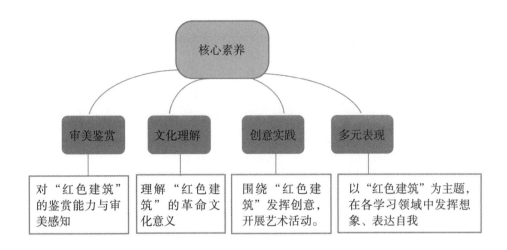

图 6-1

二、单元教材教法分析

（一）分析单元定位

1. 细化"课程目标"

根据"课程目标"，小学学段"欣赏·评述"领域的目标是"对自然、作品、现象进行观察、分析、讨论并运用文字、语言等形式表达感受、认识和理解"。根据"教学基本要求"，小学学段美术在"欣赏·评述"学习领域中"红色建筑"主题的鉴赏要求是：通过观察、思考、学习，了解红色建筑的基本特征、内部陈设和文化故事，运用自己的语言（结合简单的美术术语）描述、分析建筑并表达感受与理解。

2. 以往学习基础

通过 1—3 年级的学习，学生对建筑形成了一定的感受和理解力，具备了一定的审美判断能力。

3. 未来学习要求

对本单元的鉴赏学习，"知识层面"要求学生对红色建筑的造型、色彩、功能、文化有简单的了解，明确红色文化的价值意义；"能力层面"要求学生能够运用简单清晰的语言描述建筑、分析建筑、感悟理解。

4. 单元定位

本单元为小学美术"建筑欣赏"主题学习的中高学段，以述说为主要方式，引导学生学会观察、思考、分析红色建筑；鼓励学生大胆运用语言、文字、动作等形式描述红色建筑，表达真情实感，初步培养鉴赏能力，提升表达能力。

（二）整合内容结构

1. 梳理教材内容

辛耕别墅整体造型、局部装饰、内部场景；

望云草室整体造型、色彩分布、局部细节；

古田会议会址整体造型、内部场景、环境设计；

古田会议纪念馆外部造型、内部场景；

建筑拼贴活动。

2. 单元教学内容结构

（1）学科知识与技能

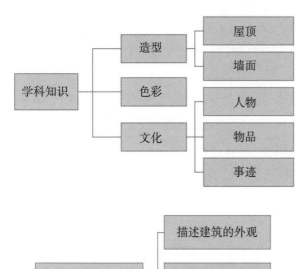

图 6-2

本单元建筑鉴赏的学习，主要侧重对建筑整体外观、部分细节、色彩运用的简单描述，并且能够表达出对建筑与文化的感受与理解。学科知识上，首先让学生认识什么是红色建筑，有哪些红色建筑；其次学习建筑的造型、色彩、文化等特征，并运用语言、文字等方式表述。学科技能上，围绕描述建筑外观、运用简单的美术语言分析建筑细节、结合红色文化表达内心情感三个层面进行鉴赏学习。

（2）人文内涵

① 红色建筑展现中国传统建筑艺术美；

② 红色建筑承载革命文化；

③ 红色建筑激发爱国情怀。

对于红色建筑的鉴赏，教师可以通过传统建筑艺术的相关知识、红色建筑的相关人物与故事传达人文内涵。

（3）审美层面

① 感受红色建筑的艺术美；

② 思考红色建筑的革命精神与当下生活的联系；

③ 善于发现周围的红色建筑及其文化。

（三）分析教法依据

1. 教学内容特点

本单元主要引导学生运用简单的语言欣赏与评述红色建筑的造型、颜色、文化。

2. 学段学情特点

小学中高年级学生刚刚对"欣赏·评述"领域的学习有一定的基础，通过引导观察、思考探究、示范引导，学生掌握 2—3 种不同的建筑欣赏的方法，提升自己的审美判断与语言表达等能力。

3. 教学资源选取

本单元选取的与教学内容直接关联的素材资源包括：闽南地区其他红色建筑（除课本展示之外）、红色博物馆与陈列馆等。

（四）设计教学方法

综合分析，预设本单元的主要教学方法：

教师主导——讲授：红色故事、建筑特色、文化内涵，鉴赏技巧。

学生自主——观察、思考与探究：根据教师的引导，学生自主观察、思考建筑的特点，用简单质朴的语言形容建筑。

师生互动——交流与讨论：针对文化内涵，例如建筑承载的革命故事给人带来的感受，教师引导学生结合所学知识积极进行思考，通过语言、文字的形式，增进感受与理解。

（五）定位学科能力

1. 关键能力

观察建筑外观特征的能力；

对革命文化的理解能力。

2. 其他能力

鉴赏红色建筑的技巧运用能力；

欣赏其他红色建筑的知识迁移能力；

情感表达能力。

三、单元教学目标设计

（一）单元教学目标

知识与技能：了解红色建筑的外观、造型、色彩、文化，在欣赏中运用简单的语言进行情感表达。

过程与方法：通过教师讲授、学生独立思考、小组讨论等方法学习红色建筑的相关知识。

情感、态度和价值观：感受建筑的独特造型美和革命先驱留下的红色文化，激发爱国情感。

（二）单元教学重难点

教学重点：学会运用鉴赏专业术语对建筑进行分析和欣赏，表达对建筑的情感和认识。

教学难点：掌握2—3种红色建筑欣赏的方法。

（三）单元学习活动设计

1.规划单元活动

根据本单元教学目标、教学重点和难点，对单元主要学习活动进行规划。

表 6-1

活动序号	单元活动内容
活动1	认识红色建筑
活动2	观察建筑特征
活动3	感悟红色故事
活动4	制作建筑拼贴画

说明：小学学段的学生对建筑艺术的了解较少，未系统学习过鉴赏方法。教师需要引导学生观察并初步了解红色建筑的典型外观特征。通过设置讨论活动，让学生感受中国传统建筑的艺术魅力与革命文化的象征意义。在此基础上，鼓励学生描述建筑并大胆表达内心感受，进一步激发爱国情怀。

2.制订活动方案

（1）活动内容

表 6-2

序号	活动主题	活动任务	关键问题
活动1	认识红色建筑	通过"旅行活动"认识典型的红色建筑	1.这些红色建筑有什么特征 2.你对这些建筑有什么感受
活动2	观察建筑特征	小组讨论分析，观察红色建筑的造型细节、色彩分布	1.这些古建筑外观上有什么特点 2.你觉得建筑哪些地方的造型比较独特 3.建筑的色彩给你带来什么感受
活动3	感悟红色故事	了解红色故事，表达内心感受	尝试用自己的语言表达你对红色建筑故事的感受与理解
活动4	制作建筑拼贴画	根据所学建筑制作一幅拼贴画	怎样运用废旧纸材表现出建筑的细部

（2）活动性质

表 6-3

活动内容的特点和学习要求	确定对应的活动性质
通过听讲和观察，学生能够初步了解红色建筑的名称、地点、样貌等	欣赏类活动
欣赏建筑的角度有许多种，需要教师引导学生选择合适的角度（布局、造型、色彩等）进行简单分析	探究类活动
了解红色建筑故事，感悟建筑背后的革命精神	欣赏类活动
指导学生利用废旧材料表现出建筑的外形和不同颜色的局部	表现类活动

3. 组织活动形式

独立学习：红色故事、制作建筑拼贴画。

合作学习：探究、构思、交流等。

4. 选择活动资源

图片资料：红色建筑图片。

绘画材料：纸、笔、废旧纸材。

活动场所：美术专用教室。

5. 分享活动收获

学会描述建筑，分享感受与理解。

完成建筑拼贴画，并互相欣赏、交流与评价。

四、单元评价设计

表 6-4

评价目的	
1. 评估学生学习红色建筑的兴趣与态度 2. 评估学生对建筑相关知识的了解情况 3. 评估学生对祖国文化的热爱程度 4. 评定学生欣赏和制作两部分的学习结果	
评价内容	
学习兴趣	1. 对红色建筑的关注情况 2. 通过欣赏部分的学习表达内心感受与理解的意愿
学习习惯	1. 主动观察、感受、探究红色建筑知识的情况 2. 主动表达对建筑艺术、内在文化的感受情况
学业成果	1. 了解红色建筑的相关知识 2. 体会红色革命文化，大胆表达感受与理解 3. 制作建筑拼贴画
细化评价观测点	
活动内容	评价观测点
认识红色建筑	1. 对红色建筑的学习兴趣与态度 2. 主动参与讨论的情况 3. 能否表达对建筑的初步感受
观察建筑特色	1. 能否识别中国古建筑的外观特色 2. 能否积极思考、讨论建筑造型 3. 能否表达对建筑不同造型与色彩的感受 4. 能否通过思考探究提出想法和疑问
感悟红色故事	1. 能否理解红色故事 2. 能否大胆表达对革命文化的理解与热爱
制作建筑拼贴画	1. 能否绘制出建筑造型 2. 能否运用材料区分建筑不同的细节 3. 能否运用所学知识完成作品

说明：本单元评价，应结合具体的教学内容和实际教学情况，围绕知识与技能、过程与方法、情感态度和价值观三个维度展开评价。注意评价的多元化，采用师评、学生自评、互评等方式。

五、单元资源设计

（一）明确使用目的

"追寻红色建筑"单元的教学重点为：了解红色建筑的造型、色彩、文化等，运用简单的语言表达感悟与理解，初步形成鉴赏能力。教学难点是能够用语言（适当运用美术语言）多角度描述建筑并表达出内心的感悟与思考，增强理解与评述能力，能够在文化情境中认识美术。

为了突破教学难点，教师应通过创设情境的方式分解难点。比如"运用语言多角度描述建筑并表达出内心的感悟与思考"方面，学生在"分角度描述建筑"环节往往会遇到理解或表述上的困难，所以本单元的主要活动目标应是"运用简单语言，可适当运用美术术语，清晰地对建筑进行描述分析"。活动任务有两个，一是欣赏多媒体演示的建筑形象，二是初步形成对建筑的欣赏能力。

（二）细化资源设计

在红色建筑的欣赏活动中，学生仅通过图片无法对建筑有全面的、立体的认识，容易在赏析建筑的过程中遇到困难。教师可以使用建筑相关的 3D 效果视频作为信息技术资源，使学生全面地、多角度地欣赏建筑的各个部分，促进他们感受建筑艺术带来的美感，理解建筑承载的浓厚革命文化。

为了更加清晰直观地感受红色建筑的艺术美，教师可以在条件允许的情况下带领学生实地考察，让学生更加真切地领会到建筑的特色与文化。

（三）形成单元资源

1. 资源选择与积累方面：教师从大量视频资料中挑选并截取的 3D 效果视频，在教学中将起到帮助学生理解建筑结构与空间的作用，对学生进一步分析建筑的内涵有很大帮助，应妥善保存。

2. 资源利用与梳理方面：在实地考察前，教师可以为学生设计一份学习单，引导学生带着问题去参观建筑，并且可以进行实地写生。也需要提醒学生在参观的过程中注意对建筑陈设的爱护，体现出对古建筑的保护意识。

第四节 "创意·表现"单元课程教学设计

一、单元课程目标设计

课程目标

1. 学生能够知道

视觉元素，如线条、形状、色彩、材质等；

形式原理，如对称、均衡、节奏等；

色彩知识，如青瓦白墙等红色建筑展现的色彩；

红色知识，如红军长征、古田会议等红色故事；

造型表现方法，如写实、夸张等；

拼贴表现手法，如拆解、重组等；

立体贺卡制作的方法，如设计、画图、剪贴、组合、装饰等；

邮票设计知识，如邮票的由来、形状和构成要素等。

2. 学生能够做到

初步学会用简单的语言描述"红色建筑"的建筑特征、内部陈设、历史故事并表达对建筑和红色文化的感悟与理解。

根据所见所闻所想，大胆表现画面。

选择纸、泥、废弃物品等，用描绘、雕塑、拼贴等手段和方法表达思想和情感，体验造型的乐趣。

反思自己创作或制作的作品，倾听别人的意见或建议。

3. 学生能够理解

理解"红色建筑"作为中国传统建筑所展现的艺术美以及革命文化与革命情怀。

理解使用传统或现代的工具与媒材，可以创作不同形式的美术作品，表达自己的想法。

理解在创作美术作品时，可以展开各种构想并尝试各种方法，创作富有创意的美术作品。

在参与班级或小组的展示、讨论等活动中，能与他人合作，并能尊重和理解别人不同的看法或想法。

4. 核心素养

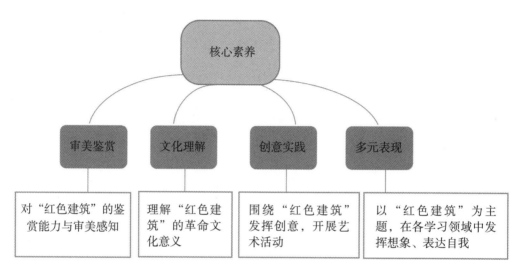

图 6-3

二、单元教材教法分析

（一）分析单元定位

1. 细化"课程目标"

根据"课程目标"，小学美术在"创意·表现"领域的学习目标是：运用多种材料和手段，体验造型乐趣，表达个人情感和思想。本单元在创意表现这一领域选择了制作简单的立体贺卡，设计红色建筑主题纪念邮票，引导学生用各种材质表现建筑的色彩、空间等方面，采用半立体和平面结合的方式，提高学生的造型表现能力，鼓励学生表达对红色建筑的感受。

2. 以往学习基础

小学低年级学生对建筑的视觉美有一定的感知，能够对美术作品中的抽象元素有基本的理解，具备了探索能力和创意表现的能力。通过以往的学习，学生形成了一定的色彩感受力、想象力和简单的动手制作能力，可以制作简单的具有立体感的作品。

3. 未来学习要求

可以运用多种材料表现不同的质感，提高对建筑的想象力和表现力，能在作品中表达自己对建筑的感觉。

4. 单元定位

本单元属于小学学段"创意与表现"领域，着重引导学生尝试用多种材料和手法表现红色建筑。

（二）整合内容结构

1. 梳理教材内容

制作立体贺卡（半立体）创意活动

制作邮票设计（平面）创意活动

2. 单元教学内容结构

（1）学科知识与技能

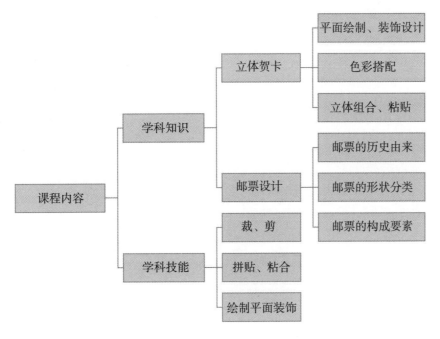

图 6-4

（2）人文内涵

① 理解红色建筑的革命文化意义；

② 感悟闽南地区红色建筑的背景故事；

③ 体会红色建筑与本土文化环境的联系。

（3）审美层面

① 欣赏红色建筑结构、空间、色彩、材质等特征；

② 感受建筑美与生活、文化的紧密联系；

③ 体会建筑美与艺术创作的联系。

（三）分析教法依据

1. 教学内容特点

本单元主要引导学生尝试多种材料表现建筑美、丰富对建筑的感知。

2. 学段学情特点

小学中高年级学生对视觉形象有较为敏锐的感知，对不同的材料和工具的使用有一定的掌握，能大胆表现对象，表达自我感受，但在表现画面和制作方面还需要一定的技巧指导和审美引导。

3. 教学资源选取

本单元选取的与教学内容直接关联的素材资源包括：闽南地区其他红色建筑（除课本展示之外）；红色主题博物馆与陈列馆等。

（四）设计教学方法

综合分析，预设本单元的主要教学方法：

1. 教师主导——讲授：针对概念性知识进行讲授，如形式美原理、简化与夸张等。

2. 学生自主——观察、思考与探究：深入考察、探究建筑的结构特征、造型特点、色调等。

3. 师生互动——交流与讨论：教师以生动有趣的方式引导学生感知建筑的人文内涵，拓展建筑的创意表现方式。

（五）定位学科能力

1. 关键能力

对建筑形象进行简化、变形、抽象表达，提升学生的抽象概括能力；

运用多种手法表现"我"眼中的建筑形象，丰富画面；

自主构思和设计作品。

2. 其他能力

自主思考建筑的空间布局、色调等；

独立完成作品；

欣赏与品评作品的能力。

三、单元教学目标设计

（一）单元教学目标

知识与技能：了解红色建筑的造型特征、色彩、材质等，运用夸张、抽象等手法表现红色建筑的主题。

过程与方法：通过画、印、剪、贴等多种形式塑造红色建筑，掌种材料的表现方法，学会将建筑的客观视觉形象转换为主观的视觉元素。

情感、态度和价值观：通过探究、创作等活动，学生能树立对红色建筑的热爱之情，增强本土文化自豪感，培养发现美的习惯。

（二）单元教学重难点

教学重点：提取红色建筑的元素进行抽象、夸张、简化的表现，学会表现建筑的特征。

教学难点：运用多种材质表现不同肌理，组织画面，使作品具有一定的形式美感。

（三）单元教学活动设计

1. 规划单元活动

根据本单元教学目标、教学重点和难点，对单元主要学习活动进行规划。

表 6-5

活动序号	单元活动内容
活动1	寻找红色建筑素材
活动2	制作立体贺卡（半立体）
活动3	设计建筑邮票（平面）

2. 制订活动方案

（1）活动内容

表 6-6

序号	活动主题	活动任务	关键问题
活动1	寻找建筑元素和绘画灵感，搜集建筑的文化故事	搜寻资料，确定表现内容	1. 选取的红色建筑外形特征有哪些 2. 建筑背后的文化故事 3. 选取的素材带给你的内心感受是什么
活动2	制作立体贺卡	准备材料，学习立体贺卡的制作步骤，完成画面	1. 学生构思红色建筑的形状 2. 能用哪些方式表现画面 3. 如何让贺卡有立体感 4. 立体贺卡的前中后关系如何安排
活动3	设计红色建筑邮票	学习邮票相关知识，确定邮票的形状、主题和表现形式	1. 用什么材质表现画面 2. 如何使邮票设计具有个人风格
活动4	展示交流、评价	展示自己构思和创作的手稿，填写自评表	1. 你的作品想表达什么感受 2. 你/你的小组是如何设计、构思画面的 3. 你的作品有什么意义

（2）活动性质

表 6-7

活动内容的特点和学习要求	确定对应的活动性质
小组合作体验、探究红色建筑，搜索相关资料	探究类活动
学习立体贺卡的制作步骤，尝试用多种形式丰富作品	探究类活动
学习邮票知识，设计表现邮票	欣赏类活动

3. 组织活动形式

独立学习：搜资料、画设计稿、定主体造型。

合作学习：交流资料、讨论构思和制作方法等。

4. 选择活动资源

图片资料：红色建筑图片。

绘画材料：铅笔、彩铅、橡皮、勾线笔、卡纸、马克笔等。

综合材料：学习任务单。

活动场所：美术专用教室、校园。

5. 分享活动收获

设计红色建筑主题的立体贺卡。

设计主题邮票。

自由表现红色建筑的艺术作品。

四、单元评价设计

表 6-8

评价目的	
1. 评估学生对当地红色建筑的学习兴趣和热情 2. 评估学生的作品制作过程和学习成果 3. 评估学生的学习习惯	
评价内容	
学习兴趣	1. 对当地红色建筑和文化背景感兴趣的程度 2. 对各种工具及媒材尝试和探索的意愿 3. 对创意表现活动过程的参与程度
学习习惯	1. 主动探究当地红色建筑的特征 2. 交流自己的创作过程和感受
学业成果	1. 能清楚地表达自己的创作构思 2. 具备线条造型能力 3. 具备色彩表现能力 4. 能运用形式美原理
细化评价观测点	
活动内容	评价观测点
寻找建筑元素和绘画灵感，搜集建筑的文化故事	1. 调研和搜集信息的积极性 2. 是否善于利用各种资源查找相关知识 3. 能否主动表达自己对建筑的感受 4. 能否准确分析建筑的结构、色调
制作立体贺卡	1. 能否完成立体贺卡的制作 2. 贺卡画面的色彩、构图是否有自己的思想表达 3. 作品的完成度 4. 能否对画面进行阐述，讲解自己的构思

	续表
设计邮票	1. 能否掌握邮票设计的基本要素 2. 画面中对主题的创意表达 3. 画面中造型独特，色彩协调 4. 能和同学交流讨论
展示交流、评价	1. 能否对自己的作品内容进行客观的描述和表达 2. 能否对他人的作品进行分析评价 3. 能否掌握课程中知识与技能的要点 4. 对红色建筑的认知和感受是否有升华

五、单元资源设计

（一）明确使用目的

本单元的教学重点：提取红色建筑的元素进行抽象、夸张、简化的表现，学会表现建筑的特征。教学难点：运用多种材质表现不同肌理，组织画面，使作品具有一定的形式美感。为了突破教学重难点，教师应努力创设情境，分解教学重难点，如：

1. 利用多媒体感知建筑，认真观察与思考建筑的特征；

2. 在学生表现立体贺卡时，教师可引导学生发掘生活中的材料以丰富画面的肌理、色彩等，如利用塑料袋拓印颜料来绘制画面、利用海报拼接丰富画面；

3. 设计邮票时学生往往不知道怎样提取红色建筑的元素，如果条件允许，可带领学生实地拍摄，引导学生对视觉元素进行抽象概括。

（二）细化资源设计

本单元设计的技术资源主要有：

1. 信息技术资源：教师可用多媒体资源使学生对红色建筑产生沉浸式的体验，设置教学情境；还可利用微课来引导学生学习手工制作的步骤，激发学生学习的积极性，鼓励学生自主探究。

2. 实践技术资源：制作作品相关的绘画工具和材料，如马克笔、水粉颜料、画笔、画纸等；学习任务单能够帮助学生更好规划探究性学习的步骤，形成完整的学习记录；展示台可以为学生提供展示和交流的机会。

（三）形成单元资源

1. 在教学环境资源的选择上，学校可以依据学情，结合地区的文化资源如建筑实物、当地文化馆等，鼓励学生深入探究，增加对生活和艺术创作的体验。

2. 在素材资源的利用上，教师可以针对单元活动的各阶段进行更加灵活的设计。如在课堂前期，教师可以利用学习单引导学生去分析观察红色建筑的色彩构成、造型等，便于学生创作；制作艺术作品的阶段，可以鼓励学生尝试多种绘画材料和多种方式，体验不同的肌理和绘画的质感，也可以实验不同的画面效果，以达到拓展学生创意思维的效果。

第五节　单元课程学习评价指南

一、"欣赏·评述"课例

表 6-9

评价项目	评价标准	等级（权重）（评价为1—5分）		
		自评	组评	师评
知识与技能	了解红色建筑文化背景			
	能运用多种方式查资料			
	能讲解自己的绘画想法			
过程与方法	能熟练使用绘画材料			
	有创意地表现作品			
	能与同学一起合作			
情感、态度和价值观	对创作活动充满兴趣			
	对身边的红色建筑感兴趣			
	课上积极参与，乐于发言			
我这样评价我自己				
同学眼里的我				
老师的话				
课堂反馈（建议、收获）				

二、"创意·表现"课例

表 6-10

评价项目	评价标准	等级（权重）（评价为1—5分）		
		自评	组评	师评
知识与技能	了解红色建筑文化背景			
	能运用多种方式查资料			
	能讲解自己的绘画想法			
过程与方法	能熟练使用绘画材料			
	有创意地表现作品			
	能与同学一起合作			
情感、态度和价值观	对创作活动充满兴趣			
	对身边的红色建筑感兴趣			
	课上积极参与，乐于发言			
我这样评价我自己				
同学眼里的我				
老师的话				
课堂反馈（建议、收获）				

第七章
初中美术单元课程与教学设计[1]

第一节 美术课程标准研读

一、"欣赏·评述"课例

（一）研读标准

本单元设定为 8 年级"欣赏·评述"学习领域的教学内容。《义务教育美术课程标准（2011年版）》（以下简称《课程标准》）中第四学段 7—9 年级阶段的"欣赏·评述"学习领域的目标是："欣赏不同时代和文化的美术作品，了解重要的美术家及流派。通过描述、分析、比较与讨论等方式，认识美术的不同门类及表现形式，尊重人类文化遗产，对美术作品和美术现象进行简短评述，表达感受和见解。"本单元主要通过不同的鉴赏方法进行讲解，在文化情境中认识美术，培养审美能力。

（二）明确类型

本单元属于"欣赏·评述"学习领域。课时规划：4 课时。

（三）确定内容

《课程标准》中"欣赏·评述"学习领域的课程分目标包括：①感受自然美，了解美术作品的题材、主题、形式、风格与流派，知道重要的美术家和美术作品，以及美术与生活、历史、文化的关系，初步形成审美判断能力；②学会从多角度欣赏与认识美术作品，逐步提高视觉感受、理解与评述能力，初步掌握美术欣赏的基本方法，能够在文化情境中认识美术；③提高对自然美、美术作品和美术现象的兴趣，形成健康的审美情趣，崇尚文明，珍视优秀的民族、民间美术与文化遗产，增强民族自豪感，养成尊重世界多元文化的态度。

本单元教材的学习内容基于以上 3 点进行设定。

二、"创意·表现"课例

（一）研读标准

本单元设定为 8 年级"创意·表现"学习领域的教学内容。《课程标准》中第四学段 7—9 年级阶段的目标是："有意图地运用线条、形状、色彩、

---

[1] 本章作者：杭州师范大学美术学院讲师张旭东，杭州师范大学美术学院硕士研究生余青、谢汉城、王鑫琦、王沙、郑天舒。

肌理、空间和明暗等造型元素以及形式原理，选择传统媒介和新媒材，探索不同的创作方法，发展具有个性的表现能力，表达思想与情感。"

（二）明确类型

本单元属于"创意·表现"学习领域。课时规划：2课时。

（三）确定内容

《课程标准》中"创意·表现"学习领域的课程分目标包括：①观察、认识与理解线条、形状、色彩、空间、明暗、肌理等基本造型元素，运用对称、均衡、重复、节奏、对比、变化、统一等形式原理进行造型活动，增进想象力和创新意识；②通过对各种美术媒材、技巧和制作过程的探索及实验，发展艺术感知能力和造型表现能力；③体验造型活动的乐趣，敢于创新与表现，产生对美术学习的持久兴趣。

本单元教材的学习内容基于以上3点进行设定。

第二节　初中美术单元学材

一、第一单元："欣赏·评述"

单元课例：追忆红色建筑

二、第二单元"创意·表现"

活动一：石塑黏土建筑模型

活动二：五角星立体书

第三节　"欣赏·评述"单元课程教学设计

一、单元课程目标设计

（一）课程目标

1. 学生能够知道

· 视觉元素，如线条、形状、色彩、材质、空间等；

· 形式原理，如对称、均衡、节奏等；

· 色彩知识，如青瓦白墙等中国传统建筑色彩；

· 建筑构造，如鸱吻、斗拱、门柱、大厦；

· 红色故事，如红军长征、古田会议、中共闽西一大等；

· 造型表现方法，如写实、夸张、变形等；

· 建筑模型制作的方法，建筑草图、揉捏、组合、装饰等。

2. 学生能够做到

· 初步掌握美术欣赏的基本方法——建筑分析法，并用语言表述出来；

· 用不同的工具和媒材，采用写实、夸张或变形等表现形式，描绘对建筑的认识和感受；

· 用基本的绘画构图形式，合理而有美感地安排画面；

· 选择用泥、纸、废弃物品等，用测量、画图、切折、粘贴、组合、装饰等方式塑造建筑模型；

· 反思自己创作或制作的作品，倾听别人的意见或建议。

3. 学生能够理解

· 理解在使用传统或现代的工具与媒材时，可以采用不同的表现形式（写实、夸张或变形）创作美术作品；

· 理解在创作美术作品时，应有各种构想和变通能力，并尝试各种方法，创作富有创意的美术作品；

· 参与班级或小组的各种活动中，能尊重和理解别人不同的看法或想法。对自己创作或制作的作品能进行反思，虚心倾听、理解别人的意见或建议，并对个人的创作或想法加以改进。

4. 核心素养

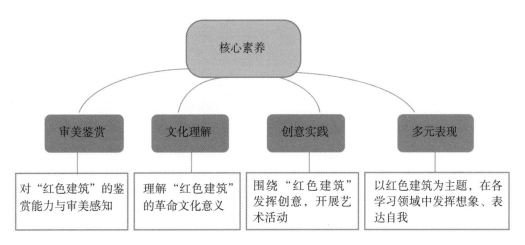

图 7-1

二、单元教材教法分析

（一）分析单元定位

1. 细化"课程目标"

根据"课程标准"，美术课程应当在提高学生审美能力的同时，引导学生参与文化传承和交流。本单元的"课程目标"是联系学生已掌握的建筑知识，了解身边的红色建筑，尝试从不同的维度鉴赏红色建筑，掌握鉴赏方法，感悟红色革命精神。

2. 以往学习基础

通过以往的学习，学生对建筑形成了一定的感受和理解力，对基础的建筑知识有一定的了解，具备一定的建筑鉴赏能力。

3. 未来学习要求

提高学生的鉴赏能力，能够运用多种鉴赏方法鉴赏建筑与艺术作品，对鉴赏对象有自己读到的见解。

4. 单元定位

通过本单元教学，引导学生理解红色建筑独特的艺术语言包括布局、造型、色彩、象征意义，学会运用分析法对红色建筑进行鉴赏，并用语言、文字、图像等多种方式表达自己的感受，提升对建筑的鉴赏和评述能力，培养学生的家国情怀。

（二）整合内容结构

1. 梳理教材内容

红色建筑的定义；

闽南红色建筑以及相关背景；

红色建筑鉴赏维度（布局、造型、色彩、象征等）；

鉴赏方法（分析法）；

书签制作。

2. 单元教学内容结构

（1）学科知识与技能

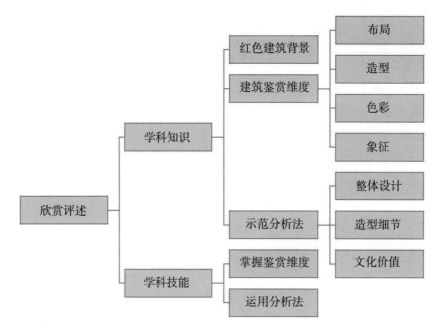

图 7-2

本单元学科知识与技能的核心是"了解本土红色建筑并能够运用分析法鉴赏红色建筑"。学科知识方面要求学生知道本土红色建筑以及相关背景、红色建筑独特的建筑语言，并学习鉴赏维度以及分析法。在学科技能的学习中，运用所学方法鉴赏"红色建筑"。

（2）人文内涵

① 红色建筑多依托古建筑而存在，使学生感受文化历史积淀；

② 红色建筑多是民居，贴近学生生活，使他们了解当地建筑特色文化；

③ 红色建筑多是革命遗迹，以其激发学生的爱国情怀，领悟当今生活的来之不易。

（3）审美层面

① 感受鉴赏中情感的运用；

② 感受民居古建古朴之美；

③ 感受纪念性建筑的意义。

（三）分析教法依据

1. 教学内容特点

本单元主要是老师围绕红色建筑对学生进行知识"输入"，以及学生通过鉴赏法对红色建筑进行鉴赏"输出"。

2. 学段学情特点

一方面，初中的学生已经对建筑具有了一定的认知基础，能够理解建筑中蕴含的文化、情感；另一方面，通过之前的学习，初中学生掌握了一定的鉴赏经验，具备了运用所学知识和实践经验进行分析和探讨的基础和能力。

3. 教学资源选取

相同类型建筑的图片以及建筑知识、相关红色主题故事、实地考察红色建筑。

（四）设计教学方法

结合分析，预设本单元的主要教学方法：

1. 教师主导——讲授：针对概念性知识进行讲授，如红色建筑，建筑布局、造型、色彩、象征的概念，鉴赏方法示范等。

2. 师生互动——交流与讨论：针对人文内涵及审美层面，例如中国传统建筑的美、红色建筑中的红色故事、当地民居的特色等，引导学生结合所学知识及以往基础，积极进行思考，通过语言或者文字的交流讨论，形成一定的理解与感悟。

3. 学生自主——观察与探究：让学生结合教材例子和以往的学习基础和经验鉴赏红色建筑，充分调动学习主动性，进行探究性学习。

（五）定位学科能力

1. 关键能力

感受建筑背后文化、情感的能力；

从不同维度对建筑进行鉴赏的能力。

2. 其他能力

表达与交流的能力；

思维发散能力，例如通过建筑类型联想当地建筑特色。

三、单元教学目标设计

（一）单元教学目标

知识与技能：了解和认识与教材相关的红色建筑，理解鉴赏维度的概念，掌握建筑的鉴赏分析方法，并能灵活运用鉴赏维度进行鉴赏。

过程与方法：通过教师讲解、自主探究、分组合作等方法，在正确理解概念的基础上，尝试鉴赏红色建筑个例。

情感、态度和价值观：感受红色建筑的特色和建筑美，了解与红色建筑相关的革命故事，激发爱国热情。

（二）单元教学重难点

教学重点：了解本土红色建筑，鉴赏红色建筑。

教学难点：理解鉴赏维度的概念以及如何运用分析法鉴赏建筑。

（三）单元学习活动设计

1. 规划单元活动

根据本单元教学目标、教学重点和难点，对单元主要学习活动进行规划。

表 7-1

活动序号	单元活动内容
课时一（活动1）	聆听建筑红色故事
课时二（活动2）	观察分析建筑特色
课时三（活动3）	分角色学习"分析法"
课时四（活动4）	制作红色建筑书签

说明：学习红色文化意义深刻，对生活影响深远。红色建筑作为红色文化中的一部分，在鉴赏建筑美的同时感受革命先辈的大无畏精神。本单元以学习红色建筑的历史文化与鉴赏建筑特色为主要内容，以建筑特征以及文化象征为教学难点，故采取由浅入深的思路来设计单元主要活动。

2. 制订活动方案

（1）活动内容

表 7-2

序号	活动主题	活动任务	关键问题
活动1	聆听建筑红色故事	聆听红色故事，通过故事学习红色建筑，搜集红色建筑相关知识	1. 你还知道那些红色建筑的故事 2. 这些红色建筑共同的特征是什么
活动2	观察分析建筑特色	依据任务学习单，由浅入深，学习红色建筑的布局、造型、色彩、象征等知识	1. 除了书本上的建筑布局，还有哪些建筑布局 2. 建筑造型应考虑哪些实用价值 3. 建筑的色彩搭除了受审美影响，还受到哪些条件的影响 4. 学习红色建筑的象征对你有什么启发
活动3	分角色学习"分析法"	想象自己已经在红色建筑旁，和自己的班级同学分角色用"分析法"来鉴赏红色建筑，并进行交流	1. 不同的角色身份，在鉴赏过程中的感受有哪些异同 2. 除了已知的鉴赏维度，你还有什么新发现
活动4	制作红色建筑书签	根据所学建筑案例，制作一枚红色建筑书签	1. 可以制成书签的红色建筑有哪些共同的特征 2. 怎么样做才能达到自己想要的视觉效果

（2）活动性质

表 7-3

活动内容的特点和学习要求	确定对应的活动性质
聆听建筑相关红色故事，了解有关红色建筑的概况，感悟建筑背后的红色精神	欣赏类活动
从布局、造型、色彩、象征等方面由浅入深探究学习，发散学生的思维，调动学生的学习积极性	探究类活动
在用"对话法"鉴赏建筑时，播放红色背景音乐，引导学生模拟不同的角色鉴赏建筑，并学习运用鉴赏知识	体验类活动
在学习制作文创小书签时，引导学生观察建筑整体情景，表现创设意图，进行有创意的作品表现	表现类活动

3. 活动组织形式

独立学习：红色故事、鉴赏建筑方法、制作红色建筑书签；

合作学习：角色模拟，在对话中交流鉴赏建筑。

4. 选择活动资源

图片资料：各类红色建筑图片；

绘画材料：硬卡纸、铅笔、小刀、尺子、小绳子；

综合材料：学习任务单；

活动场所：美术专用教室、校园。

5. 分享活动收获

学会鉴赏红色建筑的步骤，学会运用"对话法"鉴赏；

完成红色建筑文创书签。

四、单元评价设计

表 7-4

评价目的	
1. 观测学生在学习红色建筑过程中的兴趣与态度 2. 评估学生对建筑鉴赏方法的掌握程度、"对话法"的应用熟练程度 3. 评定学生鉴赏红色建筑的学习成果 4. 评定学生文创小书签作品完成效果	
评价内容	
学习兴趣	1. 聆听红色故事的表现，对红色建筑的关注程度 2. 学习鉴赏红色建筑的意愿
学习习惯	1. 主动观察、探究、学习红色建筑特征的情况 2. 主动表达对红色建筑的感受
学业成果	1. 能了解红色建筑背景故事 2. 观察红色建筑特征，感悟红色革命精神 3. 能身临其境，学习并运用"对话法"鉴赏红色建筑 4. 能根据学习目标，设计文创书签作品，并完成作品
细化评价观测点	
活动内容	评价观测点
聆听建筑红色故事	1. 聆听红色故事，感悟红色革命精神 2. 能否主动搜集红色建筑相关背景知识 3. 能否主动发表关于红色建筑的感悟
观察分析建筑特色	1. 能否在众多建筑中识别红色建筑 2. 能否通过四个维度、不同角度鉴赏红色建筑 3. 能否发表鉴赏观点

续表

分角色学习"对话法"	1. 能否运用所学知识，依据任务单，探究性学习红色建筑 2. 同学间分角色模拟鉴赏建筑的情况 3. 能否对学习单拓展的问题进行思考，并得出结论 4. 主动发表观点，积极交流讨论的情况
制作红色建筑书签	1. 能否在画面中完整表现建筑特征 2. 能否通过创意搭配，丰富画面 3. 能否完整表现自己的意图，制作完成书签

说明：本单元属于"欣赏·评述"学习模块，评价要点可以结合单元教学内容，围绕"追忆红色建筑"，从红色建筑学习过程中所体现出的兴趣与习惯以及学习成果的呈现两方面进行。评价内容以单元活动为载体，通过课堂讲解观察、信息搜索、体验性角色模拟鉴赏、展示交流、实践操作完成情况等路径，采用学生自评、互评和教师评价相结合的方式，以鼓励性语言和等第、评语的形式反馈评价结果。

五、单元资源设计

（一）明确使用目的

为了突破本节课的重难点，教师可以通过创设情境的方式来分解教学目标中的难点，激发学生的学习兴趣。比如：在"初步掌握美术欣赏的基本方法"方面，学生在表述时会遇到困难，那么教师的主要活动目标应是引导学生"用恰当、规范的美术术语对建筑的外观和价值进行描述和分析"。针对上述目标，主要的活动任务是：1. 欣赏多媒体演示的建筑模型；2. 实地考察。

（二）细化资源设计

1. 信息技术资源

在欣赏建筑时，单凭照片学生无法对建筑有全面的、立体的认识，难以用语言表达建筑的外观与价值。教师可使用展示该建筑 3D 模型的视频作为信息技术资源，使学生获得直观的感受，可以从多角度欣赏建筑，促进他们立体空间思维，帮助他们理解建筑的空间构造，全面深刻地了解建筑的意义。

2. 教学环境资源

教师可以带领学生去实地考察，让学生看一看、摸一摸，增加学生的切身感受，帮助学生对建筑的材质、历史、红色文化有更深入的了解。

（三）形成单元资源

1. 在资源选择与积累方面：教师从大量视频资料中挑选并截取的 3D 模型视频，在教学中起到了帮助学生理解建筑结构与空间的作用，对学生进一步分析建筑的内涵有很大帮助，应妥善保存。

2. 在资源利用与梳理方面：学生在实地参观建筑时，可以即刻记录自己的想法灵感或是对感兴趣的局部画一幅速写小稿，作为回到课堂讨论时的材料。

第四节 "创意·表现"单元课程教学设计

一、单元课程目标设计

课程目标

1. 学生能够知道

· 视觉元素，如线条、形状、色彩、材质、空间等；

· 形式原理，如对称、均衡、节奏等；

· 色彩知识，如青瓦白墙等中国传统建筑色彩；

· 建筑构造，如鸱吻、斗拱、门柱、大厝；

· 红色故事，如红军长征、古田会议、中共闽西一大等；

· 造型表现方法，如写实、夸张、变形等；

· 建筑模型制作的方法，如建筑草图、揉捏、组合、装饰等。

2. 学生能够做到

· 初步掌握美术欣赏的基本方法——建筑分析法，并用语言表述出来；

· 用不同的工具和媒材，采用写实、夸张或变形等表现形式，描绘对建筑的认识和感受；

· 用基本的绘画构图形式，合理而有美感地安排画面；

· 选择用泥、纸、废弃物品等，用测量、画图、切折、粘贴、组合、装饰等方式塑造建筑模型；

· 反思自己创作或制作的作品，倾听别人的意见或建议。

3. 学生能够理解

· 理解在使用传统或现代的工具与媒材时，可以采用不同的表现形式（写实、夸张或变形）创作美术作品；

· 理解在创作美术作品时，应有各种构想和变通能力，并尝试各种方法，创作富有创意的美术作品；

· 在参与班级或小组的各种活动中，能尊重和理解别人不同的看法或想法。对自己创作或制作的作品能进行反思，虚心倾听、理解别人的意见或建议，并对个人创作或想法加以改进。

4. 核心素养

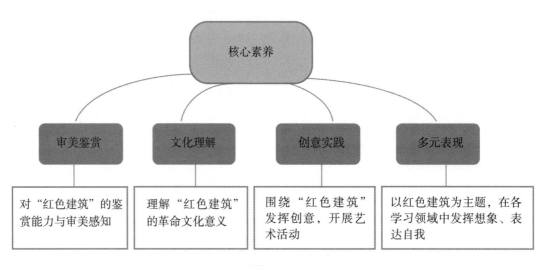

图 7-3

二、单元教材教法分析

（一）分析单元定位

1. 细化"课程目标"

本单元"创意·表现"与"课程标准"中相对应的"课程目标"是：选择传统媒介和新媒材，探索不同的创作方法，发展具有个性的表现能力，表达思想与情感。本单元的创意表现活动选择了石塑黏土建筑模型与立体纸艺，内容表现范围是红色建筑主体与红色建筑当中的革命事迹，创作形式相对新颖。整体的课程要求是：能够结合内容大胆想象和表现，创作出有个性的、与材料特性相贴合的作品。

2. 以往学习基础

通过以往的学习，学生对建筑形成了一定的感受和理解力，对各类表现手法有了一定了解，具备了一定的表现能力。

3. 未来学习要求

提高学生的造型能力，适应多种材料表现的能力，对创作对象能够有情感地进行表现的能力。

4. 单元定位

本单元作为初中学段美术中"表现建筑"主题学习的关键阶段，教师应引导学生深入了解建筑的结构和造型，综合运用以往所学的建筑知识与创作方式，结合建筑背景文化，进行个性化表现，提高学生的创作能力。

（二）整合内容结构

1. 梳理教材内容

石塑黏土建筑模型制作活动；

制作"五角星"立体书活动。

2. 单元教学结构

（1）学科知识与技能

本单元学科知识与技能的核心是"以本土红色建筑为素材进行创意表现"。学科知识方面要求学生知道本土红色建筑以及相关背景，学习提炼建筑造型、建筑模型质感表达以及故事性插图表现。在学科技能的学习中，学生应主要掌握用石塑黏土制作建筑模型的方法、细节深入两方面，在制作"五角星"立体书活动中学会团队合作以及大胆用线造型。

（2）人文内涵

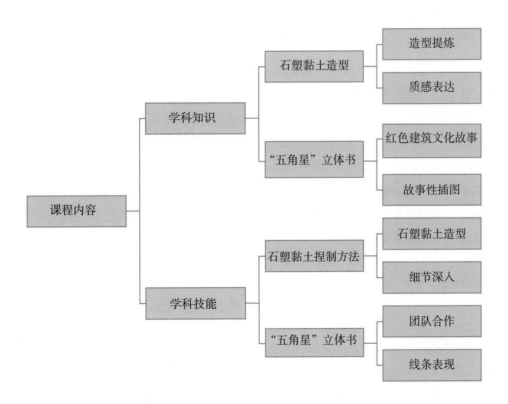

图 7-4

① 创作融入革命主题故事，激发爱国热情；
② 了解红色建筑的背景，体会建筑背后的文化历史。

（3）审美层面

① 体会古建筑的沧桑之美；
② 感受红色建筑独一无二的革命历史痕迹。

（三）分析教法依据

1. 教学内容特点

本单元主要是了解红色建筑有关背景，创作红色建筑主题的作品。

2. 学段学情特点

初中学生已经对视觉元素、形式原理、色彩知识、构图形式、透视知识、造型表现方法、建筑模型制作方法、拼贴表现手法具有了一定的了解，一定程度上能理解美术作品中的抽象原理，具备了进行自主探究性学习的基础和能力。

3. 教学资源选取

本单元选取的与教学内容直接关联的素材资源包括：相同类型建筑的图片以及建筑知识、红色主题故事、建筑立体书、石塑黏土、彩泥、雕刻刀等。

（四）设计教学方法

结合分析，预设本单元的主要教学方法：

1. 师生互动——观察与探究：以审美为导向，针对古建筑痕迹、造型特点等引导学生在欣赏的过程中体会建筑美。

2. 教师主导——讲授：针对新知识进行讲授，如创作步骤、需要注意的点、细节表现等。

3. 学生自主——实践与探究：学生运用新知识动手制作自己的作品，增强造型能力，丰富创作经验。

（五）定位学科能力

1. 关键能力

立体建筑造型能力；
根据主题进行构思和绘画表现的能力。

2. 其他能力

细节表现能力；
表达和交流作品构思以及评价作品的能力。

三、单元教学目标设计

（一）单元教学目标

知识与技能：知道红色建筑的基本概念，了解红色建筑的相关背景，掌握制作陶土建筑模型以及故事性插图的基本方法，创作带有主观情感的作品。

过程与方法：通过欣赏、探究，归纳红色建筑的类型；观察与分析红色建筑的相关特点；用不同的创作手段表现红色建筑相关主题。

情感、态度和价值观：感受不同红色建筑的特色和建筑美，了解与红色建筑相关的革命故事，树立爱国爱党的正确价值观，有感情地进行创作。

（二）单元教学重难点

教学重点：了解红色建筑背后的革命故事，感悟革命精神，带有主观情感地表现陶土建筑造型以及五角星立体书的故事性插图。

教学难点：石塑黏土建筑造型的提炼，故事性插图的表现以及立体书前、中、后景如何结合。

（三）单元学习活动设计

1. 规划单元活动

根据本单元教学目标、教学重点和表 7-5 难点，对单元主要学习活动进行规划。

表 7-5

活动序号	单元活动内容
课时一（活动1）	制作石塑黏土建筑模型
课时二（活动2）	制作五角星立体书

说明：根据本单元的教学目标，在"创意·表现"单元教师通过设立体验式活动，让学生深入学习建筑的布局、结构和造型，感受红色建筑的魅力。在此基础上，了解石塑黏土材料与建筑模型制作过程，培养建筑造型能力。在制作五角星立体书活动中，要求学生学习绘制红色建筑创意插图，学习颜色搭配，通过立体书的制作活动获取知识、掌握绘画技巧，培养创新思维。

2. 制订活动方案

（1）活动内容

表 7-6

序号	活动主题	活动任务	关键问题
活动1	制作石塑黏土建筑模型	观察古田会议会址外观，用语言描述其特征，准备好创作材料，依据步骤图，学习制作石塑黏土建筑模型	1. 古田会议会址布局造型、色彩有什么特征 2. 石塑黏土材料有什么特点
活动2	制作五角星立体书	搜集资料，小组讨论分工绘制感兴趣的红色建筑，注意前、中、后景的尺寸以及画面合理搭配，添加装饰，完成立体书作品	1. 对感兴趣的红色建筑可以从哪些方面搜集相关资料 2. 如何调节前、中、后景的尺寸比例 3. 前、中、后景搭配除了美观，还受到哪些条件的影响 4. 小组合作中有什么制作技巧、建议和同学分享吗 5. 小组成果是否达到预想效果，如何改进

（2）活动性质

表 7-7

活动内容的特点和学习要求	确定对应的活动性质
小组合作搜索红色建筑相关资料、图画等	探究类活动
学习石塑黏土的特性，体验捏制过程，先整体造型再局部装饰	体验类活动
在学习制作立体书时，引导学生观察建筑前、中、后景，通过创设手段实现想要达到的效果，最后支撑立体书使其牢固	表现类活动

3. 组织活动形式

独立学习：学习古田会议会址的造型特征，学习石塑黏土特性，学习画面构图、色彩搭配、各步骤制作过程。

合作学习：小组讨论搜集红色建筑立体书相关素材，分工合作，讨论交流并完成预想效果的作品。

4. 选择活动资源

图片资料：各类红色建筑图片。

绘画材料：卡纸、铅笔、马克笔、美工刀、尺子、勾线笔、丙烯颜料。

综合材料：石塑黏土、牙签、铁丝、学习任务单。

活动场所：美术专用教室、校园。

5. 分享活动收获

学会利用石塑黏土制作建筑造型及细节装饰，学会绘制建筑插图，完成创意作品，注意画面颜色搭配。

完成古田会议会址石塑黏土建筑模型，完成五角星立体书。

四、单元评价设计

表 7-8

评价目的
1. 观测学生对石塑黏土特性的熟悉情况以及搜集信息能力
2. 观测学生在石塑黏土模型制作过程中的表现和遇到的困难
3. 评估学生对建筑构造的熟悉情况和立体空间造型的能力、细节表现能力
4. 评估学生红色建筑插图绘画能力、手工制作表现能力

评价内容	
学习兴趣	1. 搜集红色建筑素材的兴趣、对红色建筑的关注程度 2. 应用石塑黏土材料创作的积极性、对绘画创作的积极性
学习习惯	1. 主动观察建筑结构造型、学习石塑黏土的制作 2. 善于思考、追求绘画创意的情况
学业成果	1. 用石塑黏土材料展示红色建筑整体和细节的能力 2. 线条造型能力、色彩表现能力、创意表现能力

细化评价观测点	
活动内容	评价观测点
制作石塑黏土建筑模型	1. 是否主动学习古田会议会址建筑整体造型和局部造型 2. 是否掌握石塑黏土材料特性,利用它制作建筑整体与局部 3. 是否尝试解决模型制作过程出现的问题 4. 能否利用所学的技法实现创意的效果
制作五角星立体书	1. 搜集红色建筑资料的渠道 2. 是否参与小组交流讨论,积极表达观点 3. 插图绘画是否完整,前、中、后景搭配是否美观 4. 能否完成个人作品并帮助他人

说明:本单元属于"创意·表现"单元,评价要点应结合单元教学内容,从制作红色建筑模型与五角星立体书学习过程中所体现出的兴趣、习惯以及学习成果进行评价。评价内容以单元活动为载体,通过搜索资料的渠道、对建筑学习的热情、对制作材料的应用表现、小组间合作交流情况、插图绘画表现等方面进行观测评价。学生个人评价、互评和教师评价相结合,客观地反馈学生的学习情况、学习态度、进步空间以及学习成果。

五、单元资源设计

(一)明确使用目的

为了突破本节课的重难点,教师可以通过创设情境的方式来分解教学目标中的难点,激发学生的学习兴趣。比如:

在"石塑黏土的建筑模型"方面,学生会感到难以揉捏出想要的造型,那么教师的主要活动目标应是"熟悉制作材料,学会巧用工具塑型"。针对上述目标,主要的活动任务是:尝试使用多种工具。

在"五角星立体书"的活动中,学生对纸张的组合和搭建感到困难,教师的目标应是"理解立体书的组成"。针对上述目标,主要的活动任务是:演示和练习拼接方法。

(二)细化资源设计

1. 实践技术资源

在制作石塑黏土的建筑模型时,石塑黏土对学生来说是一个较新的材料,教师可为学生提供尽可能多的塑造工具,引导学生多尝试不同工具的不同用法,并进行创造性地使用,以塑造出想要的形状。比如在切割石塑黏土的大块面时，不一定用刀，可利用细线切割出平整的块面。

2.实践技术资源

教师可以录制微课，播放视频，多次为学生演示五角星制作过程和注意点。多展示作品的分解图、作品局部图、步骤图等，用实物投影或多媒体设备进行教学，便于学生观察物体的全貌和细节，直观地感受完整的造型表现过程。在创作时，为学生多提供些纸张，供学生设计练习制作五角星其中一角。

（三）形成单元资源

1. 在资源选择与积累方面：教师可以引导学生寻找生活中可用的资源，开发出物品的新用途，开拓学生思维。

2. 在资源利用与梳理方面：在展示交流活动中，教师选取的资源主要包含摆放作品的展台、实物投影，便于学生对立体作品进行多角度观察和欣赏。

第五节　单元课程学习评价指南

一、"欣赏·评述"课例

（一）教师：学习评价方法

评价内容包括过程性表现、结果性表现，观测点分为主动性、探究性、合作性。

表 7-9

教师评价表						
评价内容	1	2	3	4	5	评语
过程性表现	主动性					
	探究性					
	合作性					
结果性表现	主动性					
	探究性					
	合作性					

说明：评价为 1—5 分

（二）学生：自评、互评方法

表 7-10

自评、互评表		
评价内容	学生自评	小组互评
1.能搜集、总结红色建筑相关资料		
2.能初步理解红色建筑基础知识并发表个人感受		
3.能运用分析法鉴赏"上杭蛟洋文昌阁"		
4.能有创意地制作一枚红色建筑书签		

说明：评价为 1—5 分

二、"创意·表现"课例

（一）教师：学习评价方法

评价内容包括过程性表现、结果性表现，观测点分为主动性、探究性、合作性。

表 7-11

教师评价表						
评价内容		1	2	3	4	5	评语
过程性表现	主动性						
	探究性						
	合作性						
结果性表现	主动性						
	探究性						
	合作性						

说明：评价为 1—5 分。

（二）学生：自评、互评方法

表 7-12

自评、互评表		
评价内容	学生自评	同伴互评
1. 能搜集红色建筑相关知识		
2. 能用石塑黏土制作古田会议会址建筑模型构造和细节		
3. 能结合红色建筑故事，发挥创意绘制相关插图		
4. 能合作完成小组作品		
5. 能欣赏他人作品		

说明：评价为 1—5 分。

…

第八章
高中美术单元课程与教学设计[1]

第一节 美术课程标准研读

一、"鉴赏·理解"课例

（一）研读课标

本单元为高中美术"鉴赏·理解"学习领域的教学内容。《普通高中美术课程标准（2017年版2020年修订）》（以下简称《课程标准》）中对高中阶段的目标是"识别图像的形式特征，分析图像的风格特征和发展脉络，理解图像蕴含的信息；运用多种工具、材料和美术语言创作具有一定思想和文化内涵的美术作品及其他表达意图的视觉形象；依据形式美原理分析自然、日常生活和美术作品中的美，形成健康审美观念；具有创新意识，运用创造性思维进行创意，并用美术的方法和材料予以呈现和完成；从文化角度分析和理解美术作品，认同并弘扬中华优秀传统文化，尊重人类文化的多样性"。

（二）明确类型

本单元旨在培养学生"图像识读""美术表现""审美判断""创意实践""文化理解"五大核心素养。课时规划：4课时。

（三）确定内容

《课程标准》中对"美术鉴赏"模块的内容要求包括：①从材料、工具、技法或题材等方面区分不同的美术门类，并在现实情境中加以识别；知道中外美术史的基本脉络和重要风格、流派的代表人物及代表作。②了解美术创作的基本过程，学习美术作品审美构成的造型元素和形式原理，并用于分析、理解和解释美术作品。③掌握2—3种美术鉴赏的基本方法，联系文化情境认识美术作品的主题、内涵、形式和审美价值，并用恰当的术语进行解读、评价和交流。④辨析美术作品中存在的不同文化、品位和格调的差异，形成健康向上的审美情趣。⑤了解近代以来中国美术的发展，以及新中国成立后讴歌党、祖国、人民、英雄的精品力作，探究民族文化传统的继承与发展关系。⑥运用比较法分析中外传统美术在材料技法、语言风格和创作观念等方面的不同。⑦通过了解不同历史阶段美术的社会功能与作用，理解美术创作与现实生活的关系、艺术家的社会角色与文化责任。⑧选择中外著名艺术家或当代美术现象进行专题研究，在调查、

---

[1] 本章作者：杭州师范大学美术学院讲师张旭东；杭州师范大学美术学院硕士研究生余青、谢汉城、王鑫琦、王沙、郑天舒。

分析和讨论的基础上撰写评论文章，并通过宣讲、展示等方式发表自己的看法。

本单元教材的学习内容基于以上 8 点进行设定。

二、"创意·表现"课例

（一）研读课标

同"鉴赏·理解"课例之研读课标。

（二）明确类型

本单元旨在培养学生"图像识读""美术表现""审美判断""创意实践""文化理解"五大核心素养。课时规划：2 课时。

（三）确定内容

《课程标准》中对五大核心素养的解读包括：①图像识读：对美术作品、图形、影像及其他视觉符号的观看、识别和解读。②美术表现：运用传统与现代媒材、技术和美术语言创造视觉形象。③审美判断：对美术作品和现实中的审美对象进行感知、评价、判断与表达。④创意实践：在美术活动中形成创新意识，运用创意思维和创造方法。⑤文化理解：从文化的角度观察和理解美术作品、美术现象和观念。

本单元教材的学习内容基于以上 5 点进行设定。

第二节　高中美术单元学材

一、第一单元："鉴赏·理解"

单元课例：难忘红色建筑

二、第二单元"创意·表现"

活动一：吹塑版画
活动二：建筑纸模型

第三节　"鉴赏·理解"单元课程教学设计

一、单元课程目标设计

课程目标

1. 学生能够知道

建筑的造型特征，如"攒尖顶""阁"等；

建筑的布局，如"合院式住宅""围屋"等；

红色建筑中的装饰元素；

多种建筑材料的区别和应用，如"土作""砖作""木作"等；

色彩知识，如建筑的整体色调、色彩对比等；

立体造型表现的构图形式，如对立体空间的设计等；

红色建筑的用途和功能。

2. 学生能够做到

能运用"费德曼四步法"分析和鉴赏各类建筑；

能分享展示自己的调研结果，与同学讨论；

能概括分析红色建筑的造型、色彩、装饰、文化等知识；

能制作红色建筑相关的文化宣传海报。

3. 学生能够理解

理解欣赏方法对各类建筑的适用性；

理解红色建筑与艺术创作之间的联系；

理解如何从视觉形象中提取抽象元素。

4. 核心素养

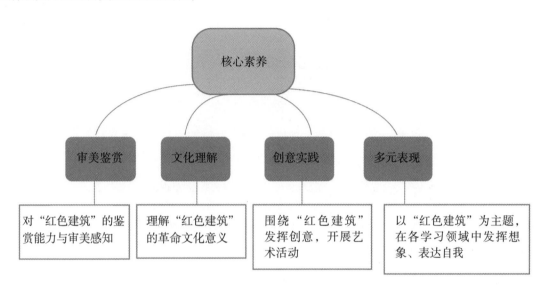

图 8-1

二、单元教材教法分析

（一）分析单元定位

1. 细化"课程目标"

根据"课程标准"，美术课程应当传承文化艺术，弘扬人文精神。本单元的主题是"红色建筑"，教材内容在初中阶段的基础上做了深入和细化。相应的"课程目标"是在初中阶段掌握的知识的基础之上，对本土红色建筑有更丰富更全面的理解，并尝试掌握更多的鉴赏维度，运用多种不同的鉴赏方法，从而把握"红色建筑"与革命文化的关系。

2. 以往学习基础

通过以往的学习，学生对建筑形成了一定的感受和理解力，对基础的建筑知识有一定的了解，能够运用多种鉴赏方法鉴赏建筑。对本土"红色建筑"有较全面的认知。

3. 未来学习要求

学生通过鉴赏活动掌握鉴赏方法的同时，能够学会带着欣赏美的眼睛观察和感受生活中常见的事物，以期能够将"审美"这一行为变成习惯。学会知识迁移，能够运用费德曼四步法鉴赏、分析美术作品和美术现象。

4. 单元定位

通过本单元教学，引导学生理解红色建筑的概念，建筑鉴赏维度包括布局、造型、装饰、材料、文化等，学会运用费德曼四步法对红色建筑进行鉴赏，并用语言、文字、图像等多种方式表达自己的感受，提升对建筑的欣赏评述能力和知识迁移能力。

（二）整合内容结构

1. 梳理教材内容

红色建筑的定义；

闽南红色建筑以及相关背景；

红色建筑鉴赏维度（布局、造型、装饰、材料、文化等）；

古建新生；

鉴赏方法（费德曼四步法）。

2. 单元教学内容结构

（1）学科知识与学科技能

本单元学科知识与学科技能的核心是"理解本土红色建筑概念并能够运用费德曼四步法鉴赏红色建筑"。学科知识方面要求学生知道本土红色建筑以及相关背景、红色建筑独特的建筑语言，并学习鉴赏维度以及费德曼四步法。在学科技能的学习中，运用所学方法鉴赏"红色建筑"。

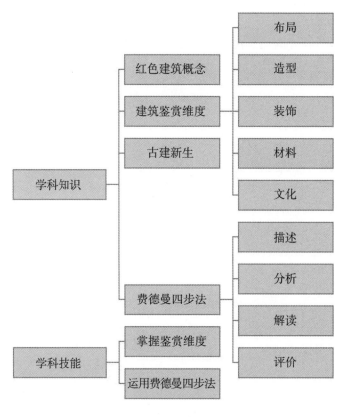

图 8-2

（2）人文内涵

① 红色建筑多依托古建筑而存在，使学生感受文化历史积淀。

② 红色建筑多是民居，贴近学生生活，可以使他们了解当地建筑特色文化。

③ 红色建筑多是革命遗迹，以激发学生的爱国情怀，领悟当今生活的来之不易。

④ 红色建筑包括纪念馆等，引导学生了解建造纪念馆的意义，馆内藏品等。

（3）审美层面

① 感受鉴赏中主观情感的运用。

② 感受中国传统建筑之美。

③ 感受当地民居的特色之美。

（三）分析教法依据

1. 教学内容特点

本单元主要是教师围绕红色建筑对学生进行知识"输入"，学生进行"输出"：用费德曼四步法鉴赏红色建筑。

2. 学段学情特点

高中学生的抽象思维逐渐增强，应当注重理论知识的学习，所以高中阶段艺术欣赏批评课应充分调动与利用学生的逻辑思维能力与形象思维能力，拓展相关建筑知识的广度与深度。

3. 教学资源选取

相同类型建筑的图片以及建筑知识、相关红色主题故事，就地考察附近的红色建筑等。

（四）设计教学方法

结合分析，预设本单元的主要教学方法：

1. 教师主导——讲授：针对概念性知识进行讲授，如红色建筑、建筑布局、造型、装饰、材质、文化的概念，示范鉴赏方法等。

2. 师生互动——交流与讨论：针对人文内涵及审美层面，例如中国传统建筑的美（亭台楼阁），红色建筑中的红色故事，当地民居的特色（围龙屋、红砖厝）等，引导学生结合所学知识及以往基础，积极进行思考，通过语言或者文字的交流讨论，形成一定的理解与感悟。

3. 学生自主——观察与探究：让学生结合教材例子和以往的学习基础和学习经验鉴赏红色建筑，充分调动学习主动性，进行探究性学习。

（五）定位学科能力

1. 关键能力

感受建筑背后文化、历史的能力；

从不同维度对建筑进行鉴赏的能力。

2. 其他能力

表达与交流的能力；

思维发散能力，例如通过建筑类型联想当地建筑特色。

三、单元教学目标设计

（一）单元教学目标

知识与技能：了解和认识与教材相关的红色建筑，理解本土红色建筑的概念和界定，学会运用费德曼四步法鉴赏红色建筑，并有意识观察和发现平凡生活中的美。

过程与方法：通过教师讲解、自主探究、分组合作等方法在正确理解概念的基础上尝试运用费德曼四步法鉴赏红色建筑。

情感、态度和价值观：感受红色建筑的特色和建筑美，了解与红色建筑相关的革命故事，激发爱国热情。

（二）单元教学重难点

教学重点：本单元重点是理解红色建筑文化，用费德曼四步法鉴赏红色建筑。

教学难点：费德曼四步法概念拆分。

（三）单元学习活动设计

1. 规划单元活动

根据本单元教学目标、教学重点和表 8-1 难点，对单元主要学习活动进行规划。

表 8-1

活动序号	单元活动内容
活动 1	学习红色建筑整体
活动 2	学习红色建筑细节
活动 3	"古建新生"方案汇报
活动 4	学习费德曼四步法

说明：高中生对于红色建筑的学习更应该体现在建筑整体感受和细节鉴赏方面。本单元的活动安排以从建筑整体鉴赏为开端，逐渐深入感受细节，注重学生的参与程度，在鉴赏过程中学习。每个小组汇报"古建新生"策划方案，互相学习，提高红色文化与建筑的保护意识，学习并运用费德曼四步法鉴赏蛟洋文昌阁。

2. 制订活动方案

（1）活动内容

表 8-2

序号	活动主题	活动任务	关键问题
活动1	学习红色建筑整体	通过图片与媒体资料，观察红色建筑整体布局与造型，谈一谈自己的发现与感受	1. 观察红色建筑的整体布局，你有什么发现 2. 红色建筑的造型大致可分为哪几个部分 3. 你可以向同学分享你的观后感吗
活动2	学习红色建筑细节	学习教材，尽可能多地了解建筑鉴赏知识，分装饰、材料、文化等模块学习红色建筑的特征	1. 你认识了哪些红色建筑 2. 建筑材料主要分哪些类别 3. 不同的红色建筑包含哪些红色文化
活动3	"古建新生"方案汇报	各小组选择一个红色建筑，进行相对应的"古建新生"方案设计，最后汇报成果	1. 为什么要进行"古建新生" 2. 怎样才能保护建筑，宣传红色建筑文化
活动4	学习费德曼四步法	学习费德曼四步法，运用其鉴赏上杭蛟洋文昌阁	1. 费德曼四步法分为哪四步 2. 上杭蛟洋文昌阁建筑特征是什么

（2）活动性质

表 8-3

活动内容的特点和学习要求	确定对应的活动性质
鉴赏红色建筑整体布局和造型，并发表个人感受	欣赏类活动
从建筑各个细节，如：装饰、材料、文化等方面由浅入深鉴赏建筑，发挥学生主动性	欣赏类活动
分组进行"古建新生"方案汇报，营造探究学习的氛围，要求学生在表达个人观点时，也要学会倾听他人的观点	表现类活动
学习并运用费德曼四步法，鉴赏上杭蛟洋文昌阁	探究类活动

3. 组合活动形式

独立学习：鉴赏红色建筑整体、细节特征，运用费德曼四步法鉴赏建筑。

合作学习：探究学习"古建新生"方案并进行汇报。

4. 选择活动资源

图片资料：各类红色建筑图片。

综合材料：图书资料。

活动场所：美术专用教室、多媒体教室、校园。

5. 分享活动收获

学会鉴赏建筑整体和细节特征，学习并运用费德曼四步法。

学会"古建新生"方案设计与汇报。

四、单元评价设计

表 8-4

评价目的
1. 观测学生欣赏红色建筑、发表感受的情况
2. 评估学生是否可以从整体布局、造型细节等方面鉴赏建筑
3. 评定学生小组合作情况，以及对"古建新生"的方案设计是否合理
4. 评定学生是否理解并运用费德曼四步法鉴赏建筑

评价内容	
学习兴趣	1. 欣赏红色建筑时的情感表现与表达交流情况 2. 探究红色建筑细节的兴趣
学习习惯	1. 鉴赏建筑是否认真，是否有独到的发现 2. 是否积极主动地探索建筑鉴赏的各个方面 3. "古建新生"方案中能否发现问题并小组协商解决
学业成果	1. 能否全方位多角度鉴赏红色建筑 2. 能否学会"古建新生"方案设计 3. 是否学会并运用费德曼四步法

细化评价观测点	
活动内容	评价观测点
学习红色建筑整体	1. 观察建筑是否从整体入手 2. 能否发现他人未注意到的细节 3. 能否主动发表对红色建筑的感悟
学习红色建筑细节	1. 能否探索学习红色建筑的基础知识 2. 能否通过语言描绘出红色建筑的细节特征
"古建新生"方案汇报	1. 能否发现所选的红色建筑面临的问题 2. 同学间是否共同出谋划策，解决问题 3. 能否运用所学知识，完成"古建新生"方案设计 4. 是否主动发表观点，并尊重与理解他人观点
运用费德曼四步法	1. 是否知道费德曼四步法 2. 是否理解费德曼四步法并熟练运用

说明：本单元属于"欣赏·评述"学习模块，评价要点可以结合单元教学内容，围绕"难忘红色记忆"单元活动，让学生在学习知识的同时，依然保持鉴赏建筑的热情。活动观测点可从专业基础知识、技能技巧、学习过程表现、个人情感价值观等多角度进行评价，学生自我评价，互评和教师评价相结合，客观地给予学生学习建议与意见，鼓励学生在学习中不断进步。

五、单元资源设计

（一）明确使用目的

本单元的教学重点：对建筑素材进行抽象、概括或夸张表达，运用多种材质表现红色建筑的独特肌理，运用废旧纸盒搭建建筑的立体造型。教学难点：合理设计画面构图，组织画面的元素，使作品具有一定的形式美感。为了突破教学重难点，教师应努力创设情境，分解教学重难点，如：

1. 每个阶段说明学生要进行的活动、要完成的任务和提交的作品要求等。

2. 在制作过程中，教师可预留时间让学生发掘、试验生活中的材料，丰富画面的肌理、色彩等，如利用塑料袋拓印颜料来绘制画面、利用海绵印压等方式制作肌理。

3. 搭建纸建筑模型的立体空间时，让学生用材料多尝试，结合寓意、造型、色彩等创造作品。

（二）细化资源设计

本单元设计的技术资源主要有：

1. 信息技术资源

教师可用多媒体课件、图书馆的资料，使学生对红色建筑有沉浸式的体验，设置教学情境；还可利用微课来引导学生学习手工制作的步骤，激发学生学习的积极性，鼓励学生自主探究。

2. 实践技术资源

提供学习任务单能够帮助学生更好地规划探究性学习的步骤，形成完整的学习记录；运用实物投影可以便于学生观察和展示作品；展示台可以为学生提供展示和交流的机会。

（三）形成单元资源

在教学环境资源的选择上，学校可以依据学情，结合地区的文化资源，如建筑实物、当地文化馆等，鼓励学生深入探究红色建筑的特色，增加生活和艺术创作的体验。

参观建筑有关的展览（或网络展览），帮助学生理解建筑结构和造型等特点。

在素材资源的利用上，教师可以针对单元中活动的各阶段进行更加灵活的设计。如在课程前期，教师可以利用学习单引导学生去分析观察红色建筑的色彩构成、形状等，便于学生记录、观察和分析；在学生能体验吹塑版画时，让学生对制作材料和方式进行多种尝试，体验不同的肌理和绘画的质感，试验不同的画面效果，以达到拓展学生创作思维的效果。

第四节 "创意·表现"单元课程教学设计

一、单元课程目标设计

课程目标

1. 学生能够知道

· 视觉元素，如建筑的外形特征、建筑的色彩、空间关系等；

· 形式原理，如建筑中的对称美、均衡、节奏等；

· 色彩知识，如建筑的主色调、对比色等；

· 构图形式，如设计建筑的空间；

· 吹塑版画的制作过程，如刻、印等；

· 肌理表现方法，如刮、喷溅、挤压、印等；

· 立体空间造型，如组建立体空间、搭建纸模型等。

2. 学生能够做到

· 采用多种肌理制作方法，增加建筑质感表现的可能性；

· 尝试运用点、线、面、色彩丰富作品，使作品有一定的形式美感；

· 能在作品中表现自己的想法和感受，或表现一定的故事性；

· 能独立思考，进行创意设计；

· 能在作品中设计整体、丰富细节；

· 能从审美角度欣赏自己和他人的作品。

3. 学生能够理解

· 理解立体空间的塑造方法；

· 理解红色建筑的与艺术创作之间的联系；

· 理解如何从视觉形象中提取抽象元素。

4. 核心素养

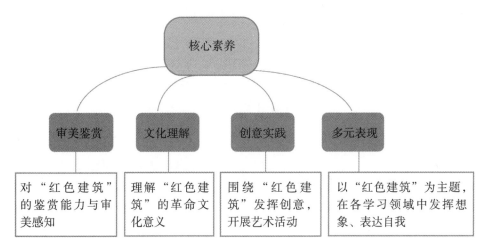

图 8-3

二、单元教材教法分析

（一）分析单元定位

1. 细化"课程目标"

"课程标准"中课程总目标提到，学生应当能够进行视觉认知，处理媒介材料，探索表现技巧，运用直觉、想象、思维以及美术技能进行艺术加工创造。本章"创意·表现"活动选择了吹塑版画与建筑纸模型制作，旨在让学生接触多种媒介，体会不同的艺术效果。

2. 以往学习基础

通过以往的学习，学生对空间、透视、造型等美术语言有了一定了解，具备相当程度的审美能力。

3. 未来学习要求

提高学生的造型能力，适应多种材料表现的能力，能够有情感地进行表达。并能将美术知识与技能运用于其他学科的学习，即学生具有知识迁移的能力。

4. 单元定位

本单元作为高中学段美术中"表现建筑"主题学习章节，引导学生深入了解建筑的结构和造型，结合建筑背景文化，进行个性化表现，提高学生的创作能力的同时，强调审美能力的提升。

（二）整合内容结构

1. 梳理教材内容

吹塑纸版画；

建筑纸模型。

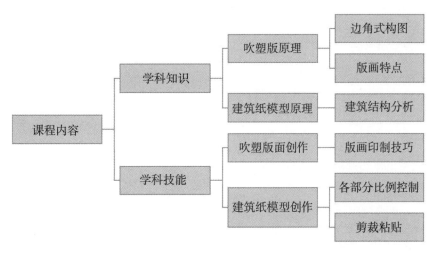

图 8-4

第二部分 难忘红色记忆 | 139

2. 单元教学内容结构

（1）学科知识与技能

本单元学科知识与技能的核心是"以本土红色建筑为素材进行创意表现"，学科知识方面要求学生知道本土红色建筑以及相关背景，学科技能方面应学习边角式构图、版画特殊肌理表达以及纸模型搭建方法。

（2）人文内涵

① 创作融入革命主题故事，激发爱国热情；

② 了解红色建筑的背景，体会建筑背后的文化历史。

（3）审美层面

① 用材料肌理传达古建筑的沧桑美；

② 纸模型表现建筑结构之美；

③ 感受红色建筑独一无二的革命历史痕迹。

（三）分析教法依据

1. 教学内容特点

本单元主要是了解红色建筑有关背景，创作与红色建筑有关的主题作品。

2. 学段学情特点

高中学生已经对视觉元素、形式原理、色彩知识、构图形式、透视知识、造型表现方法、建筑模型制作方法等有所接触和学习，与初中阶段相比形象思维和抽象思维都有了长足的进步，能够与老师或其他同学开展各种学习活动。

3. 教学资源选取

相同类型建筑的图片以及建筑知识、纸版画、油墨、滚筒、模型等。

（四）设计教学方法

结合分析，预设本单元的主要教学方法：

1. 师生互动——观察与探究：以审美为导向，引导学生观察比较古老的红色建筑，分析其体现出年代感的关键。

2. 教师主导——讲授：边角构图的方法、要点；中国传统文人画诗书画印知识的讲解；教师示范展示吹塑版画和建筑纸模型。

3. 学生自主——实践与探究：学生运用新知识动手制作自己的作品，增强造型能力，丰富创作经验。

（五）定位学科能力

1. 关键能力

调整画面构图的能力；

根据素材建构或设计建筑空间并制作。

2. 其他能力

细节表现能力；

知识迁移能力；

表达和交流作品构思以及作品评价的能力。

三、单元教学目标设计

（一）单元教学目标

知识与技能：知道红色建筑的概念界定，了解红色建筑的相关背景，掌握边角构图、吹塑版画肌理表现、纸模制作等创作手段，创作带有主观情感的作品。

过程与方法：通过欣赏、探究，归纳红色建筑的类型；观察与分析描红色建筑的相关特点；用不同的创作手段表现出红色建筑相关主题的作品。

情感、态度和价值观：感受不同红色建筑的特色和建筑美，了解与红色建筑相关的革命故事，树立爱国爱党的正确价值观，有感情地进行创作。

（二）单元教学重难点

教学重点：吹塑版画的重点是构图与造型，建筑纸模型的重点是设计并搭建建筑主体。

教学难点：吹塑版画的难点是构图与色彩，构图与色彩搭配均考验学生的审美素养，而建筑纸模型的难点是搭建建筑主体。

（三）单元学习活动设计

1. 规划单元活动

根据本单元教学目标、教学重点和难点，对单元主要学习活动进行规划。

表 8-5

活动序号	单元活动内容
课时一（活动1）	制作吹塑纸版画
课时二（活动2）	制作建筑纸模型

说明：根据本单元的教学目标，在"创意·表现"模块教师通过设立表现式活动，使学生学会在吹塑版上刻画建筑，并表现出建筑特征，达到版画制作艺术效果。建筑纸模型是为了培养学生立体造型能力，绘制建筑结构透视图可锻炼学生三维空间想象。红色建筑细节装饰培养学生动手能力，提高审美能力。

2. 制订活动方案

（1）活动内容

表 8-6

序号	活动主题	活动任务	关键问题
活动1	制作吹塑纸版画	观察红色建筑特征，在吹塑纸上刻画建筑轮廓与细节；选择丙烯颜料进行涂色，最后完成拓印版画作品	1. 吹塑纸有什么特性 2. 刻画出错可以通过什么方法弥补 3. 颜色搭配要注意什么 4. 检查是否每个部分都涂色，拓印时确保没有遗漏细节
活动2	制作建筑纸模型	选择红色建筑，观察建筑特征，拆解建筑结构，绘制透视草图；通过测量、画图、切折、粘贴、组合、装饰等方式来完成建筑纸模型	1. 绘制建筑透视草图需要注意什么 2. 思考不同的造型结构如何通过纸模型制作 3. 门、窗、廊柱等细节还可以通过什么方法实现 4. 制作过程是否添加创意 5. 是否能发现其他同学创作与想法学习的优点

（2）活动性质

表 8-7

活动内容的特点和学习要求	确定对应的活动性质
吹塑版画制作过程简单，艺术形式较独特，要鼓励学生尝试并掌握这种艺术表现方法	表现类活动
在学习制作建筑纸模型时，引导学生解剖建筑各部分，教授不同的制作手法，开拓学生创意	表现类活动

3. 组织活动形式

独立学习：学习吹塑版画制作过程，学习细节肌理制作、颜色搭配、拓印等步骤，并完成作品。

独立学习：学习解剖建筑结构，绘制建筑透视草图，并通过各部分组合、粘贴、细节装饰完成纸模型作品。

4. 选择活动资源

图片资料：各类红色建筑图片。

绘画材料：吹塑纸、牛皮纸、丙烯颜料、勾线笔、水粉笔、木头笔、铅笔、橡皮、尺子、剪刀、双面胶、卡纸、废旧盒子。

综合材料：学习任务单。

活动场所：美术专用教室、校园。

5. 分享活动收获

学会用吹塑纸制作版画，学会刻画建筑造型和画面颜色搭配，学会绘制建筑透视草图，锻炼立体造型能力。

完成制作吹塑版画，完成制作建筑纸模型。

四、单元评价设计

表 8-8

评价目的
1. 评估学生对吹塑纸材料的熟悉情况
2. 观测学生在吹塑纸材料上绘画能力表现和遇到的困难
3. 评估学生对建筑立体结构的空间想象能力、绘制透视图的能力
4. 评估学生动手制作建筑纸模型的能力

评价内容	
学习兴趣	1. 对红色建筑及建筑绘画作品的关注程度 2. 对吹塑纸材料的特性及表现成果的探索意愿 3. 对纸模型制作活动的参与程度
学习习惯	1. 主动观察红色建筑结构造型,学习吹塑纸版画的制作 2. 大胆想象、追求作品创意的情况
学业成果	1. 用吹塑纸材料展示线条造型、制版拓印能力 2. 表现色彩、绘制透视草图的能力,制作红色建筑纸模型的能力

细化评价观测点	
活动内容	评价观测点
制作吹塑纸版画	1. 是否主动探究吹塑纸材料特征 2. 是否掌握吹塑纸这种材料,利用它制作建筑版画 3. 是否合理搭配颜色和画面并表现出红色建筑特性
制作建筑纸模型	1. 是否学会解剖建筑,绘制建筑透视草图 2. 是否有步骤地运用测量、画图、切折、粘贴、组合、装饰等方式来完成建筑纸模型 3. 能否完成个人作品并有独特的见解

说明:本单元属于"创意·表现"学习模块,评价要点可以结合单元教学内容,从制作吹塑版画与建筑纸模型学习过程中所体现出的兴趣、习惯以及学习成果进行评价。评价内容以单元活动为载体,教师观测学生在吹塑纸材料的探索与应用、解决制作吹塑版画过程的困难、绘制建筑透视草图、切折粘贴纸模型、发表作品独特见解等方面的表现,将学生个人评价、互评和教师评价相结合,利用鼓励性的评语,提出具体改进意见或建议,客观地反馈学生的学习情况、学习态度、进步空间以及学习成果。

五、单元资源设计

(一)明确使用目的

本单元的教学重点:对建筑素材进行抽象、概括或夸张表达,运用多种材质表现红色建筑的独特肌理,运用废旧纸盒搭建建筑的立体造型。教学难点:合理设计画面构图,组织画面的元素,使作品具有一定的形式美感。为了突破教学重难点,教师应努力创设情境,分解教学重难点,如:

第一,每个阶段说明学生要进行的活动、要完成的任务和提交的作品要求等。

第二,在制作过程中,教师可预留时间让学生发掘、试验生活中的材料,丰富画面的肌理、色彩等,如利用塑料袋拓印颜料来绘制画面、利用海绵印压等方式制作肌理。

第三,搭建纸建筑模型的立体空间时,让学生结合寓意、造型、色彩等创造作品。

(二)细化资源设计

本单元设计的技术资源主要有:

1. 信息技术资源:教师可用多媒体课件、图书馆的资料,使学生对红色建筑有沉浸式的体验,设置教学情境；还可利用微课来引导学生学习手工制作的步骤，激发学生学习的积极性，鼓励学生自主探究。

2. 实践技术资源：提供丰富多样的制作材料如废旧纸盒子、绘画工具和材料（如马克笔、水粉颜料、画笔、画纸）等；学习任务单能够帮助学生更好地规划探究性学习的步骤，形成完整的学习记录；展示台可以为学生提供展示和交流的机会。

（三）形成单元资源

在教学环境资源的选择上，学校可以依据学情，结合地区的文化资源，如建筑实物、当地文化馆等，鼓励学生深入探究红色建筑的特色，增加生活和艺术创作的体验。

参观建筑有关的展览（或网络展览），开拓学生的想法和设计思维。

在素材资源的利用上，教师可以针对单元中活动的各阶段进行更加灵活的设计。如在课堂前期，教师可以利用学习单引导学生去观察分析红色建筑的色彩构成、形状等，便于学生创作；制作艺术作品的阶段，可以鼓励学生尝试用多种绘画材料和方式进行尝试，体验不同的肌理和绘画的质感，试验不同的画面效果，以达到拓展学生创作思维的效果。

第五节 单元课程学习评价指南

一、"鉴赏·理解"课例

表 8-9

评价项目	评价标准	等级（权重）（评价为1—5分）		
		自评	组评	师评
知识与技能	知道闽南红色建筑的主要布局有哪些			
	了解红色建筑的装饰及色彩等特征			
	能在艺术作品中表现自己的创意构思			
过程与方法	能运用费德曼四步法欣赏分析建筑			
	能对学习单拓展的问题进行思考并得出结论			
	能与同学合作交流			
情感、态度和价值观	乐于表达对红色建筑的认识			
	对调研有兴趣和参与感			
	对建筑和生活环境有兴趣			
我这样评价我自己				
同学眼里的我				
老师的话				
课堂反馈（建议、收获）				

二、"创意·表现"课例

表 8-10

评价项目	评价标准	等级（权重）（评价为 1—5 分）		
		自评	组评	师评
知识与技能	知道色调搭配原理			
	能设计空间造型			
	能表现自己的创意构思			
过程与方法	能熟练使用绘画材料			
	能根据造型、色彩、材质三方面表现艺术作品			
	能与同学合作交流			
情感、态度和价值观	对创作活动有兴趣			
	积极表现自己的构思和想法			
	对建筑和生活环境有兴趣			
我这样评价我自己				
同学眼里的我				
老师的话				
课堂反馈（建议、收获）				

第三部分
寻踪嘉庚情怀

第九章
幼儿园艺术活动与教学设计[1]

第一节 幼儿园课程标准解读

一、课程标准解读

（一）研读《3—6岁儿童学习与发展指南》

1. 总体研读

《3—6岁儿童学习与发展指南》（以下简称《指南》）将艺术领域划分为感受和欣赏、表现和创造两个子领域，并从对艺术的态度（艺术兴趣）和艺术能力（感受和表现创作的能力）这两个方面提出了四项目标："喜欢自然界与生活中美的事物""喜欢欣赏多种多样的艺术形式和作品""喜欢进行艺术活动并大胆表现""具有初步的艺术表现与创造能力"。其中三项目标都用了"喜欢"一词，强调了幼儿艺术兴趣的养成，凸显了"情感态度"在幼儿艺术教育中的地位和作用。

《指南》中幼儿艺术领域教育建议中给出这样几条原则："和幼儿一起感受、发现和欣赏自然环境和人文环境中美的事物"；"创造条件让幼儿接触多种艺术形式和作品"；"展示幼儿的作品，鼓励幼儿用自己的作品或艺术品布置环境"。指出了教师要注重支持和引导幼儿的审美感受与表现，幼儿园教室内外的环境、丰富可操作性的材料，是促进幼儿学习发展的基础。

《指南》整合各领域教育，促进幼儿身心全面、协调发展。《指南》将幼儿学习与发展以领域的方式呈现，分别是健康、语言、社会、科学、艺术五个领域。每个领域按照幼儿学习与发展最基本、最重要的内容划分为若干子领域，但这并不意味着我们的教育走回分科教学的模式。幼儿园美术活动离不开幼儿身体的参与；幼儿语言发展与幼儿美术表现和创造相辅相成；美术活动中，教师努力营造相互尊重的氛围，支持幼儿的自主表现和创造，这与社会领域的"人际交往"目标相契合……所以教师应全面了解各年龄段幼儿在各领域行为发展的特点，整合各领域教学，推动相互之间的联系，真正落实《指南》所倡导的"关注幼儿学习与发展的整体性"的理念。

2. 阶段目标研读

本单元为幼儿园大班"艺术"领域的教学内容。《指南》中"艺术"学习领域5—6岁的课程目标包括：①喜欢自然界与生活中美的事物；②喜欢欣赏多种多样的艺术形式和作品；③喜欢进行艺术活动并大胆表现；④具有初步的艺术表现与创造能力。

---

[1] 本章作者：华东师范大学美术学院美术教育专业硕士研究生陈琳、叶沛祺、戚雪芹、李晶、何甜甸。

（二）明确类型

本单元主题活动"寻踪嘉庚情怀"属于《指南》中划分的幼儿园艺术领域，以幼儿园美术活动为核心，结合了健康教育、语言教育、社会教育，活动设计中的作品呈现从平面走向立体，既有幼儿个体创造表现，也有幼儿的合作互动。

根据单元教材版面内容，"观赏·述说"主题活动，课程规划为 4 课时；"创意·表现"主题活动，课时规划为 2 课时。

（三）确定内容

本单元为幼儿园大班"艺术"领域的教学内容。《指南》中"艺术"学习领域美术部分 5—6 岁（大班）的课程分目标包括：①乐于收集美的物品或向别人介绍所发现的美的事物；②艺术欣赏时常常用表情、动作、语言等方式表达自己的理解；③愿意和别人分享、交流自己喜爱的艺术作品和美感体验；④积极参与艺术活动，有自己比较喜欢的活动形式；⑤能用多种工具、材料或不同的表现手法表达自己的感受和想象；⑥艺术活动中能与他人相互配合，也能独立表现。

本主题的学习内容基于以上 6 点进行设定。

第二节　幼儿园艺术活动学材

走进红色建筑

"观赏·述说"主题活动：嘉庚印象
"创意·表现"主题活动：水油分离画

第三节　"观赏·述说"主题活动教学设计

一、课程目标设定

课程目标

1. 学生能够知道

· 视觉元素，如线条（曲线、直线、粗线、细线、长线、短线等），形状（圆形、方形、三角形），色彩（识别各种颜色）；

· 手工完成的基本方法，如画、撕、剪、粘、卷等；

· 拼贴材料，如纸、布、废旧材料等。

2. 学生能够做到

· 尝试用纸、泥等多种媒材以及简便的工具，通过折、叠、揉、搓、压等方式，塑造立体造型作品；

· 寻找合适的工具、材料创作一件作品；

· 与同学分享交流构想或完成的过程。

3. 学生能够理解

· 可以利用身边容易找到的各种工具和媒材，以绘画、泥塑等方式，进行创作与设计游戏活动；

· 与他人交流自己的想法与方法；

4. 核心素养

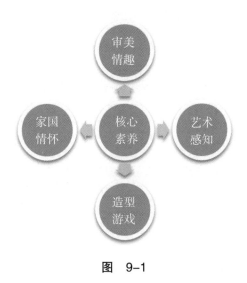

图 9-1

二、主题活动单元教材教法分析

（一）分析单元定位

1. 细化"课程目标"

根据《指南》，本单元大班幼儿美术学习领域的内容要求是：对嘉庚建筑能够形成初步印象，并学会运用比较法、情境法、故事法等不同方法观看欣赏嘉庚建筑。

说明：细化"课程目标"依然是以《课程标准》为依据，在学段内容与要求基础上，细化各年级的相关内容与要求。如本案例涉及幼儿园学段目标，但仍需要通过"课程目标"来确定幼儿园学段"嘉庚建筑欣赏"单元的学习内容与要求，为接下来的"单元定位"提供重要依据。

2. 以往学习基础

通过对生活中建筑的理解与认知，幼儿能够对嘉庚建筑形成初步的了解。

3. 未来学习要求

本单元主题活动是幼儿园美术领域学习的最高阶段。

4. 主题定位

本主题活动帮助幼儿对嘉庚建筑形成初步的印象，学会运用比较法、情境法、故事法，将闽南古厝与嘉庚建筑进行比较观赏，引导幼儿运用多种方式表达对建筑的感受，初步形成对建筑的表达能力。

（二）整合内容结构

1. 梳理教材内容

认识嘉庚建筑；

运用比较法、情境法、故事法比较闽南古厝和嘉庚建筑。

2. 主题活动内容结构

（1）学科知识与学科技能

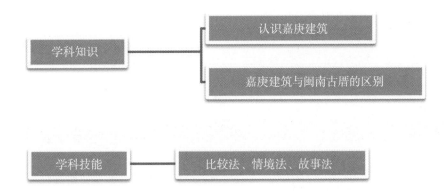

图 9-2

本单元学科知识与技能的核心是"如何运用欣赏方法观赏嘉庚建筑"。在学科知识的学习中，学生学会运用语言、文字、图像等多种方式描述嘉庚建筑的特征。在学科技能的学习中，学生认识并运用比较法、情境法、故事法，进行闽南古厝和嘉庚建筑特征的对比观赏。

（2）人文内涵

① 嘉庚建筑是闽南地区代表性建筑；

② 嘉庚建筑风格是中西合璧式；

③ 建筑风格蕴含着丰富的历史文化底蕴；

④ 嘉庚建筑承载着陈嘉庚先生的爱国爱乡之情。

本单元教学内容的核心是"嘉庚建筑的特征"，将嘉庚建筑与闽南古厝相比较，学习嘉庚建筑的特点以及二者间的关联，学会辨认不同类型的嘉庚建筑。在教学中运用比较法、情境法、故事法等不同方法对嘉庚建筑进行观赏，可以促进幼儿对嘉庚建筑的体会与认知。

（3）审美层面
① 感悟嘉庚建筑的文化内涵；
② 感受嘉庚建筑的独特魅力；
③ 观赏嘉庚建筑中西合璧式风格的美感；
④ 辨别和观赏闽南地区嘉庚建筑的不同样式。

（三）分析教法依据

1. 教学内容特点
本单元主要是引导幼儿学会运用比较法、情境法、故事法观赏嘉庚建筑。

2. 学段学情特点
幼儿园学段的孩子缺乏对嘉庚建筑的认知，但已经具备了对建筑样式进行学习和比较的能力；另一方面，在之前学习以及生活的经验中，幼儿已初步具备了对建筑样式的辨别能力。

3. 教学资源利用
运用比较法、情境法、故事法观看欣赏嘉庚建筑，能够对嘉庚建筑有初步的认知，运用以上方法学会辨别嘉庚建筑与闽南古厝的区别，以及认识不同的嘉庚建筑等。

（四）设计教学方法

结合分析，预设本单元的主要教学方法：
1. 教师主导——讲授：针对概念性知识进行讲授，对嘉庚建筑形成初步认知。
2. 幼儿自主——观察与探究：针对比较法、情境法、故事法原理知识的内容，教师应引导幼儿结合以往的学习基础和学习经验，充分调动学习主动性，辨别不同样式的嘉庚建筑。
3. 师幼互动——交流与讨论：围绕人文内涵及审美层面，例如不同样式建筑的象征性以及它们带给人们的视觉感受等，引导幼儿结合所学知识及以往基础，积极进行思考，通过交流、讨论，对嘉庚建筑形成一定的理解与感悟。

（五）定位学科能力

1. 关键能力
运用比较法、情境法、故事法等不同方法进行观赏的能力；
辨别不同嘉庚建筑的能力。
2. 其他能力
自主思考建筑特征的探究能力；
探究嘉庚建筑特征的能力。

三、主题活动设计

（一）单元教学目标

知识与技能：认识不同样式嘉庚建筑的外观；初步运用比较法、情境法、故事法等不同方法观看嘉庚建筑；通过与闽南古厝的比较欣赏，初步了解嘉庚建筑与闽南古厝造型上的相似处，并学会运用语言、绘画等形式描述对嘉庚建筑的认知与理解。

过程与方法：通过观赏、探究，归纳嘉庚建筑构成的基本规律。

情感、态度和价值观：欣赏不同的嘉庚建筑的魅力与美感；感受陈嘉庚先生深切的爱国精神。

（二）单元教学重难点

教学重点：认识嘉庚建筑和闽南古厝，了解它们的共同特征。

教学难点：能够主动探究嘉庚建筑的特征，并能用语言、绘画等形式进行描述与表达。

（三）单元学习活动设计

1. 规划单元活动
根据本单元教学目标、教学重点和难点，对单元主要学习活动进行规划。

表 9-1

活动序号	活动主题
活动1	运用比较法、情境法、故事法认识嘉庚建筑
活动2	了解闽南古厝和嘉庚建筑的相同特征

依据本单元以观赏嘉庚建筑为主要内容，以欣赏方法的认知和运用为核心知识与技能，以熟练运用比较法、情境法、故事法观赏嘉庚建筑为教学重点，针对"观赏嘉庚建筑"学习认识、理解和运用的三个阶段设计单元主要活动。

2. 制订活动方案

（1）活动内容

表 9-2

序号	活动主题	活动任务	关键问题
活动1	运用比较法、情境法、故事法认识嘉庚建筑	看图观察嘉庚建筑，辨认不同样式的嘉庚建筑，了解嘉庚建筑的特征	1. 嘉庚建筑有哪些特征 2. 嘉庚建筑与其他建筑的区别
活动2	了解闽南古厝和嘉庚建筑的相同特征	通过与闽南古厝屋顶屋檐的比较欣赏，了解嘉庚建筑与闽南古厝的相同特征	1. 嘉庚建筑的屋顶和闽南古厝的屋顶有什么区别 2. 嘉庚建筑和闽南古厝的相同特征有哪些

（2）活动性质

表 9-3

活动内容的特点和学习要求	确定对应的活动性质
运用比较法、情境法、故事法认识闽南古厝和嘉庚建筑，学生看图观察不同样式的嘉庚建筑，了解嘉庚建筑的特征	探究类活动
通过与闽南古厝屋顶屋檐的比较欣赏，了解嘉庚建筑与闽南古厝的相同特征；学生需要学会主动思考二者的相同与不同点，并运用文字、语言等方式进行描述	探究类活动

3. 组织活动形式

独立学习：观察、观赏、比较。

合作学习：探究、交流、讨论等。

4. 选择活动资源

图片资料：各类观赏表现图例或作品。

绘画材料：铅画纸、水彩、油画棒、铅笔、橡皮等。

综合材料：多媒体。

活动场所：美术专用教室、幼儿园环境、社区。

5. 分享活动收获

嘉庚建筑辨别图表。

四、单元评价设计

表 9-4

评价目的		
1. 评估幼儿对欣赏方法的掌握程度		
2. 观测幼儿在观赏表现过程中的兴趣与态度		
3. 评定幼儿运用比较法、情境法、故事法观赏不同的嘉庚建筑的学习结果		
评价内容		
学习兴趣	1. 学习欣赏方法的兴趣 2. 用观赏描述对象、表达情感的意愿	
学习习惯	主动观察、感受和探究的情况	
学业成果	1. 能辨认、理解和分析欣赏方法 2. 能运用欣赏方法观赏嘉庚建筑 3. 能根据实际情境，综合运用欣赏方法及相关知识，拓展思维，解决实际问题	

续表

细化评价观测点	
活动内容	评价观测点
看图观察、认识观赏	1. 看图观察、进行思考与探究的情况 2. 发表看法、提出不同的想法的情况
观赏嘉庚建筑初体验	1. 能否理解欣赏方法 2. 能否运用欣赏方法观赏嘉庚建筑 3. 能否从观赏的角度，描述嘉庚建筑，阐述建筑构思
比较建筑，交流构思	1. 能否按照要求进行不同嘉庚建筑的辨别 2. 能否主动介绍并描述自己所看到的内容 3. 参与互动、分享观赏感受、交流想法的情况 4. 思考、发表观点的情况
辨别建筑屋顶特征	1. 能否运用所学的观赏知识进行比较欣赏 2. 能否根据整理的特点，比较嘉庚建筑和闽南古厝的屋顶特征

说明：本单元的评价，应结合单元教学内容，围绕"用比较法、情境法、故事法观赏嘉庚建筑"，从学习过程中所体现出的兴趣与习惯、学习成果的呈现两方面进行。评价内容以单元活动为载体，通过课堂观察、表现性任务分析等路径，采用学生自评、互评和教师评价相结合的方式，以鼓励性语言和等第、评语的形式反馈评价结果。

五、单元资源设计

（一）明确使用目的

针对单元教学及重难点，本单元资源设计依托单元活动，通过资源设计与在活动中创设更加生动的情境，激发幼儿学习兴趣与热情，提高教学过程中教学方法的针对性与有效性。本单元活动任务主要有两个：

运用比较法、情境法、故事法认识嘉庚建筑；

了解闽南古厝和嘉庚建筑的相同特征。

（二）细化资源设计

本单元选取的与教学内容直接关联的素材资源主要用于完成嘉庚建筑的辨认以及了解嘉庚建筑与闽南古厝的相同点，包含完成作品的各种工具和材料，如教室多媒体资源等。教师可以利用它们在单元学习的各个阶段保障幼儿进行有效实践，形成学习成果。

本单元设计的技术资源主要有：

1. 信息技术资源：通过观看图片和视频，营造出生动活泼的教学情境，鼓励幼儿学习的积极性，促进他们自主思考和探究。

2. 实践技术资源：学习任务单能够帮助幼儿更好地规划探究性学习的步骤，提高探究的效率，形成对学习经历和探究过程的记录。

本单元选取的教学环境资源主要是社区，通过对社区中嘉庚建筑的实地观察，为幼儿探究性学习的开展提供更加生动和丰富的内容和素材。

（三）形成单元资源

1. 在教学环境资源的选择上，不同学校可以依据学情，结合所在区域的场馆、自然特色及人文景观等，更好地引导和促进幼儿在多元的情境中进行探究性学习。教师还可以鼓励幼儿活动结束后去建筑所在地进行考察与探究，感受建筑之美。

2. 在素材资源的利用上，教师可以针对单元学习的各个阶段，进行更加细化的设计。如：在第一、第二阶段，着重使用小组交流与分享观赏的方法，使幼儿能够更加关注欣赏方法。另外，在集体活动前提醒幼儿观察生活中的各类闽南建筑和嘉庚建筑，积累生活经验，便于在活动中进行交流。

第四节 "创意·表现"主题活动教学设计

一、课程目标设定

课程目标

1. 学生能够知道
- 视觉元素，如线条（曲线、直线、粗线、细线、长线、短线等），形状（圆形、方形、三角形），色彩（识别各种颜色）；
- 手工制作的基本方法，如画、撕、剪、粘、卷等；
- 拼贴材料，如纸、布、废旧材料等。

2. 学生能够做到
- 尝试用纸、泥等多种媒材以及简便的工具，通过折、叠、揉、搓、压等方式，塑造立体造型作品；
- 寻找合适的工具、材料创作一件作品；
- 与同伴分享交流构想或制作的过程。

3. 学生能够理解
- 理解可以利用身边容易找到的各种工具和媒材，以绘画、泥塑等方式，进行创作与设计游戏活动；
- 与他人交流自己的想法与方法。

4. 核心素养

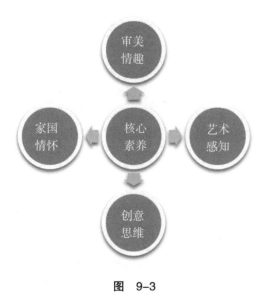

图 9-3

二、主题活动单元教材教法分析

（一）分析单元定位

1. 细化"课程目标"

根据《指南》，本单元大班幼儿在绘画学习领域的内容是：对嘉庚建筑有印象，学会表现不同的嘉庚建筑。

2. 以往学习基础

通过对生活中周边立体构造物与空间的好奇与了解，幼儿对建筑物有一定印象。

3. 未来学习要求

本单元主题活动是幼儿园学段美术领域学习的最高阶段。

4. 单元定位

本主题活动中，教师与学生一起走进闽南古厝文化，对嘉庚建筑形成印象，学会运用水彩颜料、油画棒，对不同的嘉庚建筑进行表现，并用语言、文字、图像等多种方式表达对建筑的感受，提升对建筑的表现能力。

（二）整合内容结构

1. 梳理教材内容

了解群贤楼；

学会水彩颜料、油画棒的基本绘画技法。

2. 主题活动内容结构

（1）学科知识与技能

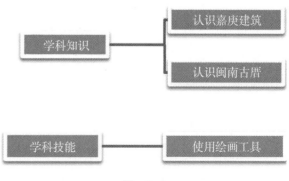

图 9-4

本单元学科知识与技能的核心是"运用材料简单地表现嘉庚建筑"。学习闽南古厝文化，并用语言、绘画等多种方式认识嘉庚建筑。在学科技能的学习中，动手创作水油分离画，表现嘉庚建筑。

（2）人文内涵

① 嘉庚建筑是闽南地区代表性建筑；

② 嘉庚建筑中西式风格的结合；

③ 建筑风格蕴含着丰富的历史文化底蕴；

④ 嘉庚建筑体现着陈嘉庚先生的爱国爱乡之心和奉献精神。

本单元教学内容的核心是"表现嘉庚建筑"，可以结合闽南古厝文化，学习相关的嘉庚建筑的特点，辨认不同的嘉庚建筑。运用水彩颜料和油画棒，对嘉庚建筑进行表现。

（3）审美层面

① 感悟嘉庚建筑的文化内涵；

② 感受嘉庚建筑的独特魅力；

③ 感受和表现嘉庚建筑融合中西式建筑风格的美感；

④ 辨别不同的厦门嘉庚建筑。

（三）分析教法依据

1. 教学内容特点

本单元主题活动主要是运用水彩颜料、油画棒表现嘉庚建筑。

2. 学段学情特点

幼儿园学段的孩子对嘉庚建筑的文化背景尚不了解，但具备了对某一建筑进行学习和比较的能力；另一方面，通过以往的学习，幼儿能够对不同的建筑有辨认能力。

3. 教学资源利用

走进闽南古厝文化，运用水彩颜料、油画棒表现闽南地区的嘉庚建筑，学习水彩颜料、油画棒的技法运用，制作嘉庚建筑水油分离画等。

（四）设计教学方法

结合分析，预设本单元的主要教学方法：

1. 教师主导——讲授：针对概念性知识进行讲授，走进闽南古厝文化，形成嘉庚印象。

2. 幼儿自主——观察与探究：针对水彩颜料、油画棒原理知识的内容，引导孩子结合以往的学习基础和学习经验，充分调动学习主动性，辨认不同的嘉庚建筑。

3. 师幼互动——交流与讨论：针对人文内涵及审美层面，如不同的建筑有哪些不同点等，积极进行思考，通过语言、绘画的交流讨论，运用媒材进行表现。

（五）定位学科能力

1. 关键能力

运用水彩颜料、油画棒进行表现的能力；

辨认不同嘉庚建筑的能力。

2. 其他能力

自主思考建筑的特点的探究能力；

探究嘉庚建筑特征的能力。

三、主题活动设计

（一）单元教学目标

知识与技能：初步认识艺术表现的概念和作用；走进闽南古厝文化，认识闽南红厝和嘉庚建筑，认识不同嘉庚建筑的外观；根据了解的闽南地区文化，运用水彩颜料、油画棒的技法，结合创意，制作嘉庚建筑水油分离画作品。

过程与方法：通过表现、探究，归纳嘉庚建筑群贤楼的外观特征；学习水彩颜料、油画棒的技法。

情感、态度和价值观：感受和表现嘉庚建筑的美感，感受陈嘉庚先生的爱国爱乡之心和无私奉献之情。

（二）单元教学重难点

教学重点：运用水彩颜料、油画棒的技法创作嘉庚建筑，制作嘉庚建筑水油分离画作品。

教学难点：通过不同的方法表达对嘉庚建筑的感知。

（三）单元学习活动设计

1. 规划单元活动

根据本单元教学目标、教学重点和难点，对单元主要学习活动进行规划。

表 9-5

活动序号	学习活动内容
活动 1	认识群贤楼建筑造型并进行创作
活动 2	制作嘉庚建筑水油分离画作品

说明：本单元以表现嘉庚建筑为主要内容，以熟练运用水彩颜料、油画棒技法创作嘉庚建筑水油分离画作品为教学重点，围绕"表现嘉庚建筑"的学习认识、理解和运用的三个阶段设计单元主要活动。

2. 制订活动方案

（1）活动内容

表 9-6

序号	活动主题	活动任务	关键问题
活动 1	认识群贤楼造型并进行创作	看图观察闽南地区的嘉庚建筑，了解嘉庚建筑的外观和特点	1. 闽南古厝中有哪些嘉庚建筑 2. 闽南地区的嘉庚建筑有哪些特点
活动 2	制作嘉庚建筑水油分离画作品	学习水彩颜料、油画棒的技法运用，试着制作嘉庚建筑水油分离画作品	1. 学习水彩颜料、油画棒的技法 2. 如何制作嘉庚建筑水彩分离画作品

（2）活动性质

表 9-7

活动内容的特点和学习要求	确定对应的活动性质
认识群贤楼建筑的外观与特点，认识闽南古厝，学生看图观察闽南地区不同的嘉庚建筑，围绕"不同嘉庚建筑的辨认"进行观察，了解闽南地区的嘉庚建筑的外观与特征	探究类活动
制作嘉庚建筑水油分离画作品，学习群贤楼的外观与特点，学习水彩颜料、油画棒的技法运用，制作嘉庚建筑水油分离画作品	表现类活动

3. 组织活动形式

独立学习：观察、表现、比较。

合作学习：探究、交流、讨论等。

4. 选择活动资源

图片资料：各类表现图例或作品。

绘画材料：油画棒、水彩颜料、画笔、画纸等。

综合材料：多媒体。

活动场所：美术专用教室、社区、幼儿园环境。

5. 分享活动收获

嘉庚建筑水油分离画作品。

群贤楼创意建筑绘画作品。

四、单元评价设计

表 9-8

评价目的
1. 评估幼儿对欣赏方法的掌握程度
2. 观测幼儿在表现过程中的兴趣与态度
3. 评定幼儿运用水彩颜料、油画棒表现不同的嘉庚建筑的学习结果

评价内容	
学习兴趣	1. 学习欣赏方法的兴趣 2. 用表现手法描述对象、表达情感的意愿
学习习惯	主动观察、感受和探究的情况
学业成果	1. 能运用欣赏方法表现嘉庚建筑 2. 能根据实际情境，综合运用表现方法及相关知识，拓展思维，解决实际问题

细化评价观测点	
活动内容	评价观测点
看图观察、认识表现	1. 看图观察、思考与探究的情况 2. 主动发表看法
表现闽南建筑体验	1. 能否理解表现方法 2. 能否表现闽南建筑 3. 能否从表现的角度，描述闽南建筑并阐述构思
比较建筑，交流构思	1. 能否按照要求辨认不同的建筑 2. 主动介绍并描述自己所看到的内容 3. 积极参与互动、分享表现感受、交流想法的情况 4. 积极思考、发表观点的情况
嘉庚建筑水油分离画作品	1. 能否运用所学的表现知识 2. 能否根据整理的特点，设计水油分离画作

说明：本单元的评价，应结合单元教学内容，围绕"用水彩颜料、油画棒表现嘉庚建筑"，从学习过程中所体现出的兴趣与习惯，以及学习成果的呈现两方面进行。评价内容以单元活动为载体，教师通过课堂观察、表现性任务分析和美术作业分析等路径，采用幼儿自评、互评和教师评价相结合的方式，以鼓励性语言和等第、评语的形式反馈评价结果。

五、单元资源设计

（一）明确使用目的

针对单元教学及重难点，本单元资源设计依托单元活动，通过资源设计与在活动中创设更加生动的情境，激发学生学习兴趣与热情，提高教学过程中教学方法的针对性与有效性。本单元活动任务主要有2个：

介绍闽南地区文化，了解嘉庚建筑的外观与特点，认识嘉庚建筑；

运用水彩颜料、油画棒的媒材，制作嘉庚建筑水油分离画作品。

（二）细化资源设计

本单元选取的与教学内容直接关联的素材资源主要包括用于设计嘉庚建筑水油分离画作品的各种工具和材料，如水彩颜料、卡纸、油画棒、画笔等。教师可以利用它们在单元学习的各个阶段保障学生进行有效实践，形成学习成果。

本单元设计的技术资源主要有：

1. 信息技术资源：通过自制的多媒体探究游戏，营造出生动活泼的教学情境，激发学生学习的积极性，促使他们进行自主思考和探究。

2. 实践技术资源：学习任务单能够帮助学生更好地规划探究性学习的步骤，提高探究的效率，形成对学习经历和探究过程的记录。

本单元选取的教学环境资源主要是社区，通过对社区中闽南建筑的实地观察，为幼儿探究性学习的开展提供更加生动和丰富的内容和素材。

（三）形成单元资源

1. 在教学环境资源的选择上，不同幼儿园可以依据学情，结合所在区域的场馆、自然特色及人文景观等，更好地引导和促进幼儿在多元的情境中进行探究性学习。教师还可以鼓励幼儿在活动后继续表达对建筑与景观的感受。

2. 在素材资源的利用上，教师可以针对单元活动的各个阶段，进行更加细化的设计。如：在第一、第二阶段，着重使用小组交流与分享表现的方法，使学生能够更加关注表现技法；第三阶段，鼓励学生使用各种工具和材料进行多种尝试，以表现自己的创作意图。另外，在课前提醒幼儿观察生活中的各类闽南建筑和嘉庚建筑，引导幼儿对学习内容进行经验积累，便于幼儿在活动中交流。

第十章
小学美术单元课程与教学设计[1]

第一节　美术课程标准解读

一、"欣赏·评述"课例

（一）研读课标

本单元课程设置为小学3—4年级"欣赏·评述"学习领域的教学内容。《义务教育美术课程标准（2011年版）》（以下简称《课程标准》）中第二学段3—4年级的目标是"欣赏符合学生认知水平的中外美术作品，用语言或文字等多种形式描述作品，表达感受与认识"。通过本单元学习，学生运用不同的欣赏方法欣赏嘉庚建筑，不断提高欣赏和评述嘉庚建筑的能力。

（二）明确类型

本单元属于"欣赏·评述"学习领域和"建筑"主题。课时规划：3—4课时。

（三）确定内容

《课程标准》中"欣赏·评述"学习领域的课程分目标包括：①尝试对美术作品，特别是具有我国民族特色的美术作品，用语言或文字进行描述，用多种方式表达自己的感受与认识；②搜集我国民间美术作品，并了解其中的特点或寓意，进行交流；③以小组合作学习的方式，讨论我国民居建筑的特色。

本单元教材学习内容基于以上3点进行设定。

二、"创意·表现"课例

（一）研读标准

本单元课程设置为小学3—4年级"创意·表现"学习领域的教学内容。《课程标准》中第二学段3—4年级阶段的目标是"初步认识线条、形状、色彩与肌理等造型元素，学习使用各种工具，体验不同媒材的效果，通过观察、绘画、制作等方法表现所见所闻、所感所想，激发丰富的想象，唤起创造的欲望"。通过本单元学习，学生能够运用不同的表现方法认识嘉庚建筑，创作具有嘉庚风格的美术作品。

（二）明确类型

本单元属于"创意与 表现"学习领域。课时规划：4课时。

---

[1] 本章作者：华东师范大学美术学院美术教育专业硕士研究生陈琳、叶沛祺、戚雪芹、李晶、何甜甸。

（三）确定内容

《课程标准》中"创意·表现"学习领域的课程分目标包括：①观察、认识与理解线条、形状、色彩、空间、明暗、肌理等基本造型元素，运用对称、均衡、重复、节奏、对比、变化、统一等形式原理进行造型活动，增进想象力和创新意识；②通过对各种美术媒材、技巧和制作过程的探索及实验，发展艺术感知能力和造型表现能力；③体验造型活动的乐趣，敢于创新与表现，产生对美术学习的持久兴趣。

本单元教材的学习内容基于以上 3 点进行设定。

第二节　小学美术单元学材

一、第一单元"欣赏·评述"

第一课：集美学村慢时光
第二课：南薰楼冰箱贴 DIY

二、第二单元"创意·表现"

活动一：创意立体纸模型
活动二：剪纸动画

第三节　"欣赏·评述"单元课程教学设计

一、单元课程目标设计

课程目标

1. 学生能够知道

· 视觉元素，如线条、形状、色彩、肌理等；
· 形式原理，如对称、均衡等；
· 色彩知识，如原色、间色、复色、冷色调、暖色调、邻近色等；
· 构图形式，如垂线、圆形、三角形等构图；
· 透视知识，如近大远小、平行透视等；
· 造型表现方法，如写实、夸张等；
· 建筑模型制作的方法，如画图、切折、粘贴、组合、装饰等；
· 拼贴表现手法，如拆解、重组等。

2. 学生能够做到

· 尝试用纸、泥等多种媒材以及简便的工具，通过画图、切折、粘贴、组合、装饰等方式，塑造建筑模型。
· 与同学分享交流构想或制作的过程。

3. 学生能够理解

· 理解可以使用传统或现代的工具与媒材，创作不同形式的美术作品，表达自己的想法；
· 理解在创作美术作品时，应尝试各种构想与各种方法，创作富有创意的美术作品；
· 在参与班级或小组的展示、讨论等活动中，能与他人合作，并能尊重和理解别人不同的看法或想法。

4. 核心素养

图 10-1

2. 以往学习基础

通过幼儿园阶段的单元课程"寻踪嘉庚情怀"与小学第一学段美术欣赏课的学习，学生对嘉庚建筑有了大致的印象，对嘉庚建筑风格形成了初步的感受和理解能力，具备了基础的表达能力。

3. 未来学习要求

本单元是小学学段美术"欣赏建筑"学习的最高阶段。

4. 单元定位

本单元中，教师应引导学生了解嘉庚建筑群，学会运用所学的分析法、思维导图法等不同方法对南薰楼等嘉庚建筑进行欣赏，并用语言、文字、图像等多种方式表达对建筑的感受，提升对建筑的欣赏评述的能力。

二、单元材教法分析

（一）分析单元定位

1. 细化"课程目标"

根据"课程目标"，小学美术在"欣赏·评述"学习领域"建筑"主题关于欣赏嘉庚建筑的内容要求是：了解嘉庚建筑的特征，了解南薰楼的独特建筑语言，学会运用分析法、思维导图法等不同方法欣赏嘉庚建筑。

（二）整合内容结构

1. 梳理教材内容

认识不同样式的嘉庚建筑；

了解南薰楼的结构、造型、色彩、材质；

学习分析法、思维导图法等不同方法。

2. 单元教学内容结构

（1）学科知识与学科技能

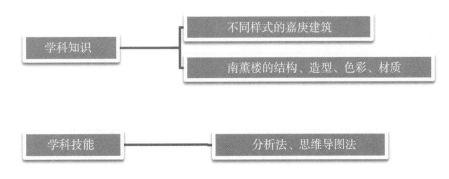

图 10-2

本单元学科知识与技能的核心是"如何运用不同方法欣赏嘉庚建筑"。在学科知识的学习中，学习嘉庚建筑的结构、造型、外观、色彩的特点，并用语言、文字、图像等多种方式进行描绘与欣赏；了解南薰楼独特的建筑语言，提升对建筑的欣赏能力。在学科技能的学习中，运用分析法、思维导图法，进行建筑欣赏。

（2）人文内涵

① 嘉庚建筑是闽南地区代表性建筑；

② 嘉庚建筑增添了厦门的城市文化景观；

③ 建筑风格承载着丰富的历史文化底蕴；

④ 嘉庚建筑蕴含着陈嘉庚先生无私付出、报效

乡里的奉献精神。

本单元教学内容的核心是"欣赏嘉庚建筑"，可以结合嘉庚建筑及南薰楼的特色，提炼出相关的人文内涵，如嘉庚建筑有其独特的构成和组织规律，可在观察和表现基础上加以总结。在欣赏嘉庚建筑中，运用分析法、思维导图法等不同方法，可以更好地了解与认识嘉庚建筑。

（3）审美层面

① 感悟嘉庚建筑的文化内涵；

② 感受嘉庚建筑的独特魅力；

③ 感受和欣赏嘉庚建筑融合中西式建筑风格的美感；

④ 辨别和欣赏厦门嘉庚建筑的不同样式。

（三）分析教法依据

1. 教学内容特点

本单元主要是引导学生运用分析法与思维导图法欣赏嘉庚建筑。

2. 学段学情特点

小学学段的学生缺乏对嘉庚建筑总体文化背景的了解，但具备了对某一嘉庚建筑进行学习和欣赏的能力；另一方面，通过之前的学习，小学学段学生对嘉庚建筑有了初步的印象，具备了基本的以语言表达建筑的经验。

3. 教学资源选取

运用分析法和思维导图法欣赏嘉庚建筑，理解嘉庚建筑所蕴含的历史文化底蕴，体会华侨陈嘉庚先生的重义轻利、嫉恶好善之情，运用鉴赏方法去欣赏生活中其他的建筑。

（四）设计教学方法

结合分析，预设本单元的主要教学方法：

1. 教师主导——讲授：针对概念性知识进行讲授，如分析法、思维导图法等。

2. 学生自主——观察与探究：针对分析法、思维导图法原理知识的内容，引导学生结合以往的学习基础和学习经验，充分调动学习主动性，从日常生活中的现象出发，进行探究性学习。

3. 师生互动——交流与讨论：围绕人文内涵及审美层面，例如南薰楼的独特建筑语言以及它带给人们的视觉感受等，引导学生结合以往的知识及学习经验，积极进行思考，通过语言或者文字进行交流、讨论，形成一定的理解与感悟，并积极运用到现实生活中。

（五）定位学科能力

1. 关键能力

运用分析法、思维导图法等不同方法进行欣赏的能力；

描述嘉庚艺术建筑语言的能力。

2. 其他能力

自主思考南薰楼特征的探究能力；

探究嘉庚建筑艺术语言的能力。

三、单元教学目标设计

（一）单元教学目标

知识与技能：认识欣赏的概念和作用；了解嘉庚建筑的外观特点；运用分析法、思维导图法等不同方法欣赏南薰楼；根据欣赏方法，结合创意，综合运用相关知识，制作南薰楼主题冰箱贴。

过程与方法：通过欣赏、探究，归纳嘉庚建筑南薰楼的特点；分析欣赏方法的原理；讨论、交流分析法、思维导图法；在实践中运用相关知识进行体验和表现。

情感、态度和价值观：了解用欣赏的眼光看待事物对于理解事物的重要性；感悟欣赏方法的意义；体会嘉庚建筑的魅力与美感；感受和理解嘉庚建筑中所饱含的陈嘉庚先生为人民默默付出的仁义之情。

（二）单元教学重难点

教学重点：认识欣赏方法，运用分析法、思维导图法欣赏嘉庚建筑。

教学难点：运用所学有关南薰楼的知识，激发创意，制作南薰楼主题冰箱贴。

（三）单元学习活动设计

1. 规划单元活动

根据本单元教学目标、教学重点和难点，对单元主要学习活动进行规划。

表 10-1

活动序号	活动主题
活动 1	运用分析法认识嘉庚建筑
活动 2	探秘南薰楼，制作思维导图
活动 3	制作冰箱贴，拓展创意思维

说明：本单元以欣赏嘉庚建筑为主要内容，以欣赏方法的认知和运用为核心知识与技能，以熟练运用分析法、思维导图法欣赏嘉庚建筑为教学重点，针对"欣赏嘉庚建筑"学习认识、理解和运用的三个阶段设计单元主要活动。

2. 制订活动方案

（1）活动内容

表 10-2

序号	活动主题	活动任务	关键问题
活动 1	运用分析法认识嘉庚建筑	运用分析法描述嘉庚建筑，围绕"嘉庚建筑"进行探究，了解嘉庚建筑的特征	1. 你能描述出哪几种嘉庚建筑风格 2. 嘉庚建筑有哪些特点
活动 2	探秘南薰楼，制作思维导图	了解南薰楼，了解思维导图的制作要求，交流展示所做的思维导图和制作过程中的感想	1. 你在制作南薰楼的思维导图时，对南薰楼的印象是否有改观，产生了什么感情 2. 在表现的过程中，如何熟练运用欣赏方法展示嘉庚建筑
活动 3	制作冰箱贴，拓展创意思维	将南薰楼进行创意设计，分小组进行活动探究，总结南薰楼的风格和特点，制作南薰楼主题冰箱贴	1. 南薰楼有哪些特征 2. 如何设计南薰楼主题冰箱贴 3. 如何制作南薰楼主题冰箱贴

（2）活动性质

表 10-3

活动内容的特点和学习要求	确定对应的活动性质
运用分析法认识嘉庚建筑，学生运用分析法描述嘉庚建筑，围绕"嘉庚建筑"进行探究，了解嘉庚建筑的特征	探究类活动
探秘南薰楼，制作思维导图，学生认识南薰楼，了解思维导图的制作要求，交流展示所做的思维导图与制作过程中的感想；学生需要结合自己的实践过程，并用有创意的美术语言描述	探究类活动
制作冰箱贴，拓展创意思维，学生对南薰楼的特征进行创新，总结南薰楼的风格和特点，制作南薰楼主题冰箱贴；学生需要将理论知识与实践过程相结合才能完成学习任务，拓展创意思维	表现类活动

3. 组织活动形式

独立学习：分析、欣赏、记录、制作思维导图。

合作学习：探究、交流、讨论等。

4. 选择活动资源

图片资料：各类欣赏表现图例或作品。

绘画材料：白陶泥、刻刀、颜料、磁铁、画笔等。

综合材料：思维导图。

活动场所：美术专用教室、校园、社区。

5. 分享活动收获

南薰楼思维导图。

南薰楼主题冰箱贴。

四、单元评价设计

学习评价表

表 10-4

评价目的
1. 评估学生对欣赏方法的掌握程度 2. 观测学生在欣赏表现过程中的兴趣与态度 3. 评定学生运用分析法、思维导图法欣赏嘉庚建筑的学习结果

续表

评价内容	
学习兴趣	1. 学习欣赏方法的兴趣 2. 用欣赏方法描述对象、表达情感的意愿
学习习惯	主动观察、感受和探究欣赏方法的情况
学业成果	1. 能理解欣赏方法的作用和意义 2. 能运用欣赏方法欣赏嘉庚建筑 3. 能根据实际情境，综合运用欣赏方法及相关知识，拓展思维，解决实际问题
细化评价观测点	
活动内容	评价观测点
分析描述、认识欣赏	1. 进行分析描述，获得思考与探究的情况 2. 发表看法，提出设想的情况
欣赏嘉庚建筑体验	1. 能否理解欣赏方法 2. 能否运用欣赏方法欣赏嘉庚建筑 3. 能否从欣赏的角度描述嘉庚建筑，阐述其构思
思维导图，交流构思	1. 能否按照要求进行思维导图的创作 2. 能否主动介绍作品、阐述构思 3. 参与互动、分享欣赏感受、交流想法的情况 4. 思考、发表观点的情况
南薰楼冰箱贴制作	1. 能否运用所学的欣赏知识，对南薰楼的特征进行归类和整理 2. 能否根据整理的特征，设计方案 3. 能否根据所学知识，进行南薰楼冰箱贴制作

说明：本单元的评价，应结合单元教学内容，围绕"用分析法、思维导图法欣赏嘉庚建筑"，从学习过程中所体现出的兴趣与习惯、学习成果的呈现两方面进行。评价内容以单元活动为载体，通过课堂观察、表现性任务分析和美术作业分析等路径，采用学生自评、互评和教师评价相结合的方式，以鼓励性语言和等第、评语的形式反馈评价结果。

五、单元资源设计

（一）明确使用目的

针对单元教学及重难点，本单元资源设计依托单元活动，通过在活动中创设更加生动的情境，激发学生学习兴趣与热情，提高教学过程中教学方法的针对性与有效性。本单元活动任务主要有三个：

第一，介绍嘉庚建筑的外观和特点，了解嘉庚建筑的历史，认识集美学村和南薰楼；第二，结合思维导图，探究南薰楼的外观和特征；第三，了解南薰楼的外观特点，拓展思维，进行创意设计，制作南薰楼主题冰箱贴。

（二）细化资源设计

本单元选取的与教学内容直接关联的素材资源主要包括一些用于设计南薰楼主题冰箱贴作品的工具和材料，如白陶泥、刻刀、颜料、画笔、磁铁等。教师可以利用它们在单元学习的各个阶段保障学生进行有效实践，形成学习成果。

本单元设计的技术资源主要有：

1. 信息技术资源：通过展示图片和视频，营造出生动活泼的教学情境，鼓励学生学习的积极性，促进他们自主思考和探究。

2. 实践技术资源：学习任务单能够帮助学生更好地规划探究性学习的步骤，提高探究的效率，形成对学习经历和探究过程的记录。

本单元选取的教学环境资源主要是社区，通过对社区中嘉庚建筑的实地观察，为学生探究性学习的开展提供更加生动和丰富的内容和素材。

（三）形成单元资源

1. 在教学环境资源的选择上，不同学校可以依据学情，结合区域的场馆、自然特色及人文景观等，更好地引导和促进学生在多元的情境中进行探究性学习。教师还可以鼓励学生课后去所在地进行考察与探究。

2. 在素材资源的利用上，教师可以针对单元学习的各个阶段，进行更加细化的设计。如在第一、第二阶段，着重使用小组交流与分享欣赏的方法，使学生能够更加关注欣赏方法；第三阶段，鼓励学生使用各种工具和材料，进行多种尝试，以表现自己创作意图。另外，在课前提醒学生观察生活中的各类嘉庚建筑，搜集嘉庚建筑的照片、图像、视频等，引导学生对单元学习内容进行预习，便于学生在课上交流。

第四节 "创意·表现"单元课程教学设计

一、单元课程目标设计

课程目标

1. 学生能够知道
· 视觉元素，如线条、形状、色彩、肌理等；
· 形式原理，如对称、均衡等；
· 色彩知识，如原色、间色、复色、冷色调、暖色调、邻近色等；
· 构图形式，如垂线、圆形、三角形等构图；
· 透视知识，如近大远小、平行透视等；
· 造型表现方法，如写实、夸张等；
· 建筑模型制作的方法，如画图、切折、粘贴、组合、装饰等；
· 拼贴表现手法，如拆解、重组等。

2. 学生能够做到
· 尝试用纸、超轻黏土等多种媒介材料以及生活中的简易工具，通过画图、切折、粘贴、组合、装饰等方式，进行建筑模型的创作；
· 与同学分享交流制作的过程，表达自己的创作观点。

3. 学生能够理解
· 理解在使用不同种类的工具与媒介材料时，可以创作不同形式的美术作品，表达自己的想法；
· 理解在创作美术作品时，应尝试各种创意想法与创作方法，创作出具有共情力的美术作品；
· 在参与班级或小组的展示、讨论等活动中，能与他人合作，并能尊重和理解他人不同的观点。

4. 核心素养

图 10-3

二、单元教材教法分析

（一）分析单元定位

1. 细化"课程目标"

通过细化"课程目标"，小学中高年级学段美术在"创意·表现"学习领域的内容要求包括以下学习活动建议：

①学习运用各种创作手法进行创意表达；②通过绘画、手工等形式进行创作；③运用各种美术制作方法表达生活经验与想象构思；④多开展美术活动，进一步培养学生的创造力。

2. 以往学习基础

通过幼儿园与小学低年级学段的学习，学生对嘉庚建筑已产生一定的感受和理解力，对动手表达产生了感性认识，具备了基础的表现能力。

3. 未来学习要求

本单元是小学学段美术"表现建筑"学习的最高阶段。

4. 单元定位

本单元中，教师应引导学生简单了解建筑的外观，综合运用以往所学的建筑知识与创作方式，进行个性化表现，提高学生的表现能力。

（二）整合内容结构

1. 梳理教材内容

了解嘉庚建筑的基本造型和整体特点；创作嘉庚创意立体纸模型活动。

2. 单元教学内容结构

（1）学科知识与学科技能

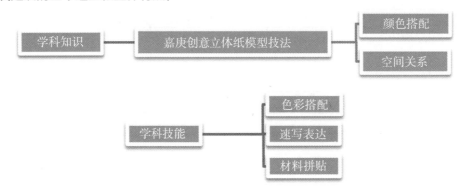

图 10-4

本单元学科知识与技能的核心是"表现手法"，除立体纸模型制作方法外，还须进一步学习绘画创作中的颜色搭配以及空间关系协调。学习运用不同的表现手法，进行表现与创作实践。

（2）人文内涵

① 嘉庚建筑是厦门代表性建筑；

② 嘉庚建筑融于周边环境；

③ 嘉庚建筑的内涵与历史韵味可以通过色彩来表达；

④ 嘉庚建筑蕴含着陈嘉庚先生的与时俱进、不断创新的追求。

本单元教学内容的核心是"建筑的表现手法"，可以结合建筑本身及不同的表现手法，提炼出相关的人文内涵。如，在表现建筑中运用自己对嘉庚建筑的理解进行主观"再创作"，通过造型表现使个人情感在立体纸模型上得以呈现。

（3）审美层面

① 体验和感悟嘉庚建筑立体纸模型所形成的统一、协调与变化的空间美；

② 感受嘉庚建筑造型体现的时代和文化的魅力；

③ 感受和欣赏自然与嘉庚建筑相融的和谐美感；

④ 辨别和欣赏周边环境中的嘉庚建筑。

（三）分析教法依据

1. 教学内容特点

本单元主要是对嘉庚建筑进行表现与再创作。

2. 学段学情特点

一方面，小学中高年级学段的学生已经学会运用简单的美术材料，如画笔等进行创作，能够掌握建筑的外观色彩以及周边环境物的色彩，具备了探究性学习的基础和基本能力；另一方面，通过之前的学习，小学学段学生形成了一定的空间感受经验，具备了运用所学知识进行动手创作表现的能力。

3. 教学资源选取

运用绘画表现嘉庚建筑，运用简单的涂鸦改造教学环境，运用空间知识更好地布局校园及社区环境等。

（四）设计教学方法

结合分析，预设本单元的主要教学方法：

1. 教师主导——讲授：针对概念性知识进行讲授，如嘉庚建筑的外观以及建筑与周边环境的关系等。

2. 学生自主——观察与探究：针对嘉庚建筑的外观、建筑与周边环境的关系等原理知识的内容，引导学生结合以往的学习基础和学习经验，充分调动学习主动性，从日常生活中的现象出发，进行探究性学习。

3. 师生互动——交流与讨论：针对人文内涵及审美层面，例如，嘉庚建筑的外观以及建筑与周边环境的关系、带给人们整体的视觉感受等，引导学生结合所学知识及以往基础，积极进行思考，通过创作进行表现。

（五）定位学科能力

1. 关键能力

运用材料媒介进行表现和创作的能力；

对自然及生活中建筑的外观与造型的感知能力。

2. 其他能力

自主思考与探究嘉庚建筑的外观以及建筑与周边环境的关系等能力；

表达与交流"嘉庚建筑"主题创作过程及创作体会的能力。

三、单元教学目标设计

（一）单元教学目标

知识与技能：认识嘉庚建筑的基本概念和设计特点；了解嘉庚建筑的外观以及建筑与周边环境的关系的基本规律；运用嘉庚建筑的风格和构成的方法表现创意主题；综合运用嘉庚建筑及相关知识，构思画面表现，创作具有共情力的作品。

过程与方法：通过欣赏、探究，总结嘉庚建筑的外观以及建筑与周边环境的关系的基本规律；观察与分析写生嘉庚建筑的基本特点；讨论和交流嘉庚建筑创作的方法；在实践中运用相关知识进行体验和表现。

情感、态度和价值观：理解嘉庚建筑在厦门本土建筑群中的重要性；理解中西结合、协调与变化的建筑之美；体验创作表现不同主题的魅力；感受和欣赏自然与生活中嘉庚建筑的美感；理解和感受嘉庚建筑中所饱含的陈嘉庚先生的爱国之情和不断追求、不断创新的时代精神。

（二）单元教学重难点

教学重点：了解嘉庚建筑的外观以及建筑与周边环境的关系，运用多种媒介材料表现嘉庚建筑，结合嘉庚建筑进行创意性表达。

教学难点：在嘉庚建筑创作表现中创意运用媒介材料进行嘉庚建筑"再创作"。

（三）单元学习活动设计

1. 规划单元活动

根据本单元教学目标、教学重点和难点，对单元主要学习活动进行规划。

表 10-5

活动序号	学习活动内容
活动 1	嘉庚建筑剪纸定格动画
活动 2	制作嘉庚建筑立体纸模型

说明：本单元以嘉庚建筑创意与表现为主要内容，以嘉庚建筑的认知和创意表达为核心知识与技能，以在嘉庚建筑的客观和主观表现中运用马克笔、油画棒等媒材进行合理组织为教学难点，针对"嘉庚建筑"学习认识、内涵理解和创意表达的三个阶段设计单元主要活动。

2. 制订活动方案

（1）活动内容

表 10-6

序号	活动主题	活动任务	关键问题
活动 1	嘉庚建筑剪纸定格动画	参与游戏互动；认真观察与思考，围绕"建筑与周边环境关系"进行自主探究；结合剪纸进行创作表达	1. 你了解嘉庚建筑与周边环境的关系吗 2. 如何在剪纸创作中使嘉庚建筑与周边环境趣味融合
活动 2	制作嘉庚建筑立体纸模型	依据学习任务单，分小组进行活动探究，运用各种工具材料，制作嘉庚建筑立体纸模型	1. 嘉庚建筑的外观轮廓可以怎样描绘 2. 你分别从嘉庚建筑的哪些特点入手表现嘉庚建筑 3. 如何让纸模型立体且丰富起来

（2）活动性质

表 10-7

活动内容的特点和学习要求	确定对应的活动性质
利用从真实场域的嘉庚建筑中吸收到的灵感来表现嘉庚建筑，学生需要通过探究与思考并以剪纸创作来进行描绘	探究类活动
对嘉庚建筑的外观和色彩、整体的比例关系，学生需要通过观察、记录和思考来认识和理解	探究类活动

续表	
在学习嘉庚建筑的表现时，鼓励学生大胆运用马克笔、油画棒等，结合嘉庚建筑的知识，进行有创意的嘉庚建筑立体纸模型制作	表现类活动

3. 组织活动形式

独立学习：记录嘉庚建筑、学习任务单、表现嘉庚建筑。

合作学习：探究、交流、讨论等。

4. 选择活动资源

图片资料：各类嘉庚建筑实物图例或创意作品。

绘画材料：油画棒、马克笔、铅笔、画纸等。

综合材料：学习任务单。

活动场所：美术专用教室、校园。

5. 分享活动收获

嘉庚建筑剪纸作品。

嘉庚建筑立体纸模型。

四、单元评价设计

学习评价表

表 10-8

评价目的	
1. 评估学生对嘉庚建筑的外观以及建筑与周边环境的关系的掌握程度 2. 观测学生在表现嘉庚建筑过程中的兴趣与态度 3. 评定学生表现嘉庚建筑的学习结果	
评价内容	
学习兴趣	1. 体验嘉庚建筑现象及规律的情况 2. 对嘉庚建筑喜好的情感
学习习惯	主动观察、感受和探究嘉庚建筑的情况
学业成果	1. 能辨别、观察和分析嘉庚建筑 2. 能描绘嘉庚建筑外观和色彩、建筑与周边环境的关系 3. 能根据主题，综合运用嘉庚建筑相关知识，构思嘉庚建筑的画面组织与构成，创作具有嘉庚风格的艺术作品
细化评价观测点	
活动内容	评价观测点
嘉庚建筑地理初体验	1. 能否在画面中表现嘉庚建筑 2. 能否协调比例关系，在画面中缩小嘉庚建筑 3. 能否从表现嘉庚建筑的角度，描述画面，阐述构思
观察分析、描绘嘉庚建筑	1. 能否运用所学知识，依据学习任务单，进行探究性学习 2. 主动探究与交流的情况 3. 能否对学习任务单拓展的问题进行思考，并得出结论 4. 主动发表观点、积极交流讨论的情况
自然主题的嘉庚建筑创作	1. 能否在写生的画面中用多种手法进行表现 2. 能否在写生的画面中塑造嘉庚建筑 3. 能否对嘉庚建筑中的各种元素进行搭配，丰富画面
展示手稿，交流构思	1. 能否按照要求进行嘉庚速写创作 2. 主动介绍作品、阐述构思的情况 3. 积极参与互动、分享欣赏感受、交流想法的情况 4. 积极思考、发表观点的情况

嘉庚建筑剪纸创作和立体纸模型制作	1. 能否运用所学的嘉庚建筑知识，对自己和同学创作的嘉庚建筑立体纸模型进行综合欣赏和分析 2. 能否联系画面中的嘉庚建筑，表述创作观点

说明：本单元的评价，应结合单元教学内容，围绕"嘉庚建筑的外观以及建筑与周边环境的关系"，从学习过程中所体现出的兴趣与习惯、学习成果的呈现两方面进行。评价内容以单元活动为载体，通过课堂观察、表现性任务分析和美术作业分析等路径，采用学生自评、互评和教师评价相结合的方式，以鼓励性语言和等第、评语的形式反馈评价结果。

五、单元资源设计

（一）明确使用目的

针对单元教学及重难点，本单元资源设计依托单元活动，通过资源设计与创设更加生动的情境，激发学生学习兴趣与热情，提高教学过程中教学方法的针对性与有效性。本单元活动任务主要有三个：

1. 参与游戏互动，认真观察与思考，围绕"如何更好地借用生活中的媒材表现嘉庚建筑？"进行自主探究。

2. 依据学习任务单，分小组进行探究活动，观察校园中的嘉庚建筑，分析其特点与造型，思考实地观察嘉庚建筑与创作嘉庚建筑画间的联系。

3. 展示自己构思和创作的剪纸手稿与创意绘画，介绍自己运用嘉庚建筑进行表现的意图以及在这一过程中的感想。

（二）细化资源设计

本单元选取的与教学内容直接关联的素材资源主要包括用于表现嘉庚建筑的各种绘画工具和材料，如马克笔、油画棒、铅笔、铅纸等。教师可以利用它们在单元学习的各个阶段保障学生进行有效实践，形成学习成果。

本单元设计的技术资源主要有：

1. 信息技术资源：通过自制的多媒体探究游戏，营造出生动活泼的教学情境，激发学生学习的积极性，促使他们进行自主思考和探究。

2. 实践技术资源：学习任务单能够帮助学生更好地规划探究性学习的步骤，提高探究的效率，形成对学习经历和探究过程的记录。

本单元选取的教学环境资源主要是校园，通过对校园中各处景物的实地观察和写生，为学生探究性学习的开展提供更加生动和丰富的内容和素材。

（三）形成单元资源

1. 在教学环境资源的选择上，不同学校可以依据学情，结合所在区域的场馆、自然特色及人文景观等，更好地引导和促进学生在多元的情境中进行探究性学习。教师还可以鼓励学生课后去学校附近的美术场所欣赏美术作品，感受嘉庚建筑之美。

2. 在素材资源的利用上，教师可以针对单元学习的各个阶段，进行更加细化的设计。如，在第一、第二阶段，着重使用线条和肌理进行概括的嘉庚建筑表现，使学生能够更加关注嘉庚建筑的外观以及建筑与周边环境的关系；第三阶段，鼓励学生使用各种工具和材料，进行多种尝试，以达到表现自己创作意图的作品效果。另外，在课前提醒学生发现、收集各类建筑写生作品或者与建筑有关的图片等，引导学生对单元学习内容进行预习，便于学生在课上交流。

第五节　单元课程学习评价指南

一、"欣赏·评述"课例

表 10-9

评价项目	评价标准	等级（权重）（评价为 1—5 分）		
		自评	组评	师评
知识与技能	认识集美学村、南薰楼的外观			
	能运用各种方式查资料			
	能讲解自己的直观感受			
过程与方法	能熟练使用创作材料			
	能熟练运用欣赏方法			
	能与同学一起合作			
情感、态度和价值观	对欣赏活动感兴趣			
	对嘉庚建筑感兴趣			
	课上积极参与，乐于发言			
我这样评价我自己				
同学眼里的我				
老师的话				
课堂反馈（建议、收获）				

二、"创意·表现"课例

表 10-10

评价项目	评价标准	等级（权重）（评价为 1—5 分）		
		自评	组评	师评
知识与技能	认识嘉庚建筑的外观			
	认识嘉庚建筑与周边环境的关系			
	学会剪纸技法进行创作			
过程与方法	能跟着教师有步骤地学习和创作			
	有创意地表现作品			
	能与教师和同学交流讨论			
情感、态度和价值观	对创作活动感兴趣			
	对嘉庚建筑感兴趣			
	课上积极参与，乐于发言			
我这样评价我自己				
同学眼里的我				
老师的话				
课堂反馈（建议、收获）				

第十一章
初中美术单元课程与教学设计 [1]

第一节 美术课程标准解读

一、课程标准解读

（一）研读标准

本单元为初中学段"欣赏·评述"教学内容。《义务教育美术课程标准（2011年版）》（以下简称《课程标准》）中第四学段7—9年级阶段的"欣赏·评述"学习领域的目标是"学生通过对自然美、美术作品和美术现象等进行观察、描述和分析，逐步形成审美趣味和美术欣赏能力。学生除了通过欣赏获得审美愉悦之外，还应认知作品的思想内涵、形式与风格特征、相关的历史与社会背景，以及作者的思想、情感和创造性的劳动，并用语言、文字、动作等多种方式表达自己的感受与认识"。

通过本单元的学习，学生运用不同的欣赏方法欣赏嘉庚建筑，了解嘉庚建筑所蕴含的艰苦奋斗、自强不息的创业精神，逐步树立健全的审美品位，不断提高欣赏和评述嘉庚建筑的能力。

（二）明确类型

本单元属于"欣赏·评述"学习领域和"建筑"

主题。课时规划：4课时。

（三）确定内容

《课程标准》中"欣赏·评述"学习领域的课程分目标包括：①感受自然美，了解美术作品的题材、主题、形式、风格与流派，知道重要的美术家和美术作品，以及美术与生活、历史、文化的关系，初步形成审美判断能力；②学会从多角度欣赏与认识美术作品，逐步提高视觉感受、理解与评述能力，初步掌握美术欣赏的基本方法，能够在文化情境中认识建筑；③提高对自然美、美术作品和美术现象的兴趣，形成健康的审美情趣，崇尚文明，珍视优秀的民族、民间美术与文化遗产，增强民族自豪感，养成尊重世界多元文化的态度。

本单元教材的学习内容基于以上3点进行设定。

二、"创意·表现"课例

（一）研读标准

本单元为初中学段"创意·表现"学习领域的教学内容。《课程标准》中第四学段（7—9年级）

---

[1] 本章作者：华东师范大学美术学院美术教育专业硕士研究生陈琳、叶沛祺、戚雪芹、李晶、何甜甸。

的课程内容目标是"有意图地运用线条、形状、色彩、肌理、空间和明暗等造型元素以及形式原理，选择传统媒介和新媒材，探索不同的创作方法，发展具有个性的表现能力，表达思想与情感"。

通过本单元学习，学生能够运用不同的表现方法、结合多种媒介材料表现嘉庚建筑。

（二）明确类型

本单元属于"创意·表现"学习领域。课时规划：2课时。

（三）确定内容

《课程标准》中"创意·表现"学习领域的课程分目标包括：①观察、认识与理解线条、形状、色彩、空间、明暗、肌理等基本造型元素，运用对称、均衡、重复、节奏、对比、变化、统一等形式原理进行造型活动，进一步培养想象力和创新意识；②通过对各种美术媒材、技巧和制作过程的探索及实验，发展艺术感知能力和造型表现能力；③体验造型活动的乐趣，敢于创新与表现，产生对美术学习的持久兴趣。

本单元教材的学习内容按照以上3点进行设定。

第二节 初中美术单元学材

一、第一单元："欣赏·评述"

第一课：遇见嘉庚建筑
第二课：手工制作橡皮章

二、第二单元"创意·表现"

活动一：燕尾脊泥模型
活动二：玻璃画

第三节 "欣赏·评述"单元课程教学设计

一、单元课程目标设计

课程目标

1. 学生能够知道

· 视觉元素，如线条、形状、色彩、肌理、空间等；

· 形式原理，如对称、均衡、节奏等；

· 色彩知识，如原色、间色、复色、冷色调、暖色调、对比色、邻近色等；

· 构图形式，如横线、垂线、十字形、S形、圆形、三角形等；

· 透视知识，如平行透视、成角透视等；

· 造型表现方法，如写实、夸张、变形等；

· 建筑模型制作方法，如测量、画图、切折、粘贴、组合、装饰等；

· 拼贴表现手法，如拆解、重组、装饰等。

2. 学生能够做到

· 用不同的工具和媒材，采用写实、夸张或变形等表现形式，描绘自己对生活的认识和感受；

· 用基本的绘画构图形式，合理而有美感地安排画面；

· 选择泥、纸、废弃物品等，用测量、画图、切折、粘贴、组合、装饰等方法塑造建筑模型；

· 思考自己创作的作品或模型，倾听别人的意见或建议。

3. 学生能够理解

· 在使用传统或现代的工具与媒材时，可采用不同的表现形式（写实、夸张或变形）创作美术作品；

· 在创作美术作品时，可尝试各种构想和各种方法，创作富有创意的美术作品；

· 在参与班级或小组的各种活动中，能尊重和理解别人不同的想法。对自己创作或制作的作品能进行反思，虚心倾听、理解别人的意见或建议，并对自己的作品或想法加以改进。

4. 核心素养

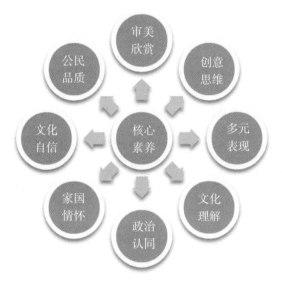

图 11-1

二、单元材教法分析

（一）分析单元定位

1. 细化"课程目标"

根据"课程标准"，初中学段美术在"欣赏·评述"学习领域"建筑"主题中关于欣赏嘉庚建筑的内容要求是：知道嘉庚建筑的特色，了解嘉庚建筑的风格以及所蕴含的陈嘉庚先生艰苦朴素、爱国爱民的道德品质，学会运用费德曼四步法、发现法、比较法、对话法、情境法等不同方法欣赏嘉庚建筑。

2. 以往学习基础

通过小学学段单元课程"寻踪嘉庚情怀"的学习，学生对嘉庚建筑的风格有了一定程度的了解，对嘉庚建筑风格形成了基本的感受力和理解力，具备了一定表达能力。

3. 未来学习要求

本单元是初中学段美术"欣赏建筑"学习的最高阶段。

4. 单元定位

本单元中，教师应引导学生理解嘉庚建筑独特的艺术语言（结构、造型、色彩、材质）和审美特征，学会运用所学的费德曼四步法、发现法、比较法、对话法、情境法等不同方法对嘉庚建筑进行欣赏，并运用语言、文字、图像等多种方式表达自己的感受，提升对建筑的欣赏和评述能力。

（二）整合内容结构

1. 梳理教材内容

嘉庚建筑的风格；

嘉庚建筑的结构、造型、色彩、材质；

费德曼四步法、发现法、比较法、对话法、情境法等不同方法。

2. 单元教学内容结构

学科知识与学科技能

第三部分　寻踪嘉庚情怀 | 171

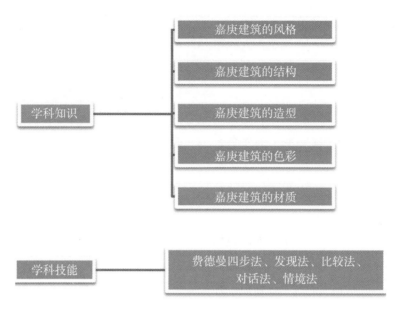

图 11-2

本单元学科知识与技能的核心是"如何运用鉴赏方法欣赏嘉庚建筑"在学科知识的学习中，感知嘉庚建筑的结构、造型、外观、色彩的特点，了解嘉庚建筑独特的建筑语言，提升对建筑的欣赏能力。在学科技能的学习中，运用"费德曼四步法、发现法、比较法、对话法、情境法"，进行建筑欣赏。

（1）人文内涵

① 嘉庚建筑是闽南地区代表性建筑；

② 嘉庚建筑增添了厦门的城市文化景观；

③ 嘉庚建筑风格蕴含着丰富的历史文化底蕴；

④ 嘉庚建筑体现着陈嘉庚先生的辛勤劳动、吃苦耐劳的创业精神和刚健果毅、坚韧不拔的自强精神。

本单元教学内容的核心是"欣赏嘉庚建筑"，可以结合嘉庚建筑及其特色，提炼出相关的人文内涵。如，嘉庚建筑有其独特的构成和组织规律，在观察和表现基础上总结认识规律。在欣赏嘉庚建筑中，运用费德曼四步法、发现法、比较法、对话法、情境法等不同方法欣赏嘉庚建筑，可以更好地了解与认识嘉庚建筑。

（2）审美层面

① 感悟嘉庚建筑的文化内涵；

② 感受嘉庚建筑的独特魅力；

③ 感受和欣赏嘉庚建筑融合中西式建筑风格的美感；

④ 辨别和欣赏厦门嘉庚建筑的不同样式。

（三）分析教法依据

1. 教学内容特点

本单元主要是让学生学会运用费德曼四步法欣赏嘉庚建筑，了解嘉庚建筑蕴含着陈嘉庚先生自强不息的奋斗精神。

2. 学段学情特点

一方面，初中学段的学生已经对嘉庚建筑的外观具有感性认识，能够对建筑进行一定的描述，具备了进行自主探究性学习的基础和能力；另一方面，通过先前的学习，初中学段学生形成了一定的运用美术语言表达建筑的经验，具备了运用所学知识和实践经验进行分析和探讨的基础和能力。

3. 教学资源选取

运用费德曼四步法欣赏嘉庚建筑，理解嘉庚建筑所蕴含的人文内涵，运用习得的鉴赏方法欣赏生活中其他的建筑等。

（四）设计教学方法

结合分析，预设本单元的主要教学方法：

1. 教师主导——讲授：针对概念性知识进行讲授，如费德曼四步法、发现法、比较法、对话法、情境法等。

2. 学生自主——观察与探究：针对费德曼四步法、发现法、比较法、对话法、情境法原理知识的内容，引导学生结合以往的学习基础和学习经验，充分调动学习主动性，从日常生活中的现象出发，进行探究性学习。

3. 师生互动——交流与讨论：围绕人文内涵及审美层面，例如，不同地方建筑的象征性、地区性建筑带给人们的视觉感受等，引导学生结合所学知识及以往基础，积极思考嘉庚建筑所体现的陈嘉庚先生艰苦朴素的生活作风和顽强拼搏的奋斗精神，通过语言或者文字进行交流、讨论，形成一定的理解与感悟。

（五）定位学科能力

1. 关键能力

运用费德曼四步法、发现法、比较法、对话法、情境法等不同方法进行欣赏的能力；

表述嘉庚建筑独特风格的能力。

2. 其他能力

自主思考嘉庚的建筑构成与组织的探究能力；

探究嘉庚建筑独特风格的能力；

了解嘉庚建筑所蕴含的拼搏精神的能力。

三、单元教学目标设计

（一）单元教学目标

知识与技能：认识欣赏的概念和作用；了解嘉庚建筑的构成与组织的基本规律；运用费德曼四步法、发现法、比较法、对话法、情境法等不同方法欣赏嘉庚建筑；根据鉴赏方法，综合运用相关知识，描述有关内容，创作独特的嘉庚建筑文创作品。

过程与方法：通过欣赏、探究，归纳嘉庚建筑构成的基本规律；分析鉴赏方法的原理；讨论、交流费德曼四步法；制作欣赏嘉庚建筑的手账；在实践中运用相关知识进行体验和表现。

情感、态度和价值观：了解用欣赏的眼光看待事物对于帮助理解事物的重要性；感悟鉴赏方法的意义，体验欣赏美的过程；体会欣赏不同的嘉庚建筑的魅力和美感领悟陈嘉庚先生的艰苦卓绝的创业精神和坚持不懈的奋斗精神。

（二）单元教学重难点

教学重点：认识鉴赏方法，运用费德曼四步法欣赏嘉庚建筑，制作嘉庚建筑文创作品。

教学难点：熟练运用费德曼四步法欣赏嘉庚建筑。

（三）单元学习活动设计

1. 规划单元活动

表 11-1

序号	活动主题
课时一（活动1）	认识建筑、了解特征
课时二（活动2）	制作手账、交流构思
课时三（活动3）	观察分析、欣赏建筑
课时四（活动4）	文创DIY、印染图案

说明：本单元以欣赏嘉庚建筑为主要内容、以鉴赏方法的认知和运用为核心知识与技能以熟练运用费德曼四步法欣赏嘉庚建筑为教学难点，针对"欣赏嘉庚建筑"学习认识、理解和运用的三个阶段设计单元主要活动。

2. 制订活动方案

（1）活动内容

根据本单元教学目标、教学重点和难点，对单元主要学习活动进行规划。

表 11-2

序号	活动主题	活动任务	关键问题
活动1	认识建筑、了解特征	认真观察与思考，围绕"如何欣赏嘉庚建筑"进行自主探究，了解嘉庚建筑的特征	1. 欣赏嘉庚建筑是否需要全面了解嘉庚建筑 2. 嘉庚建筑有哪些特点
活动2	制作手账、交流构思	展示自己构思和创作的手账，介绍自己运用鉴赏方法进行嘉庚建筑欣赏过程中的所思所想，分组完成任一嘉庚建筑的欣赏手账	1. 你在手账中想表现什么具体内容 2. 在表现的过程中，如何结合欣赏体会创作嘉庚建筑
活动3	观察分析、欣赏建筑	依据学习任务单，分小组进行活动探究，观察嘉庚建筑的风格，分析其特点，结合南薰楼和道南楼，思考嘉庚建筑的共同特征	1. 嘉庚建筑的样式有哪些 2. 如何用鉴赏方法欣赏嘉庚建筑 3. 如何运用费德曼四步法、发现法、比较法、对话法、情境法欣赏嘉庚建筑
活动4	文创DIY、印染图案	寻找灵感图，完成橡皮章的设计草图，进行雕刻；并将橡皮章图案印在笔记本、明信片、帆布袋上	1. 建筑草图如何设计才更便于雕刻 2. 橡皮章印在笔记本、明信片、帆布袋上，怎样才会更加美观

（2）活动性质

表 11-3

活动内容的特点和学习要求	确定对应的活动性质
认识嘉庚建筑，了解嘉庚建筑特征，围绕"如何欣赏嘉庚建筑"进行自主探究，是学生感受、理解和评判艺术形象的思维活动和过程	探究类活动
制作手账，交流构思，展示自己构思和创作的手账，介绍自己欣赏嘉庚建筑过程中的所思所想，学生需要结合自己的动手实践过程，并将上述意图和感想融入富有创意的美术语言描述之中	表现与探究类活动
观察分析，欣赏建筑，费德曼四步法、发现法、比较法、对话法、情境法是重要的鉴赏方法，学生需要通过观察、记录和思考来认识和理解	探究类活动
文创DIY，印染图案，寻找灵感图，完成橡皮章的设计草图，进行雕刻，学生需要创设表现的情境或意图，并在生活中寻找产品类型将图案印在产品上	表现类活动

3. 组织活动形式

独立学习：欣赏记录、学习任务单、欣赏手账。

合作学习：探究、交流、讨论等。

4. 选择活动资源

图片资料：各类欣赏表现图例或作品。

绘画材料：油画棒、水粉颜料、画笔、画纸、橡皮章、刻刀等。

综合材料：学习任务单。

活动场所：美术专用教室、校园、社区。

5. 分享活动收获

嘉庚建筑欣赏手账。

嘉庚建筑橡皮章系列文创作品。

四、单元评价设计

学习评价表

表 11-4

评价目的	
1. 评估学生对鉴赏方法的掌握程度 2. 观测学生在欣赏表现过程中的兴趣与态度 3. 评定学生运用费德曼四步法、发现法、比较法、对话法、情境法欣赏嘉庚建筑的学习结果	
评价内容	
学习兴趣	1. 学习鉴赏方法的兴趣 2. 用鉴赏方法描述对象、表达情感的意愿
学习习惯	主动观察、感受和探究欣赏的情况
学业成果	1. 能辨别和体认欣赏、观察和分析鉴赏方法 2. 能运用鉴赏方法欣赏嘉庚建筑 3. 能根据主题,综合运用鉴赏方法及相关知识,构思欣赏嘉庚建筑的文创作品,创作嘉庚建筑文创作品
细化评价观测点	
活动内容	评价观测点
游戏互动、认识欣赏	1. 参与游戏互动、进行思考与探究的情况 2. 主动发表看法、提出设想的情况
欣赏嘉庚建筑初体验	1. 能否理解鉴赏方法 2. 能否运用鉴赏方法欣赏嘉庚建筑 3. 能否从欣赏的角度描述嘉庚建筑、阐述其构思
观察分析、欣赏建筑	1. 能否运用所学知识,依据学习任务单,进行探究性学习 2. 主动探究与交流的情况 3. 能否对学习任务单拓展的问题进行思考,并得出结论 4. 主动发表观点、积极交流讨论的情况
自然主题的欣赏写生	1. 能否在写生的画面中结合观察与欣赏的细节进行表现 2. 能否在写生的画面中突显对鉴赏方法的认识与活用 3. 能否通过色彩搭配丰富画面
制作手账,交流构思	1. 能否按照要求进行手稿的创作 2. 主动介绍作品、阐述构思的情况 3. 积极参与互动、分享欣赏感受、交流想法的情况 4. 积极思考、发表观点的情况
嘉庚建筑文创作品赏析	1. 能否运用所学知识,对画面的色彩构成和组织进行综合欣赏和分析 2. 能否联系画面色彩,揣摩并尝试表述作者的创作意图

主题性嘉庚建筑文创创作	1. 能否在设计草稿基础上，进一步深入构思 2. 能否根据构思，有意图地构成和组织画面色调 3. 能否根据构思，大胆尝试各种工具和材质，进行表现 4. 能否通过作品，强烈和直观地表达自己的情感与个性 5. 在表达自我情感的基础上，关注作品的人文或审美因素

说明：本单元的评价，应结合单元教学内容，围绕"用费德曼四步法欣赏嘉庚建筑"，从学习过程中所体现出的兴趣与习惯、学习成果的呈现两方面进行。评价内容以单元活动为载体，通过课堂观察、表现性任务分析和美术作业分析等路径，采用学生自评、互评和教师评价相结合的方式，以鼓励性语言和等第、评语的形式反馈评价结果。

五、单元资源设计

（一）明确使用目的

针对单元教学及重难点，本单元资源设计依托单元活动，通过资源设计与创设更加生动的情境，激发学生学习兴趣与热情，提高教学过程中教学方法的针对性与有效性。本单元活动任务主要有四个：

第一，整体介绍嘉庚建筑的风格，了解嘉庚建筑的历史底蕴，结合南薰楼和道南楼，思考嘉庚建筑的共同特征。

第二，从色调、结构、造型和材质四个维度了解嘉庚建筑。学生运用发现法，在造型与细节、结构与技术上欣赏嘉庚建筑的样式，并展示自己构思和创作的手账。

第三，学生结合学习单的思维导图内容，运用费德曼四步法欣赏其他嘉庚建筑，介绍自己运用费德曼四步法欣赏嘉庚建筑的过程，以及在这一过程中的所思所想。

第四，分组完成任一嘉庚建筑的欣赏手账，寻找灵感图，完成橡皮章设计草图，进行雕刻。并将橡皮章图案印在笔记本、明信片、帆布袋等处。

（二）细化资源设计

本单元选取的与教学内容直接关联的素材资源主要包括一些用于制作嘉庚建筑文创作品的各种绘画工具和材料，如油画棒、水粉颜料、水粉笔、画纸、橡皮章、刻刀等。教师可以利用它们在单元学习的各个阶段保障学生进行有效实践，形成学习成果。

本单元设计的技术资源主要有：

1. 信息技术资源：通过教师自主设计的多媒体探究游戏，营造出生动活泼的教学情境，鼓励学生学习的积极性，促进他们自主思考和探究。

2. 实践技术资源：学习任务单能够帮助学生更好地规划探究性学习的步骤，提高探究的效率，形成对学习经历和探究过程的记录。

本单元选取的教学环境资源主要是社区，通过对社区中嘉庚建筑的实地观察和写生，为学生探究性学习的开展提供更加生动和丰富的内容和素材。

（三）形成单元资源

1. 在教学环境资源的选择上，不同学校可以依据学情，结合所在区域的场馆、自然特色及人文景观等，更好地引导和促进学生在多元的情境中进行探究性学习。教师还可以鼓励学生课后去学校附近的美术场所欣赏美术作品。

2. 在素材资源的利用上，教师可以针对单元学习的各个阶段，进行更加细化的设计。如，在第一、第二阶段，着重小组交流与分享欣赏，使学生能够更加关注鉴赏方法；第三阶段，鼓励学生使用各种工具和材料，进行多种尝试，以达到表现自己创作意图的文创作品效果。另外，在课前提醒学生观察生活中的各类嘉庚建筑，搜集嘉庚建筑的照片、图像、视频等，引导学生对单元学习内容进行预习，便于学生在课上交流。

第四节 "创意·表现"单元课程教学设计

一、单元课程目标设计

课程目标

1. 学生能够知道

· 视觉元素，如线条、形状、色彩、肌理、空间等；

· 形式原理，如对称、均衡、节奏等；

· 色彩知识，如原色、间色、复色、冷色调、暖色调、对比色、邻近色等；

· 构图形式，如横线、垂线、十字形、S形、圆形、三角形等；

· 透视知识，如平行透视、成角透视等；

· 造型表现方法，如写实、夸张、变形等；

· 建筑模型制作方法，如测量、画图、切折、粘贴、组合、装饰等；

· 拼贴表现手法，如拆解、重组、装饰等。

2. 学生能够做到

· 用不同的工具和媒材，采用写实、夸张或变形等表现形式，描绘自己对生活中的建筑造型的认识和感受；

· 用基本的绘画构图形式，合理而有美感地安排画面；

· 选择用泥、纸、废弃物品等，用测量、画图、切折、粘贴、组合、装饰等方法塑造建筑模型；

· 思考自己用各种材料、工具创作的作品或模型，倾听别人的意见或建议。

3. 学生能够理解

· 理解在使用传统的或现代的工具与媒材时，可采用不同的表现形式（写实、夸张或变形）创作美术作品；

· 理解在创作美术作品时，应有各种构想和变通能力，并尝试运用各种方法，创作富有创意的美术作品；

· 在参与班级或小组的各种活动中，能尊重和理解别人不同的想法。对自己创作或制作的作品能进行思考，虚心倾听、理解别人的意见或建议，并对自己的创作或想法加以改进。

4. 核心素养

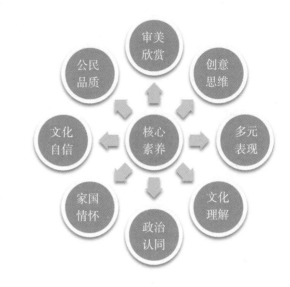

图 11-3

二、单元教材教法分析

（一）分析单元定位

1. 细化"课程目标"

通过细化课程目标，初中学段美术在"创意·表现"学习领域的内容要求包括以下：

①选择写实、变形和抽象等方式，运用造型元素和形式原理，开展造型表现活动，描绘事物，表达情感和思想；②学习透视、色彩、构图、比例等知识，提高造型表现能力；③学习速写、素描、色彩画、中国画和版画等表现方法，进行绘画练习；④学习雕、刻、塑等方法，创作平面和三维立体嘉庚建筑作品；⑤学习漫画、动画的表现方法，并进行制作练习；⑥选择计算机、照相机和摄像机等媒介，进行表现活动。

2. 以往学习基础

通过小学学段的学习，学生已经对建筑形成了一定的感知和理解，了解了一些建筑的表现手法，

第三部分 寻踪嘉庚情怀 | 177

具备了基本的表现能力。

3. 未来学习要求

本单元是初中学段美术"表现建筑"学习的最高阶段。

4. 单元定位

本单元中，教师应引导学生了解建筑的结构和造型，综合运用以往所学的建筑知识与创作方式，进行个性化表现，提高表现能力。

（二）整合内容结构

1. 梳理教材内容

制作建筑剪纸动画创意活动；

制作泥模型创意活动；

制作扇面创意活动；

设计平面文创作品创意活动；

设计立体文创作品创意活动；

制作视觉笔记创意活动。

2. 单元教学内容结构

（1）学科知识与学科技能

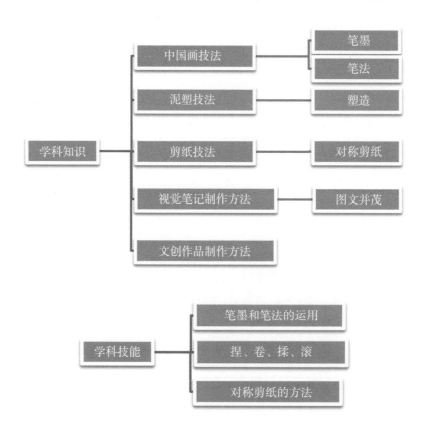

图 11-4

本单元学科知识与技能的核心是"表现手法"，除中国画技法、泥塑技法、剪纸技法、视觉笔记制作方法和文创作品制作方法外，还需要进一步学习笔墨和笔法的运用，以及对称剪纸的方法。学习运用不同的表现手法进行表现与创作实践。

（2）人文内涵

① 建筑来源于历史；

② 建筑创造美的环境；

③ 在嘉庚建筑的创作中加深对陈嘉庚先生艰苦奋斗的一生的认识；

④ 嘉庚建筑体现着陈嘉庚先生的与时俱进的创新精神。

本单元教学内容的核心是"建筑的表现手法"，可以结合建筑本身及不同的表现手法，提炼出相关的人文内涵。如，在表现建筑中发挥自己对嘉庚建筑的理解进行主观"再创作"，通过造型表现使个人情感在模型上得以呈现。

（3）审美层面

① 体验和感悟嘉庚建筑模型统一、协调与变化的色彩美；

② 感受嘉庚建筑造型与结构所表现的不同时代和文化的魅力；

③ 感受和欣赏自然与嘉庚建筑相融的和谐美感；

④ 辨别和欣赏生活环境中的嘉庚建筑。

（三）分析教法依据

1. 教学内容特点

本单元主要是对嘉庚建筑进行表现与"再创作"。

2. 学段学情特点

一方面，初中学段的学生已经对视觉元素、形式原理、色彩知识、构图形式、透视知识、造型表现方法、建筑模型制作方法、拼贴表现手法具有了一定的了解，能够理解一些建筑中的抽象原理，具备了进行自主探究性学习的基础和能力；另一方面，通过之前的学习，七年级学生形成了一定的空间感受和空间表现的经验，具备了运用所学知识和实践经验进行分析和探讨的基础和能力。

3. 教学资源选取

运用模型表现不同形式、主题的嘉庚建筑，运用透视知识设计和装饰教学环境，运用空间知识更好地布局校园及社区环境等。

（四）设计教学方法

结合分析，预设本单元的主要教学方法：

1. 教师主导——讲授：针对概念性知识进行讲授，如嘉庚建筑的构成与组织规律、图样的概念等。

2. 学生自主——观察与探究：针对嘉庚建筑的结构、图样等原理知识的内容，引导学生结合以往的学习基础和学习经验，充分调动学习主动性，从日常生活中的现象出发，进行探究性学习。

3. 师生互动——交流与讨论：针对人文内涵及审美层面，如嘉庚建筑的结构、不同结构具有的功能、建筑带给人们的视觉感受等，引导学生结合所学知识及以往基础，积极进行思考，通过语言或者文字的交流讨论，形成一定的理解与感悟。

（五）定位学科能力

1. 关键能力

运用材料媒介进行表现和创作的能力；

对自然及生活中建筑构成与组织规律的感受与欣赏的能力。

2. 其他能力

自主思考与探究建筑构成与组织规律的能力；

表达与交流嘉庚建筑"再创作"的过程及创作体会的能力。

三、单元教学目标设计

（一）单元教学目标

知识与技能：认识嘉庚建筑的基本概念和设计特点；了解嘉庚建筑形式的构成与组织的基本规律；运用嘉庚建筑构成的方法进行创意主题表现；综合理解嘉庚建筑及其相关知识，构思画面表现形式，创作带有主观情感的作品。

过程与方法：通过欣赏、探究，归纳嘉庚建筑构成的基本规律；观察与分析嘉庚建筑写生的基本特点；讨论和交流嘉庚建筑创作的方法；在感知体验和实践中运用相关知识进行表现。

情感、态度和价值观：理解嘉庚建筑在厦门本土建筑群中的重要性；领悟嘉庚建筑中所蕴含的陈嘉庚先生的与时俱进的创新精神和艰苦朴素、坚持奋斗的创业精神；理解中西结合、协调与变化的建筑之美；体验创作表现不同主题的魅力；感受和欣赏自然与生活中嘉庚建筑的美感。

（二）单元教学重难点

教学重点：了解嘉庚建筑构成与组织的规律；运用多种媒介材料表现嘉庚建筑；运用嘉庚建筑形象创作具有创意的拓展性作品。

教学难点：在嘉庚建筑的创作表现中，创意运用媒介材料并对嘉庚建筑进行再创作。

（三）单元学习活动设计

1. 规划单元活动

根据本单元教学目标、教学重点和难点，对单元主要学习活动进行规划。

表 11-5

序号	学习活动内容
活动1	创作视觉笔记、感知嘉庚建筑
活动2	嘉庚建筑主题中国画扇面创作
活动3	嘉庚剪纸趣味表现
活动4	超轻黏土制作创意燕尾脊
活动5	平面文创作品
活动6	立体文创作品

说明：本单元以嘉庚建筑创意与表现为主要内容，以嘉庚建筑的认知和创意表达为核心知识与技能，以在嘉庚建筑的客观和主观表现中运用多种媒材进行合理组织为教学难点，围绕"嘉庚建筑"学习认识、内涵理解和创意表达三个阶段设计单元主要活动。

2. 制订活动方案

（1）活动内容

表 11-6

序号	活动主题	活动任务	关键问题
活动1	游戏互动——认识嘉庚建筑	参与游戏互动，认真观察与思考，围绕"如何使画面中的嘉庚建筑形式更加丰富且形成秩序"进行自主探究	1. 画面中嘉庚建筑是经过有意图地排列和组织的吗 2. 如何使画面中的嘉庚建筑形式更加丰富且形成秩序
活动2	观察分析——嘉庚建筑写生	依据学习任务单，分小组进行活动探究，观察校园中某座嘉庚建筑，分析其构成与组织规律，思考现实中的嘉庚建筑与画面中的嘉庚建筑的关系	1. 校园中嘉庚建筑有什么风格 2. 你是分别从哪些方面进行判断的 3. 校园中的嘉庚建筑对画面中的嘉庚建筑起到什么作用
活动3	展示手稿——交流构思	向同学展示自己构思和创作的手稿，与同学交流自己运用嘉庚建筑进行表现的创作目的以及在这一过程中的感想	1. 你在画面中所运用的主体嘉庚建筑是想表现什么情绪或者感受 2. 在表现的过程中，你是如何运用从嘉庚建筑上吸收到的灵感来组织和协调画面中的嘉庚建筑的

（2）活动性质

表 11-7

活动内容的特点和学习要求	确定对应的活动性质
运用从现实的嘉庚建筑中获得的灵感，协调和组织嘉庚建筑为主体的画面，学生需要通过探究与思考来发现嘉庚建筑的风格特征	探究类活动
对嘉庚建筑的构成和组织的规律，学生需要通过观察、记录和思考来认识和理解	探究类活动
在学生学习对嘉庚建筑进行主观表现时，教师应引导学生创设表现的情境或意图，结合嘉庚建筑的知识，进行有创意的拓展表达	表现类活动

3. 组织活动形式

独立学习：嘉庚建筑记录、学习任务单、创作嘉庚建筑手稿。

合作学习：探究、交流、讨论等。

4. 选择活动资源

图片资料：各类嘉庚建筑表现图例或作品。

绘画材料：油画棒、水粉颜料、画笔、画纸等。

综合材料：学习任务单。

活动场所：美术专用教室、校园。

5. 分享活动收获

校园景物嘉庚建筑写生作品。

嘉庚建筑主观表现手稿及作品。

四、单元评价设计

学习评价表

表 11-8

评价目的
1. 评估学生对嘉庚建筑构成与组织规律的掌握程度
2. 观测学生在嘉庚建筑表现过程中的兴趣与态度
3. 评定学生在嘉庚建筑表现中的学习结果

评价内容	
学习兴趣	1. 认识嘉庚建筑现象及规律的情况 2. 表现对建筑喜好的情感
学习习惯	主动观察、感受和探究嘉庚建筑的情况
学业成果	1. 能辨别、观察和分析嘉庚建筑 2. 能运用嘉庚建筑构成的方法表现自然主题的作品 3. 能根据主题,综合运用嘉庚建筑相关知识,构思嘉庚建筑的画面组织与构成,创作带有主观情感的艺术作品

细化评价观测点	
活动内容	评价观测点
游戏互动——认识嘉庚建筑	1. 参与游戏互动、进行思考与探究的情况 2. 主动发表看法、提出设想的情况
嘉庚建筑构成初体验	1. 能否在画面中塑造嘉庚建筑 2. 能否运用嘉庚建筑色彩的冷暖、协调与对比来丰富画面 3. 能否从嘉庚建筑的角度描述画面、阐述构思
观察分析——写生嘉庚建筑	1. 能否运用所学知识,依据学习任务单,进行探究性学习 2. 主动探究与交流的情况 3. 能否对学习任务单拓展的问题进行思考,并得出结论 4. 主动发表观点、积极交流讨论的情况
自然主题的嘉庚建筑写生	1. 能否在写生的画面中用多种手法进行表现 2. 能否在写生的画面中塑造嘉庚建筑 3. 能否通过嘉庚建筑中的各种元素进行搭配,丰富画面
展示手稿——交流构思	1. 能否按照要求进行手稿的创作 2. 主动介绍作品、阐述构思的情况 3. 积极参与互动、分享欣赏感受、交流想法的情况 4. 积极思考、发表观点的情况
嘉庚建筑创作作品赏析	1. 能否运用所学的嘉庚建筑知识,对画面的嘉庚建筑构成和组织进行综合欣赏和分析 2. 能否联系画面中的嘉庚建筑,揣摩作者的创作意图并进行表述
主题性嘉庚建筑创作	1. 能否在手稿基础上进一步深入构思 2. 能否根据构思,在画面中有意图地构成和组织嘉庚建筑 3. 能否根据构思,尝试各种工具和材质,进行嘉庚建筑表现 4. 能否通过作品,直观地表达自己的情感与个性 5. 在表达自我情感的基础上,关注人文或审美因素

说明:本单元的评价,应结合单元教学内容,围绕"嘉庚建筑形式的构成与组织规律",从学习过程中所体现出的兴趣与习惯、学习成果的呈现两方面进行。评价内容以单元活动为载体,通过课堂观察、表现性任务分析和美术作业分析等路径,采用学生自评、互评和教师评价相结合的方式,以鼓励性语言和等第、评语的形式反馈评价结果。

五、单元资源设计

（一）明确使用目的

针对单元教学及重难点，本单元资源设计依托单元活动，通过资源设计与创设更加生动的情境，激发学生学习兴趣与热情，提高教学过程中教学方法的针对性与有效性。本单元活动任务主要有三个：

第一，参与游戏互动，认真观察与思考，围绕"如何使画面中的嘉庚建筑形式更加丰富且形成秩序"进行自主探究。

第二，依据学习任务单，分小组进行探究活动，观察校园中的嘉庚建筑，分析其构成与组织规律，思考现实中的嘉庚建筑与画面中的嘉庚建筑的关系。

第三，展示自己构思和创作的手稿，介绍自己运用嘉庚建筑进行表现的意图以及在这一过程中的感想。

（二）细化资源设计

本单元选取的与教学内容直接关联的素材资源主要包括那些用于表现嘉庚建筑的各种绘画工具和材料，如油画棒、水粉颜料、水粉笔、画纸等。教师可以利用它们在单元学习的各个阶段保障学生进行有效实践，形成学习成果。

本单元设计的技术资源主要有：

1. 信息技术资源：通过自制的多媒体探究游戏，营造出生动活泼的教学情境，激发学生学习的积极性，促使他们进行自主思考和探究。

2. 实践技术资源：学习任务单能够帮助学生更好地规划探究性学习的步骤，提高探究的效率，形成对学习经历和探究过程的记录。

本单元选取的教学环境资源主要是校园，通过对校园中各处景物的实地观察和写生，为学生探究性学习的开展提供更加生动和丰富的内容和素材。

（三）形成单元资源

1. 在教学环境资源的选择上，不同学校可以依据学情，结合所在区域的场馆、自然特色及人文景观等，更好地引导和促进学生在多元的情境中进行探究性学习。教师还可以鼓励学生课后去学校附近的美术场所欣赏美术作品。

2. 在素材资源的利用上，教师可以针对单元学习的各个阶段，进行更加细化的设计。如，在第一、第二阶段，着重使用色彩、线条和肌理进行概括的嘉庚建筑表现，使学生能够更加关注嘉庚建筑的构成与组织；第三阶段，鼓励学生使用各种工具和材料，进行多种尝试，以达到表现自己创作意图的作品效果。另外，在课前提醒学生发现、收集各类建筑模型或者与建筑有关的图片等，引导学生对单元学习内容进行预习，便于学生在课上交流。

第五节　单元课程学习评价指南

一、"欣赏·评述"课例

（一）教师：学习评价方法

评价内容包括过程性表现、结果性表现，观测点分为主动性、探究性、合作性。

表 11-9

教师评价表		1	2	3	4	5	评语
过程性表现	主动性						
	探究性						
	合作性						
结果性表现	主动性						
	探究性						
	合作性						

说明：评价为1—5分。

（二）学生：自评、互评方法

表 11-10

自评、互评表		
评价内容	学生自评	小组互评
1. 能搜集、总结嘉庚建筑的相关资料		
2. 能初步理解嘉庚建筑基础知识并发表个人感受		
3. 能运用费德曼四步法鉴赏"嘉庚建筑"		
4. 能有创意地制作嘉庚建筑文创作品		

说明：评价为1—5分。

二、"创意·表现"课例

（一）教师：学习评价方法

评价内容包括过程性表现、结果性表现，观测点分为主动性、探究性、合作性。

表 11-11

教师评价表		1	2	3	4	5	评语
过程性表现	主动性						
	探究性						
	合作性						
结果性表现	主动性						
	探究性						
	合作性						

说明：评价为1—5分。

（二）学生：自评、互评方法

表 11-12

自评、互评表		
评价内容	学生自评	同伴互评
1. 能搜集嘉庚建筑的相关知识		
2. 能用本单元所学的技法创作作品		
3. 能进行独立思考并创作创意作品		
4. 能合作完成小组作品		
5. 能欣赏他人作品		

说明：评价为1—5分。

第十二章
高中美术单元课程与教学设计[1]

第一节 美术课程标准研读

一、"鉴赏·理解"课例

（一）研读课标

本单元为高中学段"鉴赏·理解"学习领域的教学内容，《普通高中美术课程标准（2017）年版2020年修订》（以下简称《课程标准》）的课程内容目标是"通过课程的学习，学生能够识别图像的形式特征，分析图像的风格特征和发展脉络，理解图像蕴含的信息；运用多种工具、材料和美术语言创作具有一定思想和文化内涵的美术作品及其他表达意图的视觉形象；依据形式美原理分析自然、日常生活和美术作品中的美，形成健康审美观念；具有创新意识，运用创造性思维进行创作，并用美术的方法和材料予以呈现和完成；从文化角度分析和理解美术作品，认同并弘扬中华优秀传统文化，尊重人类文化的多样性"。

通过本单元的学习，学生运用不同的方法鉴赏嘉庚建筑，不断提高鉴赏和理解嘉庚建筑的能力，探究嘉庚建筑所蕴含的陈嘉庚先生的切切爱国之情和与时俱进的革新精神，在探究的基础上传承嘉庚文化。

（二）明确类型

本单元属于"鉴赏·理解"学习领域和"建筑"主题。课时规划：4课时。

（三）确定内容

《课程标准》中对"美术鉴赏"模块的内容要求包括：①从材料、工具、技法或题材等方面区分不同的美术门类，并在现实情境中加以识别；知道中外美术史的基本脉络和重要风格、流派的代表人物及代表作。②了解美术创作的基本过程，学习美术作品审美构成的造型元素和形式原理，并用于分析、理解和解释美术作品。③掌握2—3种美术鉴赏的基本方法，联系文化情境认识美术作品的主题、内涵、形式和审美价值，并用恰当的术语进行解读、评价和交流。④辨析美术作品中存在的文化、品位和格调的差异，形成健康向上的审美情趣。⑤了解近代以来中国美术的发展，以及新中国成立后讴歌党、祖国、人民、英雄的精品力作，探究民族文化传统的继承与发展关系。⑥运用比较法分析中外传统美术在材料技法、语言风格和创作观念等方面的不同。⑦通过了解不同历史阶段美术的社会功能与作用，理解美术创作与现实生活的关

---

[1] 本章作者：华东师范大学美术学院美术教育专业硕士研究生陈琳、叶沛祺、戚雪芹、李晶、何甜甸。

系、艺术家的社会角色与文化责任。

本单元的学习内容基于以上 7 点进行设定。

二、"创意·表现"课例

（一）研读标准

本单元为高中学段"创意·表现"学习领域的教学内容。《课程标准》中对高中阶段的目标是"识别图像的形式特征，分析图像的风格特征和发展脉络，理解图像蕴含的信息；运用多种工具、材料和美术语言创作具有一定思想和文化内涵的美术作品及其他表达意图的视觉形象；依据形式美原理分析自然、日常生活和美术作品中的美，形成健康审美观念；具有创新意识，运用创造性思维进行创意，并用美术的方法和材料予以呈现和完成；从文化角度分析和理解美术作品，认同并弘扬中华优秀传统文化，尊重人类文化的多样性"。

通过本单元的学习，学生能够运用不同的方法认识嘉庚建筑、表现嘉庚建筑，进一步理解嘉庚建筑群所蕴含的人文情怀。

（二）明确类型

本单元属于"创意·表现"学习领域。课时规划：4 课时。

（三）确定内容

《课程标准》，确定"创意·表现"学习领域的课程内容分目标为：①学生能形成空间意识和造型意识。②了解并运用传统与现代媒材和相关技术，结合美术语言，通过观察、想象、构思和表现等过程，创造有意味的视觉形象，表达自己的意图、思想和情感。③联系现实生活，结合其他学科知识，自觉运用美术表现能力，解决学习、生活和工作中的问题。

本单元的学习内容按照以上 3 点进行设定。

第二节　高中美术单元学材

一、第一单元："鉴赏·理解"

单元课例：寻踪传统嘉庚建筑

二、第二单元"创意·表现"

活动一：嘉庚寻踪地图

活动二：嘉庚国风扇面

第三节 "鉴赏·理解"单元课程教学设计

一、单元课程目标设计

课程目标

1. 学生能够知道

· 视觉元素，如线条、形状、色彩、肌理、空间、明暗等；

· 形式原理，如对称、均衡、节奏、比例、重复等；

· 色彩知识，如色彩三要素、色彩的冷暖、色彩情感特征等；

· 透视知识，如平行透视、成角透视、圆面透视等；

· 造型表现方法，如写实、夸张、变形、抽象、装饰等；

· 建筑模型制作方法，如测量、画图、切折、切割、粘贴、组合、装饰等；

· 手绘地图的要素，如地理要素、比例尺、经纬网格、标注地名、图例轮廓、填色等；

· 拼贴表现手法，如拆解、重组、叙述、装饰等。

2. 学生能够做到

· 用不同的工具和媒材，采用写实、夸张、变形、抽象等表现方式，描绘各种事物，表达情感和思想；

· 根据创作主题，采用合适的绘画构图形式组织、安排作品画面；

· 选用泥、纸、木材、废弃物品、金属丝等媒材，用雕刻、塑造、组装等方式创作建筑模型。

3. 学生能够理解

· 理解在使用传统或现代的工具与媒材时，可以采用不同的表现形式（写实、夸张、变形、抽象），创作美术作品；

· 理解在创作美术作品时，可通过归类、重组、改变等方式进行构思和实践，创作富有创意的美术作品；

· 在参与班级或小组的各种活动中，能尊重和理解别人不同的想法，对自己创作或制作的作品能进行反思，虚心倾听、理解别人的意见或建议，并对自己的创作或想法加以改进。

4. 核心素养

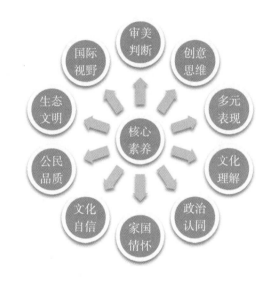

图 12-1

二、单元材教法分析

（一）分析单元定位

1. 细化"课程目标"

根据"课程目标"，高中学段美术在"鉴赏·理解"学习领域"建筑"主题中关于嘉庚建筑鉴赏的内容要求是：知道嘉庚建筑的文化底蕴，了解嘉庚建筑的历史背景和发展情况，学会运用思维导图法、比较法、费德曼四步法等不同方法鉴赏嘉庚建筑。

说明：细化课程目标，依然是以"课程标准"及"课程目标"为依据，在学段内容与要求基础上，细化各年级的相关内容与要求。如本案例涉及高中学段目标，但仍需要通过"课程目标"来确定高中学段"嘉庚建筑鉴赏"单元的学习内容与要求，为接下来的"单元定位"提供重要依据。

2.以往学习基础

通过初中学段的单元课程"寻踪嘉庚情怀"的学习，学生了解嘉庚建筑的风格，知道嘉庚建筑的结构、造型、色彩和材质，形成个性化的感受和理解，具备基本的表达与鉴赏能力。

3.未来学习要求

本单元是高中学段美术"鉴赏建筑"学习的最高阶段。

4.单元定位

本单元中，学生通过学习认识嘉庚建筑的文化底蕴，了解嘉庚建筑的历史背景与发展情况，运用所学的思维导图法、比较法、费德曼四步法等不同方法鉴赏嘉庚建筑，并运用语言、文字、图像等多种方式表达对建筑的感受。能够对嘉庚建筑的形式要素，包括结构、造型、色彩、材质进行分析探究，通过探究式学习，掌握美术欣赏的基本方法。灵活运用已学到的知识解决问题，并提升对建筑的鉴赏能力。

（二）整合内容结构

1.梳理教材内容

·认识传统嘉庚建筑

·近代嘉庚建筑的发展情况

·传统嘉庚建筑与近代嘉庚建筑的比较鉴赏

·思维导图法、比较法、费德曼四步法等不同方法

2.单元教学内容结构

（1）学科知识与技能

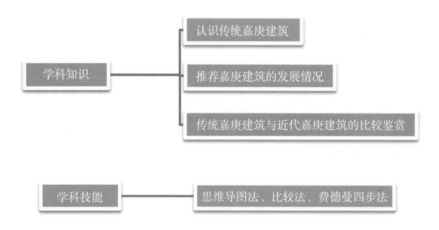

图 12-2

本单元学科知识与技能的核心是"如何运用鉴赏方法鉴赏嘉庚建筑"。在学科知识中，学习建筑的文化底蕴和内涵、相关历史、发展情况与社会背景，并用语言、文字、图像等多种方式进行鉴赏。灵活运用已学到的知识，搜集各种资料，与同学共同研究与讨论，解决问题。在学科技能的学习中，运用"思维导图法、比较法、费德曼四步法"，进行建筑鉴赏。

（2）人文内涵

① 嘉庚建筑是闽南地区代表性建筑；

② 嘉庚建筑是嘉庚文化的代表之一；

③ 建筑风格的形成伴随着时代的进程与发展；

④ 嘉庚建筑体现着陈嘉庚先生的创新精神和诚实守信的重德精神。

本单元教学内容的核心是"鉴赏嘉庚建筑"，可以结合嘉庚建筑及其历史背景与发展情况，提炼出相关的人文内涵。如，嘉庚建筑有其独特的历史文化底蕴，将嘉庚建筑风格在当代融入翔安机场的建筑风格中等。运用思维导图法、比较法、费德曼四步法等不同方法对嘉庚建筑进行鉴赏，可以更好地对建筑进行了解与认识。

（3）审美层面

① 感悟嘉庚建筑中体现的陈嘉庚先生的终身学习的品质和不断改革创造的创新精神；

② 感受嘉庚建筑的独特魅力；

③ 感受和鉴赏嘉庚建筑融合中西式建筑风格的美感；

④ 感受不同时代的嘉庚建筑的风格所呈现的文化。

（三）分析教法依据

1. 教学内容特点

本单元主要是让学生学会运用思维导图法、比较法和费德曼四步法鉴赏嘉庚建筑。

2. 学段学情特点

一方面，高中学段的学生已经对嘉庚建筑的文化背景具有一定了解，具备了进行自主探究性学习的基础和鉴赏建筑的能力；另一方面，通过之前的学习，高中学段学生具备了运用所学知识和实践经验进行分析、探讨的基础与能力，具备了灵活运用已学到的知识解决问题的能力。

3. 教学资源选取

运用思维导图法、比较法和费德曼四步法鉴赏嘉庚建筑，运用鉴赏方法理解嘉庚建筑所蕴含的与时俱进、创新创造的时代精神，了解近代嘉庚建筑的风格，运用鉴赏方法去鉴赏生活中其他的建筑并解决实际问题等。

（四）设计教学方法

结合分析，预设本单元的主要教学方法：

1. 教师主导——讲授：针对概念性知识进行讲授，如思维导图法、比较法、费德曼四步法等。

2. 学生自主——观察与探究：针对思维导图法、比较法、费德曼四步法原理知识的内容，引导学生结合以往的学习基础和学习经验，充分调动学习主动性，从日常生活中的现象出发，进行探究性学习。

3. 师生互动——交流与讨论：围绕人文内涵及审美层面，例如不同背景、不同时代建筑的象征性，地区性建筑带给人们的视觉感受等，引导学生结合所学知识及以往基础，积极进行思考，通过语言、文字和图像进行交流、讨论，形成一定的理解与感悟，并积极运用到现实生活中。

（五）定位学科能力

1. 关键能力

运用思维导图法、比较法、费德曼四步法等不同方法进行鉴赏的能力；

表述嘉庚建筑独特艺术语言的能力。

2. 其他能力

自主思考与探究时代进程中不同风格的嘉庚建筑的能力；

探究嘉庚建筑独特艺术语言的能力；

解决实际问题的能力。

三、单元教学目标设计

（一）单元教学目标

知识与技能：认识鉴赏的概念和作用；了解嘉庚建筑的文化底蕴和历史背景；运用思维导图法、比较法、费德曼四步法等不同方法鉴赏嘉庚建筑；根据鉴赏方法，综合运用相关知识，结合自身想法，解决实际情境中的问题。

过程与方法：通过鉴赏、探究，归纳传统嘉庚建筑与近代嘉庚建筑的相同特征和不同特征；分析鉴赏方法的原理；讨论和交流对思维导图法、比较法、费德曼四步法的理解；独立制作鉴赏嘉庚建筑的视觉笔记；在实践中运用相关知识进行设计和策划。

情感、态度和价值观：了解用鉴赏的眼光看待事物对理解事物的重要性；感悟鉴赏方法的意义，体验欣赏美的过程；体会鉴赏传统嘉庚建筑与近代嘉庚建筑的魅力和美感；感悟陈嘉庚先生的不断改革、大胆创新的创造精神。

（二）单元教学重难点

教学重点：认识鉴赏方法，运用思维导图法认识传统嘉庚建筑，运用费德曼四步法鉴赏现代嘉庚建筑，比较传统嘉庚建筑和近代嘉庚建筑的不同特征。

教学难点：运用所学知识和实际情况，设计翔安机场方案和策划"寻踪嘉庚情怀"展览。

（三）单元学习活动设计

1. 规划单元活动

根据本单元教学目标、教学重点和难点，对单元主要学习活动进行规划。

表 12-1

活动序号	活动主题
活动 1	运用鉴赏方法，绘制思维导图
活动 2	进行比较鉴赏，制作视觉笔记
活动 3	设计翔安机场，制作建筑模型
活动 4	寻踪嘉庚情怀，策划展览活动

说明：本单元以鉴赏嘉庚建筑为主要内容，以鉴赏方法的认知和运用为核心知识与技能，以熟练运用思维导图法、比较法、费德曼四步法鉴赏嘉庚建筑为教学重点，针对"鉴赏嘉庚建筑"学习认识、理解和运用的三个阶段设计单元主要活动。

2. 制订活动方案

（1）活动内容

表 12-2

序号	活动主题	活动任务	关键问题
活动 1	运用鉴赏方法；绘制思维导图	运用思维导图进行发散性思维，围绕"传统嘉庚建筑"进行自主探究，了解传统嘉庚建筑的特征	1. 你了解传统的嘉庚文化吗 2. 传统嘉庚建筑有哪些特点
活动 2	进行比较鉴赏；制作视觉笔记	比较传统嘉庚建筑和近代嘉庚建筑，展示自己构思和创作的视觉笔记，介绍自己在制作过程中的感想	1. 你在视觉笔记中想表现什么具体内容 2. 在表现的过程中，如何熟练运用鉴赏方法寻找不同的嘉庚建筑的差异
活动 3	设计翔安机场；制作建筑模型	运用嘉庚元素进行创新融合，分小组进行活动探究，总结嘉庚建筑的风格共性和特点，设计翔安机场的方案并动手制作模型	1. 嘉庚建筑的风格和特点有哪些共性 2. 如何将这些共性运用到机场方案设计中 3. 如何制作翔安机场建筑模型
活动 4	寻踪嘉庚情怀；策划展览活动	对嘉庚情怀的作品和文字进行分类和整理，完成展览的策划与布置，邀请老师和同学们进行参观	1. 嘉庚情怀的作品包括哪些 2. 嘉庚情怀的文字如何描述更准确 3. 展览如何策划可以更方便地进行布置，效果更好

（2）活动性质

表 12-3

活动内容的特点和学习要求	确定对应的活动性质
运用鉴赏方法，绘制思维导图——学生围绕"传统嘉庚建筑"进行自主探究，了解传统嘉庚建筑的特征，通过发散性思维进行学习	探究类活动
进行比较鉴赏，制作视觉笔记——学生比较传统嘉庚建筑和近代嘉庚建筑，展示自己构思和创作的视觉笔记，介绍在制作过程中的感想；学生需要结合自己的动手实践过程，并以有创意的美术语言对其进行描述	表现类活动
设计翔安机场，制作建筑模型——学生将嘉庚元素进行创新融合，分小组进行活动探究，总结嘉庚建筑的风格共性和特点，设计翔安机场的方案并动手制作模型；学生需要将理论知识与实践过程相结合才能完成学习任务	探究类活动
寻踪嘉庚情怀，策划展览活动——学生对嘉庚情怀的作品和文字进行分类和整理，完成展览的策划与布置，邀请老师和同学们进行参观；学生需要对嘉庚情怀有自己的理解与认知，并且进行身份转换，把控展览的各个细节才能策划好展览	合作类活动

3. 组织活动形式

独立学习：鉴赏记录、思维导图、视觉笔记。

合作学习：探究、交流、讨论、策划等。

4. 选择活动资源

图片资料：各类鉴赏表现图例或作品。

绘画材料：笔记本、马克笔、手账贴纸、卡纸、剪刀、胶棒等。

综合材料：思维导图。

活动场所：美术专用教室、校园、社区。

5. 分享活动收获

嘉庚建筑思维导图。

嘉庚建筑视觉笔记。

翔安机场设计方案及建筑模型。

举办"寻踪嘉庚情怀"展览。

四、单元评价设计

学习评价表

表 12-4

评价目的
1. 评估学生对鉴赏方法的掌握程度 2. 观测学生在鉴赏表现过程中的兴趣与态度 3. 评定学生运用思维导图法、比较法、费德曼四步法鉴赏嘉庚建筑的学习结果

评价内容	
学习兴趣	1. 学习鉴赏方法的兴趣 2. 用鉴赏描述对象、表达情感的意愿
学习习惯	主动观察、感受和探究鉴赏的情况
学业成果	1. 能理解不同的鉴赏方法的意义和作用 2. 能运用鉴赏方法鉴赏嘉庚建筑 3. 能根据实际情境，综合运用鉴赏方法及相关知识，解决实际问题

细化评价观测点	
活动内容	评价观测点
发散思维、认识鉴赏	1. 进行发散思维，获得思考与探究的情况 2. 发表看法、提出设想的情况
鉴赏嘉庚建筑体验	1. 能否理解鉴赏方法 2. 能否运用鉴赏方法鉴赏嘉庚建筑 3. 能否从鉴赏的角度描述嘉庚建筑，阐述构思
观察分析、鉴赏建筑	1. 能否运用所学知识，进行探究性学习并制作视觉笔记 2. 探究与交流的情况 3. 能否对不同时代的嘉庚建筑进行比较鉴赏、思考，并得出结论 4. 发表观点、交流讨论的情况
视觉笔记、交流构思	1. 能否按照要求进行视觉笔记的创作 2. 介绍作品、阐述构思的情况 3. 参与互动、分享鉴赏感受、交流想法的情况 4. 思考、发表观点的情况

续表

嘉庚建筑模型制作	1. 能否运用所学的鉴赏知识，对嘉庚元素进行归类和整理 2. 能否根据整理的特点，设计方案 3. 结合理论知识，进行模型制作
"寻踪嘉庚建筑"展览	1. 能否整理出具有代表性的嘉庚情怀作品与文字描述 2. 能否解决遇到的困难，策划出独具嘉庚情怀的展览 3. 邀请老师和同学们参观展览，并征求改进建议

说明：本单元的评价，应结合单元教学内容，围绕"用思维导图法、比较法、费德曼四步法鉴赏嘉庚建筑"，从学习过程中所体现出的兴趣与习惯、学习成果的呈现两方面进行。评价内容以单元活动为载体，通过课堂观察、表现性任务分析和美术作业分析等路径，采用学生自评、互评和教师评价相结合的方式，以鼓励性语言和等第、评语的形式反馈评价结果。

五、单元资源设计

（一）明确使用目的

针对单元教学及重难点，本单元资源设计依托单元活动，通过资源设计与创设更加生动的情境，激发学生学习兴趣与热情，提高教学过程中教学方法的针对性与有效性。本单元活动任务主要有四个：

第一，介绍传统嘉庚建筑的风格和特征，了解传统嘉庚建筑的历史底蕴，结合道南楼和群贤楼群，思考传统嘉庚建筑的共同特征；

第二，了解近代嘉庚建筑的风格和特征，结合厦门大学嘉庚楼群和厦门T4候机楼，思考近代嘉庚建筑的共同特征，学生运用鉴赏方法，在造型与细节、结构与技术、风格与特征上对传统嘉庚建筑和近代嘉庚建筑进行比较，展示自己构思和创作的视觉笔记；

第三，学生通过比较的方法，得出传统嘉庚建筑和近代嘉庚建筑的特征，将这些特征结合实际情境，完成翔安机场设计方案的设计并制作建筑模型；

第四，通过以上学习，学生对嘉庚建筑有了深入的理解，鼓励其进行团队合作，策划"寻踪嘉庚情怀"展览，并邀请老师和其他同学们参加。

（二）细化资源设计

本单元选取的与教学内容直接关联的素材资源主要包括一些用于设计翔安机场建筑模型和策划"寻踪嘉庚情怀"展览的工具材料，如笔记本、马克笔、手账贴纸、卡纸、剪刀、胶棒等。教师可以利用它们在单元学习的各个阶段保障学生进行有效实践，形成学习成果；

本单元设计的技术资源主要有：

1. 信息技术资源：通过观看图片和视频，营造出生动活泼的教学情境，鼓励学生学习的积极性，促进他们自主思考和探究；

2. 实践技术资源：学习任务单能够帮助学生更好地规划探究性学习的步骤，提高探究的效率，形成对学习经历和探究过程的记录。

本单元选取的教学环境资源主要是社区，通过对社区中嘉庚建筑的实地观察，为学生探究性学习的开展提供更加生动和丰富的内容和素材。

（三）形成单元资源

在教学环境资源的选择上，不同学校可以依据学情，结合所在区域的场馆、自然特色及人文景观等，更好地引导和促进学生在多元的情境中进行探究性学习。教师还可以鼓励学生课后去建筑所在地进行考察与探究，去学校附近的美术场所鉴赏美术作品。

在素材资源的利用上，教师可以针对单元学习的各个阶段，进行更加细化的设计。如，在第一、第二阶段，着重使用小组交流与分享鉴赏的方式，使学生能够更加关注鉴赏方法；第三阶段，鼓励学生使用各种工具和材料，进行多种尝试，以达到表现自己创作意图的模型效果和展览效果。另外，在课前提醒学生观察生活中的各类嘉庚建筑，搜集嘉庚建筑的照片、图像、视频等，引导学生对单元学习内容进行预习，便于学生在课上交流。

第四节 "创意·表现"单元课程教学设计

一、单元课程目标设计

课程目标

1. 学生能够知道

· 视觉元素，如线条、形状、色彩、肌理、空间、明暗等；

· 形式原理，如对称、均衡、节奏、比例、重复等；

· 色彩知识，如色彩三要素、色彩的冷暖、色彩情感特征等；

· 透视知识，如平行透视、成角透视、圆面透视等；

· 造型表现方法，如写实、夸张、变形、抽象、装饰等；

· 国风扇面制作方法，如测量、画图、切折、切割、粘贴、组合、装饰等；

· 手绘地图的要素，如地理要素、比例尺、经纬网格、标注地名、图例、轮廓、填色等；

· 拼贴表现手法，如拆解、重组、叙述、装饰等。

2. 学生能够做到

· 用不同的工具和媒材，采用写实、夸张、变形、抽象等表现方式，描绘各种事物，表达情感和思想；

· 根据创作主题，采用合适的绘画构图形式组织、安排作品画面；

· 选用泥、纸、木材、废弃物品、金属丝等媒材，用雕刻、塑造、组装等方法创作建筑模型，使用国画技法创作国风扇面；

· 思考自己用各种材料、工具创作的作品或模型，倾听别人的意见或建议。

3. 学生能够理解

· 理解在使用传统的或现代的工具与媒材时，可采用不同的表现形式（写实、夸张、变形、抽象），创作美术作品；

· 理解在创作美术作品时，可通过归类、重组、改变等方法进行构思和实践，创作富有创意的美术作品；

· 在参与班级或小组的各种活动中，能尊重和理解别人不同的想法。

4. 核心素养

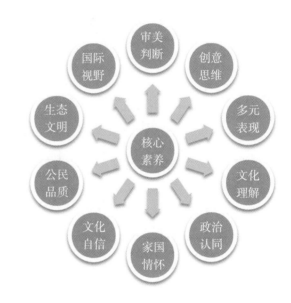

图 12-3

二、单元教材教法分析

（一）分析单元定位

1. 细化"课程目标"

通过细化课程目标，高中学段美术在"创意·表现"学习领域的内容要求包括以下学习活动建议：①学习运用各种媒材与技术创造视觉形象，表达思想、情感和美化生活；②通过绘画、雕塑等形式理解和运用不同的空间形态；③结合生活经验与想象构思，运用观念、素材、媒材、形式、结构和各种美术制作方法进行试验和创作；④创造力可以通过美术活动得到培养，多进行美术活动。

2. 以往学习基础

通过初中学段的学习，学生已对建筑形成了一定的感受和理解，对各类表现手法有了解，具备了一定的表现能力。

3. 未来学习要求

本单元是高中学段美术"表现建筑"学习的最高阶段。

4. 单元定位

本单元中，教师应引导学生深入了解建筑的结构和嘉庚建筑的位置，综合运用以往所学的建筑知识与创作方式，进行个性化表现，提高表现能力。

（二）整合内容结构

1. 梳理教材内容

了解经典嘉庚建筑具体地理位置和特点；

寻踪嘉庚地图创意活动；

学习中国画的特点与用笔要求；

嘉庚国风扇面创意活动。

2. 单元教学内容结构

（1）学科知识与技能

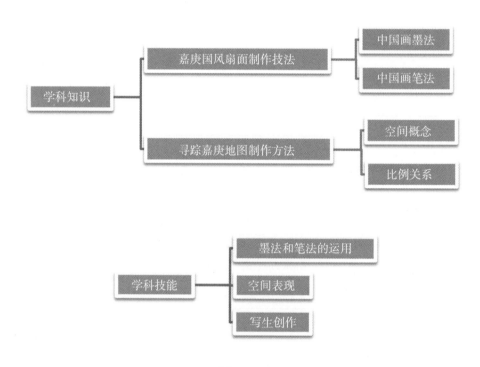

图 12-4

本单元学科知识与技能的核心是"表现手法"，除地图制作方法外，还需要进一步学习中国画墨法和笔法的运用、速写的创作与空间表现，学习运用不同的手法进行表现与创作实践。

（2）人文内涵

① 建筑来源于历史；

② 建筑融于环境；

③ 嘉庚建筑的创作可以结合陈嘉庚先生的爱国敬业奉献精神。

本单元教学内容的核心是"建筑的表现手法"，可以结合建筑本身及不同的表现手法，提炼出相关的人文内涵。如，在表现建筑中以自己对嘉庚建筑的理解进行主观"再创作"，通过造型表现使自己的情感在模型上得以呈现。

（3）审美层面

① 体验和感悟嘉庚建筑模型所形成的统一、协调与变化的色彩美；

② 感受嘉庚建筑造型与结构所表现的不同时代和文化的魅力；

③ 感受和欣赏自然与嘉庚建筑相融的和谐美感；

④ 辨别和欣赏生活环境中的嘉庚建筑。

（三）分析教法依据

1. 教学内容特点

本单元主要是对嘉庚建筑进行表现与再创作。

2. 学段学情特点

一方面，高中学段的学生已经对视觉元素、形式原理、色彩知识、构图形式、透视知识、造型表现方法、拼贴表现手法具有了一定的了解，能够理解建筑中的一些抽象原理，具备了进行自主探究性学习的基础和能力；另一方面，通过之前的学习，高中学段学生形成了一定的空间感受和空间表现的经验，具备了运用所学知识和实践经验进行分析和探讨的基础和能力。

3. 教学资源选取

运用速写表现不同特点的嘉庚建筑，运用透视知识设计和装饰教学环境，运用空间知识更好地布局校园及社区环境等。

（四）设计教学方法

结合分析，预设本单元的主要教学方法：

1. 教师主导——讲授：针对概念性知识进行讲授，如嘉庚建筑的特点与造型，图样的概念等。

2. 学生自主——观察与探究：针对嘉庚建筑的内部结构，外部造型特点等原理知识的内容，引导学生结合以往的学习基础和学习经验，充分调动学习主动性，从日常生活中的现象出发，进行探究性学习。

3. 师生互动——交流与讨论：针对人文内涵及审美层面，例如，嘉庚建筑的外部结构、建筑造型给予观者的视觉感受等，引导学生结合所学知识及以往基础，积极进行思考，通过语言或者文字的交流讨论，形成一定的理解与感悟。

（五）定位学科能力

1. 关键能力

运用材料媒介进行表现和创作的能力；

对自然及生活中建筑的特点与造型的感受与欣赏能力。

2. 其他能力

自主思考与探究建筑的特点与造型和规律的能力；

表达与交流嘉庚建筑"再创作"的过程及体会的能力。

三、单元教学目标设计

（一）单元教学目标

知识与技能：认识嘉庚建筑的基本概念和设计特点；了解嘉庚建筑形式的特征与造型的基本规律；运用嘉庚建筑的风格和构成的方法进行创意主题表现；综合理解嘉庚建筑及其相关知识，构思画面表现形式，创作含有主观情感的作品。

过程与方法：通过欣赏、探究，归纳嘉庚建筑构成的基本规律；观察与分析写生速写嘉庚建筑的基本特点；讨论和交流构嘉庚建筑创作的方法；在感知体验和实践中运用相关知识进行表现。

情感、态度和价值观：理解嘉庚建筑在厦门本土建筑群中的重要性；感悟嘉庚建筑中所蕴含的爱国主义精神，默默付出、不求回报的奉献精神和顽强拼搏的自强精神；理解中西结合、协调与变化的建筑之美；体验创作表现不同主题的魅力；感受和欣赏自然与生活中嘉庚建筑的美感。

（二）单元教学重难点

教学重点：了解嘉庚建筑特点与造型；运用多种媒介材料表现嘉庚建筑；运用嘉庚建筑元素创作具有创意的拓展性作品。

教学难点：在嘉庚建筑创作表现中创意运用媒介材料进行再创作。

（三）单元学习活动设计

1. 规划单元活动

根据本单元教学目标、教学重点和难点，对单元主要学习活动进行规划。

表 12-5

活动序号	学习活动内容
活动 1	嘉庚建筑实地速写
活动 2	制作寻踪嘉庚地图
活动 3	理解中国画笔墨方法
活动 4	创作嘉庚建筑扇面

说明：本单元以嘉庚建筑创意与表现为主要内容，以嘉庚建筑的认知和创意表达为核心知识与技能，以在嘉庚建筑的客观和主观表现中运用多种媒材进行合理组织为教学难点，围绕"嘉庚建筑"学习认识、内涵理解和创意表达三个阶段设计单元主要活动。

2.制订活动方案

（1）活动内容

表 12-6

序号	活动主题	活动任务	关键问题
活动 1	了解嘉庚建筑位置	参与游戏互动，认真观察与思考，围绕"经典嘉庚建筑的地理位置"进行自主探究	1. 你了解嘉庚建筑的大致位置和缩放大致比例吗 2. 如何使地图中的嘉庚建筑形式更加丰富且形成秩序
活动 2	制作寻踪嘉庚地图	依据学习任务单，分小组进行活动探究，速写嘉庚建筑，制作嘉庚建筑的地图	1. 速写嘉庚建筑中遇到什么问题 2. 你分别从嘉庚建筑的哪些特点入手速写嘉庚建筑的 3. 按照比例缩放制绘后，地图还需要补充哪些要素
活动 3	学习中国画笔墨要求	学习中国画的基本技法，学会用墨用笔进行基本建筑的描绘	1. 你在画面中运用中国画的技法时碰到哪些问题 2. 在表现的过程中，对嘉庚建筑的大致描绘后，有哪些新的感受
活动 4	制作嘉庚国风扇面	在扇面上描绘嘉庚建筑，并运用不同的颜色、不同的技法，创意调整扇面作品	1. 你在进行扇面创作时碰到哪些问题 2. 为什么你倾向于这样表现画面 3. 对调整完成后的画面，你有什么感受

（2）活动性质

表 12-7

活动内容的特点和学习要求	确定对应的活动性质
利用从实地体验嘉庚建筑中吸收到的灵感来速写嘉庚建筑，学生需要通过探究与思考来进行描绘	探究类活动
对嘉庚建筑的特点和造型、整体的比例关系，学生需要通过观察、记录和思考来认识和理解	探究类活动
在学习对嘉庚建筑进行主观表现时，鼓励学生大胆运用中国画技法，结合嘉庚建筑的知识，进行有创意的扇面制作	表现类活动

3. 组织活动形式

独立学习：嘉庚建筑记录、学习任务单、速写嘉庚建筑。

合作学习：探究、交流、讨论等。

4. 选择活动资源

图片资料：各类嘉庚建筑表现图例或作品。

绘画材料：油画棒、水粉颜料、画笔、画纸等。

综合材料：学习任务单。

活动场所：美术专用教室、校园。

5. 分享活动收获

嘉庚建筑写生作品。

寻踪嘉庚地图作品。

嘉庚国风扇面作品。

四、单元评价设计

学习评价表

表 12-8

评价目的
1. 评估学生对嘉庚建筑的特点与造型的掌握程度 2. 观测学生在嘉庚建筑表现过程中的兴趣与态度 3. 评定学生对嘉庚建筑表现的学习结果

评价内容	
学习兴趣	1. 体验不同嘉庚建筑现象及共性的情况 2. 表现对建筑喜好的情感
学习习惯	主动观察、感受和探究嘉庚建筑的情况
学业成果	1. 能辨别、观察和分析嘉庚建筑 2. 能运用具有嘉庚建筑特点和造型的方法表现其他嘉庚主题的作品 3. 能根据主题，综合运用嘉庚建筑相关知识，构思嘉庚建筑的画面组织与构成，创作具有嘉庚风格的艺术作品

细化评价观测点	
活动内容	评价观测点
嘉庚建筑地理初体验	1. 能否在画面中表现嘉庚建筑 2. 能否运用比例关系协调对比，缩放嘉庚建筑 3. 能否从嘉庚建筑的角度描述画面，阐述构思
观察分析，速写嘉庚建筑	1. 能否运用所学知识，依据任务单，进行探究性学习 2. 主动探究与交流的情况 3. 能否对学习单拓展的问题进行思考，并得出结论 4. 发表观点、交流讨论的情况
自然主题的嘉庚建筑写生	1. 能否在写生的画面中用各种手法进行表现 2. 能否在写生的画面中塑造嘉庚建筑 3. 能否通过嘉庚建筑中的各种元素进行搭配、丰富画面
展示手稿，交流构思	1. 能否按照要求进行嘉庚速写创作 2. 介绍作品、阐述构思的情况 3. 参与互动、分享欣赏感受、交流想法的情况 4. 思考、发表观点的情况

寻踪嘉庚地图作品赏析	1. 能否运用所学的嘉庚建筑知识,对所制嘉庚地图进行综合欣赏和分析 2. 能否用语言描述画面上的嘉庚建筑
嘉庚建筑扇面创作	1. 能否在速写基础上,进行深入构思 2. 能否根据构思,有意图地构成和组织画面上的嘉庚建筑 3. 能否根据构思,大胆尝试运用中国画技法表现嘉庚建筑,并整理协调画面 4. 能否通过作品,更加直观地表达自己的情感与个性 5. 在表达自我情感的基础上,关注人文及审美因素

说明:本单元的评价,应结合单元教学内容,围绕"嘉庚建筑形式的特点与造型",从学习过程中所体现出的兴趣与习惯以及学习成果的呈现两方面进行。评价内容以单元活动为载体,通过课堂观察、表现性任务分析和美术作业分析等路径,采用学生自评、互评和教师评价相结合的方式,以鼓励性语言和等第、评语的形式反馈评价结果。

五、单元资源设计

(一)明确使用目的

针对单元教学及重难点,本单元资源设计依托单元活动,通过资源设计与创设更加生动的情境,激发学生学习兴趣与热情,提高教学过程中教学方法的针对性与有效性。本单元活动任务主要有三个:

第一,参与游戏互动,认真观察与思考,围绕"如何使画面中的嘉庚建筑特点和造型更加丰富且形成秩序"进行自主探究。

第二,依据学习任务单,分小组进行探究活动,观察校园中的嘉庚建筑,分析其特点与造型,思考现实中的嘉庚建筑与画面中的嘉庚建筑的关系。

第三,展示自己构思和创作的速写手稿,介绍自己表现嘉庚建筑的意图以及在这一过程中的感想。

(二)细化资源设计

本单元选取的与教学内容直接关联的素材资源主要包括用于嘉庚建筑表现的各种绘画工具和材料,如黑色笔、油画棒、水粉颜料、画笔、画纸等。教师可以利用它们在单元学习的各个阶段保障学生进行有效实践,形成学习成果。

本单元设计的技术资源主要有:

1. 信息技术资源:通过自制的多媒体探究游戏,营造出生动活泼的教学情境,激发学生学习的积极性,促使他们进行自主思考和探究。

2. 实践技术资源:学习任务单能够帮助学生更好地规划探究性学习的步骤,提高探究的效率,形成对学习经历和探究过程的记录。

本单元选取的教学环境资源主要是校园,通过对校园中各处景物的实地观察和写生,为学生探究性学习的开展提供更加生动和丰富的内容和素材。

(三)形成单元资源

在教学环境资源的选择上,不同学校可以依据学情,结合所在区域的场馆、自然特色及人文景观等,更好地引导和促进学生在多元的情境中进行探究性学习。教师还可以鼓励学生课后去学校附近的美术场所欣赏美术作品,并感受嘉庚建筑之美。

在素材资源的利用上,教师可以针对单元学习的各个阶段,进行更加细化的设计。如,在第一、第二阶段,着重使用线条和肌理概括地表现嘉庚建筑,使学生能够更加关注嘉庚建筑的特点与造型;第三阶段,鼓励学生使用各种工具和材料,进行多种尝试,以达到表现自己创作意图的作品效果。另外,在课前提醒学生发现、收集各类建筑写生作品或者与建筑有关的图片等,引导学生对单元学习内容进行预习,便于学生在课上交流。

第五节　单元课程学习评价指南

一、"鉴赏·理解"课例

表 12-9

评价项目	评价标准	等级（权重）（评价为1—5分）		
		自评	组评	师评
知识与技能	认识嘉庚建筑的概念			
	了解传统嘉庚建筑和近代嘉庚建筑的特征			
	能在艺术作品中表现自己的创意构思			
过程与方法	能运用"思维导图法和费德曼四步法"分析欣赏建筑			
	能对学习单拓展的问题进行思考并得出结论			
	能与同学一起合作交流			
情感、态度和价值观	乐于表达对嘉庚建筑的认识			
	对调研的兴趣和参与感			
	关注建筑和生活环境的兴趣			
我这样评价我自己				
同学眼里的我				
老师的话				
课堂反馈（建议、收获）				

二、"创意·表现"课例

（一）教师：学习评价方法

评价内容包括过程性表现、结果性表现，观测点分为主动性、探究性、合作性。

表 12-10

教师评价表						
评价内容		1	2	3	4	5	评语
过程性表现	主动性						
	探究性						
	合作性						
结果性表现	主动性						
	探究性						
	合作性						

说明：评价为1—5分。

（二）学生：自评、互评方法

表 12-11

自评、互评表		
评价内容	学生自评	同伴互评
1. 能搜集嘉庚建筑的相关知识		
2. 能用本单元所学的技法创作作品		
3. 能进行独立思考并创作创意作品		
4. 能合作完成小组作品		
5. 能欣赏他人作品		

说明：评价为1—5分。

第四部分
探访世纪华章

第十三章

幼儿园艺术活动与教学设计[1]

第一节 幼儿园课程标准解读

一、课程标准解读

（一）研读《3—6岁儿童学习与发展指南》

1. 总体研读

《3—6岁儿童学习与发展指南》（以下简称《指南》），中幼儿艺术领域教育建议指出："和幼儿一起感受、发现和欣赏自然环境和人文环境中美的事物""创造条件让幼儿接触多种艺术形式和作品""展示幼儿的作品，鼓励幼儿用自己的作品或艺术品布置环境"，指出了教师要注重支持和引导幼儿的审美感受与表现，幼儿园教室内外的环境、丰富可操作性的材料，是促进幼儿学习发展的基础。

2. 阶段目标研读

本单元为幼儿园大班"艺术"领域的教学内容。《指南》中"艺术"学习领域5—6岁的课程目标包括：①喜欢自然界与生活中美的事物；②喜欢欣赏多种多样的艺术形式和作品；③喜欢进行艺术活动并大胆表现；④具有初步的艺术表现与创造能力。

（二）明确类型

本单元主题活动"你好，双子塔"属于《指南》中划分的幼儿园艺术领域，以幼儿园美术活动为核心，结合了科学活动、社会活动，活动设计中渗透简单的科学知识，既有幼儿个体创造表现，也有幼儿的合作互动。

活动规划：以一次集体活动为主，可拓展区角游戏；一次创意美术活动。

（三）确定内容

本单元为幼儿园大班"艺术"领域的教学内容。《指南》中"艺术"学习领域美术部分5—6岁（大班）的课程分目标包括：①乐于收集美的物品或向别人介绍所发现的美的事物；②艺术欣赏时常常用表情、动作、语言等方式表达自己的理解；③愿意和别人分享、交流自己喜爱的艺术作品和美感体验；④积极参与艺术活动，有自己比较喜欢的活动形式；⑤能用多种工具、材料或不同的表现手法表达自己的感受和想象；⑥艺术活动中能与他人相互配合，也能独立表现。

本主题的学习内容基于以上6点进行设定。

---

[1] 本章作者：上海师范大学天华学院学前教育学院讲师杨莹、上海师范大学天华学院学前教育学院本科生周予婕。

第二节　幼儿园艺术活动学材

一、探访世纪华章

活动1：美丽的双子塔

活动2：霓虹中的双子塔

二、创意工作坊

活动1：会变的双子塔

第三节　幼儿园主题活动教学设计

一、主题活动目标设定

活动目标

1. 学生能够知道

· 视觉元素，如线条（曲线、直线、粗线、细线、长线、短线等），形状（圆形、方形、三角形等），色彩（识别各种颜色）；

· 绘画工具，如油画棒、彩色水笔、水粉笔等；

· 手工制作的基本方法，如画、撕、剪、粘、拓印等。

2. 学生能够做到

· 尝试用纸、泥等多种媒材以及简便的工具，通过折、叠、揉、撕等方式，塑造立体造型作品；

· 寻找合适的工具、材料，创作一件作品；

· 与朋友分享交流构想或制作的过程。

3. 学生能够理解

· 理解身边容易找到的各种工具和媒材，利用绘画、撕贴等方式，进行创作与设计游戏活动；

· 与他人交流自己的想法与方法。

4. 核心素养

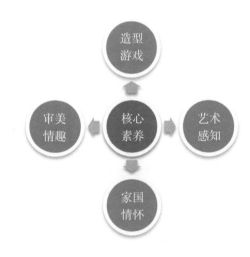

图 13-1

二、主题活动教材教法分析

（一）分析单元定位

1. 细化"活动目标"

根据《指南》，本单元大班幼儿美术学习领域的内容要求是：①艺术欣赏时能用表情、语言等方式表达自己的理解；②乐于发现美的事物，感受沙坡尾古早建筑的特点；③愿意和别人分享、交流自己喜爱的艺术作品和美感体验，在艺术活动中能与他人相互配合，也能独立表现；④能用多种工具、材料或不同的表现手法表达自己的感受和想象，能用自己制作的美术作品布置环境、美化生活。

2. 以往学习基础

通过中班的学习，幼儿对生活有了一定的感受，对绘画、手工的表现手法有了一定了解，积累了一些生活经验，可以使用多种方式表现自己的所见所想。

3. 未来学习要求

本主题活动是幼儿园美术领域学习的最高阶段。

4. 主题定位

通过美术活动帮助幼儿了解厦门现代城市的发展，了解建筑与城市的关系，初步体会厦门现代城市风貌，使幼儿在美术活动中感知家乡的美丽之处，在心里种下热爱生活的种子，能够用多种方式表现自己对生活环境与建筑的认识。

（二）整合内容结构

1. 梳理教材内容

城市建筑欣赏活动（结合幼儿园语言领域）；

绘画活动（结合区角活动）；

创意活动之一（绘画与手工活动的延续）；

创意活动之二（结合区角活动）。

2. 主题活动单元内容结构

（1）学科知识与技能

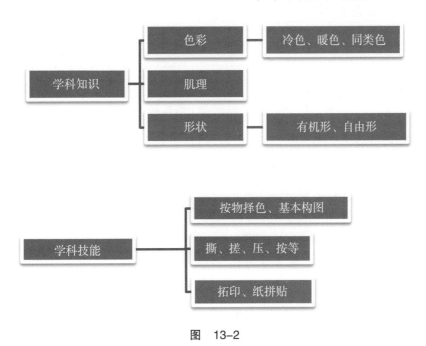

图 13-2

（2）人文内涵

① 建筑来源于历史

充分感受厦门现代建筑的风格，了解现代建筑的形成、特点，理解建筑与城市的关系；

② 建筑创造美的环境

通过了解双子塔的结构特点，结合简单的光学知识，设计美术活动，感受环境的美感；

③ 建筑是人的内心情感的体现

在美术活动过程中，体会现代生活，感受厦门是一个充满活力的城市。

（3）审美层面

① 体验和感悟建筑的结构美感；

② 欣赏生活及环境中的美。

（三）分析教法依据

1. 教学内容特点

本单元主要是对幼儿家乡建筑的特点、美术材料的了解与应用。

2. 学段学情特点

一方面，大班幼儿的注意力进一步发展，能比较集中地关注观察对象，深度知觉开始发展，开始有兴趣注意分辨某些前后关系，手眼协调能力明显提高；另一方面，通过之前的学习，大班幼儿有了色调的概念，可以分辨同一色系中颜色的深浅变化，尝试用色彩表现画面的内容，逐步尝试运用轮廓线取代图形，可以有目的地安排绘画。大班的孩子好奇心增强，对生活充满热情，期待了解更多的知识，乐于接受新知识。

3. 教学资源选取

本主题选取的与教学内容直接关联的素材资源主要是用于表现双子塔的各种绘画工具和材料，如油画棒、水彩笔、丙烯或水粉颜料、水粉笔、各种艺术纸等。教师可以利用它们在主题活动的各个阶段保障学生进行有效实践，形成学习成果。

本单元选取的教学资源主要是双子塔，通过对双子塔各处景物的实地观察，为幼儿探究性学习的开展提供更加生动和丰富的内容和素材。

（四）设计教学方法

结合分析，预设本次主题活动的主要教学方法：

教师主导——讲授：针对概念性知识、科学知识、合作方法等进行讲授。

学生自主——合作与探究：引导幼儿结合以往的学习基础和学习经验，充分调动学习主动性，从日常生活中的现象出发，进行探究性学习，增进幼儿的探索欲；引导幼儿与同伴合作，初步学习分工，共同完成作品，感受合作的快乐。

师生互动——交流与讨论：针对人文内涵及审美层面，例如建筑与城市的关系、生活中的建筑特点，引导幼儿结合所学知识及以往基础进行思考，通过语言的交流讨论，形成一定的理解与感悟。

（五）定位学科能力

1. 关键能力

运用不同材料与方法进行表现和创作的能力；
对自然及生活的感受与欣赏的能力。

2. 其他能力

自主思考的能力、语言表达能力；
与他人合作的能力。

三、主题活动设计

（一）单元教学目标

帮助幼儿了解厦门现代城市的发展，了解建筑与城市的关系，使幼儿在美术活动中感知家乡的美丽，更加热爱生活。

（二）单元教学重难点

教学重点：了解双子塔的特点，学会用不同材料、不同肌理进行表达。

教学难点：建筑物与周围景物的空间关系，装饰设计的方法。

（三）单元学习活动思路

首先，通过欣赏活动"美丽的双子塔"让幼儿了解双子塔的特点——对称美。相信厦门的很多小朋友都去过双子塔，并在附近游玩。尤其是夏天的晚上，可以在双子塔上看夜景，也可以到下面附近的观景平台欣赏海景，感受厦门是一个充满活力的海滨城市。

其次，通过"霓虹灯中的双子塔"让幼儿更加喜欢这座厦门的代表性建筑，通过制作肌理纸张让幼儿感受油画棒、水彩、水粉等不同质地带来的不同视觉感受，促进幼儿的美术感知能力。幼儿需要锻炼自己的手部肌肉对纸张进行剪、撕、拓印等技法来制作双子塔的"外衣"，可以提高手眼协调能力。

最后，设计了"会变的双子塔"，希望通过引入简单的科学知识，让幼儿理解建筑与城市的关系，进一步激发幼儿对双子塔的热爱、骄傲之情，引导幼儿运用综合材料制作城市建筑模型。幼儿在借助美术材料感受城市风貌的同时，还通过活动中的合作、交流得到了社会性发展。

（四）设计单元活动框架

图 13-3

（五）制订每次活动方案

表 13-1

	活动1：美丽的双子塔		
基本信息	幼儿园：大班、课时：30分钟、学习领域：语言领域		
活动目标	1. 知道厦门双子塔的地理位置等基本信息，并了解其风帆的基本造型以及体会两座塔楼的对称美 2. 欣赏感受厦门现代城市的美好风光，尤其是双子塔的风景，了解城市文化，增进对家乡的热爱之情		
活动重难点	重点：知道双子塔的特点，感受对称美 难点：理解厦门城市发展的原因，大海、船和港口的关系		
活动准备	材料准备：绘本《这里是中国·厦门》、双子塔图片 经验准备：幼儿曾经去过沙坡尾（可由家长带领完成）		
活动环节	活动内容	活动任务	设计意图
导入部分	谈话导入	请幼儿说说自己对厦门新建筑的认识	巩固幼儿经验，有利于后续主题活动的开展
展开部分	1. 自主阅读，感受乐趣 2. 细致读图，深入理解	1. 引导幼儿讲述自己对绘本的理解 2. 引导幼儿理解厦门的发展、城市的建筑特点 3. 引导幼儿讲述对高楼的感受、对城市发展变化的感受	《纲要》中指出"扩展幼儿对社会生活环境的认识，激发爱家乡的情感"让孩子们在绘本的"潜移默化"中，了解厦门城市建筑的发展变化
结束部分	教师总结	教师讲授厦门双子塔的特点，介绍对称美，讲授城市建筑与城市的关系，升华情感	激发幼儿对现代建筑的兴趣与喜爱
活动成果	加深幼儿对厦门、双子塔、现代城市的了解		
活动延伸	教师可以制作双子塔或者有关现代建筑物的主题活动墙		

表 13-2

活动2：霓虹灯中的双子塔				
基本信息	幼儿园大班、课时：30分钟、学习领域：美术领域			
活动目标	1. 感受双子塔的造型特点——对称美 2. 以拼贴、绘画的方式设计一场"双子塔灯光秀"，并结合教师提供的素材组合出双子塔灯光秀的完整场景 3. 喜爱现代建筑风格，激发对城市建筑的兴趣			
活动重难点	重点：掌握双子塔建筑特点，并在作品中体现 难点：设计双子塔以及周围场景，体现建筑、景物之间的空间感			
活动准备	准备双子塔灯光秀视频或图片，幼儿提前准备废弃糖纸、彩色卡纸，教师准备双子塔形象的空白画纸、镭射纸、珠光纸、荧光纸、彩粉、自制肌理纸、彩笔、胶水、房屋以及演武大桥的图片素材等 经验准备：幼儿曾经去过双子塔（可由家长带领完成）			
活动环节	活动内容	活动任务		设计意图
导入部分	谈话导入	教师以提问的方式，帮助幼儿了解双子塔的地理位置		通过PPT对双子塔周围环境的还原，巩固幼儿对双子塔地理位置的认知，有利于后续活动的开展
展开部分	1. 观看一场双子塔灯光秀 2. 说说自己想要设计的灯光秀 3. 设计一场灯光秀	1. 幼儿交流看到的内容，教师引导幼儿展开想象，谈一谈自己想要设计一场什么样的灯光秀 3. 在教师提供的双子塔空白画纸上进行设计 4. 将设计完的双子塔和教师提供的场景素材结合在一起进行场景的搭建		通过一场双子塔灯光秀的设计，巩固先前学习的对称等概念，并在搭建场景的活动中温故知新
结束部分	教师总结	1. 引导幼儿介绍自己设计的灯光秀，并简要表达设计意图 2. 教师总结，升华情感		通过一场极具现代风格的灯光秀，培养幼儿对厦门发展的自豪之情
活动成果	美术作品			
活动延伸	区角活动：双子塔下的演武大桥 教师提供车子的小卡片若干，供幼儿任意摆在白纸上后，根据车子的位置和方向，画出幼儿心中的演武大桥。教师设计展示墙，将幼儿设计的双子塔灯光秀作品和演武大桥摆放在一起。也可以提供纸张，撕贴制作大桥			

四、主题活动评价设计

表 13-3

评价目的
1. 评估幼儿对双子塔特点的掌握程度 2. 观测幼儿在美术活动中表现的兴趣与态度 3. 评定幼儿的学习结果

评价内容	
学习兴趣	1. 用双子塔作为表现对象表达情感的意愿 2. 能根据主题与同伴合作

学习习惯	主动观察、感受和探究双子塔的情况
学业成果	1. 能说出双子塔的特点 2. 能运用美术的基本方法表现双子塔建筑特点 3. 知道并运用色彩、形状、肌理等美术知识

细化评价观测点	
活动内容	评价观测点
认识双子塔	1. 认真阅读 2. 主动发表看法
建筑初体验	1. 能否说出双子塔的特点 2. 能否在画面中构成对称建筑 3. 能否描述画面，以建筑为主要描述对象
主题性创作	1. 能否根据构思，有意图地构成和组织画面 2. 能否根据构思，大胆尝试各种工具和材质，进行设计与表现 3. 能否通过作品，表达自己的情感 4. 能否和其他幼儿合作

说明：本主题的评价，应结合主题教学内容，从学习过程中所体现出的兴趣与习惯以及学习成果的呈现两方面进行。评价内容以主题活动为载体，通过课堂观察、表现性任务分析和美术作品分析等路径，采用幼儿自评、互评和教师评价相结合的方式，以鼓励性语言和等第、评语的形式反馈评价结果。

第四节 创意工作坊活动方案

活动方案

（一）活动信息

【活动主题】会变的双子塔
【活动对象】大班幼儿
【活动时间】30 分钟

（二）活动目标

1. 通过对法国画家莫奈鲁昂大教堂系列画作的欣赏，了解一天当中不同时间内建筑的色彩变化特点，认识光的反射。
2. 能够在所选的时间段内展示双子塔的色彩风格。
3. 喜欢欣赏不同时间段内的双子塔，激发对城市光影变化的兴趣。

（三）材料准备

1. 物质准备：莫奈的作品图片、表面贴有镜面纸的立体双子塔、硬纸板、绘画工具（画纸、油画棒、颜料、画笔、棉棒等）。
2. 经验准备：了解双子塔建筑的特点，已画过双子塔。

（四）设计思路

1. 内容设计：综合幼儿之前对双子塔的所有了解，进一步激发幼儿对双子塔的热爱、骄傲之情，引导幼儿运用综合材料制作简单的城市建筑模型。
2. 与现有学材课例的关系：是活动 1 "美丽的双子塔"与活动 2 "霓虹灯中的双子塔"的延续。
3. 教学方法：谈话法、讨论法、合作法。

（五）活动过程

1. 导入部分

（1）观察鲁昂大教堂、双子塔图片并与同伴讨论，初步分析建筑在不同时间段内的色彩变化。教师引导幼儿讨论双子塔可以在什么时间段内反射出什么颜色、图案、线条。

注意总结：建筑物的色彩变化与时间有很大关系，双子塔玻璃外墙更容易产生光的反射。

（2）了解创作材料及工具（为了节约时间，带有镜面纸的双子塔造型由老师提前制作完成）。

2. 展开部分

（1）与同伴、教师一同讨论创作内容。

（2）幼儿集体创作，教师及时引导。

（3）创作步骤：

第一，在画纸上设计在不同时间段（早晨、中午、傍晚或夜晚）的背景色。颜料上色可以运用手、画笔、纸巾、棉棒等工具做出肌理效果，或者用彩色纸撕贴、剪贴，以及拓印等。这部分，老师可以结合幼儿实际能力灵活选择。

第二，教师将完成的彩色纸贴于硬纸板上，将贴有镜面纸的双子塔放在硬纸板前，观察反射情况。

3. 结束部分

（1）幼儿分享作品内容以及创作感受。

（2）把这个模型放在美工区角。

（六）活动延伸

将作品投放至班级环境布置中作为主题活动的成果展示，同时也起到班级环境的美化作用，方便幼儿继续观察。此外，投放至班级环境中还可让主题活动对孩子的影响延续下去，形成新的活动。幼儿可以在个别化活动的时候为我们的"双子塔"增添美丽的风景和有趣的事物。也可以增添双子塔下的其他事物，增加演武大桥、汽车、行人等。

（七）活动收获

1. 综合运用幼儿已经掌握的基本美术技法，使用综合材料进行创作，增强了幼儿的艺术表达能力。

2. 本次创意工作坊，是幼儿美术领域与社会领域的融合，增强了幼儿的合作性，促进幼儿社会性发展，并且使幼儿学习了简单的光学知识。

第十四章
小学美术单元课程与教学设计[1]

第一节 美术课程标准解读

一、"欣赏·评述"课例

（一）研读标准

本单元课程设定为三年级"欣赏·评述"学习领域的教学内容。《义务教育美术课程标准（2011年版）》（以下简称《课程标准》）中第二学段3—4年级的目标是"欣赏符合学生认知水平的中外美术作品，用语言或文字等多种形式描述作品，表达感受与认识"。本单元引导学生通过对厦门改革开放以来重要建筑进行观察、描述和分析，认知其文化内涵、风格特征、相关的历史与背景，并用语言、文字等多种方式表达自己的认识，能在文化情境中理解美术作品，培养人文精神，逐步形成审美趣味和美术欣赏能力。

（二）明确类型

本单元属于"欣赏·评述"学习领域。课时规划：4课时。

（三）确定内容

《课程标准》中"欣赏·评述"学习领域的课程分目标包括：①尝试对美术作品，特别是具有我国民族特色的美术作品，用语言或文字进行描述，用多种方式表达自己的感受与认识；②搜集我国民间美术作品，并了解其中的特点或寓意，进行交流；③以小组合作学习的方式，讨论我国民居建筑的特色。

本单元教材的学习内容基于以上3点进行设定。

二、"创意·表现"课例

（一）研读标准

本单元课程设定为三年级"创意·表现"学习领域的教学内容。《课程标准》中第二学段3—4年级的学习领域目标是"初步认识线条、形状、色彩与肌理等造型元素，学习使用各种工具，体验不同媒材的效果，通过观察、绘画、制作等方法表现所见所闻、所感所想，激发丰富的想象，唤起创造的欲望"。本单元主要引导学生通过不同的创作方法表现对象、表达情感。

---

[1] 本章作者：上海师范大学美术学院美术教育专业硕士研究生刘朱怡。

(二)明确类型

本单元属于"创意·表现"学习领域。课时规划：3课时。

(三)确定内容

《课程标准》中分目标包括：①观察、认识与理解线条、形状、色彩、空间、明暗、肌理等基本造型元素，运用对称、均衡、重复、节奏、对比、变化、统一等形式原理进行造型活动，增进想象力和创新意识；②通过对各种美术媒材、技巧和制作过程的探索及实验，发展艺术感知能力和造型表现能力；③体验造型活动的乐趣，敢于创新与表现，产生对美术学习的持久兴趣。

第二节　小学美术单元学材

一、第一单元："欣赏·评述"

第1课：走进海沧大桥
第2课：探索演武大桥
第3课：厦门国际会展中心
第4课：魅力双子塔

二、第二单元："创意·表现"

第1课：相约厦门——宣传海报
第2课：美好的厦门之旅——手绘地图
第3课：私人定制——纪念品

第三节　"欣赏·评述"单元课程教学设计

一、单元课程目标设计

课程目标

1. 学生能够知道

· 欣赏方法，如对比法、情境法、对话法、费德曼四步法等；
· 视觉元素，如线条、形状、色彩、肌理、空间等；
· 形式原理，如对称、均衡、节奏等；
· 色彩知识，如原色、间色、复色、冷色调、暖色调、对比色、邻近色等。

2. 学生能够做到

· 用不同的欣赏方法，描绘自己对作品的想法与感受；
· 用不同的方法欣赏其他建筑，学会迁移；
· 倾听别人的意见，尊重他人的建议。

3. 学生能够理解

· 厦门建筑的人文价值与建筑的文化底蕴，增强民族自豪感；
· 传统建筑中的文化传承和创新精神，形成文化认同感；
· 在欣赏建筑作品时，可以尝试各种欣赏方法，进行多角度欣赏；
· 在参与班级或小组的各种欣赏活动中，能尊重和理解别人不同的想法，虚心倾听、理解别人的意见或建议。

4. 核心素养

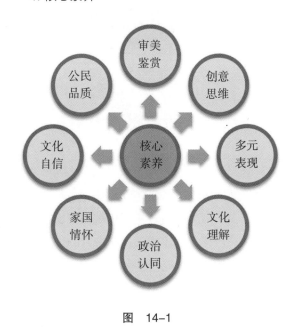

图 14-1

二、单元教材教法分析

（一）分析单元定位

1. 细化"课程目标"

根据"课程目标"，三年级美术在"欣赏·评述"学习领域的学习活动建议包括：①尝试对美术作品，特别是具有我国民族特色的美术作品，用语言或文字进行描述，用多种方式表达自己的感受与认识；②搜集我国民间美术作品，并了解其中的特点或寓意，进行交流；③以小组合作学习的方式，讨论我国民居建筑的特色。

2. 以往学习基础

通过二年级的学习，学生对建筑形成了一定的感受和理解力，具备了一定的审美判断能力。

3. 未来学习要求

本单元是小学学段美术"欣赏建筑"学习的最高阶段，要求学生掌握多种欣赏方法对建筑进行解读与分析。

4. 单元定位

本单元中，教师应引导学生深入了解建筑的历史、功能、空间、造型、色彩、文化，综合运用各种欣赏方法，进行欣赏，提高鉴赏能力。

（二）整合内容结构

1. 梳理教材内容

能够从历史、结构、造型、色彩、文化角度欣赏海沧大桥；

通过对比法，从历史、结构、造型、色彩、文化角度欣赏演武大桥；

能够从功能与空间、造型与细部、文化和意义欣赏厦门国际会展中心；

能够通过费德曼四步法欣赏厦门双子塔。

2. 单元内容结构

（1）学科知识与学科技能

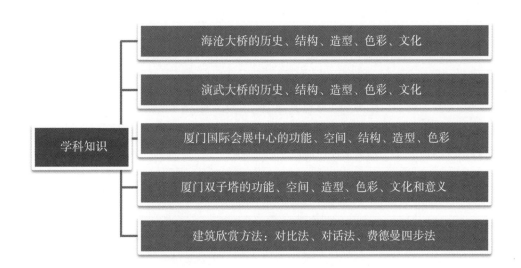

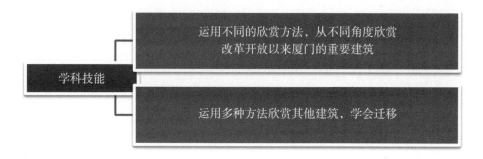

图 14-2

(2) 人文内涵

① 建筑是一本史书,从建筑可以阅读历史;

② 建筑是人类文明的脉络之一,保存与延续着思想文化;

③ 建筑与人文生活交汇融合,焕发新的生机。

(3) 审美层面

① 建筑的历史;

② 建筑的结构;

③ 建筑的造型与色彩;

④ 建筑的文化和意义。

(三) 分析教法依据

1. 教学内容特点

本单元主要是对厦门改革开放以来的重要建筑的欣赏方法进行理解、运用与迁移。

2. 学段学情特点

一方面,三年级的学生已经对部分欣赏方法有了一定的了解,具备了进行建筑欣赏的自主探究性学习的基础和能力;另一方面,通过之前的学习,三年级学生形成了一定欣赏经验,具备了运用所学知识和实践经验进行分析的基础和能力。

3. 教学资源选取

本单元选取的与教学内容直接关联的素材资源主要是用于改革开放以来厦门重要建筑欣赏与表现的各种工具和材料,如水彩笔、铅笔、橡皮等。教师可以利用它们在单元学习的各个阶段保障学生进行有效实践,形成学习成果。

本单元设计的技术资源主要有:

(1) 信息技术资源:通过不同的欣赏方法,营造出生动活泼的教学情境,激发学生学习的积极性,促使他们进行自主思考和探究。

(2) 实践技术资源:学习单能够帮助学生更好地规划探究性学习的步骤,提高探究的效率,形成对学习经历和探究过程的记录。

本单元选取的教学环境资源主要是厦门建筑,通过对厦门建筑中各处景物的实地观察和拍摄,为学生探究性学习的开展提供更加生动和丰富的内容和素材。

(四) 设计教学方法

结合分析,预设本单元的主要教学方法:

1. 教师主导——讲授:针对概念性知识进行讲授,如厦门改革开放以来的重要建筑的历史、空间、功能、结构、造型、色彩、文化与意义等。

2. 学生自主——观察与探究:针对不同欣赏方法以及知识点,通过实地考察,引导学生结合以往的基础和学习经验,充分调动学习主动性,进行探究性学习。

3. 师生互动——交流与讨论:针对人文内涵及审美层面,教师应引导学生结合所学知识及以往基础,积极进行思考,通过语言、文字等方式进行交流讨论,形成一定的理解与感悟。

(五) 定位学科能力

1. 关键能力

审美能力;

感受与鉴赏能力。

2. 其他能力

自主思考与探索的能力;

共情能力;

合作、表达与交流的能力。

三、单元教学活动设计

（一）单元教学目标

知识与技能：认识厦门改革开放以来的重要建筑的历史、功能、空间、结构、造型、色彩、文化与意义，提高在文化情境中欣赏美的能力。

过程与方法：通过"选一选"与"画一画"等环节，从历史、功能、空间、结构、造型、色彩、文化与意义维度欣赏海沧大桥、演武大桥、厦门国际会展中心、厦门双子塔。

情感、态度和价值观：理解厦门改革开放以来的重要建筑的价值与意义。感受其保护意义以及创新和发展，感悟建筑的文化底蕴，筑文化认同，扬家国情怀。

（二）单元教学重难点

教学重点：运用不同方法欣赏海沧大桥、演武大桥、厦门国际会展中心、厦门双子塔。

教学难点：对比欣赏海沧大桥与演武大桥；从多维度欣赏厦门国际会展中心；通过费德曼四步法欣赏厦门双子塔。

（三）单元学习活动

1. 设计单元活动框架

根据本单元教学目标、教学重点和难点，对单元主要学习活动进行规划。

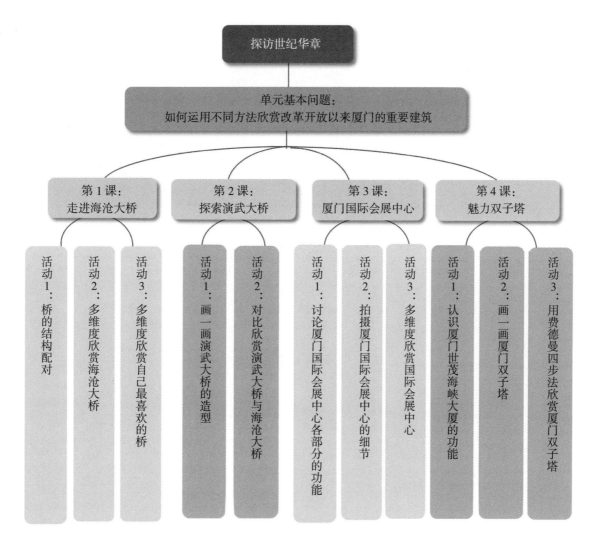

图 14-3

2. 制订每课活动方案

表 14-1

第1课：走近海沧大桥			
基本信息	三年级、一课时、学习领域："欣赏·评述"		
核心问题（大观念）	如何欣赏海沧大桥		
小问题	1. 海沧大桥的建设历史是怎样的 2. 海沧大桥的空间、结构、造型与色彩有什么特点呢 3. 如何欣赏海沧大桥并学会迁移呢		
教学目标	1. 知识与技能：认识海沧大桥的历史、空间、结构、造型与色彩的特点 从建筑的历史、功能、空间、结构、造型与色彩、象征与意义维度欣赏海沧大桥 2. 过程与方法：视频导入—连线配对了解桥的结构—对比观察了解海沧大桥—欣赏与分析 3. 情感、态度和价值观：理解海沧大桥文化与意义；激发对厦门改革开放以来重要建筑的热爱之情与探索建筑艺术的兴趣，提升欣赏能力		
教学重难点	1. 重点：了解海沧大桥的历史、功能、空间、结构、造型与色彩 2. 难点：学会迁移，运用同样的方法欣赏你最喜欢的桥		
教学资源	1. 教具：多媒体、海沧大桥图片、视频 2. 学具：铅笔、橡皮等绘画工具		
活动环节	活动内容	活动任务	设计意图
课前导入	1. 播放视频，观看海沧大桥从过去到现在的变化，说一说海沧大桥各阶段的历史与功能 2. 导入课题 ·1996年12月18日，海沧大桥开工建设 ·1999年12月30日，海沧大桥建成通车 ·2010年12月30日，海沧大桥西引道立交正式竣工通车 ·2019年1月31日，海沧大桥主桥限制速度提高至90千米/小时	学习海沧大桥的历史和今天	通过视频的方式引导学生进入主题学习内容，通过观察海沧大桥过去与现在的变化，激发对海沧大桥的探索兴趣
新课讲授	1. 观看不同桥的图片，了解不同桥的结构，并完成"连一连"小活动 2. 播放海沧大桥的图片，引导学生从结构、造型、色彩等角度小组讨论 3. 引导学生观察海沧大桥晚上与白天不同的色彩，并涂一涂 4. 教师总结海沧大桥的结构、造型、色彩特点	1. 完成不同结构的桥与图片配对连线 2. 根据观察的海沧大桥，使用绘画工具涂一涂颜色	通过连一连、涂一涂等小活动可以激发学生的学习兴趣；通过照片可以更加直观了解海沧大桥。
教师示范学生实践	1. 教师示范从历史、结构、造型、色彩、文化维度欣赏海沧大桥 2. 引导学生从建筑的历史、结构、造型、色彩、文化维度欣赏最喜欢的一座桥	从历史、结构、造型、色彩、文化维度欣赏你最喜欢的一座桥	在欣赏海沧大桥时可以很好地回顾本课的知识，并在欣赏其他桥时学会迁移

续表

总结与拓展	1. 总结：这节课我们欣赏了海沧大桥，知道了可以从建筑的历史、结构、造型、色彩、文化维度进行欣赏 2. 思考：尝试从这些维度思考演武大桥有什么特点	为下节课埋下伏笔
活动成果	对于海沧大桥以及其他桥的欣赏	
评价方案	1. 认识沧海大桥的历史、结构、造型、色彩、象征和意义 ☺☺☺☺☺ 2. 能够运用同样的方法欣赏其他的桥，学会迁移 ☺☺☺☺☺ 3. 理解沧海大桥特别的象征和意义 ☺☺☺☺☺	

表 14-2

第 2 课："探索演武大桥"			
基本信息	三年级、一课时、学习领域：欣赏·评述			
核心问题 （大观念）	如何通过对比法欣赏演武大桥			
小问题	1. 演武大桥有哪些历史文化呢 2. 如何运用涂一涂认识演武大桥白天与夜晚的色彩 3. 演武大桥与海沧大桥有何异同			
教学目标	1. 知识与技能：认识演武大桥的历史、结构、造型、色彩、文化和意义，并与海沧大桥进行对比欣赏 2. 过程与方法：实物导入—观看视频—拼接造型—涂涂色彩—对比欣赏 3. 情感、态度和价值观：感悟演武大桥的文化底蕴，形成保护与发展建筑的意识，激发文化认同与家国情怀			
教学重难点	1. 重点：从多维度欣赏演武大桥 2. 难点：与海沧大桥进行对比欣赏			
教学资源	1. 教具：多媒体、演武大桥模型、照片、视频 2. 学具：铅笔、橡皮等绘画工具			
活动环节	活动内容	活动任务	设计意图
课前导入	1. 老师拿出演武大桥立体模型，让学生通过触觉、视觉观察演武大桥特点 2. 导入课题	学生感知演武大桥并进行小组讨论	通过观察讨论与感知，引导学生进入主题
新课讲授	1. 通过演武大桥的视频，带领学生认识城市中的演武大桥并了解它的历史发展 2. 分配给学生曲线、直线拼图，由学生拼接桥的造型 3. 观看白天与晚上的演武大桥，思考其色彩的变化 4. 展现演武大桥活动视频，引导学生讨论它的文化与意义	1. 发挥想象讨论演武大桥造型特点，对比演武大桥与海沧大桥 2. 认识演武大桥色彩，并涂一涂 3. 讨论演武大桥的文化与意义	通过环环相扣的小活动，引导学生逐步认识演武大桥的特点，激发学习兴趣

第四部分 探访世纪华章 | 217

续表

教师示范学生实践	1. 将演武大桥与海沧大桥进行对比，引导学生从建筑外形、功能与空间、色彩等维度进行分析 2. 以小组为单位，介绍自己认识的演武大桥	对比欣赏进一步加深对演武大桥的认识
总结与拓展	1. 总结：今天，我们感受了演武大桥的独特魅力！下节课让我们走进厦门国际会展中心进行学习吧继续 2. 拓展：寻找厦门国际会展中心组成部分的资料，并从近处拍一拍厦门国际会展中心的照片近处	回顾本节课所学习的内容，并为下节课作铺垫
活动成果	对比法欣赏演武大桥	
评价方案	1. 认识演武大桥的历史、结构、造型、色彩、文化 ☺☺☺☺☺ 2. 能够通过对比欣赏与分析演武大桥 ☺☺☺☺☺ 3. 理解演武大桥特别的文化和意义 ☺☺☺☺☺	

表 14-3

第3课："厦门国际会展中心"			
基本信息	三年级、一课时、学习领域：欣赏·评述		
核心问题（大观念）	如何欣赏厦门国际会展中心		
小问题	1. 厦门国际会展中心有哪些组成部分，分别有什么功能呢 2. 厦门国际会展中心有什么特点 3. 厦门国际会展中心有什么意义 4. 如何欣赏厦门国际会展中心		
教学目标	1. 知识与技能：了解厦门国际会展中心的功能与空间、造型与细部、文化和意义，并进行欣赏与分析 2. 过程与方法：讨论厦门国际会展中心组成部分—远距离观察厦门国际会展中心—近距离观察厦门国际会展中心—欣赏与交流 3. 情感、态度和价值观：理解厦门国际会展中心在厦门改革开放中的重要性，激发文化认同与家国情怀		
教学重难点	1. 重点：厦门国际会展中心的功能与空间、造型与细部、文化和意义 2. 难点：从文化意义角度理解厦门国际会展中心对厦门的重要性		
教学资源	1. 教具：多媒体、教材、厦门国际会展中心图片与视频 2. 学具：铅笔、橡皮等绘画工具		
活动环节	活动内容	活动任务	设计意图
课前导入	1. 回顾上节课最后布置的作业，说一说厦门国际会展中心组成部分 2. 导入课题	承上启下	直奔主题，与上节课相衔接，加强连贯性
新课讲授	1. 播放厦门国际会展中心图片，引导学生思考其造型特点 2. 展示厦门国际会展中心细部的照片，引导学生观察细节，可以从色彩、几何图形等入手 3. 引导学生思考，厦门国际会展中心在厦门改革开放中的象征和意义	1. 观察并讨论厦门国际会展中心造型细节 2. 思考厦门国际会展中心在厦门改革开放中的重要意义	引导学生学习厦门国际会展中心造型与细部，提升审美经验。通过了解象征与意义，有利于感受其在厦门改革开放中的重要位置

续表

教师示范学生实践	1. 老师示范从功能与空间、造型与细部、文化和意义角度欣赏建筑 2. 学生实践	小组合作，角色扮演，采取对话法（导游和游客），从功能与空间、造型与细部、文化和意义角度欣赏厦门国际会展中心	通过对话法激发学生兴趣，加深对建筑欣赏维度的理解
总结与拓展	1. 总结：我们今天尝试以对话法的方式，从功能与空间、造型与细部、文化和意义角度欣赏了厦门国际会展中心 2. 拓展：大家能用相同的方法欣赏一下海上明珠观光塔吗		回顾本节课所学习的内容，引导学生学会迁移
活动成果	欣赏厦门国际会展中心		
评价方案	1. 了解厦门国际会展中心功能与空间、造型与细部 ☺☺☺☺☺ 2. 学会利用对话法欣赏建筑 ☺☺☺☺☺ 3. 理解厦门国际会展中心在改革开放中的重要性 ☺☺☺☺☺		

表 14-4

第4课：魅力双子塔			
基本信息	三年级，1课时，学习领域：欣赏·评述		
核心问题（大观念）	如何运用费德曼四步法欣赏厦门双子塔		
小问题	1. 厦门双子塔的功能有哪些呢 2. 厦门双子塔的造型和色彩有什么特色 3. 如何运用费德曼四步法欣赏双子塔		
教学目标	1. 知识与技能：了解厦门双子塔的空间与功能、造型与色彩、文化和意义，并运用费德曼四步法欣赏。 2. 过程与方法：观看视频—"画一画"—利用费德曼四步法欣赏 3. 情感、态度和价值观：感悟厦门双子塔的文化魅力，理解其文化价值与意义，提升对建筑的解读能力，激发文化认同与家国情怀。		
教学重难点	1. 重点：厦门双子塔的空间与功能、造型与色彩、文化和意义 2. 难点：运用费德曼四步法欣赏厦门双子塔		
教学资源	1. 教具：多媒体、厦门双子塔图片与视频 2. 学具：铅笔、橡皮等绘画工具		
活动环节	活动内容	活动任务	设计意图
课前导入	1. 观看厦门双子塔的视频，思考其功能 2. 引出主题	完成有关厦门双子塔功能的多选题	开门见山，直接进入主题

第四部分 探访世纪华章 | 219

新课讲授	1. 通过厦门双子塔图片，引导学生了解其造型特点 2. 对比观察白天与晚上不同的厦门双子塔图片，分别说一说色彩的特点 3. 引导学生思考双子塔在厦门建筑中有什么特别的意义与象征	1. 观察并画一画厦门双子塔 2. 为刚刚所画的双子塔上色，并说一说是白天还是晚上	通过画一画、涂一涂等环节，激发学生的学习兴趣，有利于了解厦门双子塔的特点
教师示范学生实践	1. 老师运用费德曼四步法欣赏厦门国际会展中心 2. 学生实践	运用费德曼四步法欣赏厦门双子塔	了解并加深对厦门双子塔认识
总结与拓展	厦门双子塔传递着文化意义和时代精神的讯息，大家可以运用同样的方法，欣赏一下身边其他的建筑吗		回顾本节课所学习的内容
活动成果	运用费德曼四步法欣赏厦门双子塔		
评价方案	1. 了解厦门双子塔的空间与功能、造型与色彩、文化和意义 2. 学会运用费德曼四步法欣赏 3. 激发文化认同与家国情怀		

四、单元评价设计

表 14-5

评价目的
1. 评估学生对厦门改革开放中重要建筑的历史、功能、空间、结构、造型、色彩、文化的掌握程度 2. 观测学生在欣赏厦门改革开放中重要建筑过程中的兴趣与态度 3. 评定学生运用不同欣赏方法进行欣赏的学习结果

评价内容	
学习兴趣	1. 体验厦门改革开放中重要建筑的历史、空间、功能、结构、造型、色彩、文化 2. 欣赏厦门改革开放中的重要建筑
学习习惯	主动观察、感受和探究
学业成果	1. 能了解厦门改革开放中重要建筑的历史、功能、空间、结构、造型、色彩、文化 2. 能运用不同的方法欣赏在厦门改革开放中的重要建筑 3. 在欣赏过程中，乐于表达

细化评价观测点	
活动内容	评价观测点
走进海沧大桥	1. 认识沧海大桥的历史、结构、造型、色彩、象征和意义 2. 能够运用同样的方法欣赏其他的桥，学会迁移 3. 理解沧海大桥特别的象征和意义
探索演武大桥	1. 认识演武大桥的历史、结构、造型、色彩、文化 2. 能够通过对比法欣赏与分析演武大桥 3. 理解演武大桥特别的文化和意义

续表

欣赏厦门国际会展中心	1. 认识厦门国际会展中心功能与空间、造型与细部 2. 学会运用对话法欣赏建筑 3. 理解厦门国际会展中心在厦门经济特区发展中的重要性
魅力双子塔	1. 认识厦门双子塔的空间与功能、造型与色彩、文化和意义 2. 学会运用费德曼四步法欣赏 3. 激发文化认同与家国情怀

第四节 "创意·表现"单元课程教学设计

一、单元课程目标设计

课程目标

1. 学生能够知道

· 视觉元素，如线条、形状、色彩、肌理、空间等；

· 形式原理，如对称、均衡、节奏等；

· 色彩知识，如原色、间色、复色、冷色调、暖色调、对比色、邻近色等；

· 构图形式，如横线、垂线、十字形、S形、圆形、三角形等构图；

· 造型表现方法，如写实、夸张、变形等。

2. 学生能够做到

· 用基本的色彩原则、形式原理与构图形式，合理而有美感地安排画面；

· 创作承载着自己对身边建筑认识和感受的作品；

· 自己创作或制作的作品，倾听别人的意见或建议。

3. 学生能够理解

· 可以使用不同的工具，采用不同的表现形式，创作美术作品；

· 在创作美术作品时，应有各种构想和变通能力，并尝试将自己的想法融入作品中，创作富有创意的美术作品；

· 在参与班级或小组的各种活动中，能尊重和理解别人不同的想法。对自己创作或制作的作品能进行思考，反思虚心倾听、理解别人的意见或建议，并对个人创作或想法加以改进。

· 增强民族自豪感，形成文化认同，筑牢家国情怀。

4. 核心素养

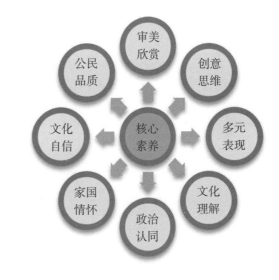

图 14-4

二、单元教材教法分析

（一）分析单元定位

1. 细化"课程目标"

根据"课程目标"，三年级美术在"创意·表现"学习领域的学习活动建议包括：1. 用写生（速写）、记忆、想象和创造等方式，进行造型表现活

第四部分 探访世纪华章 | 221

动；2. 学习线条、形状、色彩和肌理的基本知识，并用于描绘事物，表达情感；3. 选择各种易于加工的媒材，运用剪贴、折叠、切挖和组合等方法，进行有意图的造型活动。

2. 以往学习基础

通过二年级的学习，学生对建筑形成了一定的感受和理解力，对各类表现手法有了一定了解，动手能力也有所增强，具备了一定的表现能力。

3. 未来学习要求

本单元是小学学段美术"表现建筑"学习的最高阶段，要求学生掌握多种技法，制作表现改革开放中厦门重要建筑的旅游宣传海报、手绘地图以及文创产品。

4. 单元定位

本单元中，教师应引导学生深入了解改革开放中厦门重要建筑的历史、功能与空间、造型与色彩、文化与意义，综合运用以往所学的建筑知识与创作方式，进行个性化表现，提高表现能力。

（二）整合内容结构

1. 梳理教材内容

改革开放中厦门重要建筑的旅游宣传海报
改革开放中厦门重要建筑的手绘地图
改革开放中厦门重要建筑的文创产品

2. 单元内容结构

（1）学科知识与技能

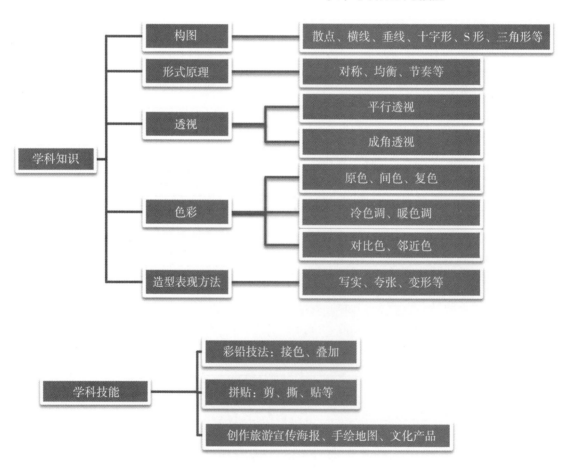

图 14-5

（2）人文内涵

① 建筑是艺术与历史的融合；
② 建筑保存与延续着思想文化；
③ 建筑与人文生活交汇融合，焕发新的生机。

（3）审美层面

① 感受设计海报的形式美与内容美；
② 感受绘画颜色之间的搭配美；
③ 感受不同构图带来的美感；
④ 体验和感受动手创作的乐趣。

（三）分析教法依据

1. 教学内容特点

本单元主要是对设计海报与绘制地图的美术语言、形式原理、构图形式以及创作文创产品的技巧进行了解与应用。

2. 学段学情特点

一方面，三年级的学生已经初步了解了视觉元素、形式原理、色彩知识、构图形式等；另一方面，通过之前的学习，三年级学生形成了一定的色彩表现与构图的经验，具备了运用所学知识和实践经验进行创作的基础和能力。

3. 教学资源利用

本单元选取的与教学内容直接关联的素材资源主要是用于设计海报、绘制地图与创作文创的各种绘画工具和材料，如彩铅、剪刀、胶水、画纸、超轻黏土等。教师可以利用它们在单元学习的各个阶段保障学生进行有效实践，形成学习成果。

本单元设计的技术资源主要有：

（1）信息技术资源：通过教师自主设计的多媒体探究游戏，营造出生动活泼的教学情境，激发学生学习的积极性，促使他们进行自主思考和探究。

（2）实践技术资源：学习任务单能够帮助学生更好地规划探究性学习的步骤，提高探究的效率，形成对学习经历和探究过程的记录。

本单元选取的教学环境资源：通过对改革开放中厦门重要建筑的实地观察和拍照，为学生探究性学习的开展提供更加生动和丰富的内容和素材。

（四）设计教学方法

结合分析，预设本单元的主要教学方法：

1. 教师主导——讲授：针对概念性知识进行讲授，如环境色、固有色、散点构图、彩铅技法等。

2. 学生自主——观察与探究：针对知识内容，引导学生结合以往的学习基础和学习经验，充分调动学习主动性，从日常生活中的现象出发，进行探究性学习。

3. 师生互动——交流与讨论：针对人文内涵及审美层面，引导学生结合所学知识及以往基础，积极进行思考，通过语言或者文字的交流讨论，形成一定的理解与感悟。

（五）定位学科能力

1. 关键能力

对视觉信息的解读能力；
运用所学知识与技能进行表现和创作的能力；
自主思考与探究的能力；
表达创作过程及创作体会的能力。

2. 其他能力：

沟通、合作的能力；
综合环境下解决问题的能力。

三、单元教学活动设计

（一）单元教学目标

知识与技能：回顾改革开放中的厦门重要建筑，掌握构图、形式原理、透视、色彩规律、造型表现方法，利用彩铅技法、拼贴方法，制作表现改革开放中厦门重要建筑的旅游宣传海报、地图、文创产品。

过程与方法：构思—草图—正稿—细节—完成。

情感、态度和价值观：理解厦门改革开放中重要建筑的重要性，感悟建筑背后的故事与文化底蕴，筑文化认同，扬家国情怀。

（二）单元教学重难点

教学重点：构图、形式原理、透视、色彩规律、造型表现方法、彩铅技法、拼贴方法。

教学难点：运用构图、形式原理、透视、色彩规律、造型表现方法，组织画面；运用彩铅技法、拼贴方法进行创作。

（三）单元学习活动

1. 设计单元活动框架

根据本单元教学目标、教学重点和难点，对单元主要学习活动进行规划。

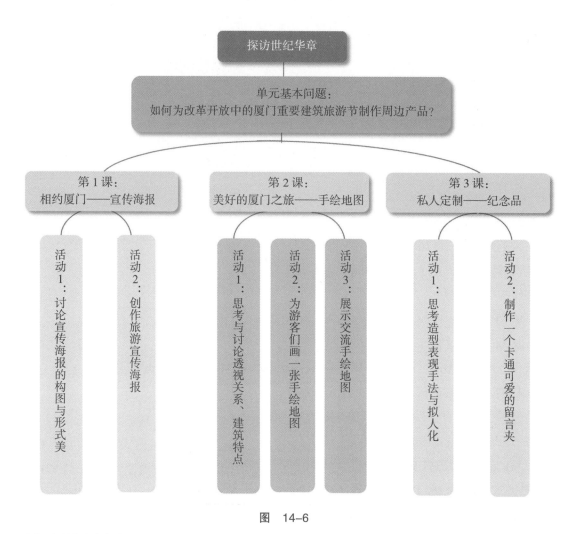

图 14-6

2. 制订每课活动方案

表 14-6

第1课：相约厦门——宣传海报	
基本信息	三年级、一课时、学习领域：造型·表现
核心问题 （大观念）	如何为改革开放中的厦门重要建筑主题的旅游节做一张宣传海报
小问题	1. 海报的构图有哪些 2. 如何让游客一目了然了解海报主旨 3. 如何让海报更加吸引人
教学目标	1. 知识与技能：将拼贴海报与改革开放中的厦门重要建筑相结合，了解拼贴海报的形式美，运用拼、撕、剪、贴等手法与海报构图形式创作一张旅游宣传海报 2. 过程与方法：根据主题构思选择建筑照片—剪裁—拼贴—标题与细节 3. 情感、态度和价值观：感悟改革开放历程，激发对建筑的探索兴趣，宣传推广改革开放中的厦门重要建筑，形成文化认同
教学重难点	1. 重点：拼贴海报的形式美，拼、撕、剪、贴等手法与海报构图形式 2. 难点：将拼贴海报与改革开放中的厦门重要建筑相结合
教学资源	1. 教具：多媒体、改革开放中的厦门重要建筑照片、宣传海报 2. 学具：绘画工具、剪刀、胶水

续表

活动环节	活动内容	活动任务	设计意图
课前导入	马上就要到旅游节啦,现在我们要向游客们推荐改革开放中的厦门重要建筑的旅游线路,为了吸引游客,大家能做一张宣传海报吗	创作宣传海报	创设情境,引导学生进入主题
新课讲授	1. 选择不同构图的海报,提问:"这些海报分别是什么构图?"教师总结:散点、横线、垂线、十字形、S形、三角形构图 2. 继续提问:"不同的构图会给你哪些不同的感觉呢?"教师总结:设计者会通过构图把想法表现在画面当中,不同的构图会传达不同的视觉感受 3. 教师引导学生欣赏优秀的宣传海报,介绍形式原理——节奏与韵律、对称与均衡、变化与统一等,引导学生思考形式美	小组讨论:宣传海报的构图与形式美	通过环环相扣的提问,欣赏与对比,引导学生思考,加深理解
教师示范学生实践	1. 教师运用拼贴的方式示范宣传海报制作过程 2. 学生动手创作,教师巡回指导	选择一种构图以及改革开放中的重要建筑,创作一张旅游宣传海报	通过示范可以让学生更加直观地学习
总结与拓展	今天我们为改革开放中的厦门重要建筑的旅游节做了一张宣传海报,那么,下节课我们要如何为游客们介绍与讲解呢		为下节课埋下伏笔
活动成果	旅游宣传海报		
评价方案	1. 了解拼贴海报的形式美 ☆☆☆☆☆ 2. 能够运用不同的手法与构图形式进行拼贴 ☆☆☆☆☆ 3. 作品想法、审美、创意性 ☆☆☆☆☆		

表 14-7

第2课:美好的厦门之旅——手绘地图	
基本信息	三年级、二课时,学习领域:造型·表现
核心问题（大观念）	如何为游客们画一张手绘地图
小问题	1. 改革开放中的厦门重要建筑有哪些特点 2. 如何利用彩铅表现画面
教学目标	1. 知识与技能:了解色调与透视原理,掌握彩铅技巧,了解改革开放中厦门重要建筑的特点,为游客画一张手绘地图 2. 过程与方法:构思—草稿—正稿—上色—完成—展示交流 3. 情感、态度和价值观:感悟改革开放中厦门重要建筑的发展,激发民族自豪感,形成文化认同,筑家国情怀
教学重难点	1. 重点:色调与透视、彩铅技巧、改革开放中厦门重要建筑的特点 2. 难点:为游客绘制一张手绘地图
教学资源	1. 教具:多媒体、改革开放中厦门重要建筑的图片 2. 学具:普通铅笔、彩色铅笔、橡皮、画纸

活动环节	活动内容	活动任务	设计意图
课前导入	现在大家都是小导游,可以为你的游客们画一张手绘地图,并介绍一下改革开放中的厦门重要建筑吗?		与上节课衔接,使课程更具有连贯性

新课讲授	1.观察改革开放中厦门重要建筑的照片 思考： 图2-22 立方体的平行透视 成角透视 消失点　　消失点 思考：这些建筑分别有什么特点（造型、色彩） 2.对比不同色调的图片，提问：这些图片给你怎样的感受呢？让学生了解色调的基本含义。一幅绘画作品虽然用了多种颜色，但总体有一种色彩倾向，可以表达情感或者氛围	1.思考平行透视与成角透视的区别 2.画一画平行透视与成角透视的建筑 3.讨论建筑的特点 4.思考手绘地图的色调 For COOL For WARM	通过观察、思考、讨论等环节有助于加深学生对于改革开放中厦门重要建筑的理解
教师示范学生实践	教师示范彩铅技巧，用笔的轻重影响色彩的深浅，不同色彩叠加可以变化颜色 彩铅用笔时要适当加强力度 色彩之间的柔和过渡，注意用笔要细腻，过渡自然。 通过水指接、过渡色彩，发挥水溶性彩铅的特点。	每个小组绘制改革开放中厦门重要建筑的旅游地图	通过示范可以让学生更加直观的学习 小组合作更有利于发挥不同学生的特长
展示与交流	以小组为单位，上台根据手绘地图向大家展示并介绍地图中的建筑（可以从建筑历史、空间与功能、造型与色彩、文化与意义等角度切入）		学会表达自己观点想法的能力、沟通交流的能力
总结与拓展	今天我们学习了色调、透视原理、彩铅技巧，为游客们画一张手绘地图，并进行了介绍 那么，下一节课，旅行就接近尾声了，大家想一想可以送些什么纪念品给他们吗		为下节课埋下伏笔
活动成果	手绘地图		
评价方案	1.了解色调与透视原理 ❀❀❀❀ 2.掌握彩铅技巧 ❀❀❀ 3.能够创作出具有建筑的特点的手绘地图 ❀❀❀		

表 14-8

第3课：私人定制——纪念品			
基本信息	三年级、一课时、学习领域：造型·表现			
核心问题（大观念）	如何创作一个卡通可爱的留言夹			
小问题	1. 如何将建筑卡通拟人化呢 2. 如何将平面的绘画作品变成一个立体的留言夹小文创			
教学目标	1. 知识与技能：掌握造型表现方法，了解卡通形象的特点，复习彩铅技巧，选择一座改革开放中的厦门重要建筑，创作一个卡通可爱的留言夹 2. 过程与方法：选择建筑—设计正面建筑卡通形象—勾线上色—剪下轮廓—设计反面—超轻黏土制作底座—弯曲钢丝—插入黏土 3. 情感、态度和价值观：选择喜欢的改革开放中的厦门重要建筑，形成自己独特的记忆，培养文化认同与家国情怀			
教学重难点	1. 重点：造型表现方法与卡通形象的特点 2. 难点：创作一个卡通可爱的留言夹			
教学资源	1. 教具：多媒体、留言夹 2. 学具：普通铅笔、彩色铅笔、橡皮、卡纸、软钢丝、超轻黏土、剪刀、胶水			
活动环节	活动内容	活动任务	设计意图
课前导入	今天，我们的旅途就要结束了，能为你的游客们做一个纪念小礼物让他们带回家吗	制作小礼物	创设情境，引导学生进入主题
新课讲授	1. 播放动画《赛车总动员》，提问："动画中作者是如何将汽车拟人化的呢？"引导学生思考，如何将建筑拟人化 2. 介绍造型表现方法写实与夸张，引导学生思考，在设计建筑卡通形象时，哪些地方可以写实，哪些地方可以夸张？（建筑造型可以写实、表情可以夸张等） 3. 播放改革开放中厦门重要建筑图片，回顾每个建筑的特点	1. 想一想：如何能够把建筑拟人化、卡通化呢 2. 想一想：造型表现手法的运用 3. 回顾改革开放中厦门建筑的特点	通过视频与图片可以更加直观了解造型表现手法，有助于激发兴趣
教师示范学生实践	教师示范制作留言夹，讲解注意要点，如在创作留言夹反面时，要把纸反过来；学生实践		通过示范，让学生更加直观地学习
总结拓展	今天我们尝试制作了一个卡通可爱的留言夹，大家想一想除了用黏土还可以用什么代替呢			
活动成果	留言夹			
评价方案	1. 掌握造型表现方法，了解卡通形象的特点☺☺☺ 2. 回顾彩铅技巧☺☺☺ 3. 能够创作一个卡通可爱的留言夹☺☺☺			

四、单元评价设计

表 14-9

评价目的	
1. 评估学生对改革开放中的厦门重要建筑的掌握程度 2. 观测学生在创作表现过程中的兴趣与态度 3. 评定学生创作表现的学习结果	
评价内容	
学习兴趣	1. 探索改革开放中的厦门重要建筑 2. 创作作品表达想法
学习习惯	主动观察、感受和探究改革开放中的厦门重要建筑
学业成果	1. 能观察、分析、理解改革开放中的厦门重要建筑 2. 能根据主题,综合运用形式原理、构图、色调、透视等,创作改革开放中的厦门重要建筑主题旅游节的周边产品 3. 交流分享作品,介绍创作理念与感受
细化评价观测点	
活动内容	评价观测点
活动1: 相约厦门——宣传海报	1. 了解拼贴海报的形式美 2. 能够运用不同的手法与构图形式进行拼贴 3. 作品想法、审美、创意性
活动2: 美好的厦门之旅——手绘地图	1. 了解色调与透视原理 2. 掌握彩铅技巧 3. 能够创作出具有建筑特点的手绘地图
活动3: 私人定制——纪念品	1. 掌握造型表现方法,了解卡通形象的特点 2. 回顾彩铅技巧 3. 能够创作一个卡通可爱的留言夹

第五节　创意工作坊活动方案

活动方案

(一)活动信息

【活动名称】"五光十色夜海沧"小夜灯

【活动对象】1—6年级

【活动时间】90分钟

(二)活动目标

知识与技能:了解海沧大桥的历史与建筑特点,以其为主题设计制作一盏小夜灯。

过程与方法:通过观察与学习海沧大桥的造型特点,运用小夜灯的形式将其风貌展现出来。

情感、态度和价值观:从改革开放以来厦门的变迁和发展中感悟建筑的作用。

（三）材料准备：

纸杯、牙签、颜料、毛笔、灯条、铅笔、橡皮、胶带。

（四）设计思路

1. 内容设计

本次工作坊活动分为建筑欣赏和小夜灯制作两部分。创作活动的主题是设计制作以"五光十色夜海沧"为主题的小夜灯。运用纸杯，设计图案，通过绘制并结合光原理，表现出海沧大桥的夜景。

2. 与现有学材课例的关系

创意工作坊的内容是对学材鉴赏单元第一课"走近海沧大桥"的拓展。第一课以欣赏海沧大桥的建筑结构、造型、色彩为主，运用连一连等方法了解桥结构，理解海沧大桥特别的文化和意义。创意工作坊在欣赏建筑的基础上调动学生眼、手、脑三方力量，更加深入地感受与理解海沧大桥。

3. 教学方法

本次创意工作坊活动教学采用直观演示法、讲授法、讨论法与练习法相结合的教学方法，注重启发学生对建筑细部的欣赏兴趣，引导其进行主题小夜灯的设计与创作，提升学生的创造性思维能力、设计制作能力。

（五）活动过程

1. 了解海沧大桥历史文化

教师运用多媒体播放海沧大桥建设历程视频，并介绍其建筑结构，提出问题："同学们认识的桥结构有哪些？海沧大桥为什么要使用这样的结构进行设计？"

2. 观察海沧大桥造型以及白天夜晚的颜色变化

教师给小组分发白天与夜晚的图片，学生找出有代表性的色彩并运用上色工具在纸上涂色。教师引导小组成员一一解说自己观察到的海沧大桥有什么颜色，并将白天与夜晚的海沧大桥进行对比。

3. 准备材料

为了让小夜灯模拟海沧大桥的夜色，教师列出准备材料。

4. 在纸杯上画上海沧大桥的形状

学生在纸杯上画出海沧大桥的形状，教师给出指导。

5. 用牙签在纸杯上戳出小孔

学生用牙签在纸杯上戳出小孔，描绘海沧大桥的形状。

6. 固定灯条

在纸杯内固定灯条。

7. 打开小夜灯

打开小夜灯，欣赏海沧大桥夜景。

8. 小组交流展示评价环节

举办海沧大桥夜景欣赏节，学生展示作品并进行自评，与同学互相交流，教师给出指导建议及点评。

（六）活动收获

1. 学习评价

学生能观察并分析海沧大桥建筑结构及造型特点；

学生能掌握小夜灯制作方法；

学生能围绕海沧大桥进行设计并制作小夜灯；

学生的作品新颖富有创意和想法。

2. 核心素养提升

本次工作坊活动以设计小夜灯为主题，学生了解海沧大桥的历史文化及建筑特色，动手制作小夜灯。活动旨在培养学生的家国情怀，同时在设计制作中培养审美判断、图像识别和文化理解能力，在小组合作中培养创意实践、交流能力、合作能力、解决问题的能力。

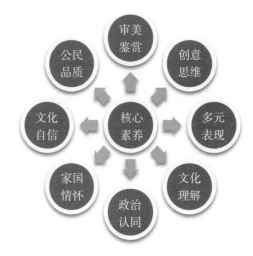

图 14-7

第六节　单元课程学习评价指南

一、"欣赏·评述"课例

表 14-10

评价项目	评价标准	等级（权重）（评价为1—5分）		
		自评	组评	师评
知识与技能	认识沧海大桥的历史、结构、造型与色彩、象征和意义			
	认识演武大桥的历史、结构、造型、色彩、文化			
	认识厦门国际会展中心的功能与空间、造型与细部			
	认识厦门双子塔的空间与功能、造型与色彩、文化和意义			
	能运用多种方法欣赏建筑，并学会迁移			
过程与方法	能熟练查阅资料			
	能与同学一起合作、交流			
情感、态度和价值观	对课题小活动充满兴趣			
	对改革开放中的厦门建筑感兴趣			
	欣赏能力有所提升			
	对家乡的建筑形成文化认同			
	课上积极参与，乐于发言			
我这样评价我自己				
同学眼里的我				
老师的话				
课堂反馈（建议、收获）				

二、"创意·表现"课例

表 14-11

评价项目	评价标准	等级（权重）（评价为1—5分）		
		自评	组评	师评
知识与技能	认识构图形式与形式原则			
	掌握拼贴方法			
	认识色调规律			
	掌握透视原理			
	掌握彩铅技巧			
	掌握构图形式			
	掌握造型表现方法			
	了解卡通形象的特点			
	改革开放中厦门重要建筑的特点			
过程与方法	能熟练查阅资料			
	能与同学一起合作、交流			
情感、态度和价值观	对课题小活动充满兴趣			
	对改革开放中的厦门重要建筑感兴趣			
	创作能力有所提升			
	形成文化认同，筑家国情怀			
	课上积极参与，乐于发言			
我这样评价我自己				
同学眼里的我				
老师的话				
课堂反馈（建议、收获）				

第十五章
初中美术单元课程与教学设计[1]

第一节 美术课程标准研读

一、"欣赏·评述"课例

（一）研读标准

本单元设定为八年级"欣赏·评述"学习领域的教学内容。《义务教育美术课程标准（2011年版）》以下简称《课程标准》中第四学段7—9年级阶段的目标是"欣赏不同时代和文化的美术作品，了解重要的美术家及流派。通过描述、分析、比较与讨论等方式，认识美术的不同门类及表现形式，尊重人类文化遗产，对美术作品和美术现象进行简短评述，表达感受和见解"。本单元主要通过不同的鉴赏方法进行讲解，在文化情境中认识美术，培养美术审美能力。

（二）明确类型

本单元属于"欣赏·评述"学习领域。课时规划：2课时。

（三）确定内容

《课程标准》中"欣赏·评述"学习领域的课程分目标包括：①感受自然美，了解美术作品的题材、主题、形式、风格与流派，知道重要的美术家和美术作品，以及美术与生活、历史、文化的关系，初步形成审美判断能力；②学会从多角度欣赏与认识美术作品，逐步提高视觉感受、理解与评述能力，初步掌握美术欣赏的基本方法，能够在文化情境中认识美术；③提高对自然美、美术作品和美术现象的兴趣，形成健康的审美情趣，崇尚文明，珍视优秀的民族、民间美术与文化遗产，增强民族自豪感，养成尊重世界多元文化的态度。

本单元教材的学习内容基于以上3点进行设定。

二、"创意·表现"课例

（一）研读标准

本单元设定为八年级"创意·表现"学习领域的教学内容。《课程标准》中第四学段7—9年级阶段的目标是"有意图地运用线条、形状、色彩、肌理、空间和明暗等造型元素以及形式原理，选择传统媒介和新媒材，探索不同的创作方法，发展具有个性的表现能力，表达思想与情感"。

---

[1] 本章作者：上海师范大学美术学院美术学（师范）专业本科生陈依宁、秦赞、高语妍、陈姣睿、陈沁语。

（二）明确类型

本单元属于"创意·表现"学习领域。课时规划：5—6课时。

（三）确定内容

《课程标准》中"创意·表现"学习领域的课程分目标包括：①观察、认识与理解线条、形状、色彩、空间、明暗、肌理等基本造型元素，运用对称、均衡、重复、节奏、对比、变化、统一等形式原理进行造型活动，增进想象力和创新意识；②通过对各种美术媒材、技巧和制作过程的探索及实验，发展艺术感知能力和造型表现能力；③体验造型活动的乐趣，敢于创新与表现，产生对美术学习的持久兴趣。

本单元教材的学习内容基于以上3点进行设定。

第二节 初中美术单元学材

一、第一单元："欣赏·评述"

第一课：与时舒卷·长虹潮起
第二课：城市文脉·广厦悬星

二、第二单元："创意·表现"

活动1：启航新征程·山海话厦门
活动2：时光手册

第三节 "欣赏·评述"单元课程教学设计

一、单元课程目标设计

课程目标

1. 学生能够知道

· 欣赏方法，如费德曼四步法、发现法、比较法、思维导图法、对话法、情境法、练习法等；

· 视觉元素，如线条、形状、色彩、材质、空间等；

· 形式原理，如对称、均衡、节奏等；

· 色彩知识，如原色、间色、复色、冷色调、暖色调、对比色、邻近色等；

· 厦门特区发展故事与城市建设历程；

· 建筑设计原理，如形式规律、建筑结构选择、建筑室外空间环境设计等。

2. 学生能够做到

· 从美术家、美术流派、人文历史环境等角度出发欣赏与认识建筑，并能倾听别人的想法和不同的解读；

· 运用多种欣赏方法认识并解读厦门经济特区代表建筑；

· 综合运用发现法、情境法和对话法来探究建筑的造型特征、装饰风格，运用比较法多角度分析建筑；

· 从文化角度解读厦门地标建筑及其独特价值，发现古建筑的发展和变化。

3. 学生能够理解

· 理解厦门改革开放中城市风貌的前后变化，提高保护厦门传统建筑、传统文化的意识，培养对现代建筑、交通设施的审美认识；

·理解厦门现代地标建筑中的文化传承和创新精神；

·提高对自然美、人文美、文化美的兴趣，增强民族自豪感，培养尊重世界多元文化的态度；

·在参与班级或小组的各种活动中，能尊重和理解别人不同的想法。

4. 核心素养

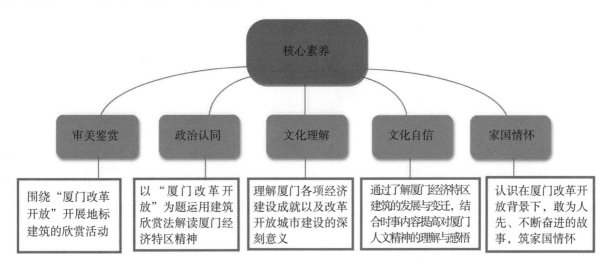

图 15-1

二、单元教材教法分析

（一）分析单元定位

1. 细化"课程目标"

根据"课程目标"，八年级美术在"欣赏·评述"学习领域的学习活动建议包括：①对不同时代和文化的美术作品，尝试运用描述、分析、解释、评价等美术欣赏方法进行学习和研究；②通过查阅或搜集资料的方式，了解中外著名美术家及流派；③通过观摩和讨论，分析设计作品的实用性与审美性；④通过观摩录像或邀请当地工艺美术家、民间艺人，了解中国传统工艺的制作方式与特点；⑤欣赏中外优秀的建筑作品，并结合当地的建筑与环境，进行评述，体会建筑、环境与人之间的关系；⑥欣赏书法与篆刻作品，感受其特征；⑦欣赏新媒体艺术作品，了解科技发展与美术创作的关系；⑧对现实生活中发生的美术现象及相关图片报道，进行简单的解读、分析和评述。

2. 以往学习基础

通过以往的学习，学生对建筑形成了一定的感受和理解能力，对基础的建筑知识具备了一定的审美判断能力。

3. 未来学习要求

本单元的主题为欣赏"欣赏厦门经济特区改革开放中的建筑"，要求学生掌握多种欣赏方法对厦门现代地标建筑进行解读与分析。

4. 单元定位

本单元作为初中学段美术中"欣赏现代建筑"主题学习的最高阶段，通过引导学生观察现代建筑的结构样式、材质、色彩、功能等各方面的特点，学会运用欣赏评述的多种方法，自主探究厦门地标建筑的形式美与秩序美，并用语言、图像、文字等多种方式表达欣赏感受，提高对现代建筑的欣赏与评述能力，理解地标建筑所代表的勇于进取、开放包容的厦门精神，培养学生的爱国情怀。

（二）整合内容结构

1. 梳理教材内容

表 15-1

活动名称	活动内容
与时舒卷·长虹潮起	费德曼四步法与分析法的示例与运用
城市文脉·广厦悬星	建筑分析法、比较法与多媒体法的综合运用

2. 单元内容结构

（1）学科知识与技能

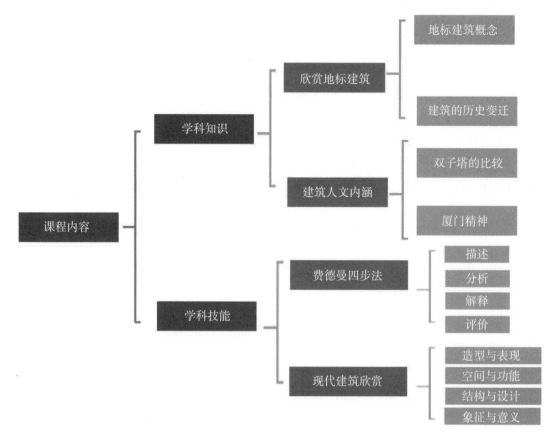

图 15-2

本单元学科知识与技能的核心是"了解厦门现代建筑并能够运用费德曼四步法、比较法、思维导图法、对话法、情境法、多媒体法方法等鉴赏现代地标建筑，培养学生的建筑鉴赏能力"。学科知识方面要求学生了解现代建筑的发展变迁以及相关背景，现代建筑独特的建筑语言、形式美、秩序美，并学习鉴赏维度以及分析方法。在学科技能的学习中，围绕"现代地标建筑"运用所学方法对其进行鉴赏。

（2）人文内涵

① 厦门建筑具有代表性，反映出厦门精神和人文内涵；

② 厦门地标建筑具有地域性，在地域环境中体现自然与人文的和谐之美；

③ 厦门地标建筑具有纪念性，是"重要历史时刻的见证者"。

（3）审美层面

① 理解建筑的设计精神；

② 感受建筑所蕴含的深刻内涵与民族情感；

③ 感受厦门地标建筑的时代特色与纪念价值；

④ 领会地标建筑形式美与秩序美的双向体现。

（三）分析教法依据

1. 教学内容特点

本单元主要是对厦门经济特区改革开放中的地标建筑进行多种欣赏方法的运用与内化。

2. 学段学情特点

初中阶段八年级的学生，可以进行自主的探究式学习，在"欣赏·评述"教学过程中，运用了费德曼四步法、比较法、思维导图法、对话法、情境法、多媒体法等鉴赏现代建筑。一方面，初中的学生已经对建筑具有了一定的认知基础，能够理解建筑在发展变迁中蕴含的文化、情感；另一方面，通过之前的学习，初中学生掌握了一定的鉴赏经验，具备了运用所学知识和实践经验进行分析和探讨的基础和能力。

3. 教学资源选取

本单元选取的与教学内容直接关联的素材资源主要是建筑欣赏资料。教师可以利用它们在单元学习的各个阶段保障学生进行有效实践，形成学习成果。

本单元设计的技术资源主要有：

信息技术资源：通过图文并茂的多媒体欣赏，营造出生动活泼的教学情境，激发学生学习的积极性，促使他们进行自主思考和探究。

相同类型建筑的图片以及建筑知识、相关红色主题故事。

（四）设计教学方法

综合分析，预设本单元的主要教学方法：

教师主导——讲授：针对概念性知识进行讲授，如现代地标建筑、建筑布局、造型设计、空间功能、象征等，并进行鉴赏方法示范。

师生互动——交流与讨论：针对人文内涵及审美层面，例如厦门经济特区中地标建筑的变迁与发展、厦门敢拼敢闯的精神内涵，引导学生结合所学知识及以往基础，积极进行思考，通过语言或者文字的交流讨论，形成一定的理解与感悟。

学生自主——观察与探究：让学生结合课程例子、以往的学习基础和学习经验进行厦门经济特区地标建筑鉴赏，充分调动学习主动性，进行探究性学习。

（五）定位学科能力

1. 关键能力

综合运用多种欣赏方法从不同维度对现代地标建筑进行鉴赏的能力；

对现代建筑背后文化与故事进行共情的能力；

对自然及生活中建筑的感受与欣赏的能力。

2. 其他能力

自主思考与探索现代建筑形式美与秩序美的能力；

合作、表达与交流的能力；

表现并评述欣赏成果的综合能力。

三、单元教学活动设计

（一）单元教学目标

知识与技能：认识厦门经济特区中的地标建筑名称、类型与主要建筑功能；掌握美术欣赏的基本方法，提高在文化情境中认识美术的能力；了解厦门地标建筑的审美、功能、内涵与其代表的厦门精神，完成一份地标欣赏报告。

过程与方法：通过自主学习、范例学习、探究合作学习、发现学习等方法，运用美术语言从多个角度探究欣赏厦门经济特区中的地标建筑的特点；观察并分析地标建筑的基本类型、风格特点、功能样式与空间结构；在讨论与交流中构建对现代建筑艺术的审美认知体系。

情感、态度和价值观：理解地标建筑所代表的厦门精神与家国情怀；了解、感受新地标建筑的形式美与秩序美，激发爱国情怀与包容进取的学习生活态度。

（二）单元教学重难点

本单元的教学重难点是综合运用多种欣赏方法鉴赏厦门经济特区中的地标建筑；运用美术语言对现代建筑进行分析；从不同角度解读厦门地标建筑的设计原则与风格特点。

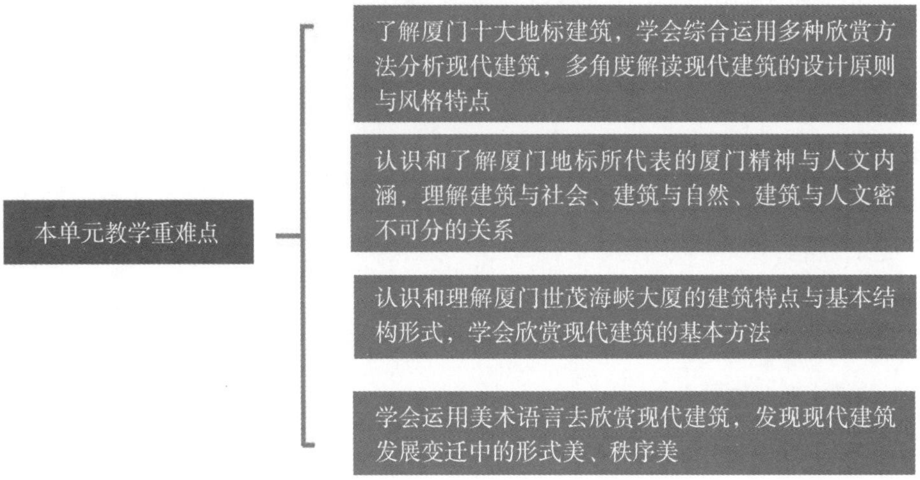

本单元教学重难点
了解厦门十大地标建筑，学会综合运用多种欣赏方法分析现代建筑，多角度解读现代建筑的设计原则与风格特点
认识和了解厦门地标所代表的厦门精神与人文内涵，理解建筑与社会、建筑与自然、建筑与人文密不可分的关系
认识和理解厦门世茂海峡大厦的建筑特点与基本结构形式，学会欣赏现代建筑的基本方法
学会运用美术语言去欣赏现代建筑，发现现代建筑发展变迁中的形式美、秩序美

图 15-3

（三）单元学习活动

1. 设计单元活动框架

根据本单元教学目标、教学重点和难点，对单元主要学习活动进行规划

探寻世纪华章
单元基本问题：
如何欣赏厦门地标建筑？
单元小问题：
1. 如何理解现代建筑的形式美？
2. 如何理解现代建筑的秩序美？
第 1 课：
与时舒卷 · 长虹潮起
第 2 课：
城市文脉 · 广厦群星
活动 1：走进厦门经济特区
活动 2：聚焦陆上厦门地标
活动 3：绘制厦门地标的欣赏报告
活动 1：了解现代建筑的背景知识
活动 2：从造型与表现等四个维度欣赏现代建筑
活动 3：了解厦门经济特区的发展变迁

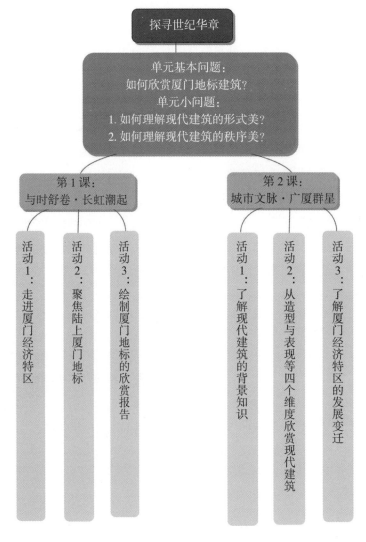

图 15-4

2. 制订每课活动方案

表 15-2

第1课：与时舒卷·长虹潮起			
基本信息	八年级、一课时、学习领域："欣赏·评述"		
核心问题	厦门传统建筑具有哪些特点和样式类型		
小问题	1. 厦门经济特区有哪些地标建筑 2. 如何运用费德曼四步法欣赏厦门国际会展中心 3. 厦门国际会展中心的形式美体现在哪些方面 4. 如何理解现代建筑的形式美感		
教学目标	认识厦门地标建筑样式的名称、类型与主要建筑功能 通过讨论与交流分析建筑的地理环境，探索厦门地区古建筑的特点 理解建筑的形式美，认识结构风格与地理环境、人文情怀的紧密关系		
教学重难点	运用美术语言和费德曼四步法解读厦门国际会展中心 认识和了解厦门地标所代表的厦门特区精神与人文内涵 理解建筑与人文环境的联系		
教学资源	多媒体课件、厦门地标建筑图片、厦门城市形象宣传片《WE ARE 厦门》、四开白卡纸、彩笔		
活动环节	活动内容	活动任务	设计意图
课前导入	活动1： 走进厦门经济特区 教师播放金砖城市宣传视频《WE ARE 厦门》，在我们的身边，又有多少新生的时代地标呢？ （视频链接：https://www.bilibili.com/video/BV1jJ411X7H1?from=search&seid=18078679053788481816）	学生观看金砖城市宣传片，找出视频中出现的地标建筑有哪些；对比40余前的鹭江道图景，说一说厦门的建筑在40余年间发生的变化	创设问题情境，以多媒体影像导入，引导学生主动探索改革开放以来厦门经济特区的变化与发展，激发对厦门地标建筑的探索兴趣
新课讲授	活动2： 聚焦陆上厦门地标 教师带领学生运用费德曼四步法对厦门经济特区著名地标——厦门国际会议展览中心进行欣赏与分析	学生运用费德曼四步法欣赏厦门国际会议展览中心建筑： 第一步：描述 描述地标建筑的四大组成部分与主要功用，识读建筑风格 第二步：分析 从建筑造型、色彩与构图三个角度，分析厦门国际会展中心建筑，包括：对比统一、虚实节奏的的建筑设计原理 第三步：解释 从建筑的背景与风格特点解释设计灵感来源和依据 第四步：评价 结合2017年在厦门举办的金砖国家领导人第九次会晤内容讨论厦门国际会展中心的意义与象征，思考厦门经济特区建筑是如何体现时代发展与城市特色的	通过运用费德曼四步法的实例讲解，引导学生从建筑欣赏的角度探讨本课的核心问题：如何理解现代建筑的形式美，鼓励学生采用探究型的活动方式进行学习与思考

小组讨论	教师展示4—5幅厦门地标建筑图片，组织学生以小组为单位，讨论本课的学习难点：厦门国际会展中心的形式美体现在哪些方面，如何理解现代建筑的形式美感		鼓励学生自主探究厦门建筑的总体特点，培养学生的思维能力与审美意识
课时总结	教师总结课上出现的厦门地标建筑，提炼建筑欣赏内容与欣赏方法，着重探讨厦门建筑的形式美感与厦门的自然环境、人文精神的联系		总结课上内容，引导学生从多角度思考建筑与环境、建筑与社会和建筑与人文之间的关系，提高思维发散能力与分析能力
课后拓展	活动3：教师布置课后思考，展示厦门地标建筑图片，引导学生阅读改革开放相关故事与人物事迹，感悟人文情怀，并绘制厦门地标的欣赏报告 要求： 1. 欣赏角度多样 2. 绘画与语言表达到位 3. 体现建筑风格特色	学生运用美术语言从平衡、对比、调和（和谐）、节奏与变异（破而后立）这五个角度欣赏并绘制一份建筑欣赏报告	运用美术语言描述建筑的风格特点能够很好地锻炼学生的表达能力，从而熟练掌握并灵活运用美术欣赏方法；提高学生对厦门人文内涵的认识以及发现美、感受美、表现美的综合能力
活动成果	学会熟练运用费德曼四步法欣赏厦门现代建筑风格 绘制一份厦门地标建筑的欣赏报告		
评价方案	自评与互评： 1. 是否知道厦门经济特区的代表建筑名称与基本信息 2. 是否了解地标建筑的风格特点与结构功能 3. 能否从造型、色彩、构图与设计原理等多角度欣赏分析现代建筑 4. 能否通过了解建筑背景、欣赏建筑风格和绘制欣赏报告等活动了解厦门经济特区精神的内容与时代价值		

表 15-3

第2课：城市文脉·广厦群星	
基本信息	八年级、一课时、学习领域："欣赏·评述"
核心问题	如何欣赏厦门"双子塔"并理解现代建筑的秩序美
小问题	1. 如何运用多种方法欣赏分析厦门世茂海峡大厦塔特点 2. 我们可以从哪些方面对现代建筑进行评述 3. 世界各地"双子塔"的特点
教学目标	1. 了解厦门世茂海峡大厦建筑的主要特点 2. 掌握欣赏现代建筑的主要方法，学会用美术语言去欣赏评述现代建筑，形成人文、科学素养 3. 感受建筑中科技与艺术结合之美，体会现代建筑的秩序，提升审美能力 4. 了解厦门"双子塔"、高崎机场建造背后的厦门经济特区建设的历史意义
教学重难点	认识和理解厦门世茂海峡大厦的建筑特点与基本结构形式，学会欣赏现代建筑的基本方法；学会运用美术语言去欣赏评述现代建筑，发现现代建筑的形式美、秩序美
教学资源	建筑相关资料、建筑实物照片、多媒体课件

续表

活动环节	活动内容	活动任务	设计意图
课前导入	教师播放世界各地双子塔的照片，引入厦门"双子塔"——厦门世茂海峡大厦	学生观察照片，并联想到自己身边的建筑厦门世茂海峡大厦	通过照片的联想，激发学生的探究兴趣
新课讲授	活动一： 教师将传统建筑照片与现代建筑进行对比，介绍现代建筑的背景知识： （1）注重建筑的功能 （2）追求建筑的形象和风格多样化 （3）重视空间和环境的有机结合 （4）应用新技术、新材料和新结构 活动二： 教师播放厦门"双子塔"的图片，展示其造型特征、总体布局，通过上节课的学习，首先通过观察来描述厦门双子塔的造型与设计；其次，从功能与空间、结构与设计来进一步分析建筑 活动三：教师展示厦门新旧时代照片并提问：观看照片，你们发现建筑有哪些变化 在现代化的过程中，建设城市的现代化地标对一个地方起着重要的作用，它不仅代表了一个城市的形象，而且代表了一个地方城市的特色，因此厦门双子塔作为地标建筑承载了厦门新时代发展的新未来	1. 通过对比照片，发现建筑的不同之处；了解现代建筑的背景知识和基本特点 2. 通过图片与视频等，从四个方面来欣赏厦门世茂海峡大厦 第一，描述建筑整体结构样式和造型特点 第二，从功能的角度分析现代建筑的简洁设计和实用功能之间的联系 第三，结合建筑特点与风格分析建筑的设计原理 第四，认识厦门世茂海峡大厦的象征与意义 3. 学生联系自己的生活经历，以及老一辈讲述的故事，说出厦门在近几十年飞速发展的变化，以及对城市建设发展越来越好的真实感悟	1. 首先对比欣赏传统建筑与现代建筑，区分欣赏方法，从不同于传统建筑欣赏的审美观念入手 2. 引导学生从造型与表现、功能与空间、结构和设计、象征和意义等方面全面地了解厦门世茂海峡大厦，并学会运用相应的美术语言 3. 通过对比厦门新旧城市的照片，引导学生谈论厦门这座城市的变化，讲述自己对厦门的个人记忆
布置任务	1. 从各种不同的位置和不同的角度看厦门双子塔有着不一样的感受，从你最喜欢的角度拍摄双子塔相片，让我们一起来欣赏吧 2. 制作一份PPT报告，运用本节课所学习的知识，自己查找资料，分析世界各地双子塔的特色	1. 学生课后"打卡"厦门双子塔，从不同的视角观察并记录 2. 学生可选择某一感兴趣的"双子塔"，先进行自主学习，然后制作报告，进行班级分享与展示，并对现代建筑形成较为完整的认识和理解	培养学生思考探究的能力，将自己的想法和总结进行阐述汇报
课后拓展	活动四：欣赏高崎机场的照片，探索更多的厦门新时代建筑，说一说对厦门高崎机场的理解与认识，并思考：厦门高崎机场在结构设计上结合了哪些传统建筑的设计？你崇尚怎样的建筑设计？		设计有关传统与现代结合的知识拓展与体验环节，启发学生的探索求知兴趣，培养文化素养与审美感知能力
活动成果	学生能通过造型与表现、功能与空间、结构与设计、象征与意义四个方面来欣赏和认识现代建筑		
评价方案	自评与互评： 1. 是否了解厦门世茂海峡大厦的空间结构、建筑样式与造型风格 3. 能否运用丰富多样的美术语言分析现代建筑的造型特点、设计风格 4. 能否说出厦门世茂海峡大厦的独特性和建造价值 5. 能否了解厦门城市建设的历史意义 2. 能否通过查找资料、合作讨论的方式，综合分析世界各地"双子塔"和现代建筑		

四、单元评价设计

表 15-4

评价目的
1. 评估学生对厦门地标建筑鉴赏方面的掌握程度 2. 观测学生在厦门地标建筑识读欣赏过程中的兴趣与态度 3. 评定学生自主探究厦门地标建筑并进行欣赏表现的学习结果

评价内容	
学习兴趣	1. 自主观察、探究、学习厦门经济特区的发展历史与相关地标建筑的背景与特色 2. 主动表达欣赏厦门建筑的感受与收获
学习习惯	主动观察、感受和探究厦门传统建筑的情况
学业成果	1. 能了解厦门经济特区的发展历程与地标建筑的背景故事 2. 能运用多种欣赏方法多角度鉴赏厦门地标建筑的结构与视觉艺术元素 3. 能通过欣赏、讨论、交流,了解厦门建筑的独特价值和人文内涵,感悟勇于进取的厦门精神 4. 能根据学习目标,设计完成地标欣赏日志,运用所学欣赏方法对比其他国家和地区的双子塔建筑,并尝试从不同角度拍摄双子塔

细化评价观测点	
活动内容	评价观测点
认识厦门经济特区地标建筑	1. 是否了解现代地标建筑的发展、变迁与相关背景 2. 是否了解现代地标建筑的风格特点、独特样式功能与传统建筑的不同
欣赏厦门经济特区的地标建筑	1. 是否了解厦门经济特区地标建筑的造型与表现、空间与功能、结构与设计、象征与意义 2. 能否通过查找资料、合作讨论的方式,综合分析对比不同地区的双子塔建筑 3. 能否运用丰富多彩的美术语言分析厦门经济特区不同的现代地标建筑
绘制厦门地标建筑欣赏报告	1. 能否图文并茂地表现建筑欣赏感悟 2. 是否运用了恰当的美术语言从多角度评述地标建筑的形式风格 3. 能否清晰地表达对建筑形式美的认识
感悟建筑人文情怀	1. 能否理解厦门经济特区地标建筑的形式美、秩序美与人文情怀 2. 积极思考、发表观点的情况

说明:本单元的评价应结合单元教学内容,围绕"厦门经济特区的地标建筑的欣赏"开展教学活动,从学习过程中所体现出的兴趣与习惯以及学习成果的呈现两方面进行。评价内容以单元活动为载体,通过课堂观察、信息搜集、任务活动、鉴赏展示交流和美术作业分析等路径,采用学生自评、互评和教师评价相结合的方式,以鼓励性语言和等第、评语的形式反馈评价结果。

第四节 "创意·表现"单元课程教学设计

一、单元课程目标设定

课程目标

1. 学生能够知道

· 视觉元素,如线条、形状、色彩、肌理、空间等;

· 形式原理,如对称、均衡、节奏等;

· 色彩知识,如原色、间色、复色、冷色调、暖色调、对比色、邻近色等;

· 造型表现方法,如写实、夸张、变形等;

· 设计师的意图和工作方法,如思维方式、流程等。

2. 学生能够做到

· 用不同的工具和媒材,采用写实、夸张或变形等表现形式,描绘自己对周围事物和生活的感受;

· 用基本的绘画构图形式,合理而有美感地安排画面;

· 选择用笔、纸、废弃物品等,用测量、画图、切折、粘贴、组合、装饰等方式塑造舞台模型;

· 分享与思考小组合作的作品,倾听别人的意见和建议。

3. 学生能够理解

· 理解厦门改革开放以来城市风貌的变化,培养对现代建筑、交通建设的审美认识;

· 理解使用传统或现代的工具与媒材,可以采用不同的表现形式(写实、夸张或变形),创作美术作品;

· 理解在创作美术作品时,可进行各种构想和变通,并尝试各种方法,创作富有创意的美术作品;

· 在参与班级或小组的舞台剧设计与表演活动中,能尊重和理解别人不同的想法;对自己创作或制作的作品能进行反思,虚心倾听、理解别人的意见或建议,并对自己的设计、表演或构想加以改进。

4. 核心素养

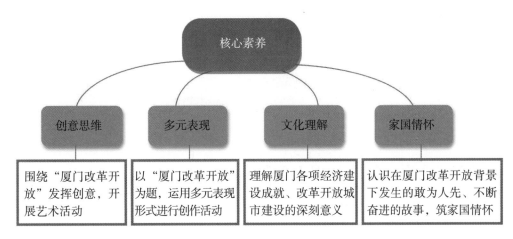

图 15-5

二、单元教材教法分析

(一)分析单元定位

1. 细化"课程目标"

本单元"创意·表现"单元课程与"课程标准"中相对应的"课程目标"是选择传统媒介和新媒材,探索不同的创作方法,发展具有个性的表现能力,表达思想与情感。学习活动建议包括:①通过考察,选择写实、变形或抽象等方式,运用造型元素和形式原理,开展视觉笔记活动。②欣赏舞台剧，学习主题性舞台设计、绘画效果图，写出设计说明；内容表现的范围是厦门多座著名跨海大桥建设通车与改革开放中发生的故事，鼓励新颖的创作形式。

2. 以往学习基础

通过以往的学习，学生对艺术表现形成了一定的感受和理解力，对各类表现手法有了一定了解，具备了一定的表现能力，学生对多元艺术表现形式比较感兴趣。

3. 未来学习要求

本单元注重在美术活动中提高学生的思辨能力，适应多元艺术表现形式，能够对创作对象有深度的思考与再创作能力。

4. 单元定位

本单元作为初中学段美术中"表达建筑"主题学习的关键阶段，引导学生深入了解厦门改革开放的故事和厦门经济飞速发展的成就，灵活运用以往所学的美术知识与创作方式，结合新时代背景，进行多元、个性化的艺术化表现。

（二）整合内容结构

1. 梳理教材内容

表 15-5

活动名称	活动内容
启航新征程·山海话厦门	制作视觉笔记创意活动
奋进新时代·时光手册	创作有趣的舞台设计活动

2. 单元内容结构

（1）学科知识与技能

图 15-6

本单元学科知识与技能的核心是"用厦门发展故事创作作品"，学会视觉笔记制作方法和舞台剧设计方法。此外，进一步学习思维可视化的方法，学习运用不同的艺术表现手法进行表现与创作实践。

（2）人文内涵

① 厦门改革开放中的交通发展；
② 厦门成为现代化旅游城市的发展史；
③ 厦门的经济发展状况；
④ 艺术作品反映作者对城市飞速发展的态度与情感。

（3）审美层面

① 感受多元艺术形式作品带来的丰富感性体验；
② 感受融会多媒介的艺术思维；
③ 感受和欣赏舞台剧艺术之美。

（三）单元学习活动

1. 教学内容特点

本单元主要是培养学生在观察与思考的基础上

发挥其创新创意。

2. 学段学情特点

一方面，八年级的学生已经掌握了一些理论和实践的基础，对于美术技巧性表达也有了一定的掌握，并且具备了进行自主探究性学习的基础和能力；另一方面，通过之前的学习，八年级学生具备了灵活运用所学知识和实践经验进行分析和探讨的基础和能力，思维较为成熟，在创造力表达中应当给予充分的空间，在教学中应当灵活运用教学方法，鼓励学生用自己喜爱的方式来表达和创作。教师在学习评价中也要制订分层评价目标，因材施教，帮助学生达成学习目标。

3. 教学资源利用

本单元选取的与教学内容直接关联的素材资源主要是用于表现厦门的各种绘画工具和新媒体，如画笔、画纸、绘画软件、综合材料道具等。教师可以利用它们在单元学习的各个阶段保障学生进行有效实践，形成学习成果。

（四）设计教学方法

结合分析，预设本单元的主要教学方法：

1. 教师引导——提问法：通过对学生已有知识、引导学生观察来提出问题，如厦门的地理环境、改革开放经济建设的知识性问题。

2. 学生自主——观察与探究：针对视觉笔记等内容，引导学生结合以往的学习基础和学习经验，并结合多元艺术的运用，进行探究性学习。

3. 师生互动——交流与讨论：针对人文内涵及审美层面，例如不同的视觉笔记所带来的感受、舞台剧合作设计表现的趣味性等，引导学生结合所学知识及以往基础，积极进行思考，通过语言或者文字的交流讨论，形成一定的理解与感悟。

（五）定位学科能力

1. 关键能力

运用绘画原理进行表现和创作的能力；
对视觉信息的解读和重组能力；
整合视觉信息和文字资料的能力；
舞台设计绘景的能力；
舞台人物形象设计的能力；
灯光设计、道具设计和制作能力。

2. 其他能力

小组协作和探究专业问题的能力；
分享交流和思考创作过程的能力。

三、单元教学活动设计

（一）单元教学目标

知识与技能：了解厦门改革开放以来交通发展建设以及城市整体风貌变迁史，认识厦门著名大桥的造型特征和功能价值，能够欣赏具有代表性的舞台剧目，会运用视觉笔记方法和舞台剧设计表现等多种艺术表现形式围绕厦门经济特区建设创作作品。

过程与方法：通过观察与分析厦门著名大桥的基本特点，运用视觉笔记表现创意主题；欣赏舞台剧，学会舞台剧设计的基本流程，创作一幕舞台剧设计模型。

情感、态度和价值观：综合运用各种媒介手段，设计与构思有创意的艺术作品或产品；在创作过程中，培养学生形成积极、主动观察与探究的学习态度；丰富对家乡建设发展的独特记忆。

（二）单元教学重难点

教学重点：学会运用多种创意表现方式，创作围绕"厦门经济特区建设"主题的拓展作品。

教学难点：理解美术学科相关知识，并能灵活运用于创作之中，呈现多样的艺术形式，在观察与体验再到创作的过程中，真切地感受到厦门城市发展建设。

（三）单元学习活动

1. 设计单元活动框架

根据本单元教学目标、教学重点和难点，对单元主要学习活动进行规划

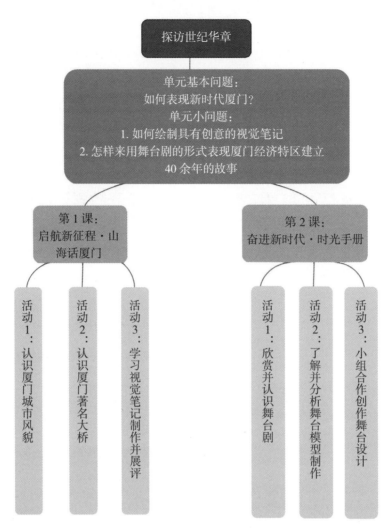

图 15-7

2. 制订每课活动方案

表 15-6

第1课：启航新征程·山海话厦门	
基本信息	八年级、一课时、学习领域："造型·表现"
核心问题	如何以厦门著名大桥为对象绘制一份视觉笔记
小问题	1. 图片中的桥你们都认识吗，它们是厦门的哪些大桥呢 2. 厦门最新的一座大桥是什么 3. 你能说说你知道的桥梁结构有哪些吗，以及一些有名的风景画中的前后层次安排吗 4. 你知道视觉笔记的主要元素有哪些吗 5. 你知道视觉笔记与绘画的区别是什么吗
教学目标	1. 知识与技能：能够从造型、功能和价值中认识厦门著名的大桥，掌握视觉笔记的基本表现技巧，并运用于创作中 2. 过程与方法：通过教师的讲授与示范，学生在了解视觉笔记元素和要点后进行创作实践 3. 情感、态度和价值观：能够在创作活动中感悟厦门著名大桥的建造特色，提升审美素养，培养艺术表现能力，形成对厦门改革开放经济发展的认识，激发对家乡的热爱
教学重难点	1. 教学重点：学会运用视觉笔记的方式快速记录并了解一座厦门著名大桥 2. 教学难点：掌握和理解桥的构造，学会用图文结合的方式来记录视觉笔记

续表

教学资源	1. 教具：多媒体、照片、学习单、范画 2. 学具：铅笔、彩笔		
活动环节	活动内容	活动任务	设计意图
课前导入	教师展示厦门各类大桥的局部图片，问学生："你们见过这些桥吗，能说出它们的名字吗？"	学生通过图片来辨认自己认识的大桥 教师总结图片中厦门的大桥	以大桥照片作为导入，使学生从各种视觉信息来辨认这些大桥，激发学习兴趣
新课讲授	1. 了解厦门 （1）厦门是海湾型城市 （2）厦门是最早实行对外开放政策的经济特区之一 （3）厦门是现代化国际性港口风景城市 2. 认识厦门大桥 举例海沧大桥： （1）造型与设计 （2）功能与价值 （3）历史与意义 3. 视觉笔记 （1）视觉笔记的元素：绘图、有风格的文字、摄影照片 （2）视觉笔记与绘画的区别 （3）视觉笔记的步骤 第一：先构思主题视觉图 第二：突出大标题、设计艺术字体 第三：提炼关键词、二级标题 第四：串联观点、制作文字相应的插图 4. 布置任务 制作一张以厦门著名大桥为主题的视觉笔记，通过实地考察、查找资料完成一份具有个人风格特色的视觉笔记	1. 学生小组讨论厦门近年来的变化 2. 学生从各个角度来认识和欣赏厦门杏林大桥，学会欣赏现代大桥的基本方法 3. 观察视觉笔记，思考并说出视觉笔记的元素都有些什么	从了解厦门整体发展的背景，再认识厦门的大桥特色和建造意义，让学生能够从多种角度来认识厦门大桥的建设，从而为视觉笔记的内容提供素材；认识视觉笔记的要点后可以结合绘画，绘制一份图文结合的视觉笔记
学生实践	运用所学关于基本技法和相关构图知识，用多种色彩搭配，进行以厦门沙坡尾为主题的创作	1. 学生先选择自己感兴趣的大桥，查找资料 2. 学生进行实地考察，运用多种工具来绘制视觉笔记	在制作视觉笔记中注重表达的内容和逻辑，使用绘图突出个人风格
展示评价	教师在班级墙内开展"视觉笔记"展览，学生进行互评	学生创作完成后举办一个班级展览，并从内容、色彩、形式三个方面进行评价	在成果展示活动中，学生通过欣赏他人的作品，能够互相学习
总结拓展	通过这次的学习体验，同学们在今后的学习生活中可以通过视觉笔记记录更多的知识；不仅在美术课堂中，视觉笔记的方式适合于记录视觉信息、整合视觉信息，它还可以更好地深入探讨一个研究对象，并呈现自己的思维过程，进行有效的梳理和记忆	教师展示各个学科的视觉笔记的图片，学生对其进行思考与评述	培养学生的探索研究能力及对厦门发展的认识，可以为今后继续培养制作视觉笔记的能力打下基础，使之应用更为广泛
活动成果	完成一幅视觉笔记，表现厦门著名大桥的特色并表达个人的思考		

续表

评价方案	1. 能否了解厦门的发展现状 2. 能否区分视觉笔记与绘画的区别 3. 能否在视觉笔记中表现对厦门大桥的多角度认识 4. 能否在视觉笔记中运用点、线、面的安排来突出重点，让条理清晰 5. 能否在视觉笔记中运用个人特色，形成个人风格 6. 能否能够运用logo、艺术字设计的知识将画面表现得更为丰富 7. 能否和同学交流自己的思考过程

表 15-7

第2课：奋进新时代·时光手册（上）				
基本信息	八年级、二课时、学习领域："造型·表现"			
核心问题	如何构思出以厦门为主题的舞台设计			
小问题	1. 舞蹈诗《厦门故事》讲述了怎样的故事 2. 你还能想到其他的舞台剧吗，它们的舞台布局如何 3. 你能猜测出布置一次舞台剧场景的大概步骤吗 4. 你能为自己的舞台剧设计出主要的人物吗 5. 你能构思一出舞台剧并写下大致流程吗 6. 你知道基本的马克笔技法吗 7. 你能为自己的舞台剧设计出主要的人物吗			
教学目标	1. 知识与技能：能够欣赏舞蹈诗《厦门故事》，了解舞台设计的步骤，掌握马克笔的基本表现技巧，并运用于自己的创作中 2. 过程与方法：通过教师对舞蹈诗《厦门故事》的讲授与示范，学生在掌握布置舞台剧场景的大概步骤与马克笔的小技巧后，自己能够构思一出舞台剧并绘制出主要人物 3. 情感、态度和价值观：了解舞台设计与马克笔画的魅力，培养创新、统筹与逻辑思维的能力，感受厦门改革开放后的日新月异，增强对家乡的热爱与民族自豪感			
教学重难点	1. 教学重点：构思以厦门为主题的有趣的舞台设计 2. 教学难点：绘制出主要人物			
教学资源	1. 教具：多媒体、照片、范画、纸、马克笔 2. 学具：纸、铅笔、彩铅、水笔、马克笔			
活动环节	活动内容	活动任务		设计意图
课前导入	教师播放舞蹈诗《厦门故事》的主要片段，请学生分享感悟	学生积极回答对厦门改革开放以来发生的日新月异改变的感受		通过视频导入，让学生感受到改革开放以来厦门的变化，引发学生的兴趣
新课讲授	1. 教师提问：你在生活中是否观看过舞台剧，能否用语言还原一下舞台剧的故事、场景与人物 2. 教师根据舞蹈诗《厦门故事》介绍设计舞台的基本步骤： 第一步：选定好导演、演员、舞美设计、服装设计、灯光设计等工作人员 第二步：舞美、灯光设计的工作人员确认好剧场结构、舞台宽度与进深、灯具种类与数量等，与导演、演员等沟通设计效果图，演员进行排练	1. 学生积极发言并分享思考 2. 学生小组讨论舞蹈诗《厦门故事》的设计步骤并分享 3. 学生学习并练习马克笔的基本技巧		先让学生自主学习得出舞台的设计步骤，以加深知识点的印象；教师再具体讲解马克笔画法，学生通过简单练习，领会马克笔绘画与舞台设计的魅力

新课讲授	第三步：进场装台 第四步：预演、首演 3. 教师演示马克笔的小技巧（渐变、叠色、铺色）		
学生实践	小组合作运用所学关于马克笔的基本技法和舞台设计的知识，构思出以厦门为主题的舞台设计并绘制出主要人物	1. 学生先设计自己构思出的舞台草图 2. 学生再绘制出主要人物，教师进行指导	学生自主发挥，充分展现主观能动性，教师提供技术上的指导
展示评价	每个小组上台分享本小组的构思并展示设计出的人物	学生们对每个小组的成果进行评价并提出建议，在这个过程中相互学习，不断完善	在成果展示活动中使学生之间能够互相学习，了解自己的不足，激发学习兴致
总结拓展	教师归纳每个小组的构思并提出改善意见	学生进行思考与发言，交流感受	学生重温舞台设计的相关知识
活动成果	构思以厦门为主题的舞台设计		
评价方案	1. 能否对不同的舞台进行一定的分析 2. 能否想象出并说出舞台设计的大致步骤 3. 能否在设计舞台与人物设计中熟练运用马克笔的小技巧 4. 能否在舞台设计中展现出自己的独特个性 5. 能否对自己在舞台设计中遇到的问题提出解决方案 6. 能否与同学们合理分工并解决困难 7. 能否完整呈现自己的小组的设计构思，并与同学积极交流		

表 15-8

第2课：奋进新时代·时光手册（下）				
基本信息	八年级、二课时、学习领域："造型·表现"			
核心问题	如何创作出有趣的舞台设计			
小问题	1. 设计舞台需要哪些知识 2. 如何完善自己设计的草图 3. 舞台模型要如何搭建			
教学目标	1. 知识与技能：能够掌握舞台模型的制作要领，能够继续完善自己的设计草图，并运用于自己的创作中 2. 过程与方法：通过教师对舞台模型的讲授，学生在掌握搭建舞台模型的技巧后，自己能够创作出以厦门为主题的有趣的舞台设计 3. 情感、态度与价值观：了解舞台设计与马克笔画的魅力，培养创新、统筹与逻辑思维的能力，感受厦门改革开放以来日新月异的变化，增强对家乡的热爱与民族自豪感			
教学重难点	1. 教学重点：创作出有趣的舞台设计作品 2. 教学难点：学会设计一个简单的舞台模型			
教学资源	1. 教具：多媒体、照片、范画、舞台模型、纸、马克笔 2. 学具：纸、铅笔、彩铅、水笔、马克笔、布等			
活动环节	活动内容		活动任务	设计意图
课前导入	教师展示著名的舞台模型		学生认真听讲并汲取灵感	开阔学生眼界，提升学生审美素养

续表

新课讲授	教师展示舞台模型与设计图，讲解制作步骤	1.学生观察舞台模型与设计图 2.学生思考之前的设计图可以完善的地方	通过不断学习，增进自己的设计能力
学生实践	运用所学关于马克笔的基本技法和舞台设计的知识，为自己的构思设计一个舞台模型	1.学生先修改自己构思中的草图 2.学生制作舞台模型，教师进行指导	学生自主发挥，充分展现主观能动性，教师提供技术上的指导
展示评价	教师组织"我是舞台设计小能手"展览，让学生进行互评	学生创作完成后，举办一场舞台设计展，并从马克笔技法、构思、主题、制作、作品完整性五个方面进行评价	在成果展示活动中，让学生之间互相学习，了解自己的不足，可以激发学习兴致
总结拓展	1.教师展示用综合材料制作而成的舞台模型并介绍 2.教师引导学生思考：如果自己的设计将进行实现演出的话，需要注意些什么	学生进行思考与发言，交流感受	在简单的舞台制作中得到了设计能力的提升后，加深对舞台美术的学习与理解
活动成果	完成一件构思完整的舞台设计作品		
评价方案	1.能否对不同的舞台模型进行一定的分析 2.能否画出舞台模型的设计图 3.能制作出较为完整的舞台模型 5.能否对自己在舞台设计中遇到的问题提出解决方案 4.能否在舞台设计中展现出自己的独特个性 5.能否与同学们合理分工并解决困难 6.能否完整呈现自己的小组的设计成品与构思，并与同学积极交流		

四、单元评价设计

表 15-9

评价目的		
1.评估学生对厦门著名大桥造型设计的掌握程度 2.观测学生在厦门创意表现活动中的兴趣与态度 3.评定学生表现改革开放中厦门故事的学习结果		
评价内容		
学习兴趣	体验厦门著名大桥，感受厦门经济特区建立以来城市建设的魅力	
学习习惯	主动观察、感受和探究改革开放以来厦门的情况	
学业成果	1.能辨别和认识、观察和分析厦门著名大桥 2.能根据主题，综合运用现代建筑艺术欣赏方法，构思画面构成与组织，创作带有主观情感的作品 3.能选用多元的艺术形式来表现不同主题的作品	
细化评价观测点		
活动内容	评价观测点	
认识厦门风貌	1.观看图像和视频后，进行思考与探究的情况 2.能否体会到厦门经济建设的飞速发展	

了解不同的艺术形式	1. 能否掌握视觉笔记的制作步骤 2. 能否掌握舞台艺术设计的基本理论和基础知识 3. 积极交流讨论的情况
制作"厦门改革开放"的相关作品	1. 能否运用所学知识，进行探究性学习 2. 能否与同学们合理进行分工，并解决困难 3. 主动发表观点、积极交流讨论的情况
分享交流展示作品	1. 能否在作品中展示出新时代厦门风貌 2. 积极介绍作品、分享构思的情况 3. 舞台剧设计的情况
相关作品赏析	1. 能否运用所学知识，对作品进行综合的欣赏与分析 2. 能否表述出作品的含义并推测作者的意图 3. 能否对之前的作品进行反思并进一步深化 4. 积极参与互动、分享欣赏感受、交流想法的情况

说明：本单元的评价应结合单元教学内容，围绕"厦门经济特区的发展历程与建设成就"，从学习过程中所体现出的兴趣与习惯以及学习成果的呈现两方面进行。评价内容以单元活动为载体，通过课堂观察、表现性任务分析和美术作业分析等路径，采用学生自评、互评和教师评价相结合的方式，以鼓励性语言和等第、评语的形式反馈评价结果。

第五节 创意工作坊活动方案

一、"欣赏·评述"活动方案

活动方案

1. 活动信息

【活动名称】逐浪前行·与厦有约

【活动对象】初中生

【活动时间】1课时

2. 材料准备：电脑

3. 活动目标

知识与技能：了解厦门经济特区纪念馆的基本情况以及改革开放以来厦门发生的变化和取得的成就，能运用H5技术来制作交互小动画。

过程与方法：通过参观厦门经济特区纪念馆的各个展厅，了解厦门改革开放以来发展的各个阶段，制作H5页面展现厦门的精神风貌和历程。

情感、态度和价值观：从改革开放以来厦门的变迁和发展中感悟厦门"敢想敢做"的拼搏精神。

4. 设计思路

（1）内容设计

本次工作坊活动分为"厦门经济特区展馆欣赏"和"主题H5页面制作"两部分。

欣赏部分的主题是围绕厦门经济特区纪念馆的展厅内容，在活动过程中了解纪念馆中的四个展馆内容，通过一张张照片和历史实物带领大家重温厦门经济特区建立以来，厦门从一座滨海小城发展成为海峡西岸重要中心城市的历史进程。

创作活动主要是设计制作以"厦门经济特区纪念馆"为主题的H5交互小动画。H5是一系列制作网页互动效果的技术集合，即移动端的web页面。在制作H5制作过程中，需要依据主题收集图片、文字等资料，然后通过设计页面布局、添加文字和动画效果以及最后的装饰和完善，制作一份宣传厦门精神、以厦门经济特区纪念馆为主题内容的 H5 交互小动画。

（2）与现有学材课例的关系

创意工作坊的内容是对学材鉴赏单元第 1 课"与时舒卷·长虹潮起"的拓展。

第 1 课以欣赏厦门经济特区的地标建筑为主，运用费德曼四步法，从地标建筑的发展变迁中了解厦门开拓进取、敢拼会赢的精神；学习单活动则是厦门经济特区纪念馆建筑的欣赏和展馆内容的介绍，学生可以清晰地通过四个展馆来了解厦门经济特区的发展历程，通过"欣赏＋创作"的活动过程，使学生进一步巩固学材知识，重温厦门发展的辉煌岁月，感悟其中展现的厦门精神。

（3）教学方法

本次创意工作坊活动教学采用直观演示法、讲授法、讨论法与练习法相结合的教学方法，注重启发学生对纹饰欣赏的学习兴趣，引导其进行主题 H5 交互页面的设计与创作，提升学生的创造性思维能力、页面设计能力、电脑操作能力。

5. 活动过程

活动 1：了解厦门经济特区纪念馆（10 分钟）

教师运用多媒体播放厦门经济特区相关的视频，并将厦门的今昔照片进行对比，然后播放《恋恋厦门》H5 交互动画，提出问题："短短几十年，厦门发生了翻天覆地的变化，大家来说说身边有哪些变化呢？"

教师展示和介绍厦门经济特区纪念馆四个展馆的内容信息

并播放纪念馆的相关视频。纪念馆占地面积 5000 平方米，共有四层，分为"厦门经济特区开创阶段""厦门经济特区发展阶段""增创新优势阶段""新跨越阶段"四个展馆。

活动 2：设计 H5 页面（15 分钟）

教师展示《恋恋厦门》H5 交互动画的图片，介绍 H5 页面制作。

教师提问，H5 作品由哪些部分构成？学生观察并思考 H5 页面制作的基本要素，包含图像、文字和动画特效，并且通过点击可以实现互动和页面切换。

教师介绍厦门经济特区纪念馆的主题，学生以此为主题搜集相关图片、文字资料，并开始进行 H5 内容设计。

活动 3：制作 H5 页面（45 分钟）

教师介绍 H5 的工具栏和工作台基本功能，并演示相关基本操作，如添加文字、更换背景、添加动画特效等。

第一步，根据确定主题进行首页的设计制作，在设计过程中需要注意构图以及搭配相应主题的图片。

第二步，添加文字和动画效果，使画面主题清晰，一目了然。添加完动画后可以随时预览动画效果，进行调整。

第三步，逐页设计制作，丰富画面内容，可增加音乐、超链接等形式来使 H5 动画更有趣味性。

活动 4：作品展评与拓展（15 分钟）

各个小组完成和展示作品，分享设计理念，填写学习单内容。最后生成 H5 动画的二维码，运用班级的公众号来发布，让大家投票选一选最喜欢的 H5 小动画。教师对本次工作坊内容和要点进行总结和评价，拓展欣赏其他优秀 H5 作品。

6. 活动收获

（1）学习评价

学生能通过参观厦门经济特区展厅的内容来感受厦门发展变迁；

学生能掌握 H5 动画制作的方法；

学生能以纪念厦门经济特区为主题设计制作 H5 小动画；

学生的作品表现形式新颖，具有一定创意和内涵。

（2）核心素养提升

本次工作坊活动以设计制作 H5 交互小动画为主题，学生从了解厦门经济特区纪念活动再到设计制作主题 H5，重温厦门的发展过程。本活动培养学生的家国情怀，在设计制作中培养审美判断、图像识别和文化理解能力，在小组合作中培养创意实践、交流与合作能力、解决问题能力。

图 15-8

二、"创意·表现"活动方案

活动方案

1. 活动信息

【活动名称】双色华章·套色木刻版画

【活动对象】八年级

【活动时间】80 分钟

2. 活动目标

知识与技能：了解木刻版画的基本刀法和套色原理；知道套色木刻版画的制作步骤；设计并制作以厦门现代城市地标为主题的双色套色版画作品。

过程与方法：运用木刻版画的基本刀法制作厦门地标版画作品，培养学生的抽象思维与表现能力。

情感、态度和价值观：提升对版画材料美、工艺美和抽象美的认识和创造能力；理解现代建筑的造型美与秩序美，培养文化自信与爱国情怀。

3. 活动重难点

学习纸雕的特点、种类和制作方法；

设计并制作具有创意的厦门地标套色版画。

4. 材料准备

铅笔、水笔、木刻版、复写纸、木蘑菇、滚筒、油墨、松节油等。

5. 设计思路

（1）内容设计

本次工作坊活动内容为"厦门城市华章欣赏"与"套色木刻版画的设计制作"两部分。

欣赏部分侧重引导学生欣赏以厦门经济特区改革开放为主题的版画作品，从文化角度了解版画的独特性，并在对厦门鹭江道美景的讨论交流中唤起学生对厦门城市发展变迁的自豪感。创作部分的内容为设计制作厦门现代城市地标群像的套色木刻版画作品，活动分为版画草图设计、套色版画制作和作品展示三个环节。在教师的指导下，学生提取厦门的地标建筑进行组合构图，设计版画草图与分色套印草图，然后在版画制作过程中掌握木刻版画的基本刀法与套色原理知识，完成富有创意的城市建筑群像版画。

（2）与现有学材课例的关系

创意工作坊的内容是对学材"创意·表现"单元活动 1 "启航新征程·山海话厦门"的拓展。创作单元第一课的课例以创作桥梁视觉笔记为主题，引导学生从多个角度综合解读并记录厦门桥梁建筑；学习单的活动则是以桥梁为背景，连接各建筑元素综合进行套色木刻版画的表现创作，更加考验学生的抽象组合的概括能力、构图能力以及技法的创意表现能力。

（3）教学方法

工作坊的教学活动主要运用讲授法、多媒体结合法、直观演示法、归纳法、讨论法与练习法等教学方法，引导学生进行观察、思考、理解、制作和总结。

6. 活动过程

活动 1：了解版画（5 分钟）

教师以一组鹭江道美景图片欣赏作为导入，请学生交流对厦门城市风貌与特区改革发展的看法。

教师展示相关主题的版画作品：鹭岛的每一幢新建筑，都是改革开放的亲历者，也是城市发展的见证者，让我们来看看艺术家是如何运用独特的语言来表现厦门城市的地貌。

教师介绍制作版画的步骤（画、刻、印）与工具，并布置活动任务：设计制作以鹭江道两岸地标建筑为组合元素的套色木刻版画。

图 15-9 版画工具

活动 2：设计草图（20 分钟）

教师展示版画草图设计，介绍版画的分色套印原理，学生在教师的引导下完成以下步骤：

第一步：提取地标建筑进行草图设计；

第二步：制订分版套色计划，完成图像的对版。

套色木刻是用多块版套印而成的，因此，每块套色版套印时都要准确无误。为保证各色套准，每块版要做好统一对版标记，这在设计画稿时就应注意。画稿上边要留出 3—5 厘米纸边，在纸边与画面 0.5 厘米处画一条水平横线，在横线上找两个点做标记，作为对版的标志。

左：分色草图展示　中：定稿　右：对版拷贝

图 15-10

第三步：使用复写纸分色分版完成图像的拷贝。

印刷出的画面与版面是方向相反的，印刷成品图与木板上的图像呈镜面对称关系，因此要考虑版向的问题。

活动3：制作版画（50分钟）

第一步：刻制版画

刻制前教师展示技法图片与不同类型的刻刀，并进行握刀运刀的演示，引导学生进一步了解掌握版画的基本技法，学生分组完成木刻版画的制作。

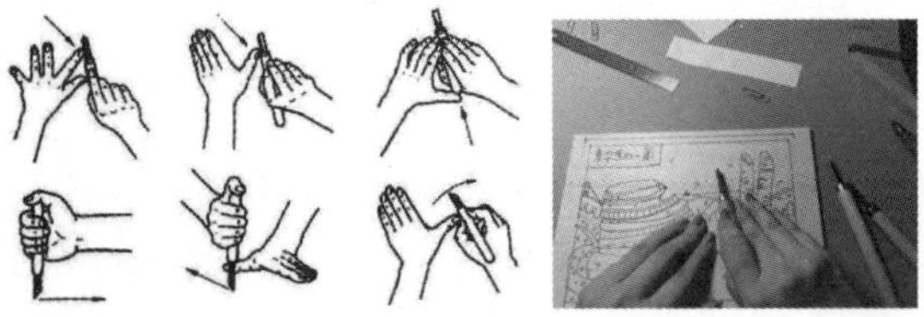

左：握刀展示，右：运刀演示

图 15-11

刻作时先以三角刀刻出木板画面上的轮廓边缘线，再交替结合使用圆刀，逐步刻出亮面。注意刻制时处理不同的物体需要更换不同类型的刀，圆口刀刻粗线，三角刀刻细线，平刀、斜刀负责大面积。用刀时左手勿置于刀前。不同的刀口如图

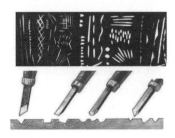

图 15-12

5-12 所示。

第二步：套印版画

使用松节油调制油墨，而后用滚筒蘸取油墨，在木板上来回按压滚动，注意油墨宁薄勿厚。

木刻对版附纸后，使用木蘑菇摩擦拓印，轻轻按压纸张，保证着色均匀。

注意在局部滚油墨时要十分小心，不能移动纸张。

轻轻揭开印纸，在作品下方写上基本信息，完成版画的印制。

活动4：作品展评（5分钟）

学生展示版画作品，并彼此就作品进行交流与评价，教师对本次创意工作坊内容进行总结和评价，鼓励学生探索版画艺术的形式语言。

7. 活动收获

（1）学习评价

我掌握了套色版画的特点与制作原理；

我能运用多种刀法制作具有厦门特色的建筑套色木刻画。

（2）核心素养提升

本次工作坊的活动以套色木刻版画的设计创作为主题，学生通过了解厦门特区城市地貌的发展变化、欣赏相关的版画作品、设计鹭江道沿岸的地标建筑版画与创作套色木刻版画作品，既提高了审美鉴赏能力、多元表现能力与创意思维能力，也增强了对厦门现代地标建筑的认识与感受，深化了爱国情怀与文化理解能力。

图 15-13

第六节　单元课程学习评价指南

一、"欣赏·评述"课例

（一）教师：学习评价方法

单元学习总评表

评价内容包括过程性表现、结果性表现，观测点分为主动性、探究性、合作性。

表 15-10

教师评价表						
评价内容		1	2	3	4	5	评语
过程性表现	主动性						
	探究性						
	合作性						
结果性表现	主动性						
	探究性						
	合作性						

说明：评价为1—5分。

（二）学生：自评、互评方法

表 15-11

自评、互评表		
评价内容	学生自评	同伴互评
1. 能搜集厦门经济特区地标建筑的相关知识		
2. 能从不同角度探究现代建筑的内在精神与文化意义		
3. 能运用多种欣赏方法从造型、材质、色彩等方面分析现代建筑风格		
4. 能运用美术语言表述厦门地标建筑的特色		
5. 能合作完成内容完整、形式多样的地标建筑欣赏报告		
6. 能尊重并合理评价他人的意见与作品		

说明：评价为1—5分。

二、"创意·表现"课例

（一）教师：学习评价方法

评价内容包括过程性表现、结果性表现，观测点分为主动性、探究性、合作性。

表 15-12

教师评价表						
评价内容		1	2	3	4	5	评语
过程性表现	主动性						
	探究性						
	合作性						
结果性表现	主动性						
	探究性						
	合作性						

说明：评价为1—5分。

（二）学生：自评、互评方法

表 15-13

自评、互评表		
评价内容	学生自评	同伴互评
1. 能搜集关于厦门改革开放的故事和知识		
2. 能用视觉笔记形式记录厦门著名大桥并形成创意作品		
3. 能学会设计舞台剧模型，表现厦门改革开放场景和故事		
4. 能合作完成小组作品		
5. 能欣赏他人作品		

说明：评价为1—5分。

第十六章
高中美术单元课程与教学设计[1]

第一节 美术课程标准研读

一、"鉴赏·理解"课例

（一）研读课标

本单元为高中美术的鉴赏教学内容。《普通高中美术课程标准（2017年版2020年修订）》（以下简称《课程标准》）中高中阶段的目标是"识别图像的形式特征，分析图像的风格特征和发展脉络，理解图像蕴含的信息；运用多种工具、材料和美术语言创作具有一定思想和文化内涵的美术作品及其他表达意图的视觉形象；依据形式美原理分析自然、日常生活和美术作品中的美，形成健康审美观念；具有创新意识，运用创造性思维进行创意，并用美术的方法和材料予以呈现和完成；从文化角度分析和理解美术作品，认同并弘扬中华优秀传统文化，尊重人类文化的多样性"。

（二）明确类型

本单元旨在培养学生"图像识读""美术表现""审美判断""创意实践""文化理解"五大核心素养。课时规划：4课时。

（三）确定内容

《课程标准》中对"美术鉴赏"模块的内容要求包括：①从材料、工具、技法或题材等方面区分不同的美术门类，并在现实情境中加以识别；知道中外美术史的基本脉络和重要风格、流派的代表人物及代表作。②了解美术创作的基本过程，学习美术作品审美构成的造型元素和形式原理，并用于分析、理解和解释美术作品。③掌握2—3种美术鉴赏的基本方法，联系文化情境认识美术作品的主题、内涵、形式和审美价值，并用恰当的术语进行解读、评价和交流。④辨析美术作品中存在的不同文化、品位和格调的差异，形成健康向上的审美情趣。⑤了解近代以来中国美术的发展，以及新中国成立后讴歌党、祖国、人民、英雄的精品力作，探究民族文化传统的继承与发展关系。⑥运用比较法分析中外传统美术在材料技法、语言风格和创作观念等方面的不同。⑦通过了解不同历史阶段美术的社会功能与作用，理解美术创作与现实生活的关系、艺术家的社会角色与文化责任。⑧选择中外著名艺术家或当代美术现象进行专题研究，在调查、分析和讨论的基础上撰写评论文章，并通过宣讲、展示等方式发表自己的看法。

---

[1] 本章作者：上海师范大学美术学院讲师徐耘春、上海师范大学附属第二实验学校教师毛倩倩。

本单元教材的学习内容基于以上 8 点进行设定。

二、"创意·表现"课例

（一）研读课标

本单元对应的课标同上页"鉴赏与理解"。

（二）明确类型

本单元旨在培养学生"图像识读""美术表现""审美判断""创意实践""文化理解"五大核心素养。课时规划：8 课时。

（三）确定内容

《课程标准》中对五大核心素养的解读包括：①图像识读：对美术作品、图形、影像及其他视觉符号的观看、识别和解读；②美术表现：运用传统与现代媒材、技术和美术语言创造视觉形象；③审美判断：对美术作品和现实中的审美对象进行感知、评价、判断与表达；④创意实践：在美术活动中形成创新意识，运用创意思维和创造方法；⑤文化理解：从文化的角度观察和理解美术作品、美术现象和观念。

本单元教材的学习内容基于以上 5 点进行设定。

第二节 高中美术单元学材

一、第一单元："欣赏·评述"

第一课：大"厦"之"门"
第二课：蝶变之城

二、第二单元："创意·表现"

第一课：云上建筑
第二课：建筑"可阅读"

第三节 "鉴赏·理解"单元课程教学设计

一、单元课程目标设计

（一）课程目标

1. 学生能够知道

· 建筑基本信息：如名称、建造时间、占地面积、高度等；

· 欣赏方法：如费德曼四步法、城市建筑鉴赏六步法、对话法、发现法、比较法、分析法、多媒体法、情境法等；

· 视觉元素，如线条、形状、色彩、肌理、空间、明暗等；

· 形式原理，如对称、均衡、节奏、比例、重复等；

· 色彩知识，如色彩三要素、色彩的冷暖、色彩情感特征等；

· 建筑空间：如城市规划、布局、透视等。

2. 学生能够做到

· 学会运用恰当的方法鉴赏厦门经济特区建立以来的地标性新建筑；

· 综合运用发现法和情境法来探究建筑的造型

特征、装饰风格，用比较法来多角度分析建筑；

·运用文字、手绘与影像等多种方式考察、记录厦门城市建筑与经济特区建立以来城市发展新面貌，完成鉴赏日志与展览设计。

3. 学生能够理解

·厦门经济特区建立以来新落成的地标性建筑的基本信息、艺术风格、构成要素、美学内涵、地域特色与人文价值；

·厦门地标性新建筑与经济特区建立发展之间的关联与重要意义；

·厦门地标性新建筑与厦门承古融今、开放进取、勇于创新的城市精神的关系；

·厦门城市发展的成就，提升政治认同、文化自信与民族自豪感。

4. 核心素养

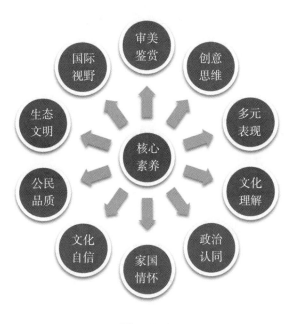

图 16-1

二、单元教材教法分析

（一）分析单元定位

1. 细化"课程目标"

根据"课程目标"，高中学段美术在"鉴赏·理解"学习领域"建筑"主题中关于厦门经济特区地标性建筑的内容要求是：①认识厦门经济特区建立以来重要的地标性建筑，感受创新城市日新月异的变化；②能够运用多样的方法（5种以上）鉴赏厦门改革开放以来重要的地标性建筑；③透过建筑鉴赏，理解厦门城市精神与经济特区建立的重要意义；④理解厦门城市发展的成就，提升政治认同、文化自信与民族自豪感。

2. 以往学习基础

历经初中美术"欣赏·评述"领域的学习后，学生掌握了基本的美术作品鉴赏方法，初步了解厦门经济特区建立以来的建筑特色，能够根据自己的兴趣选择厦门地标性建筑开展欣赏、考察与探究活动，对于高中更高阶段的鉴赏学习奠定基础。

3. 未来学习要求

本单元是高中学段美术"建筑鉴赏"的最高阶段，侧重从不同面向对厦门经济特区建立以来的代表性建筑进行赏析，并运用多元方法开展探究性鉴赏、考察、策展学习活动。

4. 单元定位

本单元中，教师应引导学生深入了解厦门经济特区建立以来不同时期的代表性建筑，着重对厦门高崎国际机场、世茂海峡大厦（双子塔）、演武大桥、厦门国际会议展览中心、闽南大戏院等建筑，综合运用以往所学知识与方法，从造型元素、结构功能、审美内涵、文化价值等方面进行深入鉴赏，感悟厦门城市精神与经济特区建立以来取得的"厦门高度"与"厦门速度"，提升对社会主义制度的政治认同，增强社会主义先进文化的自信与民族自豪感。本单元特别注重对学生图像识读、审美判断、文化理解这三大核心素养的培养，希望引导学生形成独立探究、批判性思考的能力。

（二）整合内容结构

1. 梳理教材内容

·大厦之门

了解厦门经济特区建立以来每个时期的代表性建筑；鉴赏厦门高崎国际机场T3、T4候机楼；厦门地标性建筑的发展与厦门承古融今、开放进取、勇于创新的城市精神之间的关联。

· 蝶变之城

厦门世茂海峡大厦（双子塔）不同视角、不同方法的鉴赏；演武大桥与双子塔楼组合景观构成的魅力与寓意；厦门国际会议展览中心鉴赏；厦门海洋文化在建筑上的反映；厦门经济特区建筑发展。

2. 单元内容结构

（1）学科知识与技能

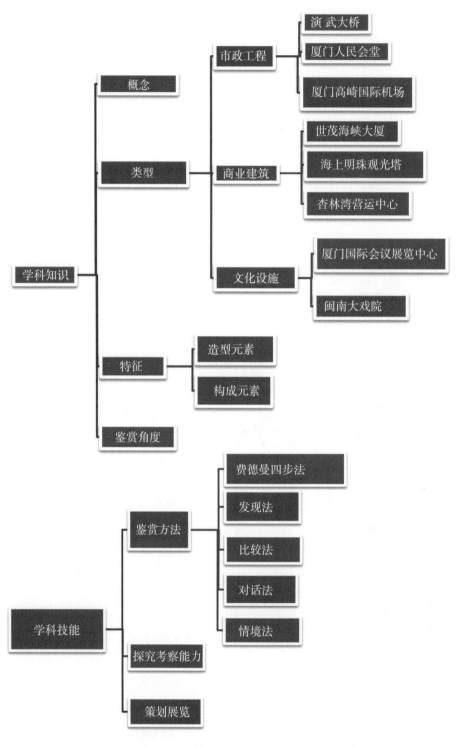

图 16-2

（2）人文内涵

① 厦门经济特区建立以来不同时期的地标性建筑是厦门开放进取、勇于创新精神的体现；

② 厦门地标性建筑是厦门海洋文化与闽南传统文化的创新体现；

③ 厦门地标建筑体现了厦门承古融今的城市精神；

④ 深入理解厦门地标性建筑有助于提升对社会主义制度的政治认同、增强社会主义先进文化的自信与民族自豪感。

（3）审美层面

① 辨别和了解厦门经济特区不同时期代表性建筑中的造型、类型与功能；

② 鉴赏和理解厦门地标性建筑独有的结构要素与空间布局；

③ 体悟厦门地标性建筑蕴含的艺术之美与文化内涵。

（三）分析教法依据

1. 教学内容特点

本单元主要是对建筑造型、结构、空间、艺术特色与文化内涵进行鉴赏与理解。

2. 学段学情特点

高中学段的学生对概念知识、视觉元素、造型特征、结构要素、空间布局、文化内涵都有了一定的了解，能够初步理解建筑中的结构美、造型美、装饰美，具备了进行自主探究性学习的基础和能力；同时，通过之前的学习，学生也形成了一定的艺术欣赏和创意表达的经验，具备了运用所学知识和实践经验进行分析、探讨和研究的基础和能力。

3. 教学资源选取

本单元选取与教学内容直接关联的素材资源主要用于对厦门经济特区不同时期地标性建筑的鉴赏，如书籍、绘画作品、照片、建筑纪录片、学习单、网络资料、建筑模型、文创产品、展览等。教师可以利用它们在单元学习的各个阶段保障学生进行有效实践，形成学习成果。

本单元设计的技术资源主要有：

（1）信息技术资源：通过播放图文并茂的交互式多媒体视频，营造出生动活泼的教学情境，激发学生学习的积极性，促使他们进行自主思考和探究。

（2）实践技术资源：基于欣赏课例的学习任务单能够帮助学生更好地规划探究性学习的步骤，提高探究的效率，形成对学习经历和探究过程的记录。

（3）教学环境资源：主要是现存于厦门地区的世茂海峡大厦、演武大桥、国际会议展览中心、厦门高崎国际机场等。学生通过实地考察与鉴赏，为探究性学习提供更加生动和丰富的形式。

（四）设计教学方法

本单元的主要教学方法包括：

1. 教师主导——针对概念性知识进行讲授，如建筑年代、造型特点、空间布局、风格样式、装饰工艺与造型视觉元素等。

2. 学生自主——针对建筑的审美现象，在教师的引导下进行观察与感受，综合运用欣赏评述的多种方法，进行小组讨论，自主探究厦门新建筑的形式美与结构美。

3 师生互动——针对人文内涵与审美层面，教师与学生进行交流与讨论，教师引导学生结合所学知识与美术语言积极探索建筑形式美感与人文内涵，并对建筑艺术的内容进行积极的思考与探索，同时以策划厦门经济特区建筑文献展的形式，深入了解厦门的发展成就，提高审美判断能力与艺术感知力，增强对社会主义制度以及社会主义先进文化的认同。

（五）定位学科能力

1. 关键能力

运用不同的鉴赏方法提高审美能力；

透过建筑理解厦门精神的丰富性；

提高政治认同、文化自信与民族自豪感。

2. 其他能力

自主思考与探索建筑形式美的能力；

合作、表达与交流欣赏灵感与感想的能力；

评述欣赏成果的综合能力；

策划展览的全局领导力。

三、单元教学活动设计

（一）单元教学目标

知识与技能：认识厦门经济特区建立以来重要的地标性建筑，感受厦门这一创新城市日新月异的变化。

过程与方法：通过课堂讲解、视频观看、实地考察、在线学习、策划展览等多样化学习方式，开展厦门地标性建筑鉴赏活动，运用文字、手绘、影像、工艺等方式完成研究性考察与鉴赏报告，策划厦门经济特区建立40余年建筑文献展。

情感、态度和价值观：理解厦门城市精神与经济特区建立的重要意义。了解40余年来城市发展的伟大成就，提升对社会主义制度的政治认同，增强社会主义先进文化的自信，强化民族自豪感。

（二）单元教学重难点

教学重点：运用多种方法对厦门经济特区建立以来不同时期的地标性建筑进行鉴赏，从不同角度解读地标性建筑的风格、结构要素与空间布局。

教学难点：通过鉴赏建筑，了解厦门的城市精神，提升对社会主义制度的政治认同，增强社会主义先进文化的自信，强化民族自豪感。

（三）单元学习活动

1. 设计单元活动框架

根据本单元教学目标、教学重点和难点，对单元主要学习活动进行规划。

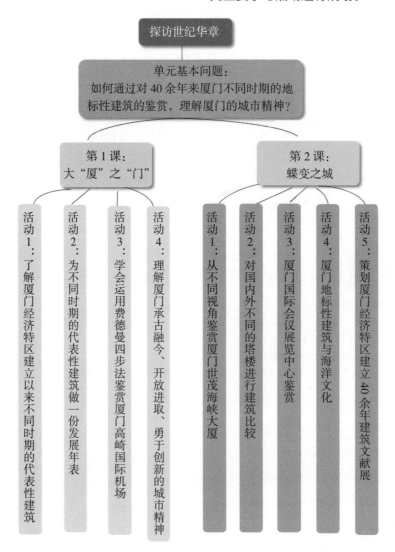

图 16-3

2. 制订每课活动方案

表 16-1

第1课：大"厦"之"门"			
基本信息	高中一年级、二课时		
核心问题 （大观念）	如何通过鉴赏厦门高崎国际机场感受厦门开放进取、勇于创新的特区精神？		
小问题	1. 你认识哪些厦门经济特区建立以来不同时期的代表性建筑 2. 我们该如何鉴赏厦门高崎国际机场T3、T4候机楼的建筑特色 3. 我们该如何理解建筑中反映的厦门特区精神		
教学目标	1. 认识厦门经济特区建立以来重要的地标性建筑 2. 能够运用多样的方法鉴赏厦门重要的地标性建筑 3. 理解厦门城市精神与经济特区建立的重要意义		
教学重难点	1. 重点：学会用费德曼四步法鉴赏厦门高崎国际机场T3、T4候机楼的建筑 2. 难点：通过鉴赏厦门改革开放以来不同时期代表性的地标建筑，感悟厦门开放进取、勇于创新的城市精神		
教学资源	厦门高崎国际机场候机楼模型、立体纸艺建筑、教学视频等		
活动环节	活动内容	活动任务	设计意图
课程导入	介绍20世纪80年代的厦门与今天厦门城市面貌之间的差异，感受厦门经济特区建立以来日新月异的城市发展	运用比较法，选取中山路、湖滨路、厦门大学等厦门地标，通过沿街同一景点的新旧照片比较，感受厦门的不同时代的发展	通过同一景点新旧照片的比较，理解厦门城市建设的变化
知识新授	厦门经济特区建立40余年来不同时期代表性建筑的梳理与赏析	1. 运用思维导图软件或卷轴的形式，制作一幅从1980—2020年不同时期厦门的建筑发展图 2. 展示、评价学生完成的建筑发展图	了解厦门代表性建筑与城市发展之间的关联
核心知识点讲解	厦门高崎国际机场T3、T4候机楼建筑赏析	1. 从最早的经济特区"湖里区"2.5平方公里到现在厦门全岛发展概述 2. 运用费德曼四步法对厦门高崎国际机场T3、T4候机楼建筑演变历程、造型特征、结构要素、空间布局、内涵寓意进行鉴赏 3. 理解厦门高崎国际机场T3、T4候机楼在设计上所体现的闽南传统文化的特征，同时也反映出厦门正欲腾空展翅翱翔的状态	学会建筑鉴赏方法，感受机场"如鹥斯飞"的意境
教学互动	建筑鉴赏的多元方法	1. 运用模型、立体纸制作厦门高崎国际机场的建筑外立面，了解建筑所蕴含的闽南文化的创新性发展 2. 比较国内外著名的机场造型与结构，思考机场建筑中所反映出的城市文化与精神	掌握多样的鉴赏方法，增加课程的趣味性
评价方案	1. 我知道了6座以上厦门经济特区建立以来的代表性建筑 2. 我能够用3种以上的方法鉴赏厦门高崎国际机场的建筑设计 3. 我感受到厦门承古融今、开放进取、勇于创新的城市精神		

表 16-2

第2课：蝶变之城			
基本信息	高中一年级、三课时		
核心问题（大观念）	如何通过鉴赏厦门地标性建筑了解厦门的海洋文化精神		
小问题	1. 我们该从哪些角度、用哪些方法鉴赏厦门世茂海峡大厦 2. 如何通过城市天际线高度的增加来理解厦门经济特区40余年来的发展成就 3. 厦门会议展览中心中如何透露出海洋文化的气息		
教学目标	1. 了解厦门不同类型的代表性建筑，感受创新城市日新月异的变化 2. 学会运用多样的方法鉴赏厦门不同年代建造的地标性建筑 3. 理解厦门城市发展的成就，提升政治认同、文化自信与民族自豪感		
教学重难点	1. 重点：学会从不同角度、运用不同方法鉴赏厦门地标性建筑 2. 难点：通过建筑鉴赏，理解厦门城市发展的成就，提升政治认同、文化自信与民族自豪感		
教学资源	1. 教具：影像纪录片、教学模型、文创产品等 2. 学具：相机、画纸、画笔等		
活动环节	活动内容	活动任务	设计意图
课程导入	厦门城市天际线高度的变化	1. 梳理40余年来，厦门不同高度的建筑，透过天际线高度的变化，感受厦门不断追求突破、实现超越的城市精神 2. 不同高度建筑进行排列比较	透过建筑高度的变化，感受厦门城市的发展
新课讲授	鉴赏厦门世茂海峡大厦	1. 运用俯视、仰视、平视等视角感受双子塔楼的壮美 2. 学会从建筑造型、风格等方面鉴赏建筑 3. 将建筑与周边环境联系在一起进行鉴赏	全方位、多角度鉴赏厦门双子塔
教学互动	1. 比较国内外著名塔楼式建筑的异同 2. 感受城市新旧发展在同一个街区中交汇的独特面貌	1. 在沙坡尾拍摄照片，讨论双子塔与沙坡尾传统民居共同对于城市面貌发展的影响 2. 比较厦门最高的十大建筑在造型、类型、功能上的异同，感受厦门多样建筑的魅力 3. 将国内外著名的塔楼式建筑与厦门的建筑比较一下，想一想这些建筑在造型、材料、结构、装饰工艺上都有哪些异同点，都融入了城市的哪些特色元素	了解厦门双子塔建筑的艺术特色与独特之处
知识点讲解	鉴赏厦门国际会议展览中心	1. 运用多样的方法从建筑造型、结构、空间、功能、发展沿革、象征寓意等方面鉴赏厦门国际会议展览中心 2. 观看厦门金砖会议官方视频，感受厦门40余年来发展的成就，同时理解建筑中所蕴含的海洋文化要素 3. 比较鉴赏厦门具有海洋文化要素的不同建筑（闽南大戏院、厦门大会堂等）	在鉴赏建筑造型的同时，理解建筑所反映出的厦门海洋文化与闽南传统文化的内涵
课后拓展	厦门经济特区40余年建筑文献展策划	选择具有代表性的建筑，思考展览主题与各板块内容，完成建筑文献展的策划	通过策展的方法，深入了解厦门40余年来的发展变化，增进对社会主义制度的政治认同与文化自信
评价方案	1. 我学会了鉴赏厦门双子塔楼与厦门国际会议展览中心的方法 2. 我理解了建筑所反映的海洋文化的寓意以及40余年来厦门追求突破、实现超越的城市精神 3. 我感受到社会主义制度与文化的优越性		

四、单元评价设计

表 16-3

评价目的	
1. 评估学生对厦门代表性建筑在造型元素、结构要素与象征内涵等方面的掌握程度 2. 观测学生在鉴赏与理解厦门当地建筑过程中的兴趣与态度 3. 评定学生鉴赏建筑后对厦门经济特区发展与城市精神的理解	
评价内容	
学习兴趣	1. 体验厦门经济特区建立以来不同时期代表性建筑的魅力和特色 2. 鉴赏厦门当代标志性建筑，了解其独特的艺术价值和人文内涵
学习习惯	主动观察、感受和探究厦门当代标志性建筑的情况
学业成果	1. 学会鉴赏厦门 40 余年来不同时期代表性建筑的方法 2. 能够理解建筑所反映的闽南文化、海洋文化等，以及厦门追求开放、不断进取的城市精神 3. 能够感受到社会主义政治与文化制度的优越性
细化评价观测点	
活动内容	评价观测点
厦门高崎国际机场 T3、T4 候机楼建筑鉴赏	1. 我了解了厦门高崎国际机场在建筑样式与功能上的变化 2. 我学会了运用费德曼四步法鉴赏建筑 3. 我了解到厦门高崎国际机场在建筑上所蕴含的闽南文化以及反映的厦门追求开放的城市精神
鉴赏厦门世茂海峡大厦	1. 我学会从不同视角鉴赏厦门双子塔的方法 2. 我能感受到厦门双子塔与沙坡尾在同一街区表现出的传统与现代交汇的独特魅力 3. 我能够比较国内外著名塔楼型建筑在造型、结构、材料、功能、类型、空间等方面的异同
鉴赏厦门国际会议展览中心	1. 我学会鉴赏厦门国际会议展览中心的方法 2. 我了解厦门国际会议展览中心建筑所具有的厦门海洋文化的特征 3. 我了解厦门金砖会议的标志在设计上与厦门国际会议展览中心的关联
厦门 40 余年来城市建筑的变迁与发展	1. 我能说出 10 个以上厦门不同时期的代表性建筑 2. 我理解建筑所蕴含的闽南传统文化、海洋文化与厦门城市精神 3. 我对社会主义政治与文化制度有了新的认识，提升了政治认同、文化自信与民族自豪感
展览策划	1. 我学会了自主确立展览的主题 2. 我能够选择合适的不同时期的代表性建筑作为展品进行展示 3. 我加深了对厦门城市建筑以及经济特区发展的认识

第四节 "创意·表现"单元课程教学设计

一、单元课程目标设定

（一）课程目标

1. 学生能够知道

· 视觉元素，如线条、形状、色彩、肌理、空间、明暗等；

· 形式原理，如对称、均衡、节奏、比例、重复等；

· 色彩知识，如色彩三要素、色彩的冷暖、色彩情感特征等；

· 透视知识，如平行透视、成角透视、圆面透视等；

· 造型表现方法，如写实、夸张、变形、抽象、装饰等；

· 肌理表现方法，如刮、喷溅、挤压、印等；

· 建筑模型制作的方法，如测量、画图、切折、切割、粘贴、组合、装饰等；

· 立体空间造型，如组建立体空间、搭建纸模型等；

· 新媒体艺术与传统媒材造型的区别。

2. 学生能够做到

· 用不同的工具和媒材，采用写实、夸张、变形、抽象等表现方式，描绘各种事物，表达情感和思想；

· 采用多种肌理制作方法，增加建筑质感表现的可能性；

· 根据创作主题，采用合适的绘画构图形式组织安排作品画面；

· 利用计算机、相机、录像机等进行造型表现活动；

· 选择用泥、纸、木材、废弃物品、金属丝等媒材，用雕刻、塑造、组装等方式创作建筑模型；

· 能在作品中表达自己的想法和感受，或表现一定的故事性；

· 根据建筑的审美、功能和内涵，进行文创产品设计，提出设计目标，并用手绘草图、思维导图、模型来呈现设计构思。

3. 学生能够理解

· 理解立体空间的塑造方法；

· 理解如何从视觉形象中提取抽象元素；

· 理解使用传统或现代的工具与媒材创作美术作品；

· 理解以重组、改变等方式进行构思和实践可以创作富有创意的美术作品；

· 理解现代媒材技术拓宽了人们认识世界的方式。

4. 核心素养

图 16-4

二、单元教材教法分析

（一）分析单元定位

1. 细化"课程目标"

根据"课程目标"，高中学段的学习要求是：①能感受和认识美的独特性和多样性，形成基本的审美能力；②能形成空间意识和造型意识，了解并运用传统与现代媒材、技术，结合美术语言，通过观察、想象、构思和表现等过程，创造有意味的视觉形象，表达自己的意图、思想和情感；③能养成创新意识，学习和借鉴美术作品中的创意和方法，运用创造性思维，尝试创作有创意的美术作品；④能联系现实生活，通过各种方式搜集信息，进行分析、思考和探究，对物品和环境进行符合实用功能与审美要求的创意构想，并以草图、模型等予以呈现，不断加以改进和优化；⑤了解美术与文化的关系，认识中华优秀传统美术的文化内涵及独特艺术魅力，坚守中华文化立场，坚定文化自信。

2. 以往学习基础

通过小学、初中阶段的学习，学生对建筑形成了一定的感受和理解力，对空间、造型以及各类美术语言都有较为深入的了解，并具备一定的艺术表达能力。

3. 未来学习要求

学生需将美术知识与技能同其他学科的知识技能相结合，掌握综合材料的特性，能够富有创意和情感地对创作对象进行艺术表达。

4. 单元定位

本单元作为初中学段美术中"表现建筑"主题学习的最高阶段，教师应引导学生深入了解建筑的结构和造型，理解建筑蕴含的历史文化内涵，综合运用以往所学的知识技能进行个性化表现，提升设计思维。

（二）整合内容结构

1. 梳理教材内容

立体构成与现代媒体技术；

融合建筑元素的综合材料创意制作。

2. 单元内容结构

（1）学科知识与技能

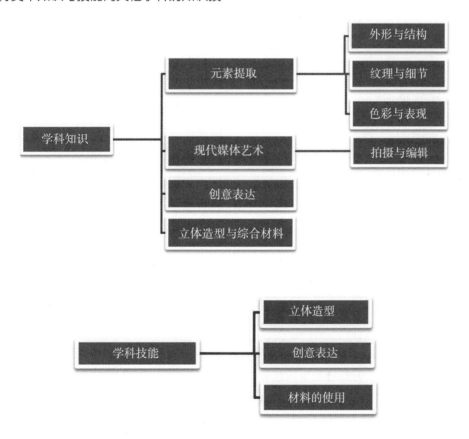

图 16-5

（2）人文内涵

① 建筑来源于历史；

② 建筑创造美的环境；

③ 建筑承载的历史文化与人文内涵。

（3）审美层面

① 辨别和欣赏建筑与环境之美；

② 体验结构与色彩的协调统一之美；

③ 感受和欣赏建筑独有的纹理和结构；

④ 理解建筑蕴含的人文价值。

（三）分析教法依据

1. 教学内容特点

本单元主要是对建筑结构、空间与人文价值进行认识与创作。

2. 学段学情特点

高中学段的学生对造型元素、结构原理、透视知识、立体表现等方法都有了一定的了解，也具备自主探究性学习的基础和能力；同时，通过之前的学习，学生对建筑的艺术特点与创作方法已有一定的知识储备，可以运用所学知识和学习经验进行更深入的分析和探讨活动。

3. 教学资源选取

本单元选取与教学内容直接关联的素材资源主要是用于表现改革开放以来现代建筑造型特点的创作工具和材料，如铅笔、画纸、综合材料等。教师可以利用它们在单元学习的各个阶段保障学生进行有效实践，形成学习成果。

本单元选取的教学环境资源主要是现存于厦门地区的现代建筑，学生通过实地观察与创作，为探究性学习提供更加生动和丰富的形式。

（四）设计教学方法

结合分析，预设本单元的主要教学方法：

1. 教师主导——讲授：针对概念性知识进行讲授，如建筑的材质纹理特点、造型结构、元素提取方法等。

2. 学生自主——观察与探究：针对建筑的艺术特点，引导学生结合以往的学习基础和学习经验，充分调动学习主动性，从日常生活中的现象出发，进行探究性学习。

3. 师生互动——交流与讨论：针对人文内涵及审美层面，例如不同建筑的艺术特点、特色建筑的源流、建筑承载的文化内涵等，引导学生结合所学知识及以往基础，积极进行思考，通过语言或者文字的交流讨论，形成一定的理解与感悟。

（五）定位学科能力

1. 关键能力

对建筑进行欣赏的能力；

材料的选择与运用能力；

立体作品的表现能力；

提取元素并进行创意表现的能力。

2. 其他能力

自主思考、探究、解决问题的能力；

团队交流与合作创造的能力。

三、单元教学活动设计

（一）单元教学目标

知识与技能：了解改革开放以来厦门现代建筑的发展，了解现代建筑的材料与结构特征，掌握有效提取建筑元素的方法。

过程与方法：通过对建筑设计的解读与探究，使用现代媒体技术以及综合材料进行创意表现。

情感、态度和价值观：能够多角度、多层面联系文化、生活情境欣赏建筑设计，理解建筑如何表达思想、情感与创意，为改革开放以来所发生的巨大变化感到自豪，坚定文化自信。

（二）单元教学重难点

教学重点：表达创意的方法与综合材料的选取使用。

教学难点：造型元素的观察捕捉与立体表现方法。

（三）单元学习活动

1. 设计单元活动框架

根据本单元教学目标、教学重点和难点，对单元主要学习活动进行规划。

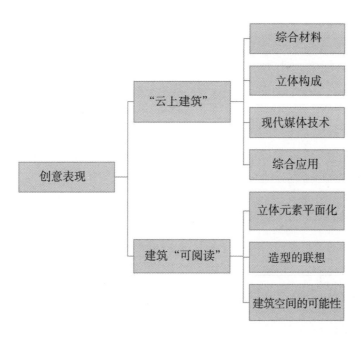

图 16-6

2. 制订每课活动方案

表 16-4

第1课：云上建筑			
基本信息	高中一年级、四课时		
核心问题（大观念）	艺术是如何表达对自然或社会现象的感受、认识和理解的		
小问题	1. 建筑的设计有着怎样的发展 2. 建筑如何传达设计者的想法		
教学目标	1. 了解厦门双子塔的造型特点 2. 运用立体构成法进行实践 3. 理解综合材料的艺术表现能力		
教学重难点	1. 重点：现代建筑的观察视点 2. 难点：综合材料的使用与设计		
教学资源	综合材料		
活动环节	活动内容	活动任务	设计意图
材料会说话	认识不同材料的艺术表现特点	运用线材、面材、块材进行创作，感受不同材料的特性及其表现特点	以实践操作了解材料特性，便于后期的选择与创作
创造高楼	立体构成法打造云上高楼	1. 从形状、大小、色彩、材质等方面选用合适的材料 2. 使用综合材料设计并制作云上高楼	立体构成实践
延伸与拓展	综合运用各种技法进行创意实践	运用学过的方法（如立体构成、现代媒体技术等）进一步开展创作活动	技法的综合运用与创意表达
活动成果	云上高楼立体构成作品、综合创意艺术作品		

表 16-5

第2课：建筑"可阅读"	
基本信息	高中一年级，四课时
核心问题（大观念）	艺术是如何表达对自然或社会现象的感受、认识和理解的
小问题	1. 如何将立体元素平面化呈现 2. 建筑的立体空间蕴含怎样的可能性
教学目标	1. 认识现代建筑的空间结构设计 2. 运用联想的方式打造纸上建筑 3. 理解建筑形态的组合能引发不同的想象
教学重难点	1. 重点：建筑的空间结构 2. 难点：使用平面材料挖掘建筑空间的可能性
教学资源	1. 教具：卡纸 2. 学具：综合材料、刀片、卡纸等

活动环节	活动内容	活动任务	设计意图
细节挖掘	了解建筑元素平面化呈现的方法	1. 仔细观察建筑的外观与结构设计 2. 利用纸张特性，通过折、曲、剪等方式在平面上再现建筑造型与纹理细节	打破对立体与平面的固有认识，激发想象
形态想象	建筑造型的创意联想	1. 以整体的视角或是对细节的观测，对建筑造型进行图形的归纳 2. 使用纸张对所归纳的图形元素进行创意再现	理解建筑是由基本形体所构成，以极简的视角去认识艺术设计
创造呈现	运用立体构成法创造建筑空间的可能性	选用合适的综合材料，将建筑的空间形态在桌面上呈现出来	整合对综合材料的运用以及对建筑形态的观察，呈现对建筑空间的全新认识
活动成果	平面化元素设计、建筑空间立体构成作品		

四、单元评价设计

表 16-6

评价目的	
1. 评估学生对现代建筑元素的认识 2. 观测学生在创意表现过程中的兴趣与态度 3. 评定学生运用综合材料进行创作活动的学习结果	
评价内容	
学习兴趣	1. 对改革开放以来现代建筑设计元素的赏析 2. 使用综合材料进行创意表现的意愿
学习习惯	主动观察、感受和探究现代建筑的设计特点
学业成果	1. 能合理运用不同的材料进行立体构成创作 2. 能根据主题，充分调动创意思维进行创作活动

续表

细化评价观测点	
活动内容	评价观测点
材料会说话	1. 主动进行思考与互动活动 2. 对材料艺术表现的认识情况
创造高楼	1. 积极主动参与创意表现活动 2. 运用综合材料进行创作活动 3. 能否主动表达自己的观点与认识
延伸拓展	1. 掌握多种艺术创作的形式与基本方法 2. 能否综合运用多种创作手法进行创意表达
细节挖掘	1. 能否运用平面材料表现立体空间 2. 能否完整地表现建筑材料或纹理特点 3. 积极参与体验活动，与同学交流想法
形态想象	1. 有效地提取建筑的图形元素 2. 富有创意地使用平面材料进行艺术表现
创造呈现	1. 能否大胆尝试各种工具和材质，进行创意表现 2. 理解建筑元素与造型设计的内涵 3. 关注建筑所具有的艺术人文价值

第五节 创意工作坊活动方案[1]

活动方案

（一）活动信息

【活动名称】"晨昏双子塔"速写转轮

【活动对象】高中生

【活动时间】90分钟

（二）活动目标

知识与技能：认识厦门世茂海峡大厦的造型特点、结构、功能和人文内涵；认识风景速写的三要素与表现形式特点；创作"晨昏双子塔"速写转轮。

过程与方法：通过分析厦门世茂海峡大厦的外形结构与造型特点，欣赏相关速写作品，运用速写的手法表现创作"晨昏双子塔"速写转轮。

情感、态度和价值观：认识现代地标建筑的造型美与人文美，培养文化自信与爱国情怀。

（三）活动重难点

学会运用速写的形式完成厦门世茂海峡大厦主题创作。

（四）材料准备

纸餐盘、针线、颜料、毛笔、钢笔、剪刀。

（五）设计思路

1. 内容设计

本次工作坊活动内容为"双子塔掠影"与

---

[1] 本节作者：上海市黄浦区劳动技术教育中心教师罗淑敏、上海师范大学美术学院美术学（师范）专业本科生陈依宁。

"'晨昏双子塔'的速写转轮创作"。

欣赏部分侧重引导学生认识厦门世茂海峡大厦的外形结构与造型特点。创作部分的主题为表现"晨昏双子塔",学生在了解风景速写三要素的基础上运用速写技法表现厦门世茂海峡大厦的造型特点,理解厦门地标建筑与自然环境、人文环境的和谐关系。

2. 与现有学材课例的关系

创意工作坊的内容是对学材"鉴赏·理解"单元课例的补充和拓展。学材鉴赏单元对厦门地标建筑单体进行了赏析活动,从建筑的内在联系引导学生分析其艺术价值。学习单的创作活动则在欣赏单体建筑的基础上侧重建筑与周围自然、人文环境的整合与表现,引导学生从建筑的外在联系中深入了解现代地标建筑的人文内涵,是对学材内容深度的探索和延伸。

3. 教学方法

工作坊的教学活动主要运用讲授法、多媒体结合法、直观演示法、归纳法、讨论法与练习法等教学方法,引导学生进行观察、思考、理解、制作和总结。

（六）活动过程

活动1:双子塔掠影（15分钟）

教师播放厦门城市宣传片,与学生交流视频中出现的地标建筑名称。

教师展示不同时间段的双子塔照片,引导学生欣赏、分析双子塔的外形结构特点与功能价值。

教师展示双子塔的速写作品与学生绘画作品,分析风景速写的三要素:眼观、心悟与手写,并与学生共同探讨如何创作一幅生动的建筑速写作品。

布置活动任务:用纸餐盘创作"晨昏双子塔"速写转轮作品。

活动2:速写转轮创作（70分钟）

准备活动材料,从线条、构图、色彩等方面构思双子塔建筑速写并完成以下创作步骤:

第一步:在餐盘上画速写;

第二步:剪掉速写作品的背景;

第三步:在另一个纸餐盘上画上晨、昏的背景颜色;

第四步:将餐盘对齐叠放,速写在前,晨、昏背景在后;

第五步:用针线固定餐盘中心点,完成速写转盘的固定。

活动3:作品展评（5分钟）

学生转动速写转盘,展示作品并进行交流与评价,教师对本次创意工作坊内容进行总结和评价。

（七）活动收获

1. 学习评价

我了解厦门世茂海峡大厦的造型特点结构、功能价值和人文内涵;

我能用速写生动地表现双子塔的形象;

我的速写转轮能够体现双子塔在晨昏变换中的不同魅力。

2. 核心素养提升

本次工作坊的活动以晨昏双子塔的速写创作为主题,学生通过了解双子塔的外形构造、欣赏双子塔的速写作品、进行双子塔的速写创作,对厦门世茂海峡大厦展开不同角度的学习与表现。学生在学习与创作的过程中不仅增强了对厦门现代地标建筑的认识与感受,也加深了内在的家国情怀与文化自信。

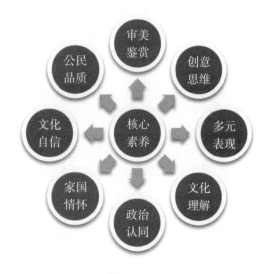

图 16-7

第六节　单元课程学习评价指南

一、"鉴赏·理解"课例

（一）教师：学习评价方法

评价内容包括过程性表现、结果性表现，观测点分为主动性、探究性、合作性。

表 16-7

教师评价表							
评价内容		1	2	3	4	5	评语
过程性表现	主动性						
	探究性						
	合作性						
结果性表现	主动性						
	探究性						
	合作性						

说明：评价为1—5分。

（二）学生：自评、互评方法

表 16-8

自评、互评表		
评价内容	学生自评	同伴互评
1. 能了解厦门经济特区不同时期的代表性建筑		
2. 能从不同角度探究建筑所反映出的文化内涵与城市精神		
3. 能运用多种欣赏方法从造型、材质、色彩、结构、空间、装饰工艺等方面鉴赏建筑		
4. 能理解建筑在经济特区建设中扮演的重要作用		
5. 能合作完成内容完整、形式多样的厦门经济特区建立40余年建筑视觉考察报告，或举办建筑文献展		
6. 能尊重并合理评价他人的意见与作品		

说明：评价为1—5分。

二、"创意·表现"课例

表 16-9

评价项目	评价标准	等级（权重）（评价为1—5分）		
		自评	小组评	师评
知识与技能	认识建筑造型、色彩、材料与用途之间的关系			
	能设计并制作立体造型			
	能表现自己的创意构思			
过程与方法	能熟练地使用综合材料			
	能使用平面材料创造性地呈现立体元素			
	能与同学一起合作交流			
情感、态度和价值观	对创作活动充满兴趣			
	积极表现自己的构思和想法			
	理解建筑设计蕴含的思想与人文价值			
我这样评价我自己					
同学眼里的我					
老师的话					
课堂反馈（建议、收获）					

第五部分
英才校园景观

第十七章
幼儿园艺术活动与教学设计[1]

第一节 幼儿园课程标准解读

一、课程标准解读

(一)研读《3—6岁儿童学习与发展指南》

1. 总体研读

《3—6岁儿童学习与发展指南》(以下简称《指南》)将艺术领域划分为感受和欣赏、表现和创造两个子领域,并从对艺术的态度(艺术兴趣)和艺术能力(感受和表现创作的能力)这两个方面提出了四项目标:"喜欢自然界与生活中美的事物""喜欢欣赏多种多样的艺术形式和作品""喜欢进行艺术活动并大胆表现""具有初步的艺术表现与创造能力"。其中,三项目标都用了"喜欢"一词,强调了幼儿艺术兴趣的养成,凸显了"情感态度"在幼儿艺术教育中的地位和作用。

《指南》中幼儿艺术领域教育建议中给出这样几条原则:"和幼儿一起感受、发现和欣赏自然环境和人文环境中美的事物""创造条件让幼儿接触多种艺术形式和作品""展示幼儿的作品,鼓励幼儿用自己的作品或艺术品布置环境"。《指南》指出了教师要注重支持和引导幼儿的审美感受与表现,幼儿园教室内、外的环境、丰富可操作性的材料,是促进幼儿学习发展的基础。

《指南》整合各领域教育,促进幼儿身心全面、协调发展。《指南》将幼儿学习与发展以领域的方式呈现,分别是健康、语言、社会、科学、艺术这五个领域。每个领域按照幼儿学习与发展最基本、最重要的内容划分为若干子领域,但这并不意味着我们的教育走回分科教学的模式。幼儿园美术活动离不开幼儿手的参与;幼儿语言发展与幼儿美术表现和创造相辅相成;美术活动中,教师努力营造相互尊重的氛围,支持幼儿的自主表现和创造,这与社会领域的"人际交往"目标相契合……所以教师应全面了解各年龄段各领域幼儿行为发展的特点,整合各领域教学,推动相互之间的联系,真正落实《指南》所倡导的"关注幼儿学习与发展的整体性"的理念。

2. 阶段目标研读

本单元为幼儿园大班"艺术"领域的教学内容。《指南》中"艺术"学习领域5—6岁的课程目标包括:①喜欢自然界与生活中美的事物;②喜欢欣赏多种多样的艺术形式和作品;③喜欢进行艺术活动并大胆表现;④具有初步的艺术表现与创造能力。

---

[1] 本章作者:华东师范大学美术学院美术教育专业硕士研究生陈琳、叶沛祺、戚雪芹、李晶、何甜甸。

（二）明确类型

本单元主题活动"寻踪嘉庚情怀"属于《指南》中划分的幼儿园艺术领域，以幼儿园美术活动为核心，结合了健康教育、语言教育、社会教育，活动设计中的作品呈现从平面走向立体，既有幼儿个体创造表现，也有幼儿之间的合作互动。

根据单元教材版面内容，"观赏·述说"主题活动，课程规划为4课时；"创意·表现"主题活动，课时规划为2课时。

（三）确定内容

本单元为幼儿园大班"艺术"领域的教学内容。《指南》中"艺术"学习领域美术部分5—6岁（大班）的课程分目标包括：①乐于收集美的物品或向别人介绍所发现的美的事物；②艺术欣赏时常常用表情、动作、语言等方式表达自己的理解；③愿意和别人分享、交流自己喜爱的艺术作品和美感体验；④积极参与艺术活动，有自己比较喜欢的活动形式；⑤能用多种工具、材料或不同的表现手法表达自己的感受和想象；⑥艺术活动中能与他人相互配合，也能独立表现。

本主题的学习内容基于以上6点进行设定。

第二节 幼儿园艺术活动学材

一、英才校园初印象

1. "观赏·述说"主题活动：小小建筑师

2. "创意·表现"主题活动：校园建筑彩纸画

第三节 "观赏·述说"主题活动教学设计

一、课程目标设定

（一）课程目标

1. 学生能够知道

· 视觉元素，如线条（曲线、直线、粗线、细线、长线、短线等），形状（圆形、方形、三角形），色彩（识别各种颜色）；

· 手工完成的基本方法，如画、撕、剪、粘、卷等；

· 拼贴材料，如纸、布、废旧材料等。

2. 学生能够做到

· 尝试用纸、泥等多种媒材以及简便的工具，通过折、叠、揉、搓、压等方式，塑造立体造型作品；

· 寻找合适的工具、材料创作一件作品；

· 与同伴分享交流创作想法或创作的过程。

3. 学生能够理解

寻找身边容易找到的各种工具和媒材，利用绘画、泥塑等方式，进行创作与设计游戏活动；

· 与他人交流自己的想法与方法。

4. 核心素养

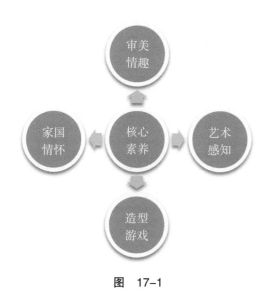

图 17-1

2. 以往学习基础

通过对校园中建筑的感受与认知，幼儿能够对英才校园景观形成初步的印象和了解。

3. 未来学习要求

通过对英才校园布局俯瞰图的观看，对幼儿部"英才号"的认识，形成对英才的初印象，学习图片法的欣赏方法。对新旧幼儿部不同点进行归类整理，与教师一起设计校园主题墙，加深对英才校园的初印象。

4. 单元定位

本单元作为幼儿园学段中"观赏英才校园"主题学习的最高阶段，幼儿能够对英才校园景观形成初步的印象，学会运用图片法、比较法、情境法、故事法，将英才校园旧景观与英才校园新景观进行比较观赏，并用语言、图像等多种方式表达对校园景观、建筑的感受，提升对景观的观赏描述的能力。

二、主题活动单元学材教法分析

（一）分析单元定位

1. 细化"课程目标"

根据"课程目标"，幼儿园在"观赏·述说"学习领域"观赏英才校园"主题关于英才校园景观观赏的内容要求是：对英才校园能够形成初步印象，并学会运用图片法、比较法、情境法、故事法等不同方法欣赏英才校园，形成对英才校园的初印象。

（二）整合内容结构

1. 梳理教材内容

· 认识英才校园景观；

· 运用图片法、比较法、情境法、故事法比较英才校园新旧景观。

2. 学科知识与技能

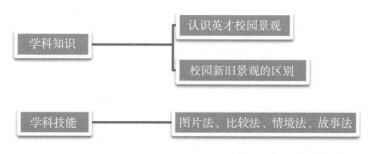

图 17-2

（三）分析教法依据

1. 教学内容特点

本单元主要是让幼儿学会运用图片法、比较法、情境法、故事法观赏英才校园景观。

2. 学段学情特点

幼儿园学段的孩子缺乏对英才校园景观的整体认知，但已经具备了对景观样式进行学习和比较的能力；另一方面，在之前学习以及生活的经验中，幼儿初步具备了对景观的辨别能力。

3. 教学资源利用

运用图片法、比较法、情境法、故事法观赏英才校园景观，能够对英才校园景观有初步的认知，学会辨别英才校园新旧景观的区别，运用欣赏方法认识英才校园的不同景观等。

（四）设计教学方法

结合分析，预设本单元的主要教学方法：

1. 教师主导——讲授：针对概念性知识进行讲授，对英才校园景观形成初步印象。

2. 幼儿自主——观察与探究：对图片法、比较法、情境法、故事法原理知识，引导幼儿结合以往的学习基础和学习经验，充分调动学习主动性，辨别英才校园新旧景观的不同点。

3. 师幼互动——交流与讨论：围绕不同景观的颜色、不同样式的景观带给人们的视觉感受等，引导幼儿结合所学知识及以往基础，积极进行思考，通过语言进行交流、讨论，对英才校园景观形成较为立体的认知与印象。

（五）定位学科能力

1. 关键能力

运用图片法、比较法、情境法、故事法等不同方法进行观赏的能力；

辨别英才校园新旧景观不同点的能力。

2. 其他能力

自主思考景观特征的探究能力；

探究英才校园景观特征的能力。

三、主题活动设计

（一）单元教学目标

知识与技能：认识观赏的概念和作用；了解并认识英才校园不同景观的外观；运用图片法、比较法、情境法、故事法等不同方法观赏英才校园的景观；通过对校园新旧景观的比较欣赏，了解英才校园的过去和现在，学会运用语言、图像等形式描述对景观的印象与认知。

过程与方法：通过观赏、探究，归纳英才校园景观的外观特点；根据对现象的观察分析欣赏方法的现象和原理；讨论和交流图片法、比较法、情境法、故事法。

情感、态度和价值观：了解用欣赏的眼光看待事物对理解事物的重要性；感悟欣赏方法的意义，体验欣赏美的过程；欣赏英才校园不同景观的魅力和美感；感受英才校园的历史与教育文化。

（二）单元教学重难点

教学重点：观看英才校园景观的俯瞰图和幼儿部的"英才号"，运用图片法、比较法、情境法、故事法观赏英才校园新旧景观的区别，对新旧幼儿部的不同点进行归类整理，与教师一起设计校园主题墙，加深对英才校园的初印象。

教学难点：能够主动探究英才校园景观的外观特征，并能用语言、绘画等形式进行描述与表达。

（三）单元学习活动设计

1. 规划单元活动

根据本单元教学目标、教学重点和难点，对单元主要学习活动进行规划。

表 17-1

活动序号	活动主题
活动1	运用欣赏方法认识英才校园景观
活动2	了解英才校园新旧景观的区别

2. 制订活动方案

（1）活动内容

表 17-2

序号	活动主题	活动任务	关键问题
活动1	运用图片法、比较法、情境法、故事法认识英才校园景观	看图观察认识英才校园的不同景观	1. 英才校园不同的景观有哪些 2. 能否描述英才校园景观的外观特点
活动2	了解英才校园新旧景观的区别	通过英才校园新旧景观的比较欣赏，了解英才校园新旧景观的区别	英才校园新旧景观的区别

（2）活动性质

表 17-3

活动内容的特点和学习要求	确定对应的活动性质
运用图片法、比较法、情境法、故事法认识英才校园景观，学生看图观察英才校园的不同景观	表现类活动
通过英才校园新旧景观的比较欣赏，了解英才校园新旧景观的区别；幼儿需要学会主动思考二者的相同与不同点，并运用文字、语言等方式进行描述	探究类活动

3. 组织活动形式

独立学习：观察、观赏、比较；

合作学习：探究、交流、讨论等。

4. 选择活动资源

图片资料：各类观赏表现图例或作品；

绘画材料：卡纸、颜料、画笔、展板等；

综合材料：多媒体；

活动场所：美术专用教室、校园。

5. 分享活动收获

展现英才校园新旧景观区别的主题墙。

四、单元评价设计

表 17-4

评价目的	
1. 评估幼儿对欣赏方法的掌握程度 2. 观测幼儿在观赏表现过程中的兴趣与态度 3. 评定幼儿运用图片法、比较法、情境法、故事法观赏英才校园不同景观的学习结果	
评价内容	
学习兴趣	1. 学习欣赏方法的兴趣 2. 用欣赏方法描述对象，表达情感的意愿
学习习惯	主动观察、感受和探究欣赏的情况
学业成果	1. 能辨认和分析欣赏方法 2. 能运用欣赏方法观赏英才校园景观 3. 能根据实际情境，综合运用欣赏方法及相关知识，拓展思维，解决实际问题
细化评价观测点	
活动内容	评价观测点
看图观察、认识观赏	1. 看图观察、思考与探究的情况 2. 主动发表看法、提出不同的想法
观赏英才校园景观初体验	1. 能否理解欣赏方法 2. 能否运用欣赏方法观赏英才校园景观 3. 能否从观赏的角度，描述英才校园景观
比较景观，交流构思	1. 能否按照要求辨别英才校园新旧景观 2. 主动介绍并描述自己所看到的内容 3. 积极参与互动、分享观赏感受、交流想法的情况 4. 积极思考、发表观点的情况
辨别新旧景观的区别	1. 能否运用所学的观赏知识进行比较欣赏 2. 能否根据整理的特点，比较英才校园新旧景观的区别

五、单元资源设计

（一）明确使用目的

针对单元教学及重难点，本单元资源设计依托单元活动，通过资源设计与创设更加生动的情境，激发学生学习兴趣与热情，提高教学过程中教学方法的针对性与有效性。本单元活动任务主要有2个：

· 运用图片法、比较法、情境法、故事法认识英才校园景观；

· 了解英才校园新旧景观的区别。

（二）细化资源设计

本单元选取的与教学内容直接关联的素材资源主要包括用于辨认英才校园景观以及了解英才校园新旧景观的区别的各种工具和材料，如卡纸、颜料、画笔、展板，还有教室多媒体资源等。教师可以利用它们在单元学习的各个阶段保障学生进行有效实践，形成学习成果。

本单元设计的技术资源主要有：

1. 信息技术资源：通过观看图片和视频，营造出生动活泼的教学情境，鼓励幼儿学习的积极性，促进他们自主思考和探究。

2. 实践技术资源：简易的学习任务单能够帮助幼儿更好地规划探究性学习的步骤，提高探究的效率，形成对学习经历和探究过程的记录。

本单元选取的教学环境资源主要是校园，通过对英才校园景观的实地观察，为幼儿探究性学习的开展提供更加生动和丰富的内容和素材。

（三）形成单元资源

1. 在教学环境资源的选择上，可以依据学情，结合校园内不同的景观、不同区域的场馆、自然特色及人文景观等，更好地引导和促进幼儿在多元的情境中进行探究性学习。教师还可以鼓励幼儿活动结束后在校园中进行实地考察与探究。

2. 在素材资源的利用上，教师可以针对单元学习的各个阶段，进行更加细化的设计。如，在第一、第二阶段，着重使用小组交流与分享观赏的方法，使幼儿能够更加关注欣赏方法。另外，在主题活动前，提醒幼儿观察校园中的景观，引导幼儿对单元主题活动内容进行经验积累，便于在活动中进行交流。

第四节 "创意·表现"主题活动教学设计

一、课程目标设定

（一）课程目标

1. 学生能够知道

· 视觉元素，如线条（曲线、直线、粗线、细线、长线、短线等），形状（圆形、方形、三角形），色彩（识别各种颜色）；

· 手工制作的基本方法，如画、撕、剪、粘、卷等；

· 拼贴材料，如纸、布、废旧材料等。

2. 学生能够做到

· 尝试用纸、泥等多种媒材以及简便的工具，通过折、叠、揉、搓、压等方式，塑造立体造型作品；

· 寻找合适的工具、材料创作一件作品；

· 与同伴分享交流构想或制作的过程。

3. 学生能够理解

· 寻找身边容易找到的各种工具和媒材，利用绘画、泥塑等方式，进行创作与设计游戏活动；

· 与他人交流自己的想法与方法。

4. 核心素养

图 17-3

2. 知识与技能结构图

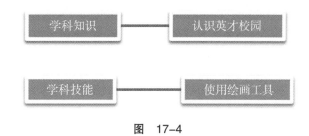

图 17-4

二、单元材教法分析

（一）分析单元定位

1. 细化"课程目标"

幼儿园美术在"创意·表现"学习领域的学习内容要求是：对英才校园有印象，学会表现校园内不同的景观。

2. 以往学习基础

通过对校园中各种景观的好奇与了解，幼儿对校园景观有一定印象。

3. 未来学习要求

通过对英才校园内景观的布局和风格的了解，能够简单表现校园的各种风景和建筑。

4. 单元定位

本单元中，幼儿走进英才校园，对校园景观和校园文化形成印象，学会运用彩纸、铅笔、记号笔，对英才校园的景观进行表现，并用语言、文字、图像等多种方式表达对景观的感受，提升对景观的表现能力。

（二）整合内容结构

1. 梳理教材内容

了解英才校园；

学会运用彩纸、铅笔、记号笔作画。

（三）分析教法依据

1. 教学内容特点

本单元主要是运用彩纸、铅笔、记号笔表现英才校园。

2. 学段学情特点

幼儿园学段的孩子对英才校园的文化背景了解有限，但具备了对景观进行观察和比较的能力；另一方面，通过以往生活中的学习经验，幼儿对景观的不同有辨认能力。

3. 教学资源利用

走进英才校园文化，学习彩纸、铅笔、记号笔的技法并运用其表现英才校园，创作英才校园彩纸画作品等。

（四）设计教学方法

结合分析，预设本单元的主要教学方法：

1. 教师主导——讲授：针对概念性知识进行讲授，走进英才校园文化，形成初印象。

2. 幼儿自主——观察与探究：针对铅笔、记号笔材料知识，引导幼儿结合以往的学习基础和学习经验，充分调动学习主动性，能够辨别不同的校园景观。

3. 师幼互动——交流与讨论：针对不同的景观的不同点，积极进行思考，通过语言、图像的交流讨论，运用媒材对其进行表现。

（五）定位学科能力

1. 关键能力

运用彩纸、铅笔、记号笔进行表现的能力；

辨认英才校园内不同景观的能力。

2.其他能力

自主探究英才校园景观特征的能力。

三、主题活动设计

（一）单元教学目标

知识与技能：认识表现的概念和作用；走进英才校园，认识校园内不同的景观；运用彩纸、铅笔、记号笔表现校园景观；根据了解的英才校园文化，学习彩纸、铅笔、记号笔的技法，结合创意，制作英才校园彩纸画作品。

过程与方法：通过表现、探究，归纳英才校园不同的景观特点；学习彩纸、铅笔、记号笔的技法。

情感、态度和价值观：感受英才校园景观的魅力；表现校园景观的美感；逐步形成对学校的热爱之情。

（二）单元教学重难点

教学重点：认识校园景观，了解英才校园文化，运用彩纸、铅笔、记号笔表现不同的校园景观，创作英才校园彩纸画作。

教学难点：如何通过不同的创作手法表达对校园景观的感受和认知。

（三）单元学习活动设计

1.规划单元活动

根据本单元教学目标、教学重点和难点，对单元主要学习活动进行规划。

表 17-5

活动序号	学习活动内容
活动1	认识英才校园景观
活动2	制作英才校园彩纸画作作品

2.制订活动方案

（1）活动内容

表 17-6

序号	活动主题	活动任务	关键问题
活动1	认识英才校园景观	看图观察认识英才校园的不同景观	1.英才校园文化中有哪些景观 2.校园内不同的景观有哪些特点
活动2	制作英才校园彩纸画作品	学习彩纸、铅笔、记号笔的技法运用，试着制作英才校园彩纸画作品	1.学习彩纸、铅笔、记号笔的技法 2.如何制作英才校园彩纸画作品

（2）活动性质

表 17-7

活动内容的特点和学习要求	确定对应的活动性质
认识英才校园不同景观的特点	探究类活动
制作英才校园彩纸画作品，学习英才校园景观的与特点，学习彩纸、铅笔、记号笔的技法运用，制作英才校园彩纸画作品	探究类活动

3.组织活动形式

独立学习：观察、表现、比较；

合作学习：探究、交流、讨论等。

4.选择活动资源

图片资料：各类表现表现图例或作品；

绘画材料：彩纸、铅笔、记号笔、硬卡纸、胶水、橡皮等；

综合材料：多媒体；

活动场所：美术专用教室、英才校园、社区。

5.分享活动收获

英才校园彩纸画作品。

四、单元评价设计

表 17-8

评价目的
1. 评估幼儿对欣赏方法的掌握程度 2. 观测幼儿在表现过程中的兴趣与态度 3. 评定幼儿运用彩纸、铅笔、记号笔表现英才校园不同景观的学习结果

评价内容	
学习兴趣	1. 学习欣赏方法的兴趣 2. 描述对象、表达情感的意愿
学习习惯	主动观察、感受和探究表现的情况
学业成果	1. 能辨别不同的欣赏方法 2. 能结合欣赏方法表现校园景观 3. 能根据实际情境,综合运用表现方法及相关知识,拓展思维,解决实际问题

细化评价观测点	
活动内容	评价观测点
看图观察,认识表现	1. 看图观察、思考与探究的情况 2. 主动发表看法
表现校园景观体验	1. 能否理解表现方法 2. 能否表现校园景观 3. 能否从表现的角度,描述校园景观,阐述构思
比较景观,交流构思	1. 能否按照要求辨认不同景观 2. 主动介绍并描述自己所看到的内容 3. 积极参与互动、分享表现感受、交流想法的情况 4. 积极思考、发表观点的情况
英才校园彩纸画作品	1. 能否运用所学的表现知识 2. 能否根据整理的特点,设计彩纸画作

五、单元资源设计

(一)明确使用目的

针对单元教学及重难点,本单元资源设计依托单元活动,通过资源设计与创设更加生动的情境,激发幼儿学习兴趣与热情,提高教学过程中教学方法的针对性与有效性。本单元活动任务主要有2个:

认识英才校园文化,了解校园内不同景观的特点,认识校园景观;

运用彩纸、铅笔、记号笔等媒材,创作英才校园彩纸画作品。

(二)细化资源设计

本单元选取的与教学内容直接关联的素材资源主要包括那些用于设计英才校园彩纸画作品的各种工具和材料,如彩纸、铅笔、记号笔、硬卡纸、胶水、橡皮等。教师可以利用它们在单元学习的各个阶段保障幼儿进行有效实践,形成学习成果。

本单元设计的技术资源主要有:

1. 信息技术资源:通过自主设计的多媒体探究游戏,营造出生动活泼的教学情境,调动幼儿艺术学习的积极性,促使他们进行自主思考和探究。

2. 实践技术资源:学习任务单能够帮助孩子更好地规划探究性学习的步骤,提高探究的效率,形成对学习经历和探究过程的记录。

本单元选取的教学环境资源主要是校园，通过对校园内不同景观的实地观察，为幼儿探究性学习的开展提供更加生动和丰富的内容和素材。

（三）形成单元资源

1. 在教学环境资源的选择上，教师可以依据学情，结合校园内不同的景观，引导幼儿在多元的情境中进行探究性学习。教师还可以鼓励幼儿在主题活动结束后在校园内进行实地勘察，感受表现之美。

2. 在素材资源的利用上，教师可以针对单元学习的各个阶段，进行更加细化的设计。如，在第一、第二阶段，着重使用小组交流与分享表现的方法，使幼儿能够更加关注表现技法；第三阶段，鼓励孩子使用各种工具和材料，进行多种尝试，以达到表现自己创作意图的作品效果。另外，在课前提醒幼儿观察校园内不同景观的特点、搜集不同景观的照片等，引导孩子对单元主题或内容进行经验积累，便于在课上进行互动交流。

第十八章
小学美术单元课程与教学设计[1]

第一节 美术课程标准解读

一、"欣赏·评述"课例

（一）研读课标

本单元为小学 3—4 年级"欣赏·评述"学习领域的教学内容，《义务教育美术课程标准（2011 年版）》以下简称《课程标准》中第二学段 3—4 年级的目标是"欣赏符合学生认知水平的中外美术作品，用语言或文字等多种形式描述作品，表达感受与认识"。

通过本单元学习，学生运用不同的欣赏方法欣赏英才校园景观，不断提高欣赏和评述英才校园景观的能力。

（二）明确类型

本单元属于"欣赏·评述"学习领域和"欣赏英才校园"主题。课时规划：3—4 课时。

（三）确定内容

《课程标准》中"欣赏·评述"学习领域的课程分目标包括：①通过观察，能运用简单的美术术语，写作或口头描述生活中的一些视觉文化现象；②能选择不同国家、地区和民族的美术作品，进行比较、分析其不同的艺术特点。

本单元教材学习内容是：如何运用不同的方法欣赏英才校园景观，例如，比较法、图片法、分析法、思维导图法等。

二、"创意·表现"课例

（一）研读标准

本单元课程设置为小学 3—4 年级"创意·表现"学习领域的教学内容。《课程标准》中第二学段 3—4 年级阶段的目标是"初步认识线条、形状、色彩与肌理等造型元素，学习使用各种工具，体验不同媒材的效果，通过观察、绘画、制作等方法表现所见所闻、所感所想，激发丰富的想象，唤起创造的欲望"。通过本单元学习，学生能够运用不同的表现方法认识英才校园的景观，创作英才创意刮蜡画。

---

[1] 本章作者：华东师范大学美术学院美术教育专业硕士研究生陈琳、叶沛祺、戚雪芹、李晶、何甜甸。

（二）明确类型

本单元属于"创意·表现"学习领域。课时规划：2课时。

（三）确定内容

《课程标准》中"创意·表现"学习领域的课程分目标包括：①观察、认识与理解线条、形状、色彩、空间、明暗、肌理等基本造型元素，运用对称、均衡、重复、节奏、对比、变化、统一等形式原理进行造型活动，增进想象力和创新意识；②通过对各种美术媒材、技巧和制作过程的探索及实验，发展艺术感知能力和造型表现能力；③体验造型活动的乐趣，敢于创新与表现，产生对美术学习的持久兴趣。

本单元教材的学习内容基于以上3点进行设定。

第二节 小学美术单元学材

一、单元课例：英才校园的别样风景

"欣赏·评述"课例：英才校园空间创意手工

"创意·表现"活动：英才校园创意刮蜡画

第三节 "欣赏·评述"单元课程教学设计

一、单元课程目标设计

（一）课程目标

1. 学生能够知道

· 视觉元素，如线条、形状、色彩、肌理等；
· 形式原理，如对称、均衡等；
· 色彩知识，如原色、间色、复色、冷色调、暖色调、邻近色等；
· 构图形式，如垂线、圆形、三角形等构图；
· 透视知识，如近大远小、平行透视等；
· 造型表现方法，如写实、夸张等；
· 景观模型制作的方法，如画图、切折、粘贴、组合、装饰等；
· 拼贴表现手法，如拆解、重组等。

2. 学生能够做到

· 尝试用纸、泥等多种媒材以及简便的工具，通过画图、切折、粘贴、组合、装饰等方式，塑造景观模型。
· 与同学分享交流想法或创作的过程。

3. 学生能够理解

· 使用传统或现代的工具与媒材，可以创作不同形式的美术作品，表达自己的想法；
· 在创作美术作品时，可尝试各种构想、各种方法，创作富有创意的美术作品；
· 在参与班级或小组的展示、讨论等活动中，能与他人合作，并能尊重和理解别人不同的想法。

4. 核心素养

图 18-1

二、单元材教法分析

（一）分析单元定位

1. 细化"课程目标"

根据"课程目标"，小学美术在"欣赏·评述"学习领域"欣赏英才校园"主题关于英才校园景观欣赏的内容要求是：了解英才校园景观的特征，学会运用比较法、图片法、分析法、思维导图法等不同方法欣赏英才校园景观。

2. 以往学习基础

通过幼儿园阶段的单元课程"欣赏英才校园"的学习，学生对英才校园景观有了大致的印象，具备了基础的表达能力。

3. 未来学习要求

通过看图和实地观察了解幼儿园部的室内景观、校园体育馆、食堂、学校操场主席台等景观，描述对这些景观的直观感受，交流分享其他看过的景观，通过对景观的认识来试着将想法进行创造性转化，制作校园空间创意手工。

4. 单元定位

本单元作为小学学段美术中"欣赏英才校园"主题学习的最高阶段，教师应引导学生了解英才校园景观，学会运用所学的比较法、图片法、分析法、思维导图法等不同方法对英才校园景观进行欣赏，并用语言、文字、图像等多种方式表达对景观的感受，提升对景观的欣赏评述能力。

（二）整合内容结构

1. 梳理教材内容

· 通过看图和实地观察了解幼儿园部的室内景观、校园体育馆、食堂、学校操场主席台等景观，描述对这些景观的直观感受；

· 交流分享其他看过的景观；

· 通过对景观的认识来试着将想法进行创造性转化，制作校园空间创意手工；

· 学习比较法、图片法、分析法、思维导图法等不同方法。

2. 学科知识与技能结构图

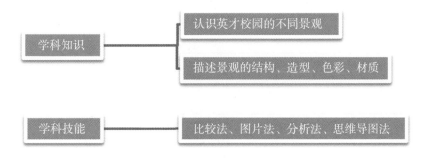

图 18-2

（三）分析教法依据

1. 教学内容特点

本单元主要是让学生学会运用比较法、图片法、分析法、思维导图法欣赏英才校园不同的景观。

2. 学段学情特点

小学学段的学生对英才校园景观文化背景的了

解有限，但具备了对英才校园某一景观进行学习和欣赏的能力；另一方面，通过之前的学习，小学学段学生对英才校园景观有了初步的印象，具备了基本的以语言描述景观的经验。

3. 教学资源选取

运用比较法、图片法、分析法和思维导图法欣赏英才校园景观，理解英才校园景观所蕴含的历史文化底蕴，运用鉴赏方法去欣赏生活中其他的景观等。

（四）设计教学方法

结合分析，预设本单元的主要教学方法：

1. 教师主导——讲授：针对概念性知识进行讲授，如比较法、图片法、分析法、思维导图法等。

2. 学生自主——观察与探究：针对比较法、图片法、分析法、思维导图法原理知识的内容，引导学生结合以往的学习基础和学习经验，充分调动学习主动性，从日常生活中的现象出发，进行探究性学习。

3. 师生互动——交流与讨论：围绕英才校园景观风格特征以及它带给人们的视觉感受等，引导学生结合以往的所学知识及学习经验，积极进行思考，通过语言或者文字进行交流、讨论，形成一定的理解与感悟，并积极运用到现实生活中。

（五）定位学科能力

1. 关键能力

运用比较法、图片法、分析法、思维导图法等不同方法进行欣赏的能力；

描述英才校园景观的能力。

2. 其他能力

自主探究英才校园风格特征及景观语言的能力。

三、单元教学目标设计

（一）单元教学目标

知识与技能：认识欣赏的概念和作用；了解英才校园景观的特点；运用比较法、图片法、分析法、思维导图法等不同方法欣赏英才校园景观；根据欣赏方法，结合创意，综合运用相关知识，制作校园空间创意手工。

过程与方法：通过欣赏、探究，描述观看英才校园不同景观的直观感受；通过观察现象来分析欣赏方法的原理；讨论、交流比较法、图片法、分析法、思维导图法；在实践中运用相关知识进行体验和表现。

情感、态度和价值观：了解用欣赏的眼光看待事物对理解事物的重要性；感悟欣赏方法的意义，体验欣赏美；感受和欣赏英才校园景观的魅力和美感；理解和感受英才校园景观中所包含的校园历史和教育文化。

（二）单元教学重难点

教学重难点：运用欣赏方法欣赏与学习校园景观，描述对英才校园景观的直观感受，交流分享其他看过的景观，并试着将想法进行创造性转化，制作校园空间创意手工。

（三）单元学习活动设计

1. 规划单元活动

根据本单元教学目标、教学重点和难点，对单元主要学习活动进行规划。

表 18-1

活动序号	活动主题
活动1	运用图片法认识英才校园景观
活动2	探秘校园景观、描述直观感受
活动3	制作校园空间创意手工

2. 制订活动方案

(1) 活动内容

表 18-2

序号	活动主题	活动任务	关键问题
活动1	运用图片法,认识英才校园景观	运用图片法描述英才校园景观,围绕"英才校园景观"进行探究,了解英才校园景观的特征	你能描述出哪几种英才校园景观的特征
活动2	探秘校园景观,制作思维导图	了解英才校园景观,了解思维导图的制作要求,记录对英才校园景观的直观感受,交流展示所做的思维导图和制作过程中的感想	1. 你在制作英才校园景观的思维导图时,对校园景观的印象是否有改变,产生了什么感情 2. 如何熟练结合欣赏方法表现英才校园景观
活动3	制作校园空间创意手工	对校园景观进行创意设计,分小组进行活动探究,总结校园景观的特点和空间结构,制作校园空间创意手工	如何制作校园空间创意手工

(2) 活动性质

表 18-3

活动内容的特点和学习要求	确定对应的活动性质
运用图片法,认识英才校园景观,学生利用图片描述对英才校园景观的直观感受,围绕"英才校园景观"进行探究,了解英才校园景观的特征和空间结构	探究类活动
探秘校园景观,制作思维导图,学生认识校园景观,了解思维导图的制作要求,交流展示所做的思维导图与制作过程中的感想;学生需要结合自己的实践过程,并运用有创意的美术语言对制作过程进行描述	探究类活动
制作校园空间创意手工,学生对英才校园景观的特征进行创新,总结记录对景观的直观感受并进行理解运用,制作校园空间创意手工;学生需要将理论知识与实践过程相结合才能完成学习任务,拓展创意思维	表现类活动

3. 组织活动形式

独立学习:欣赏、分析、记录、思维导图;

合作学习:探究、交流、讨论等。

4. 选择活动资源

图片资料:各类欣赏表现图例或作品;

绘画材料:卡纸、颜料、画笔、剪刀、双面胶等;

综合材料:思维导图;

活动场所:美术专用教室、校园。

5. 分享活动收获

校园景观直观感受思维导图;

校园空间创意手工。

四、单元评价设计

表 18-4

评价目的	
1. 评估学生对欣赏方法的掌握程度 2. 观测学生在欣赏表现过程中的兴趣与态度 3. 评定学生运用比较法、图片法、分析法、思维导图法欣赏英才校园景观的学习结果	
评价内容	
学习兴趣	1. 学习欣赏方法的兴趣 2. 用欣赏方法描述对象、表达情感的意愿
学习习惯	主动观察、感受和探究欣赏的情况
学业成果	1. 能理解欣赏方法的作用和意义 2. 能运用欣赏方法欣赏英才校园景观 3. 能根据实际情境,综合运用欣赏方法及相关知识,拓展思维,解决实际问题
细化评价观测点	
活动内容	评价观测点
分析描述,认识欣赏	1. 进行分析描述、思考与探究的情况 2. 主动发表看法、提出设想的情况
欣赏英才校园景观	1. 能否理解欣赏方法 2. 能否运用欣赏方法欣赏英才校园景观 3. 能否从欣赏的角度,描述英才校园景观,阐述直观感受
思维导图,交流构思	1. 能否按照要求进行思维导图的创作 2. 能否主动介绍景观、阐述直观感受 3. 积极参与互动、分享欣赏感受、交流想法的情况 4. 积极思考、发表观点的情况
校园空间创意手工制作	1. 能否运用所学的欣赏知识,对欣赏英才校园景观的感受进行归类和整理 2. 能否根据整理的特征,设计方案 3. 能否根据所学知识,进行英才校园景观空间创意手工制作

五、单元资源设计

（一）明确使用目的

针对单元教学及重难点,本单元资源设计依托单元活动,通过资源设计与创设更加生动的情境,激发学生学习兴趣与热情,提高教学过程中教学方法的针对性与有效性。本单元活动任务主要有三个：

第一,观看英才校园不同的景观,介绍英才校园景观的特点,了解英才校园的历史和教育文化；第二,结合思维导图,记录对英才校园景观的直观感受；第三,了解英才校园景观的空间构造,拓展思维,进行创意设计,制作校园空间创意手工。

（二）细化资源设计

本单元选取的与教学内容直接关联的素材资源主要包括用于设计校园空间创意手工作品的各种工具和材料,如卡纸、颜料、画笔、剪刀、双面胶等。教师可以利用它们在单元学习的各个阶段保障学生进行有效实践,形成学习成果。

本单元设计的技术资源主要有：

1. 信息技术资源：通过展示图片和视频,营造出生动活泼的教学情境,鼓励学生学习的积极性,促进他们自主思考和探究。

2. 实践技术资源：学习任务单能够帮助学生更好地规划探究性学习的步骤，提高探究的效率，形成对学习经历和探究过程的记录。

本单元选取的教学环境资源主要是校园，通过对英才校园景观的实地观察，为学生探究性学习的开展提供更加生动和丰富的内容和素材。

（三）形成单元资源

1. 在教学环境资源的选择上，可以依据学情，结合校园景观，不同区域的场馆、自然特色及人文景观等，更好地引导和促进学生在多元的情境中进行探究性学习。教师还可以鼓励学生课后在校园内进行实地考察与探究。

2. 在素材资源的利用上，教师可以针对单元学习的各个阶段，进行更加细化的设计。如，在第一、第二阶段，着重使用小组交流与分享欣赏的方法，使学生能够更加关注欣赏方法；第三阶段，鼓励学生使用各种工具和材料，进行多种尝试，以达到表现自己创作意图的作品效果。另外，在课前提醒学生观察校园景观，搜集英才校园景观的照片、图像、视频等，引导学生对单元学习内容进行预习，便于学生在课上交流。

第四节 "创意·表现"单元课程教学设计

一、单元课程目标设计

（一）课程目标

1. 学生能够知道
· 视觉元素，如线条、形状、色彩、肌理等；
· 形式原理，如对称、均衡等；
· 色彩知识，如原色、间色、复色、冷色调、暖色调、邻近色等；
· 构图形式，如垂线、圆形、三角形等构图；
· 透视知识，如近大远小、平行透视等；
· 造型表现方法，如写实、夸张等；
· 建筑模型制作的方法，如画图、切折、粘贴、组合、装饰等；
· 拼贴表现手法，如拆解、重组等。

2. 学生能够做到
· 尝试用纸、超轻黏土等多种媒介材料以及生活中的简易工具，通过画图、切折、粘贴、组合、装饰等方式，进行建筑模型的创作；
· 与同学分享交流制作的过程，表达自身的创作观点。

3. 学生能够理解
· 在使用不同种类的工具与媒介材料时，可以创作不同形式的美术作品，表达自己的想法。
· 在创作美术作品时，可尝试各种创意想法与各种创作方法，创作出具有共情力的美术作品。
· 在参与班级或小组的展示、讨论等活动中，能与他人合作，并能尊重和理解他人不同的观点。

4. 核心素养

图 18-3

二、单元教材教法分析

（一）分析单元定位

1. 细化"课程目标"

通过细化"课程目标"，小学学段美术在"创意·表现"学习领域的内容要求包括以下学习活动建议：（1）学习运用各种创作手法进行创意表达；（2）通过绘画、手工等形式进行创作；（3）运用各种美术创作方法表达生活经验与想象构思；（4）多进行美术活动的开展，进一步培养学生的创造力。

2. 以往学习基础

通过幼儿园学段的学习，学生对英才校园的景观已产生一定的感受和理解力，对动手表达产生了自己的理解，具备了基础的造型表现能力。

3. 未来学习要求

通过学习，学生认识了英才校园的经典景观的基本造型和整体特点，能够对校园建筑的造型和周边环境进行准确描绘，理解厦门英才校园的建造历史和含义。

4. 单元定位

本单元作为小学学段美术中"表现英才校园"主题学习的最高阶段，教师应引导学生了解英才校园的经典景观的基本造型和整体特点，综合运用以往所学的知识与创作方式，进行个性化表现，提高自身的表现能力。

（二）整合内容结构

1. 梳理教材内容

了解校园景观的基本造型和整体特点；创作英才校园主题的创意刮蜡画作品。

2. 知识与技能

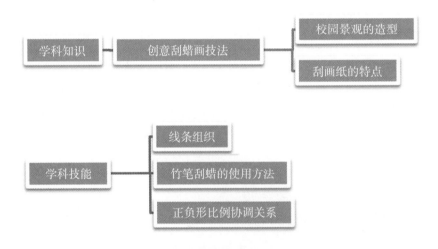

图 18-4

（三）分析教法依据

1. 教学内容特点

本单元主要是对英才校园景观运用刮画纸进行平面表现。

2. 学段学情特点

一方面，小学学段的学生已经学会运用简单的美术材料，如画笔等进行创作。能够掌握景观的造型以及周边环境物的造型，具备了探究性学习的基础和基本能力；另一方面，通过之前的学习，小学学段学生形成了一定的空间感受经验，具备了运用所学知识进行动手创作表现的能力。

3. 教学资源选取

学生通过绘画描绘校园景观，通过简单的涂鸦改造教学环境和装饰校园等。

（四）设计教学方法

结合分析，预设本单元的主要教学方法：

1. 教师主导——讲授：针对概念性知识进行讲授，如英才校园景观的基本造型、整体特点，以及景观与周边环境的关系等。

2. 学生自主——观察与探究：针对校园景观的基本造型、景观与周边环境的关系等原理知识，引导学生结合以往的学习基础和学习经验，充分调动学习主动性，从日常生活中的现象出发，进行探究性学习。

3. 师生互动——交流与讨论：针对英才校园的基本造型和整体特点以及景观与周边环境的关系、带给人们整体的视觉感受等，引导学生结合所学知识及以往基础，积极进行思考，通过创作进行表现并展示交流。

（五）定位学科能力

1. 关键能力

运用刮画纸、竹笔进行表现和创作的能力；

对校园景观的特点与造型的感知能力。

2. 其他能力

自主思考与探究校园景观的造型和特征以及景观与周边环境的关系等的能力；

表达与交流"表现英才校园"主题创作过程及创作体会的能力。

三、单元教学目标设计

（一）单元教学目标

知识与技能：认识英才校园景观的基本造型和整体特点；了解校园景观的外观以及景观与周边环境的关系的基本规律；运用校园景观的特点和构成的方法表现创意主题；综合运用校园景观及相关知识，构思画面表现，创作带有共情力的作品。

过程与方法：通过欣赏、探究，归纳英才校园景观的特征以及景观与周边环境的关系的基本规律；观察与分析校园景观的基本造型；讨论和交流校园景观创作的方法；在实践中运用相关知识进行体验和表现。

情感、态度和价值观：理解英才校园景观在厦门本土建筑群中的审美地位；理解中西结合、协调与变化的景观之美；体验校园内不同的景观在创作表现方面不同的魅力；感受和欣赏自然与生活中校园景观的美感；理解和感受校园景观中所蕴含的学校历史和文化。

（二）单元教学重难点

教学重难点：了解英才校园景观的基本造型和整体特点以及景观与周边环境的关系，学习刮画纸、竹笔等材料的使用方法，结合了解到的英才校园景观知识，运用刮画纸、竹笔等材料，创作英才校园主题创意刮蜡画。

（三）单元学习活动设计

1. 规划单元活动

根据本单元教学目标、教学重点和难点，对单元主要学习活动进行规划。

表 18-5

活动序号	学习活动内容
活动1	观察英才校园的经典景观
活动2	创作英才校园主题的创意刮蜡画作品

2. 制订活动方案

（1）活动内容

表 18-6

序号	活动主题	活动任务	关键问题
活动1	观察英才校园的经典景观	参与游戏互动，认真观察与思考，围绕"景观与周边环境关系"进行自主探究，创作刮蜡画	1. 你了解校园景观与周边环境的关系吗 2. 如何结合刮蜡画创作使英才校园景观与周边环境趣味融合
活动2	创作英才创意刮蜡画作品	依据学习任务单，分小组进行活动探究，运用刮画纸、竹笔等工具材料，制作英才创意刮蜡画作品	1. 校园景观的基本造型可以怎样描绘 2. 可以从英才校园景观的哪些特点入手表现景观 3. 如何让英才校园主题的创意刮蜡画丰富起来

（2）活动性质

表 18-7

活动内容的特点和学习要求	确定对应的活动性质
利用从真实的英才校园景观中吸收到的灵感来表现景观，学生需要通过探究与思考，来创作刮蜡画	表现类活动
对英才校园景观的基本造型和整体特点，学生需要通过观察、记录和思考来认识和理解	探究类活动
在学习表现英才校园景观时，鼓励学生大胆运用刮画纸、竹笔并结合校园景观的知识，进行英才创意刮蜡画作品创作	表现类活动

3. 组织活动形式

独立学习：记录英才校园景观、学习任务单、表现英才校园景观；

合作学习：探究、交流、讨论等。

4. 选择活动资源

图片资料：各类英才校园景观实物图例或视频；

绘画材料：四开刮画板、刮画纸、竹笔、彩色勾线笔、纸胶带等；

综合材料：学习任务单；

活动场所：美术专用教室、校园。

5. 分享活动收获

英才校园主题的创意刮蜡画作品。

四、单元评价设计

表 18-8

评价目的	
1. 评估学生对英才校园景观的基本造型和整体特点以及景观与周边环境关系的掌握程度 2. 观测学生在英才校园景观表现过程中的兴趣与态度 3. 评定学生表现英才校园景观的学习结果	
评价内容	
学习兴趣	1. 观察英才校园景观的基本造型 2. 了解英才校园景观的整体特点
学习习惯	主动观察、感受和探究英才校园景观的情况
学业成果	1. 能辨别、观察和分析校园景观 2. 能描绘校园景观的基本造型和整体特点以及景观与周边环境的关系 3. 能根据主题，综合运用英才校园景观及相关知识，构思校园景观的画面组织与构成，创作创意刮蜡画作品
细化评价观测点	
活动内容	评价观测点
英才校园地理初体验	1. 能否在画面中表现英才校园景观 2. 能否运用比例关系协调、缩放校园景观 3. 能否从校园景观的角度，描述画面、阐述构思

续表

观察分析、描绘校园景观	1. 能否运用所学知识，依据学习任务单进行探究性学习 2. 主动探究与交流的情况 3. 能否对学习任务单拓展的问题进行思考，并得出结论 4. 主动发表观点、积极交流讨论的情况
景观创意刮蜡画创作	1. 能否在写生的刮蜡画中用各种手法进行表现 2. 能否在写生的刮蜡画中表现校园景观 3. 能否通过对校园景观周边环境中的各种元素进行搭配，丰富画面
展示手稿，交流构思	1. 能否按照要求进行校园景观速写创作 2. 主动介绍作品、阐述构思的情况 3. 积极参与互动、分享欣赏感受、交流想法的情况 4. 积极思考、发表观点的情况
英才校园景观刮蜡画创作	1. 能否运用所学的校园景观知识，对创作的英才校园景观刮蜡画进行综合欣赏和分析 2. 能否联系画面中的校园景观，表述创作观点

五、单元资源设计

（一）明确使用目的

针对单元教学及重难点，本单元资源设计依托单元活动，通过资源设计与创设更加生动的情境，激发学生学习兴趣与热情，提高教学过程中教学方法的针对性与有效性。本单元活动任务主要有三个：

第一，参与游戏互动，认真观察与思考，围绕"英才校园景观可以如何改进？"进行自主探究；第二，依据学习任务单，分小组进行探究活动，观察校园中的景观，分析其特点与造型，思考实地考察与创作之间的联系；第三，展示自己构思和创作的刮蜡画手稿与创意绘画，介绍自己的创作意图以及过程中的感想。

（二）细化资源设计

本单元选取的与教学内容直接关联的素材资源主要包括用于表现英才校园景观的各种绘画工具和材料，如四开刮画板、刮画纸、竹笔、彩色勾线笔、纸胶带等。教师可以利用它们在单元学习的各个阶段保障学生进行有效实践，形成学习成果。

本单元设计的技术资源主要有：

1. 信息技术资源：通过自主设计的多媒体探究游戏，营造出生动活泼的教学情境，激发学生学习的积极性，促使他们进行自主思考和探究。

2. 实践技术资源：学习任务单能够帮助学生更好地规划探究性学习的步骤，提高探究的效率，形成对学习经历和探究过程的记录。

本单元选取的教学环境资源主要是校园，通过对校园中各处景物的实地观察和写生，为学生探究性学习的开展提供更加生动和丰富的内容和素材。

（三）形成单元资源

1. 在教学环境资源的选择上，可以依据学情，结合校园内不同的场馆及人文景观等，更好地引导和促进学生在多元的情境中进行探究性学习。教师还可以鼓励学生课后去实地观察校园景观，感受校园景观之美。

2. 在素材资源的利用上，教师可以针对单元学习的各个阶段，进行更加细化的设计。如，在第一、第二阶段，着重使用线条和正负形进行概括的英才校园景观表现，使学生能够更加关注英才校园的景观特征以及景观与周边环境的关系；第三阶段，鼓励学生使用各种工具和材料，进行多种尝试，以达到表现自己创作意图的作品效果。另外，在课前提醒学生发现、收集各类景观写生作品或者与景观有关的图片等，引导学生对单元学习内容进行预习，便于学生在课上交流。

第五节　单元课程学习评价指南

一、"欣赏·评述"课例

表 18-9

评价项目	评价标准	等级（权重）（评价为1—5分）		
		自评	组评	师评
知识与技能	认识英才校园景观的特征			
	能运用各种方式查资料			
	能表达自己的直观感受			
过程与方法	能熟练使用绘画材料			
	熟练运用欣赏方法			
	能与同学一起合作			
情感、态度和价值观	对欣赏活动充满兴趣			
	对校园景观感兴趣			
	课上积极参与，乐于发言			
我这样评价我自己				
同学眼里的我				
老师的话				
课堂反馈（建议、收获）				

二、"创意·表现"课例

表 18-10

评价项目	评价标准	等级（权重）（评价为1—5分）		
		自评	组评	师评
知识与技能	认识英才校园景观的造型			
	认识英才校园景观的特征			
	能学会使用刮画纸、竹笔进行创作			
过程与方法	能有步骤地学习和创作			
	有创意地表现作品			
	能与教师和同学交流讨论			
情感、态度和价值观	对创作活动充满兴趣			
	对英才校园景观感兴趣			
	课上积极参与，乐于发言			
我这样评价我自己				
同学眼里的我				
老师的话				
课堂反馈（建议、收获）				

第十九章
初中美术单元课程与教学设计[1]

第一节 美术课程标准解读

一、"欣赏·评述"课例

（一）研读课标

本单元为初中学段"欣赏·评述"教学内容。欣赏·评述学习领域的目标是"学生通过对自然美、美术作品和美术现象等进行观察、描述和分析，逐步形成审美趣味和美术欣赏能力。学生除了通过欣赏获得审美愉悦之外，还应认知作品的思想内涵、形式与风格特征、相关的历史与社会背景，以及作者的思想、情感和创造性的劳动，并用语言、文字、动作等多种方式表达自己的感受与认识"。

通过本单元的学习，学生运用不同的欣赏方法欣赏英才校园景观，提高欣赏和评述能力，了解英才校园景观所蕴含的校园历史和教育文化，逐步树立正确的学习与教育观。

（二）明确类型

本单元属于"欣赏与评述"学习领域和"欣赏英才校园"主题。课时规划：3课时。

（三）确定内容

《课程标准》中"欣赏·评述"学习领域的课程分目标包括：①感受自然美，了解美术作品的题材、主题、形式、风格与流派，知道重要的美术家和美术作品，以及美术与生活、历史、文化的关系，初步形成审美判断能力；②学会从多角度欣赏与认识美术作品，逐步提高视觉感受、理解与评述能力，初步掌握美术欣赏的基本方法，能够在文化情境中认识建筑。

本单元教材的学习内容基于以上2点进行设定。

二、"创意·表现"课例

（一）研读课标

本单元为初中学段"创意·表现"学习领域的教学内容。《课程标准》中第四学段（7—9年级）的课程内容目标是"有意图地运用线条、形状、色彩、肌理、空间和明暗等造型元素以及形式原理，选择传统媒介和新媒材，探索不同的创作方法，发展具有个性的表现能力，表达思想与情感"。

通过本单元学习，学生能够运用不同的表现方

---

[1] 本章作者：华东师范大学美术学院美术教育专业硕士研究生陈琳、叶沛祺、戚雪芹、李晶、何甜甸。

法，结合多种媒介材料创作与表现英才校园景观。

（二）明确类型

本单元属于"创意·表现"学习领域。课时规划：2课时。

（三）确定内容

《课程标准》中"创意·表现"学习领域的课程分目标包括：①观察、认识与理解线条、形状、色彩、空间、明暗、肌理等基本造型元素，运用对称、均衡、重复、节奏、对比、变化、统一等形式原理进行造型活动，进一步培养想象力和创新意识；②通过对各种美术媒材、技巧和制作过程的探索及实验，发展艺术感知能力和造型表现能力；③体验造型活动的乐趣，敢于创新与表现，产生对美术学习的持久兴趣。

本单元教材的学习内容按照以上3点进行设定。

第二节　初中美术单元学材

单元课例：漫步英才校园

（一）"欣赏·评述"

课例1：英才校园行政楼印象

课例2：英才校园行政楼纸雕灯

（二）"创意·表现"

活动1：英才校园创意版画

第三节　"欣赏·评述"单元课程教学设计

一、单元课程目标设计

（一）课程目标

1. 学生能够知道

· 视觉元素，如线条、形状、色彩、肌理、空间等；

· 形式原理，如对称、均衡、节奏等；

· 色彩知识，如原色、间色、复色、冷色调、暖色调、对比色、邻近色等；

· 构图形式，如横线、垂线、十字形、S形、圆形、三角形等；

· 透视知识，如平行透视、成角透视等；

· 造型表现方法，如写实、夸张、变形等；

· 景观模型制作方法，如测量、画图、切折、粘贴、组合、装饰等；

· 拼贴表现手法，如拆解、重组、装饰等。

2. 学生能够做到

· 用不同的工具和媒材，采用写实、夸张或变形等表现形式，描绘自己对生活的认识和感受；

· 用基本的绘画构图形式，合理而有美感地安排画面；

· 选择用泥、纸、废弃物品等，用测量、画图、切折、粘贴、组合、装饰等方法塑造景观模型；

· 思考自己用各种材料、工具创作的作品或模

型，倾听别人的意见或建议

3. 学生能够理解

· 在使用传统或现代的工具与媒材时，可采用不同的表现形式（写实、夸张或变形）创作美术作品；

· 在创作美术作品时，可尝试各种构想和方法，创作富有创意的美术作品；

· 在参与班级或小组的各种活动中，能尊重和理解别人不同的看法或想法。对自己创作或制作的作品能进行思考，虚心倾听、理解别人的意见或建议，并对自己的创作或想法加以改进。

4. 核心素养

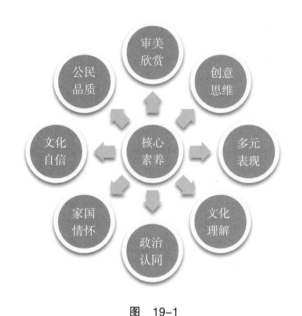

图 19-1

二、单元材教法分析

（一）分析单元定位

1. 细化"课程目标"

根据"课程目标"，初中学段美术在"欣赏·评述"学习领域"欣赏英才校园"主题中关于英才校园景观欣赏的内容要求是：了解英才校园景观的特色和风格及其所蕴含的校园历史和教育文化，学会运用思维导图法、分析法、比较法、对话法、情境法等不同方法欣赏英才校园景观。

2. 以往学习基础

通过小学学段的单元课程"英才校园"的学习，学生对英才校园景观的特征有了一定程度的了解，对英才校园景观形成了基本的感受力和理解力，具备了一定表达能力。

3. 未来学习要求

通过观看图片和实地观察认识英才校园内部不同的建筑和景观，运用思维导图法进一步欣赏校园的太阳广场、回廊和行政楼等建筑，分析、探究并记录这些景观建筑的形式、布局、空间和功能等，通过详细分析和解释校园建筑景观的特征，制作表现英才校园建筑景观的纸雕灯。

4. 单元定位

本单元作为初中学段美术中"欣赏英才校园"主题学习的最高阶段，教师应引导学生理解英才校园景观独特的艺术语言（形式、布局、空间、功能）和审美特征，学会运用所学的思维导图法、分析法、比较法、对话法、情境法等不同方法对英才校园景观进行欣赏，并运用语言、文字、图像等多种方式表达自己的感受，提升对景观的欣赏和评述能力。

（二）整合内容结构

1. 梳理教材内容

英才校园建筑景观的风格；

英才校园景观的形式、布局、空间、功能；

思维导图法、分析法、比较法、对话法、情境法等不同方法。

2. 单元教学内容结构

（1）学科知识与技能

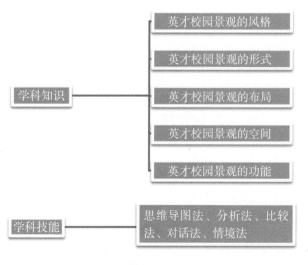

图 19-2

（三）分析教法依据

1. 教学内容特点

本单元主要是让学生学会运用思维导图法欣赏英才校园景观，了解英才校园景观所体现的校园历史和教育文化。

2. 学段学情特点

一方面，初中学段的学生已经对英才校园景观的特征具有感性认识，能够对景观进行一定的描述，具备了进行自主探究性学习的基础和能力；另一方面，通过先前的学习，初中学段学生具备了运用所学知识和实践经验进行分析和探讨的基础和能力。

3. 教学资源选取

运用思维导图法欣赏英才校园景观，理解英才校园景观蕴含的校园文化，运用习得的鉴赏方法欣赏生活中其他的景观等。

（四）设计教学方法

结合分析，预设本单元的主要教学方法：

1. 教师主导——讲授：针对概念性知识进行讲授，如思维导图法、分析法、比较法、对话法、情境法等。

2. 学生自主——观察与探究：针对思维导图法、分析法、比较法、对话法、情境法原理知识的内容，引导学生结合以往的学习基础和学习经验，充分调动学习主动性，从日常生活中的现象出发，进行探究性学习。

3. 师生互动——交流与讨论：围绕校园不同景观带给人们的视觉感受的区别等，引导学生积极思考不同景观的形式、布局、空间、结构的特点，理解英才校园景观所体现的校园文化，通过语言或者文字进行交流、讨论，形成一定的理解与感悟。

（五）定位学科能力

1. 关键能力

运用思维导图法、分析法、比较法、对话法、情境法等不同方法进行欣赏的能力；

描述英才校园景观的能力；

2. 其他能力

自主思考校园景观构成与组织的探究能力；

探究英才校园景观独特风格特征的能力；

了解英才校园景观所蕴含的教育文化的能力。

三、单元教学目标设计

（一）单元教学目标

知识与技能：认识欣赏的概念和作用；了解英才校园景观的形式、布局、空间和功能等特征；运用思维导图法、分析法、比较法、对话法、情境法等不同方法欣赏英才校园景观；根据欣赏方法，综合运用相关知识对校园景观进行描述，创作独特的英才校园景观纸雕灯。

过程与方法：通过欣赏、探究，归纳英才校园景观构成的基本规律；通过观察现象分析欣赏方法的原理；讨论、交流英才校园景观的特征，构思思维导图的内容；制作英才校园景观的欣赏手账；在实践中运用相关知识进行体验和表现。

情感、态度和价值观：了解用欣赏的眼光看待事物对理解事物的重要性；感悟欣赏方法的意义，体验欣赏美的过程；体会英才校园不同景观的魅力与美感；领悟英才校园的人文历史和教育文化。

（二）单元教学重难点

教学重难点：运用思维导图法等欣赏方法欣赏英才校园的不同景观，制作英才校园景观纸雕灯。

（三）单元学习活动设计

1. 规划单元活动

根据本单元教学目标、教学重点和难点，对单元主要学习活动进行规划。

表 19-1

序号	活动主题
活动1	认识校园景观，了解其特征
活动2	制作思维导图，交流构思
活动3	制作英才校园建筑景观纸雕灯

2. 制订活动方案

（1）活动内容

表 19-2

序号	活动主题	活动任务	关键问题
活动1	认识校园景观，了解其特征	认真观察与思考，围绕"如何欣赏英才校园景观"进行自主探究，了解英才校园景观的特征	1. 欣赏英才校园景观可以用哪些方法 2. 英才校园景观有哪些特点
活动2	制作思维导图，交流构思	展示自己的构思和创作的手账，介绍自己运用欣赏方法欣赏英才校园景观后的创作意图，以及在这一过程中的所思所想；分组完成任一英才校园景观的欣赏思维导图	1. 你在手账中想表现哪些具体内容 2. 在表现的过程中，如何熟练结合欣赏方法制作思维导图
活动3	制作英才校园建筑景观纸雕灯	寻找灵感图，完成纸雕灯草图的设计，进行雕刻，并将刻好后的图案进行组合，装置好灯光	1. 如何设计景观草图，才可以更便于雕刻 2. 你为什么选择这个建筑景观

（2）活动性质

表 19-3

活动内容的特点和学习要求	确定对应的活动性质
认识英才校园景观，了解英才校园景观的特征——围绕"如何欣赏英才校园景观"进行自主探究，学生感受、理解和评判建筑景观特点	探究类活动
制作思维导图，交流构思——展示自己构思和创作的手账，介绍自己运用欣赏方法欣赏英才校园景观后的创作意图以及在这一过程中的所思所想，需要结合自己的动手实践过程，并将上述意图和感想融入富有创意的美术语言描述之中	探究类活动
观察分析，欣赏景观——思维导图法、分析法、比较法、对话法、情境法是重要的鉴赏方法，学生需要通过观察、记录和思考来认识和理解	探究类活动
制作英才校园建筑景观纸雕灯——寻找灵感图，完成校园建筑景观草图的设计，进行雕刻，并将刻好后的图案进行组合，装置好灯光，学生需要创设情境进行场景布置	表现类活动

3. 活动组织形式

独立学习：欣赏记录、学习任务单、欣赏手账；

合作学习：探究、交流、讨论等。

4. 选择活动资源

图片资料：各类欣赏表现图例或作品；

绘画材料：灯罩底座及灯带、雕刻图纸、雕刻刀、双面胶等；

综合材料：学习任务单；

活动场所：美术专用教室、校园。

5. 分享活动成果收获

英才校园景观思维导图；

英才校园建筑景观纸雕灯。

四、单元评价设计

表 19-4

评价目的	
1. 评估学生对鉴赏方法的掌握程度 2. 观测学生在欣赏表现过程中的兴趣与态度 3. 评定学生运用思维导图法、分析法、比较法、对话法、情境法欣赏英才校园景观的学习结果	
评价内容	
学习兴趣	1. 学习鉴赏方法的兴趣 2. 用欣赏方法描述对象、表达情感的意愿
学习习惯	主动观察、感受和探究欣赏的情况
学业成果	1. 能辨别观察和分析鉴赏方法 2. 能运用不同方法欣赏英才校园景观 3. 能根据主题，综合运用欣赏方法及相关知识，构思制作英才校园景观的思维导图，创作英才校园景观纸雕灯
细化评价观测点	
活动内容	评价观测点
游戏互动，认识欣赏	1. 参与游戏互动、进行思考与探究的情况 2. 主动发表看法、提出设想的情况
欣赏英才校园景观初体验	1. 能否理解欣赏方法 2. 能否运用不同方法欣赏英才校园景观 3. 能否从欣赏的角度，描述英才校园景观，阐述构思
观察、分析、欣赏景观	1. 能否运用所学知识，依据学习任务单，进行探究性学习 2. 主动探究与交流的情况 3. 能否对学习任务单拓展的问题进行思考，并得出结论 4. 主动发表观点、积极交流讨论的情况
自然主题的欣赏写生	1. 能否在写生的画面中结合观察到的细节进行表现 2. 能否在写生的画面中突出欣赏方法的特点 3. 能否通过色彩搭配，丰富画面
制作思维导图，交流构思	1. 能否按照要求进行思维导图的制作 2. 主动介绍建筑景观、阐述构思的情况 3. 积极参与互动、分享欣赏感受、交流想法的情况 4. 积极思考、发表观点的情况
英才校园建筑景观纸雕灯创作	1. 能否在设计草稿基础上，进一步深入构思 2. 能否根据构思，有意图地构成和组织画面色调 3. 能否根据构思，大胆尝试各种工具和材质，进行表现 4. 能否通过作品，更加强烈和直观地表达自己的情感与个性 5. 在表达自我情感的基础上，关注人文或审美领域的其他方面的情况

五、单元资源设计

（一）明确使用目的

针对单元教学及重难点，本单元资源设计依托单元活动，通过资源设计与创设更加生动的情境，激发学生学习兴趣与热情，提高教学过程中教学方法的针对性与有效性。本单元活动任务主要有3个：

第一，整体了解英才校园景观的风格和特征，了解其历史底蕴。

第二，从形式、布局、结构和空间四个维度了解英才校园景观。学生运用思维导图法，从造型与细节、结构与技术方面欣赏英才校园景观的样式，展示自己构思和创作的思维导图。

第三，分组完成任一英才校园建筑景观纸雕灯，寻找灵感图，完成草图设计，进行雕刻，并将刻好后的图案进行组合，装置好灯光，最后根据场景需要进行布置和展示。

（二）细化资源设计

本单元选取的与教学内容直接关联的素材资源主要包括用于英才校园建筑景观纸雕灯的各种工具和材料，如灯罩底座及灯带、雕刻图纸、雕刻刀、双面胶等。教师可以利用它们在单元学习的各个阶段保障学生进行有效实践，形成学习成果。

本单元设计的技术资源主要有：

1. 信息技术资源：通过自主设计的多媒体探究游戏，营造出生动活泼的教学情境，鼓励学生学习的积极性，促进他们自主思考和探究。

2. 实践技术资源：学习任务单能够帮助学生更好地规划探究性学习的步骤，提高探究的效率，形成对学习经历和探究过程的记录。

本单元选取的教学环境资源主要是校园，通过对英才校园景观的实地观察和写生，为学生探究性学习的开展提供更加生动和丰富的内容和素材。

（三）形成单元资源

1. 在教学环境资源的选择上，可以依据学情，结合校园景观、不同区域的场馆、自然特色及人文景观等，更好地引导和促进学生在多元的情境中进行探究性学习。教师还可以鼓励学生课后在校园内实地欣赏建筑景观。

2. 在素材资源的利用上，教师可以针对单元学习的各个阶段，进行更加细化的设计。如，在第一、第二阶段，着重使用小组交流与探究性学习的方法，使学生能够更加关注欣赏方法；第三阶段，鼓励学生使用各种工具和材料，进行多种尝试，以达到表现自己创作意图的纸雕灯效果。另外，在课前提醒学生观察英才校园景观，搜集英才校园景观的照片、图像、视频等，引导学生对单元学习内容进行预习，便于学生在课上交流。

第四节 "创意·表现"单元课程教学设计

一、单元课程目标设计

1. 学生能够知道

· 视觉元素，如线条、形状、色彩、肌理、空间等；

· 形式原理，如对称、均衡、节奏等；

· 色彩知识，如原色、间色、复色、冷色调、暖色调、对比色、邻近色等；

· 构图形式，如横线、垂线、十字形、S形、圆形、三角形等；

· 透视知识，如平行透视、成角透视等；

· 造型表现方法，如写实、夸张、变形等；

· 景观模型制作方法，如测量、画图、切折、粘贴、组合、装饰等；

· 拼贴表现手法，如拆解、重组、装饰等。

2. 学生能够做到

· 用不同的工具和媒材，采用写实、夸张或变形等表现形式，描绘自己对生活中的景观造型的认识和感受；

· 用基本的绘画构图形式，合理而有美感地安排画面；

· 选择用泥、纸、废弃物品等，用测量、画图、切折、粘贴、组合、装饰等方法塑造景观模型；

· 思考自己用各种材料、工具创作的作品或模型，倾听别人的意见或建议。

3. 学生能够理解

· 在使用传统的或现代的工具与媒材时，可采用不同的美术表现形式（写实、夸张或变形）创作美术作品；

· 在创作美术作品时，可尝试各种构想和各种方法，创作富有创意的美术作品；

· 在参与班级或小组的各种活动中，能尊重和理解别人不同的想法。对自己创作或制作的作品能进行思考，虚心倾听、理解别人的意见或建议，并对自己的创作或想法加以改进。

4. 核心素养

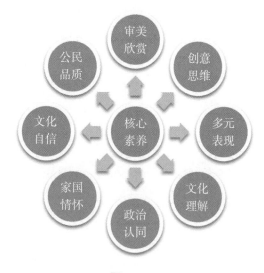

图 19-3

二、单元教材教法分析

（一）分析单元定位

1. 细化"课程目标"

通过细化课程目标，初中学段美术在"创意·表现"学习领域的内容要求包括以下学习活动建议：①选择写实、变形和抽象等方式，运用造型元素和形式原理，开展造型表现活动，描绘事物，表达情感和思想；②学习透视、色彩、构图、比例等知识，提高造型表现能力；③学习速写、素描、色彩画、中国画和版画等表现方法，进行绘画练习；④学习雕、刻、塑等方法，创作平面和三维立体英才校园景观作品；⑤学习漫画、动画的表现方法，并进行制作练习；⑥选择计算机、照相机和摄像机等媒介，进行表现活动。

2. 以往学习基础

通过小学学段的学习，学生已经对景观形成了一定的感知和理解，了解了一些景观的表现手法，具备了基本的表现能力。

3. 未来学习要求

了解英才校园景观的作用以及景观之间的关系，概括景观的内容和结构，协调景观之间的关系，学习版画和拓印的技法，创作英才校园创意版画作品。

4. 单元定位

本单元作为初中学段美术中"表现英才校园"主题学习的最高阶段，教师应引导学生了解景观的作用以及景观之间的关系，综合运用以往所学的景观知识与创作方式，进行个性化表现，提高表现能力。

（二）整合内容结构

1. 梳理教材内容

· 英才校园景观的作用以及景观之间的关系；

· 概括景观的结构与特征；

· 协调景观之间的关系；

· 学习版画和拓印的技法；

· 创作英才校园创意版画。

2. 学科知识与技能

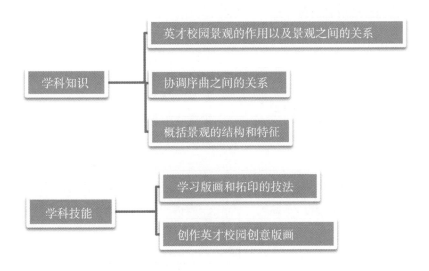

图 19-4

（三）分析教法依据

1. 教学内容特点

本单元主要是创作英才校园景观主题的版画作品。

2. 学段学情特点

一方面，初中学段的学生已经对视觉元素、形式原理、色彩知识、构图形式、透视知识、造型表现方法、版画制作的方法、拼贴表现手法具有了一定的了解，能够理解一些景观中的抽象原理，具备了进行自主探究性学习的基础和能力；另一方面，通过之前的学习，七年级学生形成了一定的空间感受和空间表现的经验，具备了运用所学知识和实践经验进行分析和探讨的基础和能力。

3. 教学资源选取

运用版画表现的不同形式的英才校园景观，运用透视知识设计和装饰的教学环境，运用空间知识更好地布局校园及社区环境等。

（四）设计教学方法

结合分析，预设本单元的主要教学方法：

1. 教师主导——讲授：针对概念性知识进行讲授，如景观的作用以及景观之间的关系，景观的内容和结构等。

2. 学生自主——观察与探究：针对英才校园景观的结构、图样等原理知识的内容，引导学生结合以往的学习基础和学习经验，充分调动学习主动性，从日常生活中的现象出发，进行探究性学习。

3. 师生互动——交流与讨论：针对英才校园景观的结构、不同结构具有的功能、带给人们的视觉感受等，引导学生结合所学知识及以往基础，积极进行思考，通过语言或者文字的交流讨论，形成一定的理解与感悟。

（五）定位学科能力

1. 关键能力

运用材料媒介进行表现和创作的能力；

对自然及生活中景观构成与组织规律的感受与欣赏的能力。

2. 其他能力

自主思考与探究景观构成与组织规律的能力；

表达与交流英才校园景观版画创作过程及创作体会的能力。

三、单元教学目标设计

（一）单元教学目标

知识与技能：认识英才校园景观的构成与组织规律；了解英才校园的文化背景；运用英才校园景

观构成的方法进行创意主题表现；综合理解英才校园景观及其相关知识，构思画面表现形式，创作带有主观情感的版画作品。

过程与方法：通过欣赏、探究，归纳英才校园景观构成与组织的基本规律；观察与分析英才校园景观的基本特点；讨论和交流英才校园景观创作的方法；在感知体验和实践中运用相关知识进行表现。

情感、态度和价值观：理解英才校园的历史与文化；理解英才校园景观之间融合协调之美；体会英才校园景观的魅力和美感。

（二）单元教学重难点

教学重点：了解景观的作用以及景观之间的关系、景观的内容和结构，学习版画和拓印的技法，创作英才校园版画作品。

教学难点：结合版画和拓印技法，创作英才校园版画作品。

（三）单元学习活动设计

1. 规划单元活动

根据本单元教学目标、教学重点和难点，对单元主要学习活动进行规划。

表 19-5

序号	学习活动内容
活动1	感知英才校园景观，记录视觉笔记
活动2	制作版画、拓印作品
活动3	创作英才校园版画

2. 制订活动方案

（1）活动内容

表 19-6

序号	活动主题	活动任务	关键问题
活动1	视觉笔记、感知英才校园景观	制作视觉笔记，认真观察与思考，自主探究"如何使视觉笔记中的英才校园景观形式更加丰富，景观之间联系更加紧密"	1. 画面中的英才校园景观是经过有意图地排列和组织的吗 2. 如何使画面中的英才校园景观形式更加丰富且形成秩序
活动2	制作版画、拓印的作品	依据学习任务单，分小组进行活动探究，观察校园中某处经典景观，分析其构成与组织规律，思考现实中的英才校园景观与画面中的英才校园景观的关系	1. 校园中的景观有什么风格 2. 你分别从哪些方面进行判断 3. 校园景观对创作画面中的景观起到什么作用
活动3	创作英才校园版画	展示自己构思和创作的版画作品，交流创作目的以及在这一过程中的感想	1. 在画面中英才校园景观是想表现什么 2. 在表现的过程中，你是如何运用从英才校园景观上吸收到的灵感来组织和协调画面空间的

（2）活动性质

表 19-7

活动内容的特点和学习要求	确定对应的活动性质
运用从现实的英才校园景观中获得的灵感，来协调和组织以英才校园景观为主体的版画作品，学生需要通过探究与思考来发现	探究类活动
对英才校园景观的构成和组织的规律，学生需要通过观察、记录和思考来认识和理解	探究类活动
在学习协调英才校园景观之间的关系时，引导学生创设表现的情境，结合英才校园景观的知识，进行有创意的拓展表达	表现类活动

3.组织活动形式

独立学习：实地观察英才校园景观、学习任务单、创作英才校园版画作品；

合作学习：探究、交流、讨论等。

4.选择活动资源

图片资料：各类英才校园景观表现图例或作品；

绘画材料：泡沫板、水粉颜料、软毛笔、记号笔、细针和白卡纸等；

综合材料：学习任务单；

活动场所：美术专用教室、校园。

5.分享活动收获

英才校园景观视觉笔记；

英才校园主题版画作品。

四、单元评价设计

表 19-8

评价目的	
1.评估学生对英才校园景观构成与组织规律的掌握程度 2.观测学生在英才校园景观表现过程中的兴趣与态度 3.评定学生表现英才校园景观的学习结果	
评价内容	
学习兴趣	1.体验英才校园景观构成及组织规律的情况 2.对英才校园文化与历史的情感
学习习惯	主动观察、感受和探究英才校园景观的情况
学业成果	1.能辨别英才校园各处景观的不同，观察和分析英才校园景观的组织规律 2.能运用英才校园景观构成的方法表现自然主题的视觉笔记 3.能根据主题，综合运用英才校园景观及相关知识，构思画面组织与构成，创作英才校园版画作品
细化评价观测点	
活动内容	评价观测点
视觉笔记、感知英才校园景观	1.制作视觉笔记、进行思考与探究的情况 2.主动发表看法、提出设想的情况
英才校园景观构成初体验	1.能否在画面中构成英才校园景观 2.能否运用英才校园景观色彩的冷暖、协调与对比，使画面更加丰富 3.能否从英才校园景观的角度，描述画面，阐述构思
观察分析、写生英才校园景观	1.能否运用所学知识，依据学习任务单，进行探究性学习 2.主动探究与交流的情况 3.能否对学习任务单拓展的问题进行思考，并得出结论 4.主动发表观点、积极交流讨论的情况
自然主题的英才校园景观写生	1.能否在写生的画面中用各种手法进行表现 2.能否在写生的画面中塑造英才校园景观 3.能否对英才校园景观中的各种元素进行搭配，丰富画面
展示手稿，交流构思	1.能否按照要求进行手稿的创作 2.主动介绍作品、阐述构思的情况 3.积极参与互动、分享欣赏感受、交流想法的情况 4.积极思考、发表观点的情况

英才校园景观作品赏析	1. 是否运用所学的版画和拓印技法对构成和组织进行综合表现 2. 能否联系画面中的英才校园景观，揣摩作者的创作意图，进行语言表述
英才校园创意版画创作	1. 能否在手稿基础上，进一步深入构思 2. 能否根据构思，有意图地构成和组织画面中的英才校园景观 3. 能否根据构思，大胆尝试版画工具，进行英才校园景观的创意表现 4. 能否通过作品，直观地表达自己的情感与个性 5. 在表达自我情感的基础上，关注人文或审美领域等其他方面的情况

五、单元资源设计

（一）明确使用目的

针对单元教学及重难点，本单元资源设计依托单元活动，通过资源设计与创设更加生动的情境，激发学生学习兴趣与热情，提高教学过程中教学方法的针对性与有效性。本单元活动任务主要有3个：

第一，制作视觉笔记，认真观察与思考，自主探究"如何使视觉笔记中的英才校园景观形式更加丰富，景观之间联系更加紧密"。

第二，依据学习任务单，分小组进行探究活动，观察英才校园景观，分析其构成与组织规律，思考现实中的英才校园景观与画面中的英才校园景观的关系。

第三，展示自己构思和创作的手稿，介绍自己表现英才校园景观的意图以及在这一过程中的感想。

（二）细化资源设计

本单元选取的与教学内容直接关联的素材资源主要包括用于表现英才校园景观的各种绘画工具和材料，如泡沫板、水粉颜料、软毛笔、记号笔、细针和白卡纸等。教师可以利用它们在单元学习的各个阶段保障学生进行有效实践，形成学习成果。

本单元设计的技术资源主要有：

1. 信息技术资源：通过自主设计的多媒体探究游戏，营造出生动活泼的教学情境，激发学生学习的积极性，促使他们进行自主思考和探究。

2. 实践技术资源：学习任务单能够帮助学生更好地规划探究性学习的步骤，提高探究的效率，形成对学习经历和探究过程的记录。

本单元选取的教学环境资源主要是校园，通过对校园中各处景物的实地观察和写生，为学生探究性学习的开展提供更加生动和丰富的内容和素材。

（三）形成单元资源

1. 在教学环境资源的选择上，可以依据学情，结合校园景观、不同的场馆、自然特色及人文景观等，更好地引导和促进学生在多元的情境中进行探究性学习。教师还可以鼓励学生课后在校园中进行实地勘察，感受英才校园景观之美。

2. 在素材资源的利用上，教师可以针对单元学习的各个阶段，进行更加细化的设计。如，在第一、第二阶段，着重使用色彩、线条和肌理进行概括的英才校园景观表现，使学生能够更加关注英才校园景观的构成与组织规律；第三阶段，鼓励学生使用各种工具和材料，进行多种尝试，以达到表现自己创作意图的作品效果。另外，在课前提醒学生发现、收集各类景观模型或者与景观有关的图片等，引导学生对单元学习内容进行预习，便于学生在课上交流。

第五节 单元课程学习评价指南

一、"欣赏·评述"课例

（一）教师：学习评价方法

评价内容包括过程性表现、结果性表现，观测点分为主动性、探究性、合作性。

表 19-9

教师评价表		1	2	3	4	5	评语
过程性表现	主动性						
	探究性						
	合作性						
结果性表现	主动性						
	探究性						
	合作性						

说明：评价为1—5分。

（二）学生：自评、互评方法

表 19-10

自评、互评表		
评价内容	学生自评	小组互评
1. 能搜集、总结英才校园景观相关资料		
2. 能初步理解校园景观基础知识并发表个人感受		
3. 能运用分析法鉴赏"英才校园建筑景观"		
4. 能有创意地制作校园景观纸雕灯		

说明：评价为1—5分。

二、"创意·表现"课例

（一）教师：学习评价方法

评价内容包括过程性表现、结果性表现，观测点分为主动性、探究性、合作性。

表 19-11

教师评价表		1	2	3	4	5	评语
过程性表现	主动性						
	探究性						
	合作性						
结果性表现	主动性						
	探究性						
	合作性						

说明：评价为1—5分。

（二）学生：自评、互评方法

表 19-12

自评、互评表		
评价内容	学生自评	同伴互评
1. 能搜集校园景观相关知识		
2. 能用本单元的技法创作作品		
3. 能进行独立思考创作作品		
4. 能合作完成小组作品		
5. 能欣赏他人作品		

说明：评价为1—5分。

第二十章
高中美术单元课程与教学设计[1]

第一节 美术课程标准研读

一、"鉴赏·理解"课例

（一）研读课标

本单元为高中学段"鉴赏·理解"学习领域的教学内容，《普通高中美术课程标准（2017年版2020年修订）》以下简《课程标准》的课程内容目标是"通过课程的学习，学生能够识别图像的形式特征，分析图像的风格特征和发展脉络，理解图像蕴含的信息；运用多种工具、材料和美术语言创作具有一定思想和文化内涵的美术作品及其他表达意图的视觉形象；依据形式美原理分析自然、日常生活和美术作品中的美，形成健康审美观念；具有创新意识，运用创造性思维进行创意，并用美术的方法和材料予以呈现和完成；从文化角度分析和理解美术作品，认同并弘扬中华优秀传统文化，尊重人类文化的多样性"。

通过本单元的学习，学生运用不同的鉴赏方法鉴赏英才校园景观，不断提高鉴赏能力，探究英才校园景观的特色及其蕴含的校园历史与教育文化，在探究性学习的基础上传承英才校园文化。

（二）明确类型

本单元属于"鉴赏·理解"学习领域和"鉴赏英才校园"主题。课时规划：4课时。

（三）确定内容

《课程标准》中对"美术鉴赏"模块的内容要求包括：①从材料、工具、技法或题材等方面区分不同的美术门类，并在现实情境中加以识别；知道中外美术史的基本脉络和重要风格、流派的代表人物及代表作；②了解美术创作的基本过程，学习美术作品审美构成的造型元素和形式原理，并用于分析、理解和解释美术作品；③掌握2—3种美术鉴赏的基本方法，联系文化情境认识美术作品的主题、内涵、形式和审美价值，并用恰当的术语进行解读、评价和交流；④辨析美术作品中存在的不同文化、品位和格调的差异，形成健康向上的审美情趣。

本单元教材的学习内容基于以上4点进行设定。

---
[1] 本章作者：华东师范大学美术学院美术教育专业硕士研究生陈琳、叶沛祺、咸雪芹、李晶、何甜甸。

二、"创意·表现"课例

（一）研读标准

本部分的课程内容目标同上页一、（一）。

通过本单元的学习，学生能够运用不同的方法表现英才校园景观，进一步理解校园景观所蕴含的学校的历史人文情怀。

（二）明确类型

本单元属于"创意·表现"学习领域。课时规划：4课时。

（三）确定内容

《课程标准》，确定"创意·表现"学习领域的课程内容分目标为：①学生能形成空间意识和造型意识；②了解并运用传统与现代媒材和相关技术，通过观察、想象、构思和表现等过程，创造有意味的视觉形象，表达自己的意图、思想和情感；③联系现实生活，结合其他学科知识，自觉运用美术表现能力，解决学习、生活和工作中的问题。

本单元教材的学习内容按照以上3点进行设定。

第二节　高中美术单元学材

一、第一单元："鉴赏·理解"

课例1：英才校园空间设计

二、第二单元"创意·表现"

活动1：英才校园建筑模型

第三节　"鉴赏·理解"单元课程教学设计

一、单元课程目标设计

（一）课程目标

1. 学生能够知道

· 视觉元素，如线条、形状、色彩、肌理、空间、明暗等；

· 形式原理，如对称、均衡、节奏、比例、重复等；

· 色彩知识，如色彩三要素、色彩的冷暖、色彩情感特征等；

· 透视知识，如平行透视、成角透视、圆面透视等；

· 造型表现方法，如写实、夸张、变形、抽象、装饰等；

· 建筑模型制作方法，如测量、画图、切折、切割、粘贴、组合、装饰等；

· 手绘地图的要素，如轮廓、填色、地理要素、比例尺、经纬网格、标注地名、图例等；

· 拼贴表现手法，如拆解、重组、装饰等。

2. 学生能够做到

· 用不同的工具和媒材，采用写实、夸张、变形、抽象等表现方式，描绘各种事物，表达情感和思想；

· 根据创作主题，采用合适的绘画构图形式组织、安排作品画面；

·选择用泥、纸、木材、废弃物品、金属丝等媒材，用雕刻、塑造、组装等方式创作建筑模型；

·思考自己创作或制作的作品，倾听别人的意见或建议。

3. 学生能够理解

·使用传统或现代的工具与媒材，可以采用不同的表现形式（写实、夸张或变形），创作美术作品；

·在创作美术作品时，可尝试各种构想、各种方法，创作富有创意的美术作品；

·在参与班级或小组的各种活动中，能尊重和理解别人不同的想法。对自己创作或制作的作品能进行思考，虚心倾听、理解别人的意见或建议，并对自己的创作或想法加以改进。

4. 核心素养

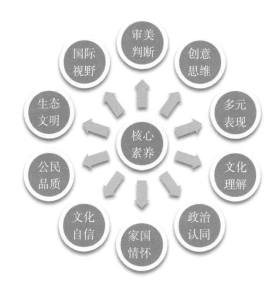

图 20-1

二、单元材教法分析

（一）分析单元定位

1. 细化"课程目标"

根据"课程目标"，高中学段美术在"鉴赏·理解"学习领域"鉴赏英才校园"主题中关于英才校园景观鉴赏的内容要求是：了解英才校园的历史背景和发展情况，理解英才校园的文化底蕴，在此基础上学习校园景观的功能、作用和艺术特色等，学会运用思维导图法、比较法、费德曼四步法等不同方法鉴赏英才校园景观。

2. 以往学习基础

通过初中学段的单元课程"英才校园"的学习，学生了解英才校园景观的风格，认识英才校园景观的形式、布局、空间和功能，形成个性化的感受和理解，具备基本的表达与鉴赏能力。

3. 未来学习要求

了解景观、建筑物和室内设计的相关知识，结合思维导图法、比较法、费德曼四步法认识英才校园景观，通过手绘或使用计算机软件制图的方式，选择最喜欢的校园一角，制作平面或立体效果图。根据设计图，制作英才校园一角立体模型，有条件的情况下，可以对校园一角进行创造性改造。

4. 单元定位

本单元作为高中学段美术中"鉴赏校园景观"主题学习的最高阶段，学生了解英才校园的历史背景与发展情况，理解英才校园的文化底蕴，在此基础上学习校园景观的功能、作用和艺术特色等。运用所学的思维导图法、比较法、费德曼四步法等不同方法鉴赏英才校园景观，并运用语言、文字、图像等多种方式表达对校园景观的感受。能够对英才校园景观的形式要素，包括结构、造型、色彩、材质进行分析探究，通过探究式学习，领悟美术鉴赏的基本方法。灵活运用已学到的知识，解决问题并提升对建筑景观的鉴赏能力。

（二）整合内容结构

1. 梳理教材内容

景观、建筑物和室内设计的知识点；

英才校园的历史与发展情况；

平面或立体效果图的示范；

思维导图法、比较法、费德曼四步法等不同方法。

2. 学科知识与学科技能

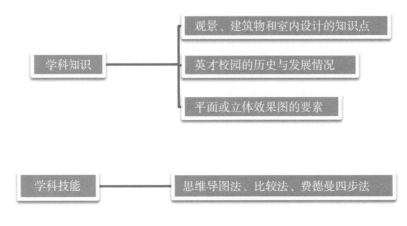

图 20-2

(三) 分析教法依据

1. 教学内容特点

本单元主要是让学生学会运用思维导图法、比较法和费德曼四步法鉴赏英才校园景观。

2. 学段学情特点

一方面，高中学段的学生已经对英才校园景观的文化背景具有了解，具备了进行自主探究性学习的基础和鉴赏建筑景观的能力；另一方面，通过之前的学习，高中学段学生具备了运用所学知识和实践经验进行分析、探讨的基础与能力，具备了灵活运用已学到的知识解决问题的能力。

3. 教学资源选取

运用思维导图法、比较法和费德曼四步法鉴赏英才校园景观，运用鉴赏方法理解英才校园景观所蕴含的校园文化，了解英才校园建筑景观的作用、功能和艺术特色，运用鉴赏方法去鉴赏其他环境中的建筑景观，解决生活中的实际问题等。

(四) 设计教学方法

结合分析，预设本单元的主要教学方法：

1. 教师主导——讲授：针对概念性知识进行讲授，如思维导图法、比较法、费德曼四步法等。

2. 学生自主——观察与探究：针对思维导图法、比较法、费德曼四步法原理知识的内容，引导学生结合以往的学习基础和学习经验，充分调动学习主动性，从日常生活中的现象出发，进行探究性学习。

3. 师生互动——交流与讨论：围绕不同时间段建筑景观的作用和艺术特色，以及带给人们不同的视觉感受等，引导学生结合所学知识及以往基础，积极进行思考，通过语言、文字和图像进行交流、讨论，形成一定的理解与感悟，并积极运用到现实生活中。

(五) 定位学科能力

1. 关键能力

运用思维导图法、比较法、费德曼四步法等不同方法进行鉴赏的能力；

描述英才校园景观艺术特色的能力。

2. 其他能力

自主思考与探究英才校园发展进程中不同景观特征的能力；

探究英才校园景观独特设计语言的能力；

解决实际问题的能力。

三、单元教学目标设计

(一) 单元教学目标

知识与技能：认识鉴赏的概念和作用；了解英才校园景观的文化底蕴和历史背景；运用思维导图

法、比较法、费德曼四步法等不同方法鉴赏英才校园景观;根据鉴赏方法,综合运用相关知识,结合自身想法,解决实际情境中的问题。

过程与方法:通过鉴赏、探究,归纳英才校园不同建筑景观的作用、功能和艺术特色;通过观察现象分析鉴赏方法的原理;讨论和交流对思维导图法、比较法、费德曼四步法的理解;制作英才校园一角的平面和立体效果图;在实践中运用相关知识制作校园一角立体模型。

情感、态度和价值观:了解用鉴赏的眼光看待事物对理解事物的重要性;感悟鉴赏方法的意义,体验鉴赏美的过程;体会鉴赏英才校园不同景观的作用;感受和鉴赏英才校园不同建筑景观的美感;感悟发展进程中的校园文化。

(二)单元教学重难点

教学重难点:了解景观、建筑物和室内设计的概念,认识鉴赏方法,运用思维导图法、费德曼四步法鉴赏英才校园景观,比较英才校园不同建筑景观的作用、功能和艺术特色,通过手绘或使用计算机软件制图的方式,制作平面或立体效果图,根据设计图,制作英才校园一角立体模型。

(三)单元学习活动设计

1. 规划单元活动

根据本单元教学目标、教学重点和难点,对单元主要学习活动进行规划。

表 20-1

活动序号	活动主题
活动1	运用鉴赏方法,绘制思维导图
活动2	进行比较鉴赏,总结景观要点
活动3	学习相关软件,制作效果图
活动4	制作英才校园一角立体模型

2. 制订活动方案

(1)活动内容

表 20-2

序号	活动主题	活动任务	关键问题
活动1	运用鉴赏方法,绘制思维导图	运用思维导图进行发散性思考,围绕"景观、建筑物和室内设计的概念"进行自主探究,了解三者的区别和联系	1.你理解景观、建筑物和室内设计的概念吗 2.三者有什么区别和联系
活动2	进行比较鉴赏,总结景观要点	比较英才校园不同建筑景观的功能、作用和艺术特色,展示自己构思和创作的视觉笔记,介绍自己在制作过程中的感想	1.你在视觉笔记中想表现什么具体内容 2.在表现的过程中,如何熟练运用鉴赏方法比较英才校园中不同的建筑景观
活动3	学习相关软件,制作效果图	选择最喜欢的一处英才校园建筑景观,使用手绘或计算机制图软件制作英才校园一角平面或立体效果图	1.你为什么选择这一处英才校园建筑景观 2.如何制作英才校园一角平面或立体效果图
活动4	制作英才校园一角立体模型	对英才校园一角平面或立体效果图进行分类和整理,完成校园一角立体模型的制作	1.如何运用平面或立体效果图制作立体模型 2.立体模型如何制作效果更好

（2）活动性质

表 20-3

活动内容的特点和学习要求	确定对应的活动性质
运用鉴赏方法，绘制思维导图，学生运用思维导图进行发散性思考，围绕"景观、建筑物和室内设计的概念"进行自主探究，了解三者的区别和联系	探究类活动
进行比较鉴赏，总结景观要点，学生比较英才校园不同建筑景观的功能、作用和艺术特色，展示自己构思和创作的视觉笔记，介绍自己在制作过程中的感想；学生需要结合自己的动手实践过程，并运用有创意的美术语言进行描述	表现类活动
学习相关软件，制作效果图，学生选择最喜欢的一处英才校园建筑景观，使用手绘或计算机制图软件制作英才校园一角平面或立体效果图；学生需要将理论知识与实践过程相结合才能完成学习任务	探究类活动
制作英才校园一角立体模型，学生对英才校园一角平面或立体效果图进行分类和整理，完成校园一角立体模型的制作；学生需要对校园建筑景观的表现有自己的理解与认知，才能完成制作	合作类活动

3. 组织活动形式

独立学习：鉴赏记录、思维导图、视觉笔记；

合作学习：探究、交流、讨论、策划等。

4. 选择活动资源

图片资料：各类鉴赏表现图例或作品；

绘画材料：笔记本、马克笔、手账、贴纸、卡纸、模型制作材料等；

综合材料：思维导图；

活动场所：美术专用教室、校园。

5. 分享活动收获

景观、建筑物和室内设计的思维导图；

校园一角平面或立体效果图；

校园一角立体模型。

四、单元评价设计

表 20-4

评价目的
1. 评估学生对鉴赏方法的掌握程度
2. 观测学生在鉴赏表现过程中的兴趣与态度
3. 评定学生运用思维导图法、比较法、费德曼四步法鉴赏英才校园景观的学习结果

评价内容	
学习兴趣	1. 学习鉴赏方法的兴趣 2. 用鉴赏方法描述对象、表达情感的意愿
学习习惯	主动观察、感受和探究鉴赏的情况
学业成果	1. 能理解不同的鉴赏方法的意义和作用 2. 能运用不同方法鉴赏英才校园景观 3. 能根据实际情境，综合运用鉴赏方法及相关知识，解决实际问题

细化评价观测点	
活动内容	评价观测点
发散思维，认识鉴赏	1. 进行发散思维、获得思考与探究的情况 2. 主动发表看法、提出设想的情况

续表

鉴赏英才校园景观体验	1. 能否理解鉴赏方法 2. 能否运用不同方法鉴赏英才校园景观 3. 能否从鉴赏的角度，描述英才校园景观，阐述构思
观察、分析、鉴赏建筑	1. 能否运用所学知识，进行探究性学习并制作视觉笔记 2. 主动探究与交流情况 3. 能否对英才校园不同的建筑景观进行比较鉴赏、思考，并得出结论 4. 主动发表观点、积极交流讨论的情况
视觉笔记，交流构思	1. 能否按照要求进行视觉笔记的创作 2. 主动介绍作品、阐述构思的情况 3. 积极参与互动、分享鉴赏感受、交流想法的情况 4. 积极思考、发表观点的情况
制作英才校园一角平面或立体效果图	1. 能否运用所学的鉴赏知识，对校园景观进行归类和整理 2. 能否根据整理的特点，设计方案 3. 结合理论知识，动手制作效果图
制作英才校园一角立体模型	1. 能否整理出英才校园一角平面或立体效果图的特点 2. 能否解决遇到的困难，制作出独具校园特色的立体模型 3. 请老师和同学们评价作品，并征求改进建议

五、单元资源设计

（一）明确使用目的

针对单元教学及重难点，本单元资源设计依托单元活动，通过资源设计与创设更加生动的情境，激发学生学习兴趣与热情，提高教学过程中教学方法的针对性与有效性。本单元活动任务主要有4个：

第一，学习景观、建筑物和室内设计的概念，了解英才校园景观的形成史。

第二，了解英才校园景观的作用、功能和艺术特色，思考英才校园景观的特征。学生运用鉴赏方法，在造型与细节、结构与技术、风格与特征上对英才校园不同景观进行比较，展示自己构思和创作的视觉笔记。

第三，学生通过比较的方法，得出的英才校园景观的特征，通过手绘或使用计算机制图软件制作英才校园一角平面或立体效果图。

第四，学生对英才校园一角平面或立体效果图进行归纳，并进行团队合作，制作英才校园一角立体模型。

（二）细化资源设计

本单元选取的与教学内容直接关联的素材资源主要包括用于制作英才校园一角平面或立体效果图和英才校园一角立体模型的各种工具和材料，如笔记本、马克笔、手账、贴纸、卡纸、剪刀、模型材料等。教师可以利用它们在单元学习的各个阶段保障学生进行有效实践，形成学习成果。

本单元设计的技术资源主要有：

1. 信息技术资源：通过展示图片和视频，营造出生动活泼的教学情境，鼓励学生学习的积极性，促进他们自主思考和探究。

2. 实践技术资源：学习任务单能够帮助学生更好地规划探究性学习的步骤，提高探究的效率，形成对学习经历和探究过程的记录。

本单元选取的教学环境资源主要是校园，通过对英才校园景观的实地观察，为学生探究性学习的开展提供更加生动和丰富的内容和素材。

（三）形成单元资源

1. 在教学环境资源的选择上，可以依据学情，结合校园不同的建筑景观、不同区域的场馆、自然特色及人文景观等，更好地引导和促进学生在多元的情境中进行探究性学习。教师还可以鼓励学生课后去建筑所在地进行考察与探究，去校园鉴赏建筑景观。

2. 在素材资源的利用上，教师可以针对单元学习的各个阶段，进行更加细化的设计。如，在第一、第二阶段，着重使用小组交流与分享鉴赏的方法，使学生能够更加关注鉴赏方法；第三阶段，鼓励学生使用各种工具和材料，进行多种尝试，以达到表现自己创作意图的模型效果和展览效果。另外，在课前提醒学生观察校园中的景观，搜集英才校园景观的照片、图像、视频等，引导学生对单元学习内容进行预习，便于学生在课上交流。

第四节 "创意·表现"单元课程教学设计

一、单元课程目标设计

（一）课程目标

1. 学生能够知道

· 视觉元素，如线条、形状、色彩、肌理、空间、明暗等；

· 形式原理，如对称、均衡、节奏、比例、重复等；

· 色彩知识，如色彩三要素、色彩的冷暖、色彩情感特征等；

· 透视知识，如平行透视、成角透视、圆面透视等；

· 造型表现方法，如写实、夸张、变形、抽象、装饰等；

· 文创作品制作方法，如测量、画图、切折、切割、粘贴、组合、装饰等；

· 手绘地图的要素，如轮廓、填色、地理要素、比例尺、经纬网格、标注地名、图例等；

· 拼贴表现手法，如拆解、重组、装饰等。

2. 学生能够做到

· 用不同的工具和媒材，采用写实、夸张、变形、抽象等表现方式，描绘各种事物，表达情感和思想；

· 根据创作主题，采用合适的绘画构图形式组织、安排作品画面；

· 选用泥、纸、木材、废弃物品、金属丝等媒材，用雕刻、塑造、组装等方法创作建筑模型，运用国画技法创作国风扇面；

· 思考自己用各种材料、工具创作的作品或模型，倾听别人的意见或建议。

3. 学生能够理解

· 在使用传统的或现代的工具与媒材时，可采用不同的表现形式（写实、夸张、变形、抽象），创作美术作品；

· 在创作美术作品时，可通过归类、重组、改变等方法进行构思和实践，创作富有创意的美术作品；

· 在参与班级或小组的各种活动中，能尊重和理解别人不同的想法。

4. 核心素养

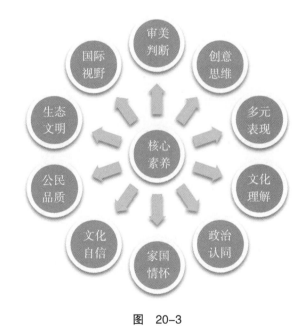

图 20-3

二、单元教材教法分析

(一) 分析单元定位

1. 细化"课程目标"

通过细化课程目标,高中学段美术在"创意·表现"学习领域的内容要求包括以下学习活动建议:①学习运用各种媒材与技术,创造视觉形象,表达思想、情感和美化生活;②通过绘画、雕塑等形式理解和运用不同的空间形态;③结合生活经验与想象构思,运用观念、素材、媒材、形式、结构和各种美术制作方法进行试验和创作;④创造力可以通过美术活动得到培养,多进行美术活动。

2. 以往学习基础

通过初中学段的学习,学生对校园景观形成了一定的感受和理解,对各类表现手法有了解,具备了一定的表现能力。

3. 未来学习要求

将对校园景观的感受和理解,转化为自己的所思所想所悟,经过提炼和构思,融入创作中,综合运用模型素材、胶水等材料制作校园建筑模型。

4. 单元定位

本单元作为高中学段美术中"表现英才校园"主题学习的最高阶段,教师应引导学生深入了解校园景观的布局和结构,以及经典景观的空间位置,综合运用以往所学的知识与创作方式,进行个性化提炼,提高表现能力。

(二) 整合内容结构

1. 梳理教材内容

了解英才校园经典景观的具体位置和特点;
校园景观地图创意活动;
学习制作立体模型的方法与要点;
制作英才校园立体模型。

2. 学科知识与技能结构图

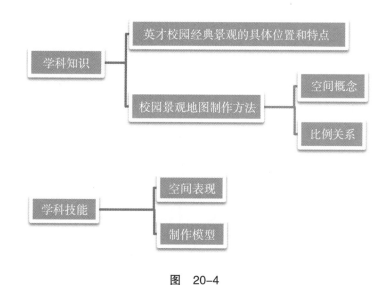

图 20-4

(三) 分析教法依据

1. 教学内容特点

本单元主要是创造性地设计立体模型,以表现英才校园的经典景观。

2. 学段学情特点

一方面,高中学段的学生已经对视觉元素、形式原理、色彩知识、构图形式、透视知识、造型表现方法、拼贴表现手法有了一定的了解,能够理解一些景观中的抽象原理,具备了进行自主探究性学习的基础和能力;另一方面,通过之前的学习,高中学段学生形成了一定的空间感受和空间表现的经验,具备了运用所学知识和实践经验进行分析和探讨的基础和能力。

3. 教学资源选取

运用速写表现不同特点的校园景观，运用透视知识设计和装饰教学环境，运用空间知识更好地布局校园及社区环境等。

（四）设计教学方法

结合分析，预设本单元的主要教学方法：

1. 教师主导——讲授：针对概念性知识进行讲授，如英才校园景观的空间结构、景观的特点与造型等。

2. 学生自主——观察与探究：针对英才校园景观的内部结构、外部造型特点等原理知识的内容，引导学生结合以往的学习基础和学习经验，充分调动学习主动性，从日常生活中的现象出发，进行探究性学习。

3. 师生互动——交流与讨论：针对英才校园景观的外部结构、景观造型给予观者的视觉感受等，引导学生结合所学知识及以往基础，积极进行思考，通过语言或者文字的交流讨论，形成一定的理解与感悟。

（五）定位学科能力

1. 关键能力

运用材料媒介进行表现和创作的能力；

感受与欣赏校园、自然及生活中景观的特点与造型的能力。

2. 其他能力

自主思考与探究景观的特点与造型的能力；

表达与交流英才校园景观立体模型的创作过程及创作体会的能力。

三、单元教学目标设计

（一）单元教学目标

知识与技能：认识英才校园景观的空间结构和布局；了解英才校园景观的外部结构和内在结构；运用英才校园景观的风格和构成的方法进行创意主题表现；综合理解英才校园景观及其相关知识，构思画面表现形式，创作英才校园立体景观模型作品。

过程与方法：通过欣赏、探究，归纳英才校园景观构成的基本规律；写生英才校园景观地图；讨论和交流英才校园立体景观模型创作的方法；在感知体验和实践中运用相关知识进行表现。

情感、态度和价值观：理解英才校园的历史与文化；理解中西结合、协调与变化的景观之美；体验创作表现不同主题的魅力；感受和欣赏英才校园景观的美感。

（二）单元教学重难点

教学重难点：了解英才校园景观的空间结构与布局的特点，运用空间关系、透视合理地表现景观，运用多种媒介材料表现英才校园景观，创作立体模型作品。

（三）单元学习活动设计

1. 规划单元活动

根据本单元教学目标、教学重点和难点，对单元主要学习活动进行规划。

表 20-5

活动序号	学习活动内容
活动1	英才校园景观实地写生
活动2	制作英才校园景观地图
活动3	理解校园立体景观模型素材的制作方法
活动4	创作英才校园立体模型作品

2. 制订活动方案

（1）活动内容

表 20-6

序号	活动主题	活动任务	关键问题
活动1	英才校园景观实地写生	参与游戏互动，认真观察与思考，围绕"英才校园经典景观的结构"进行自主探究	1. 你了解英才校园经典景观的结构吗 2. 如何使英才校园景观形式更加丰富且形成秩序 3. 写生英才校园景观中遇到什么问题
活动2	制作英才校园景观地图	依据学习任务单，分小组进行活动探究，写生英才校园景观，制作英才校园景观的地图	1. 你是从英才校园景观的哪些位置入手设计英才校园景观地图的 2. 按照比例缩放绘制后，地图还需要哪些补充
活动3	理解校园立体景观模型素材的制作方法	学习模型素材制作的基本方法，掌握制作要点的过程与方法	1. 你在制作景观模型素材时碰到哪些问题 2. 制作英才校园景观素材后，有什么新的感受
活动4	创作英才校园立体模型作品	运用模型素材，进行合理搭配，运用不同的颜色，不同的技法组合，调整与完善英才校园立体模型作品	1. 你在组合模型过程中碰到哪些问题 2. 为什么你倾向于这样来表现景观 3. 对调整完成后的立体模型，你有什么感受

（2）活动性质

表 20-7

活动内容的特点和学习要求	确定对应的活动性质
利用从英才校园景观现场吸收到的灵感来速写写生，学生需要通过探究与思考来进行描绘	表现类活动
对英才校园景观的空间结构和布局、外部结构和内部结构、整体的比例关系，学生需要通过观察、记录和思考来认识和理解	探究类活动
在学习对英才校园景观进行主观表现时，鼓励学生大胆组合，结合英才校园景观的特点，进行有校园立体模型制作	表现类活动

3. 组织活动形式

独立学习：制作英才校园景观地图、学习任务单、写生英才校园景观；

合作学习：探究、交流、讨论等。

4. 选择活动资源

图片资料：各类英才校园景观表现图例或作品；

绘画材料：模型素材、胶水等；

综合材料：学习任务单；

活动场所：美术专用教室、校园。

5. 分享活动收获

英才校园景观速写写生作品；

英才校园景观地图作品；

英才校园立体景观模型作品。

四、单元评价设计

表 20-8

评价目的	
1. 评估学生对英才校园景观的空间结构和布局的掌握程度 2. 观测学生在英才校园景观表现过程中的兴趣与态度 3. 评定学生表现英才校园景观的学习结果	
评价内容	
学习兴趣	1. 认识英才校园景观的整体空间布局的情况 2. 通过对英才景观的新认识表现对校园文化认同感
学习习惯	主动观察、感受和探究英才校园景观的情况
学业成果	1. 能辨别英才校园景观的空间结构，观察和分析校园景观的布局 2. 能通过对英才校园景观的认识，表现校园主题的作品 3. 能根据主题，综合运用英才校园景观及相关知识，构思模型的结构，创作具有校园立体景观模型
细化评价观测点	
活动内容	评价观测点
英才校园景观地理初体验	1. 能否在画面中表现英才校园景观 2. 能否运用比例关系协调对比，缩放英才校园景观 3. 能否从景观的角度，描述画面，阐述构思
观察、分析、写生英才校园景观	1. 能否运用所学知识，依据学习任务单，进行探究性学习 2. 主动探究与交流的情况 3. 能否对学习任务单拓展的问题进行思考，并得出结论 4. 主动发表观点、积极交流讨论的情况
自然主题的英才校园景观写生	1. 能否在写生的画面中用各种手法进行表现 2. 能否在写生的画面中形成英才校园景观的布局 3. 能否通过英才校园景观中的各种元素进行搭配，丰富画面
展示手稿，交流构思	1. 能否按照要求进行校园景观速写创作 2. 主动介绍作品、阐述构思的情况 3. 积极参与互动、分享欣赏感受、交流想法的情况 4. 积极思考、发表观点的情况
校园景观地图作品赏析	1. 能否运用所学的景观知识，对校园景观地图进行综合欣赏和分析 2. 能否联系画面，进行语言表述
英才校园立体景观模型创作	1. 能否在地图基础上，进行深入构思 2. 能否根据构思，有意图地构成和组织画面，在平面上表现立体的空间结构 3. 能否根据构思，大胆尝试制作模型素材，表现英才校园景观，整理协调结构 4. 能否通过作品，直观地表达自己的情感与个性 5. 在表达自我情感的基础上，关注人文或审美领域等其他方面的情况

五、单元资源设计

（一）明确使用目的

针对单元教学及重难点，本单元资源设计依托单元活动，通过资源设计与创设更加生动的情境，激发学生学习兴趣与热情，提高教学过程中教学方法的针对性与有效性。本单元活动任务主要有3个：

第一，参与游戏互动，认真观察与思考，围绕"英才校园经典景观的结构"进行自主探究。

第二，依据学习任务单，分小组进行探究活动，观察英才校园景观，分析其基本结构和布局，思考现实中的英才校园景观与画面中的英才校园景观的关系。

第三，展示自己构思和创作的模型，介绍自己表现英才校园景观的意图以及在这一过程中的感想。

（二）细化资源设计

本单元选取的与教学内容直接关联的素材资源主要包括用于英才校园景观表现的各种绘画工具和材料，如模型素材、胶水等。教师可以利用它们在单元学习的各个阶段保障学生进行有效实践，形成学习成果。

本单元设计的技术资源主要有：

1. 信息技术资源：通过自主设计的多媒体探究游戏，营造出生动活泼的教学情境，激发学生学习的积极性，促使他们进行自主思考和探究。

2. 实践技术资源：学习任务单能够帮助学生更好地规划探究性学习的步骤，提高探究的效率，形成对学习经历和探究过程的记录。

本单元选取的教学环境资源主要是校园，通过对校园中各处景物的实地观察和写生，为学生探究性学习的开展提供更加生动和丰富的内容和素材。

（三）形成单元资源

1. 在教学环境资源的选择上，可以依据学情，结合校园景观、不同的场馆、自然景色及人文景观等，更好地引导和促进学生在多元的情境中进行探究性学习。教师还可以鼓励学生课后去学校实地考察，感受英才校园景观之美。

2. 在素材资源的利用上，教师可以针对单元学习的各个阶段，进行更加细化的设计。如，在第一、第二阶段，着重使用素材进行概括的英才校园景观表现，使学生能够更加关注英才校园景观的结构；第三阶段，鼓励学生使用各种工具和材料，进行多种尝试，以达到表现自己创作意图的作品效果。另外，在课前提醒学生发现、收集各类景观写生作品或者与景观有关的图片等，引导学生对单元学习内容进行预习，便于学生在课上交流。

第五节　单元课程学习评价指南

一、"鉴赏·理解"课例

表 20-9

评价项目	评价标准	等级（权重）（评价为1—5分）		
		自评	组评	师评
知识与技能	认识景观、建筑物和室内设计的概念			
	了解英才校园不同建筑景观的特征			
	能在艺术作品中表现自己的创意构思			
过程与方法	能运用"思维导图法"分析欣赏建筑			
	能对学习单拓展的问题进行思考并得出结论			
	能与同学一起合作交流			
情感、态度和价值观	乐于表达对校园建筑景观的认识			
	对调研的兴趣和参与感			
	关注建筑和生活环境的兴趣			
我这样评价我自己				
同学眼里的我				
老师的话				
课堂反馈（建议、收获）				

二、"创意·表现"课例

（一）教师：学习评价方法

评价内容包括过程性表现、结果性表现，观测点分为主动性、探究性、合作性。

表 20-10

教师评价表							
评价内容		1	2	3	4	5	评语
过程性表现	主动性						
	探究性						
	合作性						
结果性表现	主动性						
	探究性						
	合作性						

说明：评价为1—5分。

（二）学生：自评、互评方法

表 20-11

自评、互评表		
评价内容	学生自评	同伴互评
1.能搜集校园景观相关知识		
2.能用本单元的技法创作作品		
3.能进行独立思考并创作作品		
4.能合作完成小组作品		
5.能欣赏他人作品		

说明：评价为1—5分。

后 记

厦门英才学校十五年一贯制美育课程研发项目自2020年11月正式启动以来，课题组成员3次赴厦门进行项目研讨与实地考察。随着项目的不断深入，原本大家对厦门这个城市的印象仅停留在鼓浪屿、厦门大学、白城沙滩这些著名的地标上，但是现在却能更加关注富有浓厚老厦门本土生活气息的沙坡尾、日渐消逝亟待保护的闽南古厝、传递华侨爱国情怀的嘉庚特色建筑群、厦门经济特区建立40余年以来代表城市发展的一系列地标性建筑等。随着对厦门各类建筑的日益关注和深入了解，我们能感受到建筑所蕴含着的闽南文化、传递着的两岸乡愁，及其体现出的开放包容、追求突破、实现卓越的城市精神。如果我们再把视野拓宽，以厦门作为一个圆心，向福建地区扩展，会发现龙岩的古田会议会址、漳州的南靖土楼、福州的三坊七巷，这些著名的建筑是中华优秀传统文化和革命文化的代表，值得每一位学生驻足欣赏、仔细品读、赓续传统、守正创新。

厦门英才学校"'以美融通、五育并举'育人模式之美育课程系列"拟出版三套，本套以"融入中华优秀传统文化、革命文化和社会主义先进文化的中小幼美育"为主题，聚焦福建建筑的欣赏与创作，覆盖厦门英才学校从幼儿园到高中十五年一贯制的创意美术课程，本书将为厦门英才学校乃至福建省其他学校的各学段美术教师在课程研发与教学设计中提供借鉴与参考。

本书是华东师范大学、上海师范大学、杭州师范大学、上海师范大学天华学院四所高等师范院校美术教育专业共同研制的成果，具体各章节分工如下：

华东师范大学美术学院教授、博士生导师钱初熹作为本系列的主编负责全书的总策划与体例设计、撰写序言部分，并对全书进行了审阅。

上海师范大学美术学院讲师徐耘春、厦门英才学校创意美术中心主任朱黎兵担任本书的副主编。其中，徐耘春负责第一、第四部分的体例设计，撰写总论、第四章与第十六章鉴赏部分，并承担了全书的协调与统稿工作。

上海师范大学天华学院学前教育学院讲师杨莹撰写了第一章、第十三章；杭州师范大学美术学院讲师张旭东撰写第七章、第八章；上海师范大学附属第二实验学校教师毛倩倩撰写了第四与第十六章的创作部分；上海市黄浦区劳动技术教育中心教师罗淑敏撰写了第二章与第十四章的创意工作坊部分；上海师范大学美术学院美术教育专业研究生刘朱怡撰写第二章、第十四章（除创意工作坊）；华东师范大学美术教育专业研究生陈琳、叶沛祺、戚雪芹、李晶、何甜甸共同撰写了第九至第十二章、第十七至第二十章；杭州师范大学美术学院研究生余青、谢汉城、王鑫琦、王沙、郑天舒共同撰写了第五章、第六章，并参与了第七章、第八章部分内容；上海师范大学美术学院美术学（师范）专业本科生陈依宁、秦赞、陈沁语、高语妍、陈姣睿共同撰写了第三章、第十五章；此外，上海师范大学美术学院中国画专业研究生毕晨、上海师范大学天华学院学前教育学院本科生程愈敏、周予婕也对本书的完成提供了帮助，在此对所有参与本课题组的老师、同学表示衷心的感谢。

本书所用图像主要由厦门英才学校师生提供，另有部分图像虽经多方查询，仍未能与著作权人取得联系。请相关著作权人看到此声明后，及时与厦门英才学校办公室联系（邮箱：3683771@qq.com），校方会向您赠书并支付稿酬。在此向您表示诚挚的谢意！

厦门英才学校付晓秋校长、清华大学美术学院社会美育研究所李睦教授一直对本书的编写、出版工作予以关心，在此也表示诚挚的谢意。

本课题组力图体现新课标、新课程的理念和方法，尽可能吸收最新的教学研究成果，编写出具有示范与推广意义的精品教程。但由于时间紧、任务重、编写团队庞大，且编者的编写风格与学识水平存在差异，书中存在的错误与不足在所难免。我们恳请使用本教程的师生能对我们提出宝贵的意见，以期进一步改进与完善。

徐耘春

2021年9月3日于学思湖畔

福建建筑美育

融入中华优秀传统文化、
革命文化和社会主义先进文化的
中小幼美育教程

幼儿分册

钱初熹 / 主编
徐耘春　朱黎兵 / 副主编

清华大学出版社
北京

本书封面贴有清华大学出版社防伪标签，无标签者不得销售。

版权所有，侵权必究。举报：010-62782989，beiqinquan@tup.tsinghua.edu.cn。

图书在版编目（CIP）数据

福建建筑美育：融入中华优秀传统文化、革命文化和社会主义先进文化的中小幼美育教程 / 钱初熹主编. — 北京：清华大学出版社，2022.9

ISBN 978-7-302-61872-0

Ⅰ. ①福⋯　Ⅱ. ①钱⋯　Ⅲ. ①美育—课程建设—研究—中小学　②建筑美学—研究—福建　Ⅳ. ①G633.950.2　②TU-862

中国版本图书馆CIP数据核字（2022）第175858号

责任编辑：宋丹青
封面设计：傅瑞学
责任校对：王凤芝
责任印制：丛怀宇

出版发行：清华大学出版社
网　　址：http://www.tup.com.cn，http://www.wqbook.com
地　　址：北京清华大学学研大厦A座　邮　编：100084
　　　　　社 总 机：010-83470000　邮　购：010-62786544
　　　　　投稿与读者服务：010-62776969，c-service@tup.tsinghua.edu.cn
　　　　　质量反馈：010-62772015，zhiliang@tup.tsinghua.edu.cn
印 装 者：小森印刷霸州有限公司
经　　销：全国新华书店
开　　本：210mm×285mm　　　　印　张：39.5　　　字　数：1040千字
版　　次：2022年11月第1版　　　印　次：2022年11月第1次印刷
定　　价：149.00元（全5册）

产品编号：094704-01

全国教育科学"十四五"规划2021年度教育部重点课题

"五育融合视域下小初高一体化美育课程体系建构及实施策略研究"

课题批准号 DLA210382

编 委 会

主　任： 黄丽丽　付晓秋

主　编： 钱初熹
副主编： 徐耘春　朱黎兵
编　委：（以姓氏拼音为序）
　　　　高登科　赖敏丽　李　莉　李　睦　吕云萍　马慰斌
　　　　孙墨青　张　泽　张旭东　郑宝珍　郑杰才

目录

第 1 课　这里是沙坡尾　　/1

第 2 课　走近红色建筑　　/13

第 3 课　嘉庚印象　　/19

第 4 课　英才校园初印象　　/33

第 1 课

zhè li shì shā pō wěi
这里是沙坡尾

这里是沙坡尾

沙坡尾是厦门港的源起之地，从清代起就作为避风港。

早晨的沙坡尾

厦门是古代重要的通商口岸,很多海外的商品都要从这里进入中国,同时,中国商品也从这里运向海外。船来船往,各种各样的船经常在沙坡尾休息,越来越多的人,居住在这里。这片海域养育了这里的人民……

美丽的沙坡尾

沙坡尾的避风港

小朋友,你知道什么是避风港吗?

创意与表现

1. 穿越时空的房子

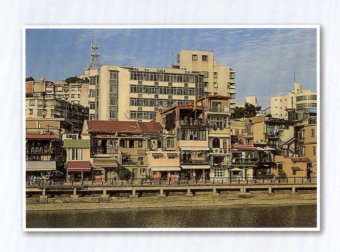

讨论发现

小朋友，请仔细观察，看看沙坡尾的房子有什么特点？

艺术实践——画一画

- 步骤1　勾画轮廓
- 步骤2　添加细节
- 步骤3　涂色

创意与表现

2. 小船的一天

讨论发现

在避风港休息的小船真可爱,它一天都忙什么了?外形有什么特点呢?

艺术实践——做一做

超轻黏土、陶土都可以哦,做好不要忘记给它穿上花衣服,再给它添些货物,找个主人哦!

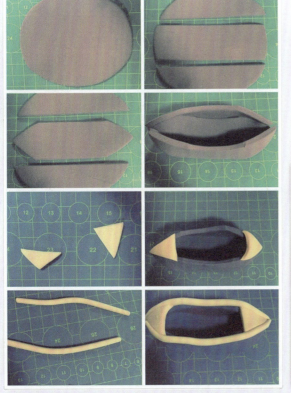

创意工作坊

小贴士

使用剪刀要注意安全哦！

活动 1

活动名称：我家门前有片海

活动对象：大班幼儿

活动时间：40分钟

活动目标：制作渔港模型

所需材料：彩色马克笔、卡纸、瓦楞纸、小剪刀

第一步：请大家把自己画的骑楼剪下来，围成圈。

第二步：小朋友们把自己做的房子放到老师提前准备的沙坡尾海边。商量好各自位置，设计好街道再摆放哦。

第三步：请小朋友们再画一些装饰品，比如大树、花草等，让我们的家更有生活气息。

第四步：小朋友，用你们喜欢的沙子，在家门前填入大海吧！

第五步：还记得前面我们做的小船吗，忙碌一天，该休息了，请它们驶来避风港休息吧。

7

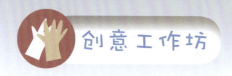

创意工作坊

活动 2

活动名称：自制放映机

活动对象：大班幼儿

活动时间：40分钟

活动目标：制作放映机

所需材料：热熔枪、钢尺、美工刀、瓦楞纸、铅笔、橡皮。

步骤三

如图所示。

步骤四

画出图上的形状。

步骤五

将它们粘在一起。

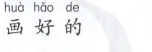

步骤二

将画好的长方形依次裁下来。

步骤一

如图所示，在瓦楞纸上画出长23 cm、宽13 cm的长方形和长23 cm、宽2 cm的两个长方形。

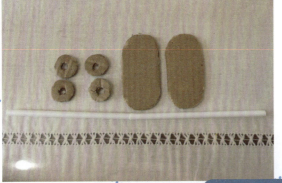

步骤六

如图所示。

完成

小贴士

使用剪刀要注意安全哦！

9

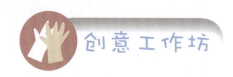

创意工作坊

活动 3

活动名称：拼贴骑楼

活动对象：大班幼儿

活动时间：40分钟

活动目标：制作骑楼拼贴

所需材料：彩色马克笔、卡纸、瓦楞纸、小剪刀

小贴士

使用剪刀要注意安全哦！

如图所示，先画好骑楼，然后裁开，上色，骑楼拼图就制作完成啦！

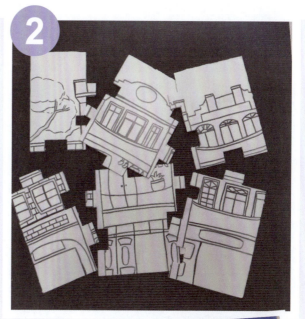

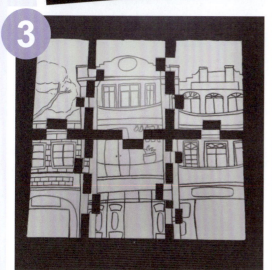

第 2 课

走近红色建筑

走近红色建筑

古田会议会址

说一说

小朋友们,你们从图片中看到了些什么呢?

我看到一座古老的房子,黑色的屋顶,灰色的墙面,房子后面有一排红色的大字。

没错,这是古田会议会址,房子后面竖立的8个大字是"古田会议永放光芒"。

说一说

快把这座房子缺少的部分补起来吧！并说说它的样子像什么形状。

1 青瓦

2 灰墙

3 红漆门柱

4  拱门

5 "福"字花窗

画一画

箭头指的地方是什么颜色呢？根据颜色提示动手涂一涂。

想一想

古田会议会址建筑和背后的故事带给你什么感受呢？

这里原先是一所学校，后来毛泽东等人在这里召开了中国工农红军第四军党的第九次代表大会，史称"古田会议"。

古田会议会址内部场景

16

创意与表现：创意水粉画

水粉在不同的工具下会表现出不同的效果，快来尝试创作一幅有创意的水粉画吧！

活动名称：创意水粉画制作

适合年级：幼儿园

创作类型：综合材料

准备材料：白纸、纸巾、海绵棒、黏土、水粉颜料、小尺

活动时间：40分钟

制作开始前，请小朋友们准备好左图的材料。

1

将一张纸撕成山的形状，把纸巾揉成团后蘸取颜料，从山顶到山脚反复按压，表现背景的山脉。

 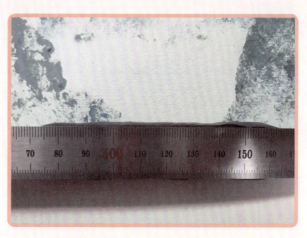

2 黑色黏土搓成条状，用尺子压成扁平条状。

3 用小尺切去左右多余的部分，并划出瓦缝，制作出屋顶。

4 用海绵棒蘸取颜料，印出门窗、砖块等。

5 最后，在画面底部用纸巾蘸取多种颜料按压出草坪，并画上太阳，就创作完成啦！

第 3 课

<ruby>嘉<rt>jiā</rt>庚<rt>gēng</rt>印<rt>yìn</rt>象<rt>xiàng</rt></ruby>

嘉庚印象

嘉庚建筑

小朋友们,看一看,哪一座是道南楼?哪一座是南薰楼?

闽南红厝

知识窗

嘉庚建筑将闽南屋顶与西式屋身巧妙结合,中西合璧是嘉庚建筑最显著的特点哦。

身份介绍

姓名：陈嘉庚

家乡：福建省厦门市

职业：教育家、企业家

小朋友们，你们知道图片上这位老先生是谁吗？图片上的建筑叫什么名字呢？为什么要把建筑和这位老先生画在一起呢？

老师，这是陈嘉庚先生，他背后的建筑是道南楼，画在一起是因为它们是嘉庚建筑。

你答对啦！陈嘉庚先生深怀爱国之情，归国后捐钱捐物，建筑教学楼，倾心于办学与教学。他的行为体现了爱国爱乡、无私奉献的精神。

观赏与述说——找一找

把屋檐样式进行匹配,帮它们找到自己的家。

连连看

嘉庚建筑(南薰楼)

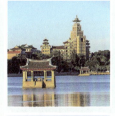
嘉庚建筑(道南楼)

闽南古厝

创意与表现：水油分离画

接下来，让我们以美丽的嘉庚建筑为主题，试试绘制一幅水油分离画吧！

嘉庚建筑水油分离画

适合年级：幼儿园

创作类型：综合材料

准备材料：铅画纸、水彩颜料、油画棒、铅笔、橡皮

活动时间：20分钟

大家看一看，这是美丽的群贤楼。

群贤楼群是最早建设的嘉庚风格建筑。建筑造型多为双坡西式屋顶，屋顶铺红色机平瓦。群贤楼群兴建时，特地选择5月9日（国耻纪念日）作为校舍奠基日。

制作开始前，请小朋友们准备好图片中的材料哦！

huì zhì cǎo tú
绘制草图

bái sè yóu huà bàng gōu wài lún kuò
白色油画棒勾外轮廓

wū dǐng shàng sè
屋顶上色

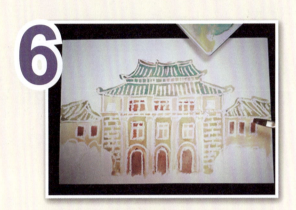

qiáng tǐ shàng sè
墙体上色

tiān kōng shàng sè
天空上色

xī wàng xiǎo péng yǒu men tōng
希望小朋友们通
guò zhè táng kè de xué xí
过这堂课的学习，
néng gòu lǐng huì chén jiā gēng
能够领会陈嘉庚
xiān shēng duì mín zú jīng shén de
先生对民族精神的
chóng shàng
崇尚！

美丽的双子塔

双子塔是厦门地标建筑之一,也是从云端俯视城市的好地方。

傍晚的双子塔

双子塔,也叫世茂海峡大厦,它们像帆船一样矗立在厦门的老城区,双子塔上面有眺望台,观赏风景很方便。厦门很久以前是白鹭栖息的美丽地方,现在的双子塔使厦门更美丽。

美丽的双子塔

小朋友,
请你说一说,
双子塔有什么特点?

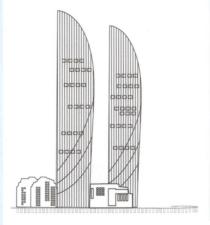

创意工作坊

活动 1

活动名称：霓虹灯中的双子塔

活动对象：大班幼儿

活动时间：30分钟

活动目标：以拼贴、绘画的方式设计一场双子塔灯光秀。

所需材料：彩色马克笔、卡纸、瓦楞纸、小剪刀，各类自制肌理纸等。

讨论发现：

小朋友，请仔细观察，双子塔的"外衣"会变化吗？它们是完全一样的吗？

如图所示,利用提前自制的肌理纸,剪贴双子塔外型,自由选择自己喜欢的颜色与纸张进行拼贴,增加前景,最后还可以用画笔进行装饰。

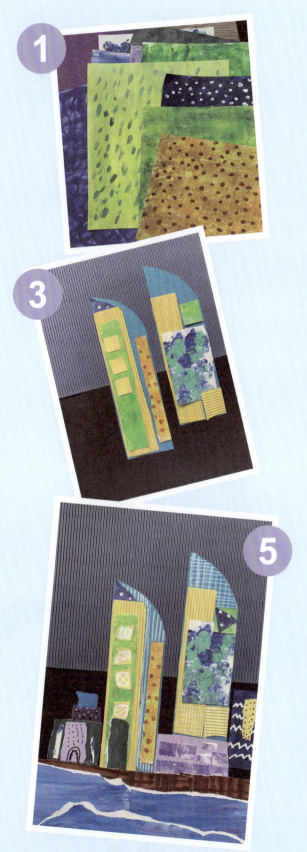

创意工作坊

活动2

小贴士

使用剪刀要注意安全哦!

活动:会变的双子塔

活动对象:大班幼儿

活动时间:30分钟

活动目标:理解时间与光的颜色的变化特点,了解光的反射。

所需材料:彩色马克笔、卡纸、剪刀、各种拓印工具、颜料、水粉笔、镜面纸等。

主要材料

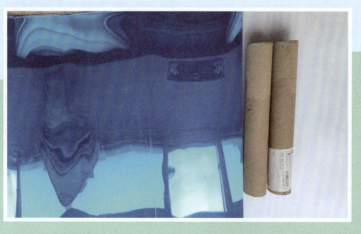

第一步：教师先准备好双子塔模型基底。

第二步：裁剪好镜面纸。

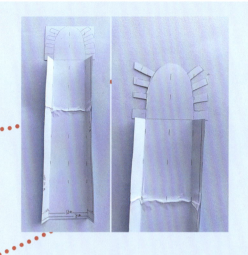

第三步：把镜面纸包裹在模型外，修剪成双子塔的外形。

第四步：组合成双子塔模型。

第五步：幼儿选择自己喜欢的色彩制作背景图。

第六步：背景制作完成，可以分别摆放在塔边上，体会光反射的乐趣。

第4课

英才校园初印象

英才校园初印象

厦门英才校园全景

小朋友们,你们知道这里是哪吗?

厦门英才校园

知识窗

厦门英才学校创办于1995年,学校依山而筑,校长蓝春先生亲手设计了体现现代教育理念的英才校园。

向小伙伴们描述"英才号"景观,并说说自己的想法。

英才校园幼儿部树屋"英才号"景观

知识窗

树屋"英才号"根据树的特殊造型设计成游戏场地,我们能够深切感受到大自然与建筑共生的美好。

观赏与述说——小小建筑师

让我们一起做一份英才校园建筑的主题墙设计吧！

英才校园幼儿部建筑新方案

英才校园创意主题墙

活动名称：小小建筑师

适合年级：幼儿园

材料准备：卡纸、颜料、画笔、展板

活动时间：40分钟

大家知道之前的幼儿部建筑是什么样的吗？它是用什么建筑材料筑成的呢？新方案中的幼儿部建筑和旧幼儿部建筑有什么不同呢？让我们一起探究，构思一份主题墙设计吧！

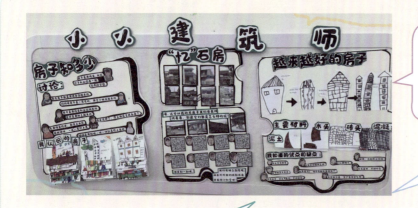

请各位小朋友们说说你所认识的建筑

过去的建筑是什么样子的呢？

新建筑有什么优点呢？

创意与表现：撕彩纸画

接下来，让我们一起动手制作有关英才校园建筑的撕彩纸画吧！

英才校园建筑撕彩纸画

活动名称：撕彩纸

适合年级：幼儿园

创作类型：综合材料

活动时间：20分钟

寻找灵感图

1

材料准备

彩纸、硬卡纸、记号笔、胶水、铅笔、橡皮

2

37

绘制草图

记号笔勾线

撕碎彩纸

涂上胶水

粘贴墙体细节

勾勒轮廓

作品完成啦!

你也快来动手试试吧!

说　明

本书所用图像主要由厦门英才学校相关老师提供，另有部分图像虽经多方查询，仍未能与著作权人取得联系。请相关著作权人看到此声明后，及时与厦门英才学校办公室联系(邮箱：3683771@qq.com)，校方会向您赠书并支付稿酬。在此向您表示诚挚的谢意！

厦门英才学校

福建建筑美育

融入中华优秀传统文化、
革命文化和社会主义先进文化的
中小幼美育教程

初中分册

钱初熹 / 主编
徐耘春 朱黎兵 / 副主编

清华大学出版社
北京

本书封面贴有清华大学出版社防伪标签，无标签者不得销售。
版权所有，侵权必究。举报：010-62782989，beiqinquan@tup.tsinghua.edu.cn。

图书在版编目（CIP）数据

福建建筑美育：融入中华优秀传统文化、革命文化和社会主义先进文化的中小幼美育教程/钱初熹主编.—北京：清华大学出版社，2022.9
ISBN 978-7-302-61872-0

Ⅰ.①福… Ⅱ.①钱… Ⅲ.①美育—课程建设—研究—中小学　②建筑美学—研究—福建 Ⅳ.①G633.950.2　②TU-862

中国版本图书馆CIP数据核字（2022）第175858号

责任编辑：宋丹青
封面设计：傅瑞学
责任校对：王凤芝
责任印制：丛怀宇

出版发行：清华大学出版社
网　　址：http://www.tup.com.cn，http://www.wqbook.com
地　　址：北京清华大学学研大厦A座　　邮　编：100084
社 总 机：010-83470000　　邮　购：010-62786544
投稿与读者服务：010-62776969，c-service@tup.tsinghua.edu.cn
质量反馈：010-62772015，zhiliang@tup.tsinghua.edu.cn
印 装 者：小森印刷霸州有限公司
经　　销：全国新华书店
开　　本：210mm×285mm　　印　张：39.5　　字　数：1040千字
版　　次：2022年11月第1版　　印　次：2022年11月第1次印刷
定　　价：149.00元（全5册）

产品编号：094704-01

全国教育科学"十四五"规划 2021 年度教育部重点课题

"五育融合视域下小初高一体化美育课程体系建构及实施策略研究"

课题批准号 DLA210382

编委会

主　任：黄丽丽　付晓秋

主　编：钱初熹
副主编：徐耘春　朱黎兵
编　委：（以姓氏拼音为序）
　　　　高登科　赖敏丽　李　莉　李　睦　吕云萍　马慰斌
　　　　孙墨青　张　泽　张旭东　郑宝珍　郑杰才

目 录

| 第1课 | 认识"鹭岛"建筑 | /1 |

| 第2课 | 闽南清韵·古厝民居 | /3 |

| 第3课 | 万象灯火·侨乡民居 | /7 |

| 第4课 | 读古知今·传统文化的新生 | /9 |

创意工作坊　莲塘曲韵·古厝植物纹样赏析　/19

创意工作坊　鹭岛光影·创意纸雕　/21

活动名称　追忆红色建筑　/23

活动名称　遇见嘉庚建筑　/36

活动名称　欣赏建南楼　/40

| 第5课 | 与时舒卷·长虹潮起 | /52 |

| 第6课 | 城市文脉·广厦悬星 | /54 |

创意工作坊　逐浪前行·与厦有约　/60

创意工作坊　双色华章·套色木刻版画　/62

活动名称　漫步英才校园　/64

第1课　认识"鹭岛"建筑

学习目标

◎ 了解闽南传统建筑样式
◎ 能够认知并解读建筑特点
◎ 理解建筑结构和文化习俗的联系

厦门在远古时为白鹭栖息之地，故又称"鹭岛"。厦门的许多传统建筑结构独特、装饰丰富，体现了闽南悠久的文化历史、和深厚的智慧。

1

中山骑楼群

骑楼

厦门骑楼建筑与西方、南洋华侨关系密切，因而具有多种海外建筑风格形态，如巴洛克和新艺术运动风格，是商住一体的代表性建筑。

代表建筑：中山骑楼群

2

庶安楼

🖊 加油站

巴洛克建筑起源于意大利文艺复兴时期，建筑样式多曲面，特点是外形自由、富有动态，喜好富丽鲜艳的装饰和雕刻。

巴洛克建筑

土楼

土楼是以生土为墙体原料，柱梁等构架全部采用木料的两层楼屋，是世界独一无二的大型民居形式，被称为中国传统民居的瑰宝。

代表建筑：庶安楼

舫山书院

书院

书院是中国古代社会中集教学、学术、藏书乃至刻书等功能为一体的教育机构，对传播文化和学术思想起到了很好的作用。

代表建筑：舫山书院

莲塘别墅

选一选

燕尾脊的功能有哪些？

A. 防止积水
B. 避雷保宅
C. 装饰美化
D. 身份象征

燕尾脊

古厝(cuò)民居

古厝是指古老的房屋，其特点是模仿宫殿的建筑风格。用红砖盖的红砖厝，是闽南最具代表意义的传统建筑。

代表建筑：莲塘别墅

连一连

骑楼　　　　　书院　　　　　土楼　　　　　红砖古厝

评一评

■ 我了解了4种以上闽南传统建筑样式
■ 我了解了厦门建筑出砖入石、聚群而建等特点

第2课 闽南清韵·古厝民居

学习目标

◎ 认识红砖古厝的文化背景与建筑特点
◎ 能够运用多种鉴赏方法对古厝进行欣赏
◎ 了解闽南古建筑的人文价值

厦门丰富的古厝文化以聚落的形式传承、发展,为我们打开一扇扇通往温暖的记忆的大门。

福海卢厝

福海卢厝,又称厦港卢厝,位于厦门市旧城区围仔内巷5号,是厦门地区红砖古厝的代表建筑之一。接下来,让我们运用费德曼四步法来更深入地鉴赏卢厝。

描述: 建筑整体样式结构

屋身正前

想一想

闽南古厝与北京四合院在结构与造型上有哪些异同点呢?

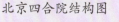

北京四合院结构图   闽南古厝结构图

加油站

费德曼四步法是由著名艺术评论家埃德蒙·伯克·费德曼提出的一种艺术鉴赏方法。其步骤为描述、分析、解释、评价。详见第39页。

分析： 结合建筑特点和风格分析其设计原则和工艺

卢厝俯观

设计原则：

卢厝保留着宋代的曲线屋顶和北方四合院的建筑空间格局，呈中轴对称的设计样式。

弧线形燕尾脊

海洋文化中的曲线元素

结构原理：

卢厝的房间围合成中心大天井，护厝前檐下贯穿南北的走廊，形成了整体建筑的联系纽带。

装饰工艺：

油漆彩绘

石雕

加油站

书法石刻记录了历代名人墨客的诗词墨迹，体现了高雅情趣和文化修养。

范阳世泽，即卢姓家族别称

解释： 建筑的历史沿革与旧事

卢厝的主人是当地商人卢树都，在面对外强入侵时，他斥巨资以效国力，被授三品顶戴花翎。

让我们一起查阅资料获取更多信息吧！

评价： 总结卢厝的人文价值，进行审美评价

卢厝是传统红砖文化的代表建筑，展现了精湛的闽南传统工艺，具有独特的艺术价值。

莲塘别墅

海沧莲塘别墅具有悠久历史，是厦门市现存规模最大的传统民居，被列入福建省文物保护单位。

莲塘别墅

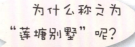

为什么称之为"莲塘别墅"呢？

回字形院落

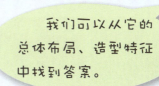

我们可以从它的总体布局、造型特征中找到答案。

总体布局

莲塘别墅在院落中心建造花园，设计成莲花状，并围绕花蕊建造住宅、学堂和祠堂，形成了四面向心、和而不同的独特布局。

住宅院落

中心花园

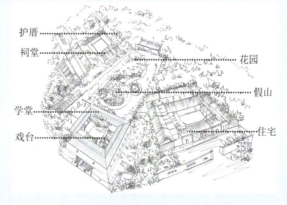

莲塘别墅总体布局

造型特征

建筑屋脊端部使用"燕尾脊"做法，学堂、护厝、厢房的屋脊均为水平方向，称平脊；护厝的屋脊为木形，称马鞍脊。

平脊

马鞍脊

护厝

燕尾脊

燕尾脊形成的凹形曲线，巧妙降低了屋脊的重心，美化了外观，更减小了多雨多风气候对建筑的影响。

燕尾脊

燕尾脊的形状与燕子有哪些相似之处？它又有什么特殊的寓意呢？

加油站

燕尾脊的色彩有浓淡深浅，主体运用冷暖色彩搭配的手法，增强屋顶装饰中纯度与明度的对比。

红瓷、黄瓷、蓝瓷

建筑装饰风格

莲塘别墅建筑大量使用极具地域特色的建筑材料——红砖。因此，闽南建筑又被称为"红砖文化"。

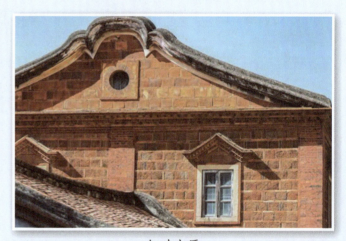

红砖古厝

试一试
用不同的方法欣赏更多古厝民居吧！

评一评

■ 我了解了古厝的建筑样式与造型风格
■ 我能识别并解读闽南古建筑的装饰特征
■ 我能运用美术语言分析建筑的色彩特点

第3课 万象灯火·侨乡民居

学习目标

◎ 了解沙坡尾的相关知识
◎ 能够运用比较法从多角度分析建筑
◎ 感知骑楼建筑的风格美与结构美

玉沙游梦·遇见沙坡尾

沙坡尾从明清起就作为避风坞，是当地渔民避风、休息的居住地。如今的沙坡尾历经百年沧桑，成为一张鹭岛历史名片。

> 沙坡尾为何会被称为"玉沙坡"呢？

> 早期的厦门是一处弧形的海湾，这里的细沙均匀且洁白如玉，故有"玉沙坡"的美称。

现在的沙坡尾

20世纪70年代的沙坡尾

自厦门开埠以来，西方建筑文化开始与闽南传统文化碰撞融合，产生了具有装饰艺术特色的厦门骑楼建筑。

✏️ 加油站

装饰艺术演变自19世纪末欧洲的新艺术运动，曲折线的形式是建筑的一大特色，也是厦门骑楼上常见的装饰元素。

思明电影院

城市肌理·百年传统骑楼

骑楼不仅是历史发展的产物，也是近代中国社会文化变迁的缩影，具有十分珍贵的人文价值。

中山路骑楼

功能与空间

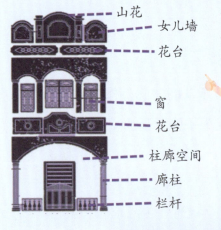

底层的廊道还具有遮风挡雨、遮阳防晒的功能！

山花
女儿墙
花台
窗
花台
柱廊空间
廊柱
栏杆

结构与邻里关系

骑楼打破了传统的合院形式，改变了住户之间的来往方式。

牌匾招牌

造型与细部

骑楼融合中西，运用横竖构成、虚实变化、色彩对比、直线与曲线相搭配的手法，既有对比又见统一。

廊柱装饰

巴洛克风格窗雕

骑楼色彩

象征与意义

骑楼建筑见证了一段文化交流史，使我们能以全新的视角解读建筑、环境与人的和谐关系。

骑楼的色彩有哪些特点？给你怎样的感受？

 评一评

- 我了解了沙坡尾的历史与主要产业
- 我能从多个角度分析骑楼的建筑特点
- 我认识到骑楼文化的独特性

第4课 读古知今·传统文化的新生

学习目标

◎ 认识闽南古建筑的价值与保护意义
◎ 能够从文化角度解读传统建筑
◎ 理解传统建筑的文化传承和创新精神

随着中国经济的发展和城市建设的加快，记载着这座城市文化和历史的、有很高的建筑技术与艺术成就的一些老建筑，逐渐在我们身边消失。

厦门祥店古建筑原貌

厦门祥店古建筑被拆毁

古建中的人文情怀

让我们用照相机记录身边古厝的样貌吧！

清末龙纹青石秤砣

清末龙纹青石秤砣

闽南古建筑形式多样，既有中国传统建筑的共性，又有鲜明的地方特色，如：精细的木石砖雕刻、灰塑彩绘等。

一起寻找有关厦门的"非遗项目"吧！

加油站

漆线雕工艺是国家级非物质文化遗产代表性项目。它关注线条的美感，富于变化，展现中国工艺美术中的线条美。

厦门漆线雕——龙凤呈祥

我的发现：
_____
_____

古建筑的保护与发展

对于珍贵的古建筑来说,我们不仅要保护它的物质遗存,也要将其文化继承和发展,重视和发挥古建筑的精神价值。

想一想

我们能为保护古建筑做些什么呢?

加油站

2020年6月1日起施行的《厦门经济特区闽南文化保护发展办法》,鼓励全社会参与、关注和保护闽南文化。

古建的提取运用与创新

闽南建筑装饰表现形式多样,与当代设计的融合也有多种尝试。提取闽南建筑装饰的元素可至少从三个方面进行:

1. 形态元素的提取

厦门高崎机场采用闽南建筑中的燕尾脊造型

2. 色彩元素的提取

闽南师范大学的录取通知书中有标志性的闽南元素和色彩,并结合漳浦剪纸设计而成。

3. 材质元素的提取

闽南红砖花器,利用红砖吸水特性

形式功能的创新

沙坡尾旧貌换新颜

沙坡尾艺术西区

你能搜一搜其他古建筑中的创新元素吗?

评一评

- 我认识到闽南古建筑的价值,增强了对古建筑的保护意识
- 我理解了中国古建筑的文化传承和创新精神

活动一

活动名称

水彩闽南·神韵鹭岛

◎ 活动目标

认识并掌握画面构图的基本形式。

通过示范与实践，掌握水彩画的基本表现技法，建立创作整体意识，提高画面完整性

◎ 活动准备

中性笔、黑笔、纸、水彩

◎ 活动过程

了解构图的常见形式与水彩表现手法

想一想

小组讨论一下，试着猜一猜下面的厦门风景照分别是什么构图？

厦门大学

鼓浪屿

海沧大桥

构图基本知识

构图是在一定的空间，安排和处理人、物、景的关系和位置，把个别或局部的形象组成艺术的整体。常见的构图形式有S形、三角形、圆形等，不同的构图形式带来不一样的视觉感受。

在伦勃朗的这幅速写中我们可以看到三个层次的风景，分别为近、中、后景。

这幅沙坡尾风景照的前景是一艘船，中景是岸边停泊的船，远景便是居民建筑群。

水彩小品创作

沙坡尾风景水彩

加油站

较湿部分　较干部分
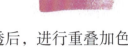

干画法：

在底色干透后，进行重叠加色或衔接其他色块层叠着色

湿画法：

趁纸面上水分、颜色未干时进行着色

水彩风景画应先确定构图，依次从近、中、远景进行创作。

步骤1　铅笔打稿，勾画大致轮廓

步骤2　针管笔勾线，加强明暗关系

步骤3　干湿结合，表现物体固有色

步骤4　用湿画法上背景色，完善画面

评一评

- 我掌握了基本的构图样式
- 我能够结合水彩的干湿画法表现色彩风景

画面中的船和水面在绘画效果上有什么不同之处？

创意与表现

活动二

活动名称
灯彩福州·三坊七巷

◎ 活动目标

　　了解三坊七巷的历史发展

　　理解三坊七巷中的建筑造型和基本结构

　　掌握彩灯的制作工艺

◎ 活动准备

　　小木棍、灯笼纸、胶水、彩纸、剪刀

◎ 活动过程

　　掌握彩灯的制作工艺，运用一些中国特色建筑纹样进行装饰

三坊七巷

　　三坊七巷地处福州市中心，是南后街两旁从北到南依次排列的十条坊巷的概称。"三坊"是：衣锦坊、文儒坊、光禄坊；"七巷"是：杨桥巷（路）、郎官巷、安民巷、黄巷、塔巷、宫巷、吉庇巷（路）。

俯瞰"三坊七巷"街区

三坊七巷可是"中国十大历史文化名街"之一哦！

街区地图一览

福州传统——花灯节

三坊七巷的节俗活动中,最热闹的当属元宵节的花灯。

节日花灯

马鞍墙是一种常见于福州地区的古建筑标志性元素。其状似马鞍,常被用来分割空间、御风防火和祈福镇邪。

云纹象征着丰饶

马鞍脊

今天我们来做一个富有福州特色的花灯吧!

步骤1 准备12根长度一致的木棒,搭制灯架

步骤2 用彩纸制作灯罩

步骤3 剪一些马鞍墙和云纹的样式作为装饰

步骤4 完善作品,一起来点亮花灯

📝 评一评

- 我通过练习掌握了灯笼的制作工艺
- 我了解了"三坊七巷"中的基本建筑造型

使用剪刀剪纹样时要注意使纹样连贯。

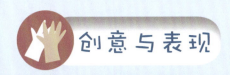

创意与表现

活动三

活动名称
漫画厦门·认识定格动画

◎ 活动目标
　　了解定格动画的定义和基本的拍摄方法
　　通过小组合作形式进行定格动画制作
　　理解静态与动态的联系与转化

◎ 活动准备
　　绘画软件

◎ 活动收获
　　了解定格动画机器制作原理

定格动画

　　定格动画是通过逐帧拍摄、连续放映，从而产生栩栩如生的动态效果。

想一想
定格动画和漫画有什么区别呢？

动作分解图

　　比如说动物的运动轨迹可以拆分成几个固定的动作，将它们连起来放映就成了动画。

莲塘别墅装饰雕塑

莲塘别墅装饰雕塑题材种类繁多,有人物、动物、植物等,具有美好的寓意。

天井墙裙上的砖雕——《喜鹊图》

《鹿梅图》

试一试

选择莲塘别墅中的雕刻作品,为其创作一个小故事。

让这幅《鹿梅图》在平面上动起来是什么效果呢?

定格动画制作步骤

在每一帧中插入不同的画面内容,看看放映后是什么效果?

制作步骤

1. 故事大纲
2. 角色设计
3. 制作角色、场景
4. 拍摄和后期

扫一扫,观看完整动画

评一评

■ 我了解了定格动画的拍摄方法

■ 我通过小组合作形式进行了定格动画的制作与拍摄

创意与表现

活动四

活动名称

城市风貌·鹭岛宣传

◎ 活动目标

　　了解宣传品设计的内容和特点

　　能够通过制作电子宣传手册描绘厦门的特色

　　理解创作的整体意识，能够表现厦门的城市风貌和人文情怀

◎ 活动准备

　　装有 Word 软件的电脑

◎ 活动过程

　　掌握 Word 的基础操作和排版技巧

同学们，学校马上举办厦门小小艺术节了！

我们可以为艺术节设计宣传品！

宣传品设计

　　宣传品是我们日常到处能见到的，有标志徽章、手册、海报、横幅等形式，多有风格活泼、新颖，色彩和谐、美观的特点。

纪念礼品杯

宣传画册

宣传海报

加油站

在视觉设计中，人们对不同的色彩有不同的感知，比如，红色能引起人们的注意，使人紧张兴奋。善用色彩会让你的设计看起来更加专业。

厦门宣传手册创作步骤

宣传手册设计的四个重要的元素：图形、文字、色彩、版式。

步骤1 设置基本格式：

打开 Word 文档，选择页面布局—纸张方向—横向，栏—更多栏—三栏，选中分隔线。

步骤2 添加页面颜色，进行大面积配色，加入字体。

步骤3 加入图案，使宣传册丰富有趣。

步骤4 打印出成品。

评一评

■ 我的作品内容完整且形式富有创意
■ 我了解了宣传品的内容、作用和特点

动动手

1. 制作一本独具厦门特色的宣传手册。
2. 搜一搜，了解其他类型的宣传手册。

创意工作坊　　**莲塘曲韵·古厝植物纹样赏析**

活动目标　认识莲塘别墅的纹样种类及其造型特点和文化内涵
　　　　　　能够设计出美观的古厝纹样，了解软陶的基本制作步骤

活动过程　赏析古厝植物纹样，制作软陶纹样

活动时间　40分钟

活动对象　初中生

活动准备　超轻黏土、锥形针、塑形针、月牙刀、齿刀、勺形刀、丸棒

活动步骤　1.欣赏莲塘别墅的植物纹样
　　　　　　2.了解纹样特点和主要植物纹样——卷草纹

扫一扫
观看更多纹样

莲塘别墅的装饰纹样

　　莲塘别墅中的纹样丰富多样，可分为动物纹、植物纹、人物纹、器物纹、多类别组合纹样等。植物纹样是莲塘别墅中被运用次数最多、种类最丰富的纹样类型。

它们分别是什么纹样呢？

填一填

_____　　_____　　_____　　荔枝纹样　　牡丹纹样

卷草纹

　　卷草纹是中国传统纹样之一，主要有忍冬、兰花，构成二方连续的纹样。

传统卷草纹样　　　　　　　　　S形曲线作为主茎，C形曲线作为枝叶

超轻黏土是新型环保工艺材料，它可以永久保存。超轻黏土的基本塑形工具有锥形针、月牙刀、齿刀、勺形刀、丸棒等。

工具

超轻陶土版古厝纹样的制作步骤

步骤1 设计草图

步骤2 制作卷草纹主干

步骤3 制作基本框架

步骤4 运用混色技巧揉、捏、切、剪出花朵的花瓣，注意大小对比

步骤5 粘贴花瓣，注意花瓣层次由紧到松的造型变化

步骤6 放上花朵，加入细节并整合画面

完成图

小组分工：＿＿＿＿＿＿＿＿＿＿＿＿＿＿＿

设计灵感：＿＿＿＿＿＿＿＿＿＿＿＿＿＿＿

评一评

- 我能分辨莲塘别墅的装饰纹样类型
- 我掌握了植物装饰纹样的造型特点
- 我能设计出一件富有古厝纹样特色的超轻黏土作品

创意工作坊

鹭岛光影·创意纸雕

活动目标	认识纸的立体构成及基本原理，设计并制作立体建筑纸雕，理解建筑的对称性与人文内涵
活动时间	2课时
活动对象	初中生
活动准备	剪刀、笔刀或美工刀、胶水、铅笔、卡纸、镊子、垫板
活动步骤	1. 了解纸雕的种类及其制作过程 2. 设计并制作建筑立体纸雕作品

课前热身

问题一：纸雕是什么？

问题二：你能认出以下哪一幅图片是纸雕作品吗？说一说它的特点有哪些。

问题三：纸雕的种类有哪些？

平面的纸是如何产生立体效果的呢？让我们带着问题开始动手探索吧！

纸雕作品

立体纸雕材料简单，通过在彩色卡纸上设计图纸，经过压痕、雕刻、推拉、对折，便能弹起一座精美的立体纸雕。

立体纸雕之一　　　　立体纸雕之二

生活中的纸艺

> 让我们动动手设计出独特的建筑光影纸雕吧!

立体建筑纸雕的制作步骤

步骤1 提取建筑元素并设计图纸

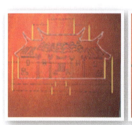

步骤2 在卡纸上设计出虚线和实线

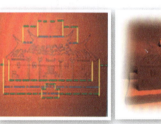

过程图

步骤3 沿虚线压痕,沿实线雕刻

步骤4 推拉弹起 　　完成图

小贴士

注意点划线与虚线的区别和折法:

1. 虚线部分要"谷折";
2. 点划线要"峰折"。

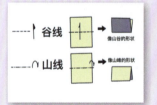

✏ 评一评

- ■ 我了解了纸雕的特点、种类和制作方法
- ■ 我能提取古建筑的基本造型特点进行设计
- ■ 我能运用多种技法制作具有特色的立体建筑纸雕

活动名称 追忆红色建筑

古田会议会址

上杭蛟洋文昌阁

芝山红楼

这些红色建筑各有什么特色呢？可以从建筑的样式、造型、材质等方面进行思考。

观寿公祠

红色建筑是中国革命战争年代的红色文化的印记，承载着浓厚的革命情怀和丰富的历史文化底蕴。如今，红色建筑不仅是了解革命历史故事的重要渠道，也可以从视觉艺术的角度进行鉴赏和学习。接下来，就让我们开启一段欣赏之旅吧。

鉴赏红色建筑

布局

古田会议会址建筑是四合院式布局，由前后厅和左右厢房组成，沿中轴线左右对称分布，和谐统一。

古田会议会址鸟瞰图

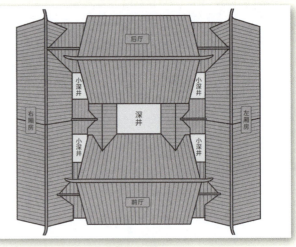

手绘古田会议会址建筑分布示意图

造型

飞檐为中国传统建筑特有的造型元素，屋檐向上翘起，形如飞鸟展翅，轻盈活泼，所以也常被称为"飞檐翘角"。古田会议会址、上杭蛟洋文昌阁、观寿公祠等皆有运用。

汀州试院大堂飞檐

古田会议会址门楼

古田会议会址窗户

想一想

飞檐有哪些实用价值？

芝山红楼台阶石狮

芝山红楼连拱

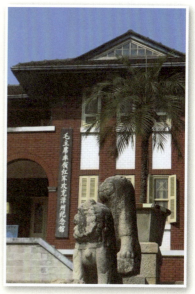
芝山红楼屋顶局部

芝山红楼建筑主体

色彩

暗红色的砖墙与梨黄色的窗户在阳光的照耀下呈现出较强的对比，白灰色点缀其中，整体和谐且富有活力。

象征

中国工农红军东路军攻克漳州纪念碑

福建省苏维埃政府旧址

红色五角星是共产主义和社会主义的象征性标志，是革命留下的印记。

红色的主碑象征着中央红军，右侧人字形台柱象征人民，表示红军依靠人民的支持。提醒人们如今的幸福生活来之不易。

学习建议

小组实地感受身边的红色建筑，观察并结合摄影图片撰写调查报告。

建筑分析法

一个地方的历史,会直观地反映在建筑上,建筑是地方文化与历史的载体,是一个时代集体记忆的遗存。其中,观寿公祠就是这样一座特殊年代的红色建筑,让我们用分析法鉴赏一下观寿公祠吧!

你能试着从建筑整体设计、造型细节或文化价值等方面鉴赏一下观寿公祠吗?

建筑整体是由大厝和护厝构成。

整体设计

护厝

指大厝两侧跨院布置的东西朝向建筑,相对大厝而言,起翼护作用,故名护厝。

大厝

闽南语中"厝"是指住宅房屋,闽南传统建筑中一般具备二进或者以上的住宅房屋称为大厝。(二进:前后有两排房屋)

观寿公祠是典型客家建筑风格,整座建筑由门坪、大门、天井、上中下厅、厢房、花台等建筑构成。建筑整体可分成两个部分,一是大厝,二是护厝,右边护厝毁于战乱。建筑遵照中轴线对称原则,结构严谨,布局合理。

造型细节

我发现观寿公祠有非常多的细节，这些分别是什么呢？

鸱[chī]吻

又名螭[chī]吻、鸱尾，古代神话传说中的神兽。此处作为古代建筑屋脊正脊两端的一种饰物，象征辟除火灾。

观寿公祠门楼

斗拱

中国古代建筑极具特色的元素，是门楼立柱与屋顶之间的传力构件，位于檐下，具有结构作用，又富有造型美感。

门柱

门柱是建筑中的垂直结构部件，承托它上方屋檐的重量，是中国古代建筑中最重要的构件之一。

彩绘

俗称丹青，是指古代劳动人民在古建筑物上绘制的装饰画，不仅美观，而且有一定的防水性，增加建筑物寿命。

想一想

你还发现哪些造型结构？小组讨论并发表你的观点。

我还知道观寿公祠外门楼是重檐牌坊式木门楼，正中央悬挂着"观寿公祠"牌匾，下方有6个立柱支撑。建筑轮廓优美，雕刻工艺精湛，具有很高的审美价值。

文化价值

长征零公里处纪念碑

嶙峋状石碑的运用，与人工建造的主体建筑连成一个整体。石碑上篆刻着"红军长征二万五千里零公里处"鲜红色的碑文，点明主题。

1934年9月30日上午，红九军团在观寿公祠门前大草坪上举行誓师大会。当天下午3时，红九军团兵分两路，开始战略大转移，踏上漫漫长征路。

红军长征启程图（摄于观寿公祠）

这次战略大转移，迈出红军二万五千里长征第一步，因此观寿公祠是红军长征真正意义上的零起点。

原来如此，那么观寿公祠不仅是闽西南建筑艺术的佼佼者，也是红军长征故事的承载者，展现了浓厚的红色革命精神和文化，召唤我们缅怀革命先烈，牢记初心使命。

小结　观寿公祠是典型客家建筑风格，具有围合的特征，有些像北方的四合院。外门楼更是古朴庄重，展现着精湛的工艺，是长汀十大门楼之一。此外，观寿公祠是红军长征的起点，是伟大革命的见证之一，其精神遗产激发我们强烈的爱国主义情怀。

小试牛刀

接下来,请同学们尝试用建筑分析法鉴赏一下上杭蛟洋文昌阁吧!

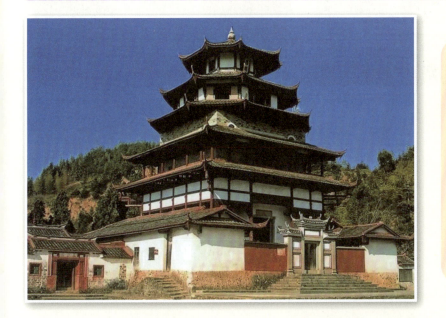

第一步　整体设计

试着用自己的语言描述该建筑的整体构造。

_____
_____
_____
_____

材料运用

第二步　造型细节

学习运用恰当的美术语言,有条理地描述上杭蛟洋文昌阁的细节。

_____
_____
_____
_____

门楼设计

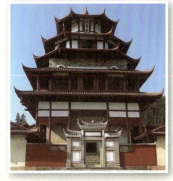

色彩搭配

屋檐结构

知识窗

上杭蛟洋文昌阁,建于清乾隆六年(1741),是中共闽西第一次代表大会会址。会议上,毛泽东同志作了重要讲话,指出闽西党组织的任务是巩固和发展红色根据地。闽西党的第一次代表大会通过的各项决议案,不但是闽西革命斗争的总结,而且闪烁着毛泽东思想的光辉。

中共闽西一大会址

文昌阁内景

小提示
上杭蛟洋文昌阁的文化内涵相当丰富，建阁之初就是文人聚会的场所，每年"会试"均在此举行。民国时期作为小学。中华人民共和国成立后，成为全国重点文物保护单位、重要的爱国主义和革命传统教育基地。

第三步　文化价值
根据相关的红色故事与文化内涵，谈一谈上杭蛟洋文昌阁所传达的红色革命意义和对生活与学习的启发。

_____
_____
_____

 课外文创小活动

制作红色建筑书签

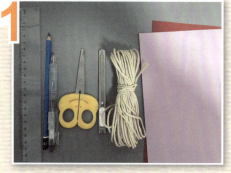

1 准备材料
硬卡纸、铅笔、小尺、剪刀、小刀、绳子。

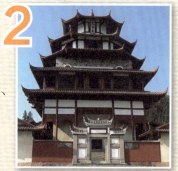

2 选择建筑
可表现建筑整体，也可以表现建筑局部。

3 绘制草图
书签上半部分为建筑造型，下半部分为矩形。绘制时注意建筑外轮廓的表现。

5 底部穿绳，完成制作。

4 用剪刀沿边框裁剪出外部轮廓，再用小刀对建筑细节进行雕刻，产生镂空效果。

创意与表现：石塑黏土建筑模型

石塑黏土是一种免烧免烤自然风干的特殊陶泥，让我们来一起体验吧！

石塑黏土建筑模型制作

活动对象：初中生

创作类型：综合材料

准备材料：石塑黏土、泥塑工具、铁丝、牙签、美工刀、剪刀、勾线笔、高光笔、红色马克笔、纸片、丙烯颜料、调色盘、小号水粉笔

活动时间：80分钟

创作之前，我们先观察一下古田会议会址的造型特征与细节，找找灵感吧！

古田会议会址前厅大门

可以发现，屋顶飞檐翘角，朱红色的门户和柱子与斑驳的外墙相映成趣。

准备材料

石塑黏土、泥塑工具、铁丝、牙签、美工刀、剪刀、勾线笔、高光笔、红色马克笔、纸片、丙烯颜料、调色盘、小号水粉笔

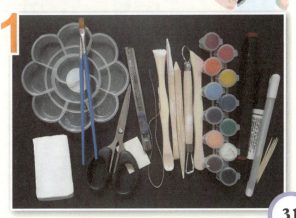

31

2

先把复杂的建筑造型归纳为简单的几何形体,将石塑黏土进行切割。

小提示
要用牙签固定屋檐和墙顶哦!

细节刻画

3

歇山式屋顶

楼梯

4

用丙烯颜料上色

小提示
可以用深浅表达屋顶的突起和凹进,塑造体积感,用黑色勾线笔和白色高光笔点缀。

5

绘制墙面装饰

6

制作背景字牌

小提示

最后，千万不要忘记建筑后面经典的"古田会议永放光芒"8个字哦！制作这一步时先用铁丝绕个圈作底盘，然后将字粘贴在竖立的铁丝上，就完成啦！

可以以四人小组为单位，制作一个古田会议会址的模型哦！

7

创意与表现：五角星立体书

每一座红色建筑背后都有不一样的文化故事，你了解多少呢？让我们一起去了解，并用立体书的方式来表现吧！

活动名称：五角星立体书
活动对象：初中生
创作类型：纸艺
准备材料：卡纸、铅笔、勾线笔、上色
　　　　　工具、剪刀、双面胶
活动时间：40分钟

1

同学们可以五人成立一个小组，选取感兴趣的红色建筑，自主学习背后的历史文化故事，每人分别负责五角星的一个角。

准备材料
卡纸、铅笔、勾线笔、
上色工具、剪刀、双面胶

2

根据画面大小确定卡纸尺寸，裁剪下前景、中景、后景层各5张卡片，尺寸如图所示。(示范所用尺寸是10厘米×15厘米)

小提示

要注意尺寸比例哦！

前景　绘画区　　单页高：10厘米
　　　　　　　　单页长：9厘米

中景　绘画区　　单页高：10厘米
　　　　　　　　单页长：11厘米

后景　绘画区　　单页高：10厘米
　　　　　　　　单页长：15厘米

（比例：L：H = 3：2）
灰色为粘贴区，为1厘米；
绘图区外围上下左右各留1厘米。

每位同学负责三张（前中后三层），将三张纸对折，并将灰色粘贴区折叠

绘制草图，并用勾线笔勾线，（前中后三层注意构图要有层次感），上色装饰

将前景层、中景层用刀刻出来（注意预留的边框）

将前景层与中景层粘合在一起

将前景层、中景层与背景层粘合　　正面效果。

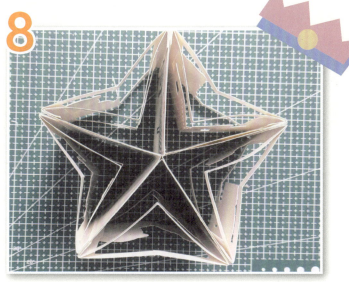

每个角完成后将背面粘贴在一起，五角星立体书就完成啦！（注意最后两页间可不粘，加入封皮可做成书）

你也快来动手试一试吧！

作品名称：

作　　者：

创作时间：

创作感想：

活动名称　遇见嘉庚建筑

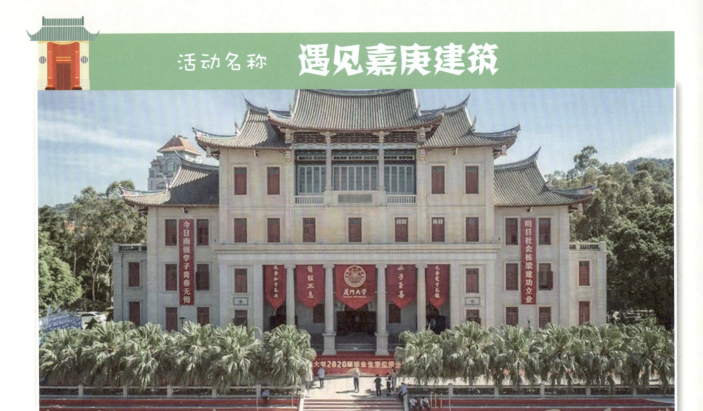

建南楼

南薰楼

道南楼

想一想

这些嘉庚建筑具有什么共同特征呢？（可从结构、造型、色彩等方面进行分析）

嘉庚风格的校园建筑是20世纪上半叶的产物，是厦门大学最具魅力的特征之一，以其中西合璧、古朴大气、庄重恢宏和浓郁的闽南地域特点，深受建筑界同行和社会的赞誉。

知识窗

嘉庚建筑是陈嘉庚个人审美品位与当地能工巧匠智慧碰撞的结晶，是南洋建筑与闽南建筑在实践中结合的范例。以厦大的群贤楼群、建南楼群、芙蓉楼群和博学楼，以及集美学校的允恭楼群、南薰楼群、南侨楼群和葆真堂为主体的嘉庚建筑，2006年被国务院列为"全国重点文物保护单位"。

欣赏嘉庚建筑

嘉庚建筑的主色调

"戴斗笠"

"穿西装"

结 构

嘉庚建筑将闽南屋顶的特色与西式屋身巧妙糅合，形成闽南古民居"飞檐翘脊"屋顶和西洋"白墙石柱"屋身结构。

造 型

燕尾脊是闽南传统建筑中最常使用的建筑形式。它由正脊做成曲线的形状，两端往上翘起，形似上弦月形，而在尾端分叉为二，就像是燕子的尾巴一样，所以称为燕尾脊。

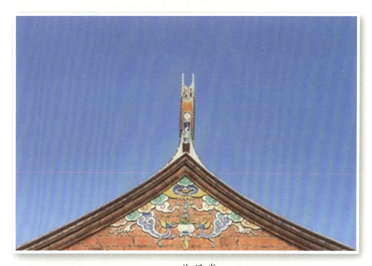

燕尾脊

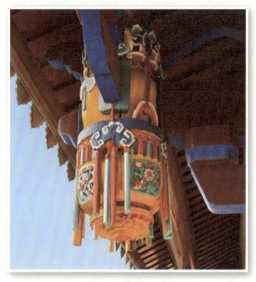

群贤楼屋檐宫灯

群贤楼戗脊卷草饰

群贤楼木雕

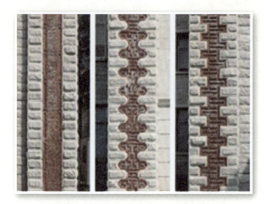
建南楼群镶嵌红砖图案隅石

嘉庚瓦

材 质

嘉庚瓦是以闽南红壤为原料，融合中国传统工艺与西方水泥瓦工艺优点而发明的一种民间制瓦技艺。用此技艺制造的瓦片，其特点是色彩橙红鲜亮，闽南特色浓郁，成本低廉，坚固耐用。

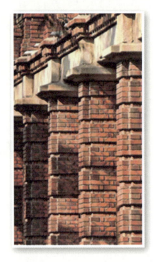  

闽南匠心工艺（左起：砖作、石作、木作）

嘉庚瓦、燕尾脊、红砖墙、坡屋顶……巍峨俊秀、端庄典雅的嘉庚建筑在中外建筑史上留下了浓墨重彩的一笔。"红砖白石双坡曲，出砖入石燕尾脊。"独特的象征符号和丰富的建筑语言，反映出陈嘉庚先生浓厚的爱国爱乡情怀及深厚的审美素养。

创意活动：分组完成任一嘉庚建筑欣赏手账（可从结构、造型、材质进行欣赏分析）。

费德曼四步法

对于建筑物的鉴赏有很多种方式，今天介绍的是费德曼四步法。

学者介绍

埃德蒙·费德曼（Edmund·Feldman）是美国的艺术教育家、艺术评论家和艺术史学家。他于1966年担任佐治亚大学艺术学教授。20世纪后期，费德曼提出由感性向理性方向逐渐深入发展的艺术鉴赏方法。

想一想

平时欣赏作品时，你们采用什么方法？除了费德曼四步法，还有什么其他方法吗？快和小伙伴们讨论一下吧！

欣赏步骤

一 描述　客观地描述画面中可以直接看到的事物特征，如人物、动物、形状、色彩等。

二 分析　即从形式语言方面对美术作品作细致分析，如作品的构图、色彩、空间、明暗等。

三 解释　即对作品的主题和意义进行探讨，如情感、思想、观念等。你从这件作品中体会到了哪些思想感情？

四 评价　评价分为主观判断和客观判断两个层面。主观评价包括个人喜爱程度和价值观判断；客观评价包括作品的意义，可从艺术、历史、心理等角度综合评价。

描述、分析、解释、评价，这四步环环相扣，后面的每一步都要建立在前面的结论之上。所以，合理的解释和评价是以对画面的描述和分析为基础，逐渐发展出来的。接下来，让我们用费德曼四步法欣赏代表性嘉庚建筑——建南楼。

建南楼的全貌

如何运用费德曼四步法来欣赏建南楼？

活动名称　欣赏建南楼

描述

实地观察发现，建南楼群建于一山冈上，沿山势呈半月形围合排列，南临上弦体育场，故又称上弦楼群。中式风格的建南大礼堂居中央，其余四座西式风格建筑分列两侧。

建南楼的柱梁

分析

建南大礼堂的前部和后部均为石木结构。屋顶为双翘脊重檐歇山顶，脊尾呈燕尾式，屋面铺绿色琉璃瓦。山墙及屋檐下为灰雕泥塑及木雕垂花装饰，廊后为花岗岩砌筑的三开间厅堂，立面嵌套精雕细凿的辉绿岩"门贴脸"。

建南楼的会议大厅

解释

建南大礼堂与福南大会堂呼应，亦有"福建南部"之意，"三川脊、歇山顶"的建造特点、"穿西装、戴斗笠"的中西结合、闽南大屋顶和西式外廊式建筑的巧妙结合，无不凸显出"一主四从"的经典嘉庚风格。

建南楼的屋顶

评价

主观：建南楼群宏伟壮丽、中西融合、气势磅礴，"自饶远势波千顷，渐满清辉月上弦"，让我感受到了自强不息的嘉庚精神。

客观：建南楼群秉承嘉庚建筑"一主四从"的传统布局，五幢建筑弧型排开，闽南特色浓郁，不仅是厦门大学的标志性建筑，也是嘉庚建筑风格的集大成者。

建南楼石柱的外观细部

知识窗

建南楼群系20世纪50年代初，由陈嘉庚先生的女婿李光前先生捐资、陈嘉庚先生督造的，包括建南大礼堂、成义楼、成智楼、南安楼、南光楼五幢大楼。李光前先生之子主持的新加坡李氏基金会念其年久失修，遂于1994年开始陆续捐献1630多万元，予以全面翻修，2001年厦门大学80周年校庆期间举行了竣工典礼，昔日雄伟壮丽的建南楼群以新的面貌屹立在厦大"上弦场"上。

建南楼所蕴含的嘉庚精神

在厦门大学的嘉庚风格建筑中，建南楼群最为宏伟壮观，是嘉庚建筑风格的集大成者。

陈嘉庚（1874-1961）

爱国华侨、企业家、教育家。

陈嘉庚先生不是专业的建筑师，但在集美、厦大两校的创立过程中，从选址、规划、绘图到监督施工以至楼舍命名，陈嘉庚先生都倾注了巨大的心血。

厦门大学俯瞰图

嘉庚风格建筑是20世纪上半叶的产物，以其中西合璧、古朴大气、庄重恢宏和鲜明的闽南地域特点而屹立于中国建筑之林。

欣赏与评述：手工制作橡皮章

一起动手制作嘉庚建筑题材的手工橡皮章吧！

手工制作橡皮章

活动对象：初中生

创作类型：综合材料

准备材料：橡皮章、雕刻刀、
版画颜料、滚筒

活动时间：40分钟

1 寻找灵感图

2 设计建筑形状

3 画草稿、雕刻

5 将图案印在宣纸上

4 使用滚筒上色

橡皮章图案还可以印在笔记本、明信片、帆布袋等处，大家快来一起尝试，做出属于自己的嘉庚建筑特色文创吧！

42

创意与表现：燕尾脊泥模型

燕尾脊是闽南红砖厝的一个标志性构件。今天这堂课，让我们一起动手制作燕尾脊的泥模型吧！

燕尾脊泥模型

活动对象：初中生

创作类型：综合材料

准备材料：超轻黏土、铅笔、白色卡纸、塑形工具、相框

活动时间：40分钟

1 了解燕尾脊并寻找灵感图

燕尾脊：流畅的曲线飞扬挺拔，轻巧、俊逸的燕尾剪出了岁月的流光。飞龙彩凤一跃脊上，合着七彩的云纹装饰，传神动人。

2 准备材料

超轻黏土、铅笔、白色卡纸、塑形工具、相框

43

绘制草图

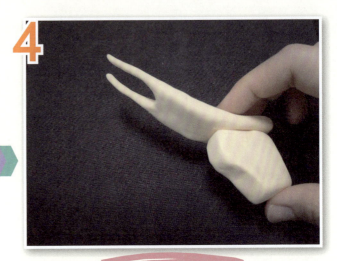
制作主体部分

铺主色块

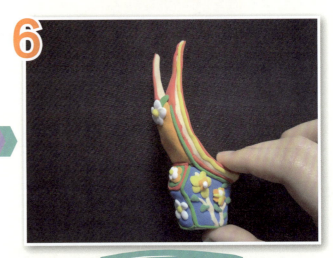
添加细节

通过这堂课的学习，希望同学们能够理解建筑独特的文化意境之美，让传统文化在当今社会延续传承。

创意与表现：玻璃画

让我们试试绘制一幅美丽的嘉庚建筑玻璃画吧！

嘉庚建筑玻璃画

活动对象：初中生

创作类型：综合材料

准备材料：可绘玻璃、画框、玻璃画颜料、勾线笔、软毛笔、圆规

活动时间：40分钟

1 寻找灵感图

道南楼，红瓦绿檐，中西互鉴，无畏坦然。它是集美学村中最精美的嘉庚风格建筑，是嘉庚风格的代表性建筑之一。

2 准备材料

可绘玻璃、画框、毛笔、颜料、圆规

45

撕去玻璃保护膜

圆规确定画面范围

用马克笔描摹

把握基本造型

进行具体描绘

边缘增加边框

增添纹样装饰

别着急后面还有……

准备好所需颜料

运用点戳式画法

蓝天部分摹仿油画肌理

整理画面细节

作品完成图

通过这堂课的学习，希望同学们能够深刻体会陈嘉庚先生爱国爱乡、艰苦创业、报效祖国的赤子之情。

遇见嘉庚建筑·初中欣赏学习单

建筑身份卡

建南楼

我选择的建筑是：

南薰楼

初看建筑，我感觉……

道南楼

它位于：

它建造于：

群贤楼

它的大小是：

它使用了这些材料：

尚忠楼

关于它有这样一段小故事：

敦书楼

你还知道哪些嘉庚建筑呢？

选择一座嘉庚建筑来欣赏一下吧！

建筑外形	内部结构
（贴一贴）	（贴一贴）

它曾经／现在被用作：

它有这些元素：

它吸引人的特色在于：

它的意义和价值在于：

总的来说，我认为它……

知识窗

费德曼四步法的巧用

描述——建筑的外形及初步观感
分析——建筑的基本信息、材质、用途、工艺、历史、元素、风格及特色
解释——建筑的人文内涵、意义及时代价值
评价——就建筑的整体风格及审美特色、人文价值表达个人观点

遇见嘉庚建筑·初中创作学习单

我鉴赏的_____建筑，它的_____给我留下了深刻印象。

 创意工作坊

灵感来源：

你发现了吗？嘉庚建筑既博采世界建筑之长，又继承了民族建筑传统，还融合了闽南建筑的特色哦！

创意思路：

准备材料：

能不能从你鉴赏的建筑中找到灵感，并结合嘉庚精神创作一件作品呢？请把创作过程记录下来吧！

设计草图:

制作过程:

发现及解决的问题:

创意点:

自我评价: ☆☆☆☆☆　　同学评价: ☆☆☆☆☆

教师评价: ☆☆☆☆☆

教师评语:

第5课 与时舒卷·长虹潮起

学习目标

◎ 了解地标建筑的基本信息与历史意义
◎ 能够运用费德曼四步法欣赏地标建筑
◎ 了解厦门经济特区精神

四十余年峥嵘岁月，四十余年沧海桑田。四十余年来，作为中国首批四个经济特区之一，厦门这座"门纳万顷涛"的城市，在改革开放的大潮中先行先试，搏浪前行。

厦门经济特区逐浪启航

四十余年前的鹭江道

厦门市湖里区荒地里的一声炮响拉开了厦门经济特区建设的帷幕。让我们开启厦门穿越之旅，见证中国改革开放四十余年的伟大历程！

现在的鹭江道

> 寻找身边的地标建筑，说一说它们发生了哪些变化。

陆上厦门

厦门国际会议展览中心是厦门市的标志性建筑之一。接下来就让我们运用费德曼四步法来欣赏吧!

描述: 建筑由主场馆、酒店、会议中心和大剧院四部分组成。

分析:
- **造型** 运用厦门独有的嘉庚风格、闽南式的流线型屋顶和气势豪迈的新古典主义风格。
- **色彩** 以黑白灰等冷色建立了集现代感和美观大方于一体的会展建筑。
- **构图** 充分运用点、线、面的设计元素,设置了竖向与水平线条的虚实关系,给人庄重与轻盈之感。

解释: 具有形式美感和厦门地区的文化特色,体现了时代特征和发展要求。

厦门国际会展酒店

厦门国际会议展览中心

试一试
选择一个地标建筑,运用费德曼四步法绘制一份厦门经济特区建筑的欣赏报告吧!

评一评
- 我能说出 4~5 个厦门地标建筑
- 我能运用费德曼四步法欣赏现代建筑
- 我了解厦门经济特区精神

评价:

地标建筑体现了开拓进取、敢拼会赢的厦门经济特区精神。

厦门北站

第6课 城市文脉·广厦叠星

学习目标

◎ 了解地标建筑的基本信息与特点
◎ 能够从造型、功能、结构等方面欣赏现代建筑
◎ 理解厦门双子塔、高崎机场背后的文化内涵

云中厦门

地标建筑，是人们开启城市记忆的一把钥匙。而那并立的双子塔，更是一张厦门面向世界的城市名片。

离天空最近的地方——厦门双子塔

厦门双子塔是厦门标志性建筑之一，其设计风格现代感十足，由裙房相连。

从沙坡尾看双子塔

不同视角能看见不同的厦门双子塔，快来拍一拍吧！

俯瞰演武大桥与双子塔

造型与表现

厦门双子塔由两个独立的塔楼组成，中间由裙房相连，独立塔楼外形像两张巨大的船帆，并融合了厦门市花"三角梅"的视觉元素。

灯光秀

厦门双子塔夜景

空间与功能

厦门双子塔具有观光的功能，可远眺鼓浪屿，同时具有商业功能，融合生活娱乐等多样业态。

结构与设计

照明设计以灯光和玻璃墙来表现大楼在夜景中宛如"天穹"的效果，利用间接反射实现"无断点内透"。

象征与意义

厦门双子塔造型来源于帆船，因此从远处看，双子塔就如同帆船一样迎风远航，寓意深远。

🖊 加油站

吉隆坡石油双塔是"世界最高双塔"，它拥有"世界最高过街天桥"，站在天桥上，可以俯瞰马来西亚最繁华的街景。

🖊 想一想

世界上其他双子塔与厦门双子塔有什么异同呢？

吉隆坡石油双塔

全球百强——厦门高崎国际机场

厦门高崎国际机场

厦门高崎国际机场更是传统建筑风格和现代建筑完美融合的典范，其屋顶设计参考了中国传统木建筑的屋顶架构和闽南建筑的起翘屋顶元素，独具特色之美。

🖊 评一评

■ 我能从造型、功能、结构等方面欣赏厦门地标建筑
■ 我理解了厦门双子塔和厦门高崎国际机场的文化内涵

创意与表现

活动一

活动名称

启航新征程·山海话厦门

◎ 活动目标

　　了解厦门改革开放社会经济发展、交通建设的变化

　　理解厦门著名大桥的桥梁结构、造型设计、价值含义

　　掌握视觉笔记的基本步骤

◎ 活动准备

　　白纸、纸胶带、炭笔、彩笔、新媒体软件

◎ 活动过程

　　欣赏厦门著名大桥，运用视觉笔记的方式来记录和表现你的观察与体会

在改革开放春风的沐浴下，厦门在经济社会各方面发展突飞猛进，一座座跨海大桥促进了厦门与外界的沟通，这些大桥都采用了国内较为先进的工艺，形成了海、陆、空全面通行通航。

看一看

四桥一隧包括：海沧大桥、杏林大桥、厦门大桥、集美大桥和翔安隧道，是厦门的亮丽的风景线。

厦门大桥

演武大桥

集美大桥

杏林大桥

海沧大桥

通车时间线

1991年　　1999年　　2003年　　2008年　　2010年

56

记录视觉笔记：

一、如何做大脑喜欢的笔记？

比起单纯的文字，我们更喜欢看图标、图片和视频

二、视觉笔记和绘画的不同

1. 视觉笔记以知识内容为主体 绘画则更加注重艺术的呈现
2. 视觉笔记会进行图文的转化，图是为内容服务的绘画在颜色、结构、表现手法上形式更多样化

加油站

— 混色

— 晕染

首先用油画棒松散地铺出大色块，用色应大胆而丰富。

搓揉

海沧大桥视觉笔记制作步骤：

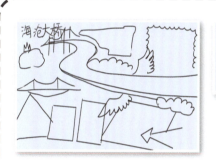

步骤 1 构思主体构图

步骤 2 突出大标题

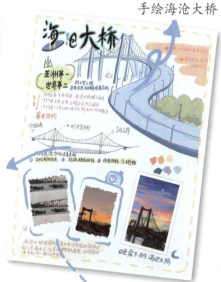

手绘海沧大桥

桥梁结构

环境与设计

步骤 3 提炼关键词二级标题

步骤 4 串联观点，绘制赋彩

落日下的海沧大桥独具一番风情，仿佛能感受到海风的味道。

 评一评

- 通过练习掌握了视觉笔记制作步骤
- 通过绘制视觉笔记理解了厦门著名大桥的基本结构、造型设计特点
- 了解了改革开放 40 余年来厦门交通、经济、社会的建设发展过程

创意与表现

活动二

活动名称
时光手册

◎ 活动目标
　　了解舞台剧《厦门故事》的剧情与含义
　　理解舞台设计的基本流程
　　掌握舞台模型的制作方法

◎ 活动准备
　　白纸、马克笔、铅笔、橡皮等

◎ 活动过程
　　掌握舞台设计的方法并学会创作

舞蹈诗《厦门故事》欣赏

《厦门故事》剧照

舞蹈诗《厦门故事》讲述了在厦门改革开放40余年的背景下,一群普通人(交警、环卫工人、非遗传承人等)的动人风采。

《厦门故事》剧照

看一看

话剧《平凡的世界》舞台模型

话剧《厄勒克特拉》舞台模型,
李名觉设计

舞台设计

一、舞台设计包括灯光视频多媒体、置景特效、服装化妆道具等。

二、在选定剧本后需要做的事情：

1. 选定导演、演员、舞美设计、服装设计、灯光设计等工作人员；

2. 舞美设计、灯光设计人员结合剧场结构、舞台宽度与进深、灯具种类与数量等，与导演、演员等沟通设计效果图，演员进行排练；

3. 进场装台；

4. 预演、首演。

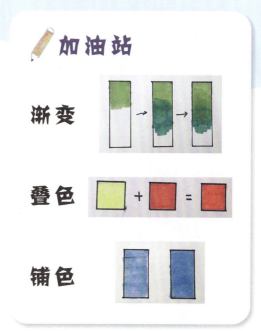

加油站

渐变

叠色

铺色

舞台模型制作技巧：

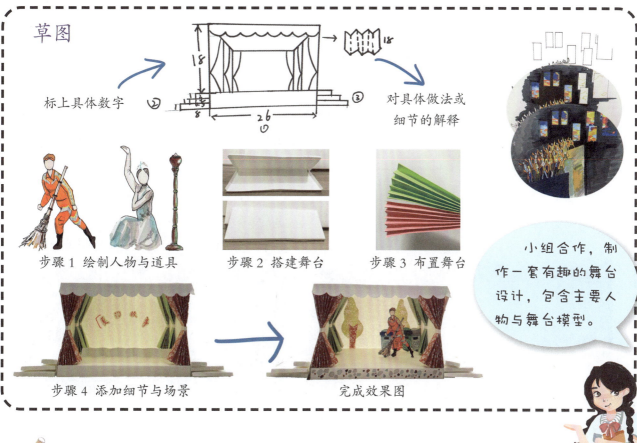

草图　标上具体数字　对具体做法或细节的解释

步骤1 绘制人物与道具　　步骤2 搭建舞台　　步骤3 布置舞台

步骤4 添加细节与场景　　完成效果图

小组合作，制作一套有趣的舞台设计，包含主要人物与舞台模型。

评一评

■ 我能够通过《厦门故事》感受到厦门日新月异的变化

■ 我掌握马克笔的绘画技巧

■ 我能制作一套完整、有趣的舞台设计

创意工作坊

逐浪前行·与厦有约

活动目标
1. 知道厦门经济特区纪念馆的基本情况
2. 了解厦门经济特区建设和成就
3. 掌握"H5小动画"的制作

活动过程 了解H5制作原理，设计创意新颖独特的宣传动画

活动时间 1课时

活动对象 初中生

活动准备 电脑

活动步骤
1. 欣赏厦门经济特区纪念馆，了解厦门的发展、变迁以及厦门精神
2. 了解并基本掌握"H5动画"的设计与制作流程

厦门经济特区纪念馆

厦门经济特区纪念馆占地面积5000平方米，共有4层，分为"厦门经济特区开创阶段""厦门经济特区发展阶段""增创新优势阶段""新跨越阶段"4个展馆。

厦门经济特区纪念馆

馆内局部图

厦门经济特区纪念馆，就像一座历史丰碑，它铭刻过去，更昭示未来。通过一千多张图片和上百件实物，带领大家穿越时光隧道，重温厦门的历史进程。快来一起参观吧！

"H5动画"制作

通过确定主题、逐页设计、添加动画效果来完成H5设计，它是制作网页互动效果的技术集合，是移动端的Web页面。

T →添加文字
⊙ →放映预览
✱ →设置页面背景
⊘ →辅助编辑
收藏→ ★
复制页面→
删除→ 🗑

试一试

请你搜集资料，提取厦门经济特区纪念馆元素吧！

厦门经济特区纪念馆内外场景

小贴士

页面设计在视觉表现中有四要素：
图形，以艺术形象达到宣传的目的。
文字，传达信息，显现个性和艺术性。
色彩，有表现力和情感，赋予人联想空间。
版式，是各个元素之间的视觉关系。

第一步：提取厦门经济特区纪念馆元素，包括场馆外型和内部场景等。

H5部分页面

第二步：选择主题颜色和图形进行页面设计，配合主题文字，让页面内容一目了然。

以厦门经济特区纪念馆的元素作为主题，设计富有创意的H5吧！

第三步：逐页设计制作，融入自己的创意和想法。

评一评

- 我了解了厦门经济特区纪念馆的展陈内容
- 我掌握了H5的制作流程和方法
- 我能制作富有创意、新颖的交互动画

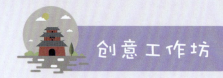

双色华章·套色木刻版画

创意工作坊

活动目标
1. 掌握木刻版画握刀和运刀的基本方法
2. 能够设计并制作以厦门地标建筑为主题的双色套色木版画

活动过程 了解套色版画的制作原理，设计并制作一幅双色套色木版画

活动时间 2课时

活动对象 初中生

活动准备 铅笔、水笔、木刻板、复写纸、木蘑菇、滚筒、油墨、松节水

城市华章

厦门，作为中国改革开放的排头兵，大胆实践，大胆突破，跑出了经济特区发展的"厦门速度"。如今，鹭江道两岸的星火谱写着厦门独特美好的城市华章。

精彩的鹭江夜景

崛起（油套木刻），张宗秋

鹭江道的夜景绚丽多彩，让我们选择其中一些地标建筑组合构图，设计制作一幅双色套色木版画！

套色木刻版画

用色彩套印的版画称为套色版画，套色版画以其层次丰富的色彩而引人喜爱。

版画工具

试一试

设计制作以鹭江道两岸地标建筑为主的套色版画。

步骤1

步骤2

第一步：提取建筑元素设计草图。

第二步：制订分色分版计划。

小贴士

在拷贝图像前记得确立对版标记哦！

步骤3

第三步：使用复写纸分版分色、拷贝图像（注意版向正反）。

第四步：刻制时处理不同的物体需要更换不同类型的刀，用刀时左手勿置于刀前，以免误伤。

第五步：上墨、印刷。

步骤4

步骤5

成品图

评一评

- 我了解了套色版画的基本特点与制作原理
- 我能运用多种刀法制作具有特色的建筑套色木版画

活动名称　漫步英才校园

厦门英才校园俯瞰图

> 俯瞰厦门英才学校，其建筑形似心形，以太阳广场为中心点向外辐射，象征着其办学理念——用爱包围和拥抱学生。

厦门英才校园太阳广场

厦门英才校园回廊

加油站

厦门英才学校建筑大部分采用红砖材料，回廊建筑遵循闽南建筑的传统样式。

英才校园行政楼印象

厦门英才校园行政楼，呈中心对称布局，位于学校的中轴线上，且沿用了嘉庚建筑风格。

厦门英才学校行政楼

让我们用思维导图的方法进行探秘吧！

形式：将立柱和红砖结合进行建造，沿用嘉庚建筑风格。

布局：呈中心对称布局

空间：单面双柱外廊式、平顶大露台。

功能：教学楼、行政楼

英才校园行政楼

创意活动：用思维导图方法，分析和欣赏英才校园内其他景观。

65

欣赏与评述：英才校园行政楼纸雕灯

今天这堂课，让我们一起动手制作英才校园行政楼纸雕灯吧！

校园行政楼纸雕灯

适合对象：初中生

创作类型：综合材料创作

活动时间：40分钟

1

准备材料

灯罩底座及灯带、雕刻图纸、雕刻刀、双面胶

设计纸雕的图案

2

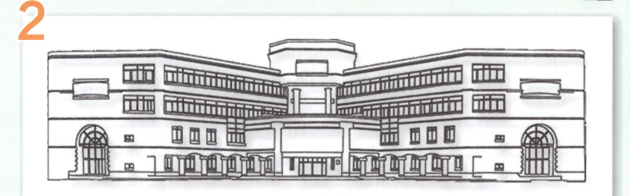

在纸上雕刻图案

雕刻第二层图案

雕刻第三层图案

将不同层的图案进行拼装组合

作品完成了，你也动手试试吧！

创意与表现：英才校园创意版画

这堂课我们将尝试运用泡沫板材料绘制一幅美丽的英才校园创意版画。

英才校园创意版画

适合对象：初中生

创作类型：综合材料

活动时间：40分钟

1 游览英才校园并寻找灵感

版画是视觉艺术的重要门类之一。当代版画的概念主要指由艺术家构思创作并且通过制版和印刷程序而产生的艺术作品，具体来说，是以雕刻刀或化学药品等在木、石、麻胶、铜、锌等版面上雕刻或蚀刻后、上墨印刷出来的图画。

2

准备材料

泡沫板、水粉颜料、毛笔、记号笔、细针、白卡纸

勾勒基础线条

进一步整体刻画

用针描摹底稿

用油墨整体上色

用厚卡按压拓印

用勾线笔完善收尾

画框装裱，完成创作

快来一起动手制作吧！

说　　明

　　本书所用图像主要由厦门英才学校相关老师提供，另有部分图像虽经多方查询，仍未能与著作权人取得联系。请相关著作权人看到此声明后，及时与厦门英才学校办公室联系(邮箱：3683771@qq.com)，校方会向您赠书并支付稿酬。在此向您表示诚挚的谢意！

厦门英才学校

福建建筑美育

融入中华优秀传统文化、
革命文化和社会主义先进文化的
中小幼美育教程

高中分册

钱初熹 / 主编

徐耘春　朱黎兵 / 副主编

清华大学出版社
北京

本书封面贴有清华大学出版社防伪标签，无标签者不得销售。
版权所有，侵权必究。举报：010-62782989，beiqinquan@tup.tsinghua.edu.cn。

图书在版编目（CIP）数据

福建建筑美育：融入中华优秀传统文化、革命文化和社会主义先进文化的中小幼美育教程 / 钱初熹主编. — 北京：清华大学出版社，2022.9
ISBN 978-7-302-61872-0

Ⅰ.①福… Ⅱ.①钱… Ⅲ.①美育—课程建设—研究—中小学 ②建筑美学—研究—福建 Ⅳ.①G633.950.2 ②TU-862

中国版本图书馆CIP数据核字（2022）第175858号

责任编辑：宋丹青
封面设计：傅瑞学
责任校对：王凤芝
责任印制：丛怀宇

出版发行：清华大学出版社
网　　址：http://www.tup.com.cn，http://www.wqbook.com
地　　址：北京清华大学学研大厦A座　　邮　编：100084
社 总 机：010-83470000　　邮　购：010-62786544
投稿与读者服务：010-62776969，c-service@tup.tsinghua.edu.cn
质量反馈：010-62772015，zhiliang@tup.tsinghua.edu.cn
印 装 者：小森印刷霸州有限公司
经　　销：全国新华书店
开　　本：210mm×285mm　　印　张：39.5　　字　数：1040千字
版　　次：2022年11月第1版　　印　次：2022年11月第1次印刷
定　　价：149.00元（全5册）

产品编号：094704-01

全国教育科学"十四五"规划 2021 年度教育部重点课题

"五育融合视域下小初高一体化美育课程体系建构及实施策略研究"

课题批准号 DLA210382

编委会

主　任：黄丽丽　付晓秋

主　编：钱初熹

副主编：徐耘春　朱黎兵

编　委：（以姓氏拼音为序）

高登科　赖敏丽　李　莉　李　睦　吕云萍　马慰斌

孙墨青　张　泽　张旭东　郑宝珍　郑杰才

目 录

| 第 1 课 | 最闽南·红砖古厝 | /1 |

| 第 2 课 | 古迹新生·沙坡尾 | /4 |

| 第 3 课 | 南洋风情·厦门骑楼 | /7 |

创意工作坊　"永定土楼鉴定师"养成记　　/18

活动名称　难忘红色记忆　　/20

活动名称　寻踪传统嘉庚建筑　　/33

| 第 4 课 | 大"厦"之"门" | /50 |

| 第 5 课 | 蝶变之城 | /52 |

活动名称　"晨昏双子塔"速写转轮　　/58

活动名称　英才校园空间设计　　/60

第1课 最闽南·红砖古厝

学习目标

◎ 认识厦门古厝的材料、样式、功能与艺术特点

◎ 运用多种方法鉴赏厦门红砖古厝中的代表性建筑

◎ 理解闽南深厚的红砖文化，感悟浓郁的乡愁情怀

认识红砖古厝

厝（cuò），在闽南语中是房子的意思。闽南古民居因其使用红砖作为主要建筑材料，故名红砖古厝。红砖古厝是闽南地区一种极具特色的传统民居，主要分布于福建省的厦门、泉州、漳州以及台湾地区金门等地。作为闽南最有代表意义的传统建筑，红砖古厝汲取了中国传统文化、闽越文化和海洋文化的精华，形成了"红砖白石双坡曲，出砖入石燕尾脊，雕梁画栋皇宫式"的建筑特色，表达了闽南人对生活的美好祈愿，镌刻了浓厚的闽南乡情，塑造了深沉而独特的红砖文化。

邱氏宗祠　厦门市翔安区小嶝岛

新垵古民居　厦门市海沧区新垵村

燕尾脊　摄影：卢禹辰 2017

文书房
摄影：黄丹平 2017

加油站

住宅是人类文化的重要组成部分，福建古民居因其形制多样、颜色丰富、种类齐全，在中国传统建筑中占据重要地位，是中国优秀传统文化宝库中的珍贵遗产。福建古民居常可分为：土楼、土堡、红砖厝、灰砖厝四类。

永定土楼

永安槐南安贞堡

泉州蔡氏古厝

良地村古厝

请查阅资料，说一说福建的古民居还有哪些类型，它们为何会呈现如此多样的面貌呢？

鉴赏红砖古厝

材料

中国传统民居普遍使用青砖青瓦。构成中国古民居沉稳、清雅的艺术特色。唯独闽南地区的民居，像西方建筑一样，使用红砖红瓦作为材料，艳丽恢宏，尽显建筑外在之张扬，而内在则有质朴端庄之感，人们称之为"红砖文化"。

出砖入石是闽南红砖建筑中一种十分独特的砌墙方式，利用形状各异的石材和红砖交垒叠砌，在墙面上呈现出多样性，因其外观而得名。

> 请从材料、结构、功能、空间布局、艺术元素等方面对红砖古厝进行鉴赏吧！

🌸 小贴士

闽南一带黏土中的三氧化二铁含量极高，如果烧成青砖，颜色会变土黄，十分难看；反之，烧成红砖，色彩相当纯正好看。同时，红砖呈现的红色是宫廷色与喜庆色，所以闽南人世代以红色砖瓦建造房屋，后者成为闽南传统建筑与文化的标志。

结构

按皇宫式样建造的大厝结构，称官式大厝或"皇宫起"

屋顶呈硬山式和双翘燕尾脊造型

莲塘别墅 厦门市海沧区新垵村

古厝多为前埕后厝式结构，前埕通常为主厝建筑留设的户外广场，既可用来停放车辆与轿马，也可布置成庭园，栽花植树、假山小池。前埕分为三面围墙式或单面无墙式两类，构成古厝的前奏。

主建筑两侧或一侧增建的纵向长屋称为护厝。护厝自成单元，可使正屋免受邻居活动的影响。可用作辅助用房、厨房、杂物间、客舍、僮仆居室、书斋等。

空间布局

"光厅暗屋"是闽南古厝的主要空间布局。中间厅堂宽敞明亮，为奉祀祖先、神明及会客的场所。厅堂两侧为东西大房与主要居室。大房门悬布帘，以屋顶小窗取光，室内较暗，形成"一明两暗"的特有空间布局特征。

古厝厅堂

旧日时光
摄影：曹志君 2018

🌸 想一想

"架步"是描述闽南古厝房屋空间大小的专业术语，原意为"梁架"。普通住宅为"五架厝"和"九架厝"，空间最大的是"十一架步厝"。同学们，你能说出哪些厦门代表性的"架步古厝"，它们分别有哪些空间特点呢？

伸脚（榉头） 后落 深井 护厝 护厝 前埕 踏寿 前进

闽南红砖古厝的建筑结构示意图

功 能

闽南红砖古厝分为民居、祠堂、宫庙三类。这三种不同功能的古厝结构布局基本相同，均为主房两进两落或三进三落式以及左右护厝。但在外形上，宫庙门廊多设有龙柱，屋脊的装饰多有色彩鲜艳的剪黏龙凤、人物、神仙等，门前踏寿的装饰也更加精美。对于传统闽南百姓来说，民居、祠堂、宫庙在一个社区或院落内共存，既是闽南红砖建筑的鲜明特征，更是闽南文化特有的表现。

厦门市翔安区马巷镇亭洋村的民居、祠堂、宫庙式建筑（从左至右）

想一想

厦门有很多社区、乡镇存在民居、祠堂、宫庙式的红砖古厝式建筑，请同学们结合上课学过的知识，带上照相机，进行一番实地影像考察，完成厦门古厝的考察日志，并在课堂上与同学们分享这三类不同功能的建筑的特点与差异吧！

连一连

红砖古厝的装饰工艺体现了传统闽南人表达平安喜乐的心理与祈福纳祥的美好愿望。以下这些纹样元素分别代表怎样的寓意？你能用线连一连吗？

万福　　幸福长寿　　事事平安　　福禄双全　　辟邪平安

装饰工艺

闽南红砖古厝的装饰工艺主要有石雕、砖雕、木雕、泥塑、彩绘、剪黏等，丰富的装饰手法与艺术元素充分体现出"无饰不精，凡饰有意"的特点，也反映出古厝主人祈盼祥瑞，追求美好生活的内心愿望。

彩绘　　石雕　　瓷绘　　剪黏　　砖雕

守望古厝，留住乡愁

闽南游子驾舟远涉，离乡背井，即使时光流转，乡愁情怀却不可湮灭，那些饱经风霜却依然与岁月抗争的老房子带给闽南人深邃的思考与念想。无论是两岸同胞或侨民，守望着古厝，就是守望乡愁，守护中华民族共同的文化基因。

厦门大嶝岛田墘金门县政府旧址　　厦门翔安区马巷元威殿（池王宫）

大嶝的金门县政府旧址是两岸同胞共同抗日的见证，马巷的元威殿是闽台地区池王爷信仰的开基祖庙，每年台湾地区各处都有数千名信众组团前来进香谒祖。这两处重要的厦门涉台文物古迹成为厦门文化交流活动最频繁的民间场所之一，也证明了两岸同源同脉的文化传承。

古厝新生

闽台两地已将红砖古厝列为重要文化遗产进行保护，并启动联合"申遗"的步伐。

网红地标连江三落厝

厦门兰琴古厝民宿　　创新建筑泉州博物馆

评一评

1. 我了解了红砖古厝的建筑特征。 2. 我学会了鉴赏红砖古厝的方法。 3. 我体悟到了红砖古厝深厚的文化。

第2课　古迹新生·沙坡尾

学习目标

◎ 了解沙坡尾前世今生的历史沿革、建筑样式与色彩特点

◎ 运用多样的鉴赏方法体悟沙坡尾艺术创意园区的魅力

◎ 理解艺术在历史古迹更新与城市文化发展中的作用与价值

多彩沙坡尾

沙坡尾是厦门港的源起之地，从清代起就作为当地渔民休息的避风港。早期的厦门港位于一大段沙滩的最末端，金色的沙滩连成一片，呈月牙般的弧形状，故有"玉沙坡"美称。

> 同学们，今天我们来到厦门最传统的生活街区沙坡尾进行考察，大家知道沙坡尾的建筑是什么风格的吗？

> 沙坡尾的建筑以骑楼为主，闽南的红砖元素也随处可见；受海洋文化的影响，欧陆风格也很常见。各种颜色在这里交织出现，整条街道犹如一幅生动的水彩画。

考察第一站：大学路、艺术西区

考察内容：漫步街区、收集色彩

加油站

我国沿海城市在建筑色彩上具有本地区传统以及欧美建筑风格并存的特色，体现与内陆城市截然不同的开放包容的文化特点。与沙坡尾丰富的建筑色彩相似，同属南方沿海地区的澳门，它的建筑也充满着迷人的色彩。

澳门城市建筑色彩

沙坡尾色彩在白天与夜晚呈现不同的效果

沙坡尾区域内交通工具的颜色各不相同

橙黄色民居　蓝色民居　土色民居　黄色商店

闽南红楼屋顶　大红宗庙　绿色民居

大学路商铺与艺术西区文创市集
鲜亮的色彩凸显城市的活力

动动手

请带上画笔与相机，在沿街商铺、居民社区、艺术园区中记录、捕捉、表现沙坡尾多彩之美，完成一份视觉艺术考察笔记。

厦门本土艺术家嗨亚的手绘作品

双面沙坡尾

沙坡尾，厦门最生活化的街区。在这里，你可以打卡最潮流的时尚地标，流连于一家家文艺特色小店；也可以走进弄堂、居民社区，路过老式理发店、邂逅复古的旧货行，与当地居民攀谈交流，在旧式闽南骑楼群里感受纯正老厦门的烟火气息，体验"一面网红，一面传统"的独特魅力。

考察第二站：老弄堂、居民区
考察内容：穿街弄巷、阅读故事

大学路

 小贴士

城市建筑鉴赏六步法

建筑是能够被阅读的，我们可以运用"逛马路→穿弄堂→进客堂→赏外貌→听故事→思感悟"的鉴赏六步法来赏析城市建筑。通过走街串巷，深入了解本地区的城市风貌、人文环境，以及赏析建筑外在样式与阅读内在人文故事，达到全方位解读建筑的目的。最后形成关于城市变迁、建筑演变、文化发展、人生经历等的感悟。

> 我们可以用视觉影像笔记记录、拼贴出一个多维的沙坡尾，在艺术中感受传统街区的魅力！

多维沙坡尾

考察第三站：接官亭、活态展示馆
考察内容：历史典故、渔港文化

沙坡尾渔港　　沙坡尾活态展示馆　　送王船非遗展示馆

沙坡尾渔港　　沙坡尾活态展示馆　　接官亭

探究与实践

参观沙坡尾活态展示馆，了解厦港先民所创造的渔港文化，运用绘本形式讲述1～2种能够代表古老记忆的渔港故事、非遗民俗与历史典故，重现多彩、繁华的古风古味。

艺术沙坡尾

沙坡尾街区致力传承传统文化、保留昔年旧貌的同时，也在不断探寻与新时代的联结，通过对文化的活化与重现，提升街区人文品质，引入潮流时尚、艺术娱乐、商业购物，将传统的工厂、老旧街区打造成具有活力气息、艺术魅力、面向年轻人的开放式博物馆。

考察第四站：艺术西区、画廊、文创商店
考察内容：艺术元素、文创产品

想一想

用艺术来改造老旧厂房、复兴老城社区的案例在世界许多城市都有，你能说说国内外还有哪些用艺术使废旧工业园区焕发新生的典型案例吗？请思考艺术对城市发展、社区更新的作用。

小贴士

艺术西区：从水产加工厂到文旅新地标

沙坡尾艺术西区前身为1952年建造的水产品加工厂，其历史使命是将从渔民处收购来的水产，进行冷冻保存和加工。

如今，在沙坡尾渔港项目的改造下，20世纪厦门渔业记忆的输冰道、冷冻库、旧厂房、老城社区在青年群体的改造下焕发出持续又多元的活力，因艺术、文创而兴起的艺术西区被评为中国文创产业十大特色园区，成为厦门文化旅游新地标。

上海M50艺术创意园区

北京798艺术区

高雄驳二艺术特区

评一评

1. 我了解了沙坡尾悠久的历史与多元的民俗文化。
2. 我能够通过鉴赏沙坡尾建筑的色彩感受到社区的魅力。
3. 我体悟到艺术在城市更新、社区改造中的作用。

第3课 南洋风情·厦门骑楼

学习目标

◎ 了解厦门骑楼的形成原因、分布现状与建筑构成要素

◎ 学会鉴赏厦门代表性骑楼建筑的立面特色与细节特征

◎ 理解骑楼在变迁过程中所反映的侨乡文化与地域特色

厦门骑楼的来历

骑楼是一种近代商住建筑，建筑底层沿街面后退且留出公共人行空间。骑楼属于典型的外廊式建筑，源于印度的贝尼亚普库尔，由英国人首先建造。由于当地高温、多雨等气候特点，殖民者在建筑外围做了一圈外廊，兼具通行、起居、观景等综合需要。后来这种外廊式建筑传入东南亚，被称作"五脚基"。华侨归国后，骑楼建筑逐渐传入华南沿海一带，广泛分布于广东、广西、福建、海南等地，是南洋侨乡文化的重要代表。其中，厦门骑楼是近代骑楼建筑的重要代表，是闽南骑楼的发源地。

思明电影院

大生里

巴黎春天百货

厦门骑楼大揭秘

1. 成因

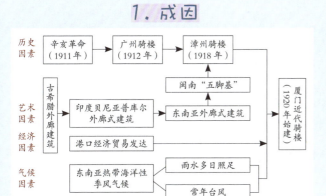

厦门骑楼建筑形成的诸因素

2. 布局

厦门近代骑楼街区呈"五纵二横"的网格式布局，其中南北走向有两条主要骑楼街道：一条是思明北路和思明南路；另一条是开禾路—横竹路—镇邦路。东西向有五条骑楼道路，由北至南依次是：厦禾路、开元路、大同路、思明东路—思明西路与中山路。这样清晰的骑楼布局全国为厦门所独有。

厦门市区"五纵二横"骑楼道路分布现状

加油站

请查阅资料，在厦门市区"五纵二横"骑楼街区内选择1~2幢代表性建筑，从社会历史、建筑艺术、人口经济、气候环境等因素为它建立一份身份档案吧！

3. 层高

将四条骑楼街道的建筑立面一侧作为样本进行分析,民居为主的开元路骑楼街屋顶的天际线较低,层高多为二层;思明路与中山路是繁华的商业街,基本是三至四层连续骑楼,偶有五层甚至六层建筑,立面都做过翻新处理。

运用田野调查、样本分析的方法开展鉴赏,既能了解厦门骑楼层高、功能等整体面貌的异同,还能比较不同建筑立面结构、色彩、材料、装饰等细节的区别!

开元路骑楼街

大同路骑楼街

思明路骑楼街

中山路骑楼街

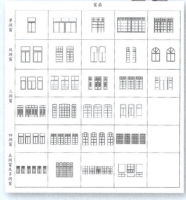
不同形式窗扇分类效果图

4. 窗扇

骑楼建筑中的窗扇是重要的立面构成元素。按窗洞形式可分为单洞窗,双洞窗,三、四、五洞窗以及多洞窗。

经过一个世纪发展与变化,现存窗扇分为旧式与新式两类。旧式窗扇以木材质为主,窗格较多,较好保存原有近代风貌。新式窗扇则经后期改造与翻新后,多由铝合金、塑钢等现代材料制成,形式较单一。

旧式窗扇和新式窗扇示例

5. 屋顶

屋顶是建筑中处于最顶部的构成要素,骑楼建筑屋顶大致分为坡屋顶和平屋顶两类。坡屋顶分为传统挂瓦坡屋顶和加建的彩钢瓦坡屋顶;平屋顶分为上人屋顶、不上人屋顶和加建的彩钢瓦平屋顶。彩钢瓦的颜色以白色和蓝色为主。

6. 女儿墙

女儿墙对建筑的天际线走势和韵律有直接影响。骑楼建筑的女儿墙分为栏杆型和实墙型。栏杆型包括几何形、宝瓶形、动植物形三种样式。实墙形包括普通女儿墙和带有山花的女儿墙两种样式。

骑楼建筑不同类型女儿墙样式图

骑楼建筑屋顶样式图

小贴士

你知道骑楼立面的颜色有哪些吗?

骑楼立面的色彩大致可分为冷暖两种色彩、冷色系有灰色、白色、灰白色、蓝灰色、蓝绿色等;暖色系有米黄色、米灰色、米粉色、米白色、褐色、土黄色等。

暖色系骑楼建筑

冷色系骑楼建筑

7. 壁柱

壁柱是为了加强墙体刚度和稳定性的柱子，骑楼的壁柱除了起结构性作用外，更具有装饰意义。骑楼壁柱可分两类：叠柱式和巨柱式。叠柱式是指骑楼每层中间有完整的柱头、柱身、柱础的壁柱，上下两个叠柱之间有横楣分隔；巨柱式是指贯穿骑楼的二层到顶层的壁柱，中间没有隔断。

叠柱式骑楼

巨柱式骑楼

小贴士

厦门骑楼墙面装饰以花纹与几何形两大类为主，其中花纹的装饰图案多为忍冬草样式，形式复杂精美；几何形的装饰图案为圆形、菱形、方形、不规则几何形等，图式简单，变化丰富。

几何形装饰图案

花纹装饰图案

骑楼：东西方文化交融的见证

骑楼广泛分布于我国福建、广东、广西、海南等沿海侨乡地区，建筑形态独特，有着中西合璧的特色。透过骑楼建筑，我们能感受到东西方文化交融、南洋侨乡与闽南海洋文化共融的时代印迹。

古希腊外廊式建筑风格、欧洲廊柱式建筑风格、东南亚外廊式建筑风格融汇成骑楼的建筑风格

想一想

厦门的骑楼还有支撑廊檐的廊柱，按柱身形状可分为矩形和圆形两种，矩形柱身是所有骑楼中使用最多的一种，柱身上有形式多样的柱头，你能找找有哪几种柱头，并把它画成示意图和同学们分享吗？

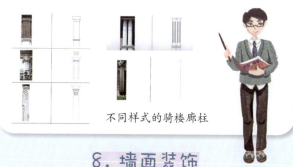
不同样式的骑楼廊柱

8. 墙面装饰

骑楼的墙面装饰可以直观地体现出一栋楼的设计风格和建造年代，使用古典花纹装饰较多的骑楼偏向于古典主义或折衷主义风格，而使用几何形图案较多的骑楼则更加偏向于现代风格。骑楼墙面装饰丰富多彩，极具艺术特色。

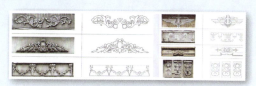
多彩的骑楼墙面装饰

我的骑楼鉴赏日志

我国广东、福建等地有很多特色的骑楼街，同学们，请你带上相机和画笔，对你身边的骑楼开展一次考察行动，并完成一篇鉴赏日志吧！

骑楼名称：
历史典故：
风格特点：
结构要素：
装饰特色：

我的鉴赏收获：

评一评

1. 我了解了厦门骑楼的形成原因与分布现状。
2. 我学会了鉴赏骑楼的视角与方法。
3. 我体悟到骑楼建筑所蕴含的东西方艺术交融与南洋侨乡文化的地域特色。

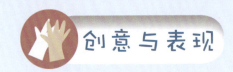

创意与表现 "厝"综复杂

学习目标
◎ 认识闽南传统民居的造型特点
◎ 运用提取元素的方法进行实践
◎ 理解闽南传统民居蕴含的艺术与文化内涵

不论在建筑还是在其他艺术形式中,对于红砖的运用是永不过时的。从古厝中提取不同的元素,新的艺术创造就此诞生!

1. 古厝色彩

制作古厝"独家色卡"!

仔细观察建筑,可以通过拍摄等方式来提取建筑物的色彩信息,然后将所提取到的色彩按照渐变的顺序进行组织排列,绘制成独家的建筑色卡,不仅能够保留闽西南古建筑的色彩信息,还能用于后续的创作当中。

2. 厝落有致

观察古厝细节

闽西南古厝的墙面大多以红砖为主要元素,这也是当地古厝较为醒目的特点。

选取一座红砖古厝,仔细观察墙面红砖的排布规律,画一画草图,了解墙面红砖的结构特点。

3. 红砖想象

红砖造型的提取与创作

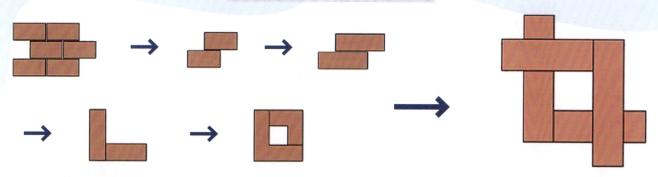

在观察了解红砖结构的基础上,可以尝试提取红砖"方"与"正"的视觉印象,改变其规整的堆叠方式,创造一个全新的造型。

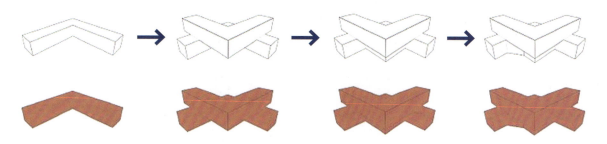

提取古厝天井的元素,并将其与堆砌的红砖融合,构成"回"字形,体现闽南人"落叶归根"的宗族思想观念及归乡之心。

4. 衍生设计

设计元素的拓展应用

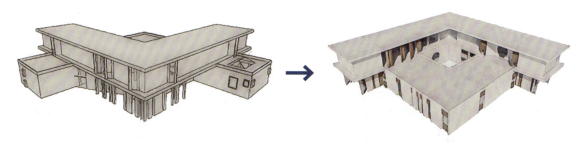

对红砖元素进行的重构设计可以衍生到更多的作品创作中去。将"回"字形的红砖结构应用到建筑的设计中,体现了当代艺术同传统元素的融合。

发挥你的想象,对你组合的元素形态进行更多的衍生设计吧!

> **知识窗**
>
>
>
> 国外艺术家也会使用红砖元素进行艺术创作。乌戈·罗迪纳这幅作品就是将"红砖"这一元素运用到了现代艺术当中,整个墙面处于一种原始和"未完成"的形态,也带观者感受当代艺术作品形态和意义的开放性。

11

拓展与延伸

运用之前提取元素的方法，可以掌握古建筑（如福建土楼等）各方面的特点，然后将这些元素融入自己的创意设计。

1. 关注整体外观形态　　2. 发现材质颜色纹理　　3. 挖掘内部结构元素

4. 运用土楼元素设计夜灯笔筒与茶具等文创

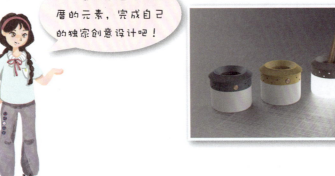 

尝试融合不同古厝的元素，完成自己的独家创意设计吧！

像设计师一样创作！

"色彩捕捉→细节观察→元素提取→创意设计"，这样的创作表现方法可以运用到更多不同类型的古建筑之中。

蚵壳厝

石头厝

学习评价

■ 能设计出富有创意的造型，整体制作完整。
■ 能从作品中发现富有鹭岛古风建筑特点的元素。

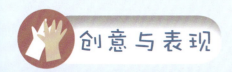

创意与表现　"海"——沙坡尾

学习目标

◎ 认识现当代艺术多样的表现形式

◎ 运用新媒体技术进行艺术创作与实践

◎ 理解沙坡尾的历史记忆与艺术氛围

艺术与科学是不可分割的。随着科学技术的不断发展，新兴视觉艺术借由信息技术和互联网资源来表达观点、思想和情感。新媒体艺术是以非传统媒材创作的各种艺术作品、艺术活动或艺术事件的总和。

1. 认识软件

使用强大的软件开启创作

沙坡尾一带的海湾呈月牙形，结合社区建筑特点，可选用 Townscaper 软件进行建筑的整体设计与规划，后期使用 Photoshop 软件调整图像色彩与对比度，使其色彩明晰。

1. 使用 Townscaper 建造海岸线

2. 增添房屋，设计"海岸风景线"

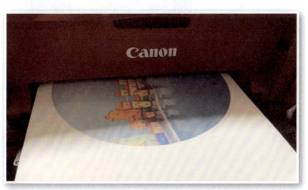

4. 将所设计的画面打印出来

3. 使用 Photoshop 调整画面细节

2. 图层设计

描绘沙坡尾的所见所闻

发挥想象力和创造力，设计你心目中沙坡尾的景象，通过手绘、剪裁等方式将所绘内容制成"图层"。

1. 手绘沙坡尾景象

2. 剪裁成"图层"

3. 立体呈现

作品完成！

近景与远景丰富作品观感

选用具有一定厚度的相框，将所制成的"图层"粘贴于表层的玻璃板上，再将之前制作并打印的"海岸风景线"作品置于相框内部，拼合相框。

将作品放置在灯光下，玻璃表面的"图层"便会在背景图片上形成投影。随着灯光角度的转变，投影也会随之变化，呈现出一幅立体的景观。

> **知识窗**
>
> 运用这种"图层叠加"的方法，可以创作出更多具有立体感的作品。除了使用计算机技术之外，还可以用传统手绘的形式，将多层次的背景和画面中的主要对象都装进相框中，如此一来，每一幅作品都是一个小空间，而在这每一个小小的空间里，都在演绎着各不相同而精彩纷呈的故事。

学习评价

- 能熟练在数字平台上进行艺术创作活动。
- 能够富有创造力地展现沙坡尾社区历史与文化特色。

创意与表现 "看"三坊七巷

学习目标

◎ 知道三坊七巷的建筑特征
◎ 运用多种艺术表现形式呈现三坊七巷的特点
◎ 理解三坊七巷重要的历史文化价值

福州是一座具有2000多年历史的闽郡古城，城内的三坊七巷正是这个千年古城的历史和文化的精髓所在，折射着半部中国近现代史。三坊连着七巷，如同血脉般，使这个城市富有生命力。

三坊七巷·南后街

先来看看三坊七巷的牌坊。

"视角"一

牌坊之美——来画速写吧！

三坊七巷中的牌坊各有不同，每块牌坊都独具设计的美感。

尝试通过速写的方式，捕捉牌坊的建筑特点，将这些牌坊在画纸上描绘下来。

准备材料：速写纸、铅笔、橡皮

15

一键上色！

素描作品扫描后上色，也可以呈现出多彩的牌坊效果。

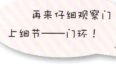
再来仔细观察门上细节——门环！

"视角"二

三坊七巷·门环

细节之美——来制作门环吧！

在巷弄里，各种各样的门环诉说着当年主人的身份故事。老门环所具有的历史和艺术文化价值愈发凸显。

准备材料：卡纸、瓦楞纸、超轻黏土、颜料等

 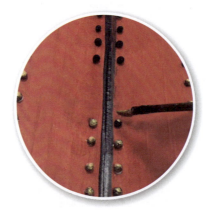 

1. 运用之前速写的方法将门环的细节描绘下来，制成图纸。

2. 使用瓦楞纸制作门板，并使用颜料上色。

3. 根据图纸，使用超轻黏土制作门环，使用金属色颜料上色。

"视角"三

文化之美——来自由创作吧！

数百年历史的沉淀，文化的潮涌，让三坊七巷厚积薄发，最终在中国近代史上写就了一段波澜壮阔的诗篇。我们所熟知的林则徐、沈葆桢、严复、林觉民、冰心等人，曾在坊巷间来来往往，他们的故事，就像发达的根系，支撑起了福州古城这棵大榕树，庇荫后世。

三坊七巷·林文忠公祠

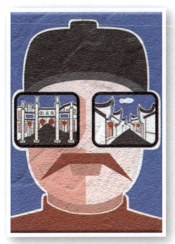  

可以通过人物的角度来看建筑，以一种特殊的方式更生动有趣地表现画面。

镜头里的三坊七巷

历史文化是城市的灵魂，要像爱惜自己的生命一样保护好城市历史文化遗产。

——习近平

知识窗

1991年3月10日，时任福州市委书记的习近平同志来到三坊七巷林觉民故居开现场会，启动了整个三坊七巷保护修复的序幕。

2021年3月24日下午，习近平总书记在三坊七巷考察调研时再次强调，保护好传统街区，保护好古建筑，保护好文物，就是保存了城市的历史和文脉。对待古建筑、老宅子、老街区要有珍爱之心、尊崇之心。

学习评价

■ 能够运用不同的艺术表现手法进行创作活动。
■ 能通过艺术作品来传达三坊七巷的历史人文内涵。

创意工作坊

"永定土楼鉴定师"养成记

活动目标 制作永定土楼鉴定书

活动时间 90分钟

活动对象 高中生

活动准备 超轻黏土、彩笔、压印工具、A4纸、剪刀

活动步骤
1. 选择一座永定土楼
2. 了解永定土楼的内外结构、功能用途、人文价值
3. 制作土楼立体模型
4. 制作一份永定土楼鉴定书

永定土楼的内外结构

1986年,我国发行的1元邮票"福建民居"

永定土楼的前世今生

　　福建永定有23000多座不同规模的土楼,土楼分方形和圆形两种,不仅通风采光好,还能够容纳上百户人家。2008年,永定土楼被列入世界遗产名录。一座座永定土楼就是一个个家族人文历史的缩影,它的结构体现了客家人世代相传的团结友爱精神,展现了客家人温良敦厚的脾气秉性。

承启楼鉴定书的制作步骤

步骤1 观察、分析承启楼

步骤2 准备制作材料

步骤3 准备超轻黏土捏塑

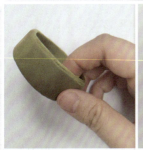
步骤4 捏塑承启楼的泥墙

步骤5 捏塑、压印承启楼的瓦顶

步骤6 捏塑细节、粘合承启楼

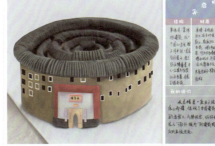
步骤7 制作承启楼鉴定书

请你选择一座永定土楼来鉴定一下,可以参照以下表格哦!

活动表格

____楼鉴定书

结构	材质	功能	历史小故事

我的评价:

鉴定师:　　　　　年级:　　　　　班级:

活动名称 **难忘红色记忆**

古田会议纪念馆（龙岩市 1971年）

> 浸染了红色基因的建筑遗存保留着珍贵的革命印记，包括旧民居、祠堂、纪念性雕塑等。中华人民共和国成立以后又建立了一部分以革命纪念为主要目的建筑，如古田会议纪念馆。这些建筑各具特色，同时也是革命先辈们为了中国人民解放事业而艰苦奋斗的证明，令我们心怀敬仰。让我们一起走进它们，欣赏建筑美的同时感悟红色革命精神。

1. 布局

闽西南地区多见"合院式住宅"，是客家人南迁时带来的北方"四合院"形式，又是受到浙江、安徽一带民居特色影响的"三合院与四合院混合体住宅"，大型的"合院式住宅"又可称为"九井十八厅"。需要说明的是，"九井十八厅"指的是建筑规模的庞大，而非具体数字。

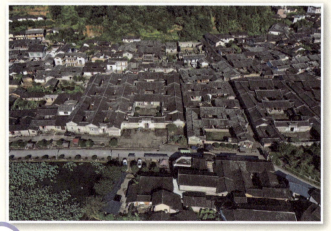

培田古建筑群（龙岩市）

红四军政治部旧址——松荫堂（龙岩市 1807 年）

古田会议旧址——万源祠（龙岩市 1848 年）

松荫堂是"三堂两横"式的"合院式住宅"，中轴对称，中间的厅堂分为前厅、大厅、后厅，两侧"横屋"（护厝）左右烘托。

万源祠是"两堂两横"式的"合院式住宅"，建筑的规模可以在"三堂两横"的基础上扩大或缩小。

松毛岭战役战地医院旧址——超坊围屋（龙岩市 清代）

超坊围屋曾经是红军的战地医院，是客家围龙屋建筑的实物范例。围屋与正屋之间围成一块半圆形空地称作化胎，与正屋前方的半圆形风水塘形成一个圆形的整体，围绕着方正的正屋，寓意"天圆地方"。

知识窗

围龙屋是客家围屋中最典型的一种，属于半圆形客家围屋，极具岭南特色。客家围龙屋与北京的"四合院"、陕西的"窑洞"、广西的"干栏式"和云南的"一颗印"合称为中国最具乡土风情的五大传统住宅建筑，被中外建筑学界称为中国民居建筑的五种特色形式之一。

2. 造型

攒尖顶是园林建筑中"亭"运用较普遍的屋顶样式，其特点是屋顶表现为锥形，无正脊，顶部集中于一点。

"阁"是我国传统建筑之一，其特点是四周设隔扇或栏杆回廊，供远眺、游憩、藏书、供佛之用。蛟洋文昌阁为宝塔式古建筑。

蛟洋文昌阁（龙岩市 1754 年）

蛟洋文昌阁攒尖顶

蛟洋革命烈士纪念亭（龙岩市 年代不详）

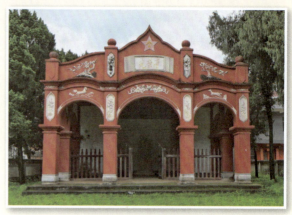

光荣亭（龙岩市 1933年）

中国传统建筑中的"亭"一般以多柱撑顶，四周敞开，设有座位。蛟洋革命烈士纪念亭为六角攒尖亭，亭柱结合拱券的形式，亦体现出西方文化的影响。

光荣亭的正面造型暗含了传统牌坊元素——"四柱三间"，同时又融合了西方巴洛克式建筑风格，是典型的中西元素交融的建筑。

思考与探究

分四个小组，每组查找相关资料，说一说中国传统建筑中亭、台、楼、阁的造型各有什么特点呢？

3. 装饰

古田会议会址牌楼（龙岩市 现代）

古田会议纪念馆照壁（龙岩市 现代）

牌楼是中国传统特色建筑之一，古田会议会址牌楼的匾额主要起装饰、标识的作用。

照壁同样是中国传统特色建筑，古田会议纪念馆照壁位于馆内院落，起装饰点缀作用，壁身刻有毛泽东主席所作的词。

光荣亭局部

才溪乡调查纪念馆（龙岩市 1957年）

红色建筑的装饰图案多用"红色五角星""镰刀斧头"等元素。

4. 材料

建筑材料影响建筑的结构和造型。中国古代建筑形制繁多，类别多样，所使用的材料有土、砖、石、铁、木等，其建筑部件的形式均以木结构形式为宗。

红色粮仓（晋江市 约1930年）

> **知识窗**
>
> 红色粮仓坐落于福建泉州晋江市内坑镇亭顶村，是一座建于20世纪30年代的闽南古大厝，也称"红砖厝"，分为庭院和主体建筑两部分，是当年先烈从事革命斗争的物资储备中心，对晋江乃至整个大泉州的解放都起着关键作用，是一处重要的革命遗址。

红砖拼花

红色粮仓墙面所用红砖为"烟炙砖"，又称"胭脂砖"。这种红砖以闽南稻田中的泥土作为砖坯，入窑时采取斜向叠加堆码，焙烧制时松枝灰烬落在表面，出窑后自然形成砖面几条红黑的纹理，故称为"烟炙砖"。

石窗

琉璃花窗

直棂（líng）窗

闽南建筑中窗户有石窗、琉璃花窗、直棂窗等。琉璃花窗在闽南建筑中较为普遍，琉璃颜色有翠绿、海蓝及白色，用于围墙、朝外的窗户，也可以数块拼成一组。直棂窗即窗框内用直棂条（方形断面的木条）竖向排列如栅栏的窗。

红色粮仓屋顶——红瓦

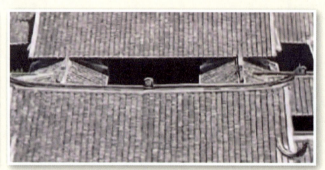
古田会议会址万源祠屋顶——青瓦

红瓦外观为红色，质地佳者红中泛金。红瓦包括筒瓦和板瓦。筒瓦，形状如竹筒型，横截面半圆形。板瓦，早期有一定弧度，晚期变得扁平，弧线平缓。

青瓦一般指黏土青瓦。以黏土为主要原料，经泥料处理、成型、干燥、焙烧而制成，其颜色并非是青色，而是暗蓝色或灰蓝色。青瓦给人以素雅、古朴、宁静的美感。

思考与探究

了解其他红色建筑使用的材料，谈谈不同材料给人带来什么样的感受。

万源祠后山搪瓷大字

5. 文化

"古田会议永放光芒"这八个字是1960年毛泽东主席在全军政治工作会议上提出的。后来，这八个字被制成标志性大字置于万源祠后山，与前方的建筑相得益彰，形成了一个整体。现在，"古田会议永放光芒"已成为一个深入人心的文化符号。

新泉妇女夜校旧址内墙标语——加强少先队（龙岩市 清代）　　　　　万源祠外墙标语——保护学校

　　号召标语、红色主题画、楹联等都是红色建筑上常见的遗留痕迹，这些痕迹能反映出当时的革命文化。

6. 古建新生

　　红色建筑是我们国家珍贵的历史文化遗产，是革命先辈给予我们的馈赠。协调城市发展和古建筑保护的关系，是我们的必修课。

红色粮仓外部

　　所谓保护，并不是对古建筑的冻结式的保护，而是在传承中发展。1976年，联合国教科文组织通过了《内罗毕建议》，旨在保护历史城市与建筑，明确提出了"历史地区"的概念。保护是鉴定、防护、保存、修缮、再生的过程，再生通常指功能的更新，主要是为了适应现在的使用需求，对原有建筑进行适度的修缮。对于红色历史建筑，我们一定要清楚哪些要素是最珍贵的。

福建省苏维埃政府（长汀县 1932年）

古田会议旧址——万源祠（龙岩市 1848年）

> **知识窗**
>
> 《内罗毕建议》对城市发展和古建筑保护提出一系列措施，重点是：
>
> 第一，对建筑群首先要鉴定，对其空间演变以及它的考古的、历史的、建筑的、技术的各种资料要进行整体分析。
>
> 第二，若建筑群存在不同历史时期的要素，要把这些时期都显示出来。
>
> 第三，要预防过量旅游对建筑群造成的破坏，避免各种污染。
>
> 第四，在保护修缮的同时，要采取恢复生命力的行动，使它们能长期存在下去。

红色粮仓内部修缮图

"红色粮仓"修缮工程的宗旨是修旧如旧，修缮工作除了保持建筑本身的传统风貌，还最大限度还原了革命时期的生产生活场景。基于遗留物件设立多个展厅，使之成为留存红色记忆、传承革命精神的乡土教育场所。

小组合作调查保护身边的红色建筑的方法，并试着制成公益宣传海报。

费德曼四步法

还记得曾经学过的费德曼四步法吗？让我们运用这个方法来鉴赏红色建筑吧！

鉴赏蛟洋文昌阁

费德曼四步法分为：描述、分析、解读和评价，四个步骤各司其职、环环相扣、层层递进、先看看范例，找找灵感吧。

蛟洋文昌阁全貌

蛟洋文昌阁俯视

描述：上杭蛟洋文昌阁是清代建筑，建成于乾隆十九年（1754）。1929年7月中共闽西第一次代表大会在此召开。建筑主体为宝塔式楼阁建筑，外观六层实为四层，地面两层为方形，三层以上为八角形。楼阁左右两侧辅建有天后宫和五谷殿。

蛟洋文昌阁屋顶飞檐

分析：
空间布局：文昌阁、天后宫、五谷殿，"三位一体"，基本对称，构成了蛟洋文昌阁独特的建筑布局。文昌阁一楼正面是围墙，围墙中间是门楼，其余三面均有面朝楼阁的围屋，将楼阁包围在中间。天后宫、五谷殿二者皆是"合院式"布局。

造型细节：屋顶飞檐均饰有凤尾反翘，屋脊、柱子等地方为朱红色，青瓦白墙。一层为厅堂，二层四周建有回廊，回廊是阁式建筑的典型特征，三层八面开窗。

解读：作为古时文人圣地，文昌阁寄托了当地人对文运亨通的美好憧憬。大门上留有楷书横刻"凤起蛟腾"四字，寓意着古时文人及第，如同凤凰涅槃，怒蛟闹海。作为革命遗址，阁内保持着闽西党的第一次代表大会会场原貌。闽西党的第一次代表大会是马克思主义与中国革命具体实践相结合的成功范例，意义重大，是古田会议胜利召开的前奏。

蛟洋文昌阁大门

蛟洋文昌阁二楼——闽西党的第一次代表大会会场原貌

评价：蛟洋文昌阁是古田会议遗址群的组成部分，从建筑美的角度看，它遵循中国传统建筑的对称美，"合院式"布局体现了当地传统民居特色，整体蕴含了均衡古朴的造型之美。从文化角度看，它见证了革命斗争，承载着珍贵的历史记忆，具有深刻的精神教育价值。

小试牛刀

接下来，请同学们用费德曼四步法鉴赏古田会议会址吧！

古田会议会址全貌

描述

第一步，观察图片，查阅相关背景资料，对建筑进行描述。

_____

_____

分析

第二步，从美术的角度，探讨建筑整体和部分间的形式关系。

_____

_____

_____

整体构造

屋顶设计　　墙面标语

古田会议会址背景字牌

古田会议会址内部

解读

第三步，走进建筑，体验并推测其功能和设计思想内涵，注意要建立在分析的基础之上哦！

_____

_____

_____

评价

第四步，在一定范围内比较不同建筑的异同，总结其优势与不足，进行主观评价和客观评价。

_____

_____

古田会议会址正面

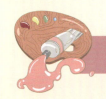

创意与表现：吹塑版画

吹塑版画的印痕有着特殊的艺术效果，尝试参考示范创作一幅吧！

适合年级：高中

创作类型：版画

准备材料：吹塑纸、牛皮纸、丙烯颜料、勾线笔、水粉笔、木头笔（可用没水的签字笔等尖锐工具代替）

活动时间：40分钟

1 选择建筑并寻找灵感

观察建筑结构，可以选取建筑的一部分作为主要元素进行创作，能够凸显其艺术特色

古田会议会址万源祠（龙岩市 1848 年）

选取建筑局部

2

创作材料

准备材料

吹塑纸、牛皮纸、丙烯颜料、勾线笔、木头笔、水粉笔等

29

在吹塑纸上，轻轻地用勾线笔勾出建筑轮廓线

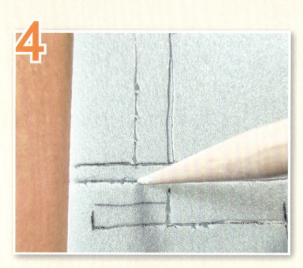

用木头笔在轮廓线上刻画

用质地较黏稠的颜料上色

待颜料未干时，拓印到纸上；如此反复，直到整张画都拓印完

小提示

拓印时要固定好位置，防止挪动造成错位或涂抹。

>>> 题字，以画的方式模仿钤（qián）印。为了使作品更具审美性，可将画纸做适当修剪，然后装裱起来。

创意与表现：建筑纸模型

生活中随处可见的废旧纸盒，也能变成一座座特别的建筑，我们一起来做纸模型吧！

适合年级：高中

创作类型：纸艺

准备材料：铅笔、橡皮、尺子、勾线笔、剪刀、双面胶、卡纸、废旧纸盒子

活动时间：40分钟

选择建筑并寻找灵感

观察建筑的几何特征，可以先依照图片提炼建筑的结构形式，绘制建筑的结构图，有助于后续的制作

芝山红楼（漳州市 1924 年）

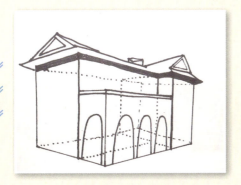

芝山红楼手绘结构图

根据结构图，可以将芝山红楼拆解成屋顶和屋身两部分制作，屋身可再拆解为四块，即柱廊、两个长方体和一个不规则体，详情请见具体示范。

准备材料

铅笔、橡皮、尺子、勾线笔、剪刀、双面胶、卡纸、纸盒

制作材料

31

制作屋身

屋身分为四个部分，根据建筑样式选取形状合适的纸盒，用红色卡纸包裹粘贴；注意不规则形体部分的屋身需要用多个纸盒组合，再用红卡纸包裹粘贴

绘制外部装饰

画出门、窗、廊柱等细节，剪裁并粘贴在屋身上

制作屋顶

用黑色卡纸制作屋顶。将屋身四部分相粘贴后加上屋顶，便制作完成了

效果展示

可以添加更多的建筑细节以及环境装饰

活动名称　寻踪传统嘉庚建筑

集美学村嘉庚建筑（道南楼）

从1950年的启土兴工，至1963年的道南楼最后告竣，"集美学村嘉庚建筑"进入了一个新的发展时期。这一时期的嘉庚建筑，悄然发生了变化，西式建筑减少，中西合璧建筑增加至主要建筑物总数量的一半。令人尤为赏心悦目的是矗立于滨海沿线的鳌园、延平楼、南薰楼、黎明楼、道南楼、福东楼、南桥楼群（前排）和龙舟池亭等建筑，构筑了一道飞檐翘脊的亮丽风景线。

1921年，被陈嘉庚称为"开基厝"的群贤楼群奠基，拉开了厦门大学"嘉庚建筑"大规模兴建的序幕。厦门大学嘉庚风格的校园建筑包括群贤楼群、芙蓉楼群、建南楼群三个各自独立而又彼此联系的建筑群，具有浓郁的时代特征，体现着因地制宜的建筑构思和多元融合的创新精神。

厦门大学嘉庚建筑（群贤楼群）

加油站

飞甍（méng）各鳞次，宏宇相栉比，行走于集美学村和厦门大学，牵引着视线的一栋栋美丽的嘉庚建筑，让我们看到的不仅是一页厚重的历史，更是一份深深的情怀。桃李尽成行，楼群映辉煌，嘉庚建筑，展示着陈嘉庚创办和建设集美学校、厦门大学的艰辛历程，"倾资兴学"的嘉庚精神在建筑中得以体现。

嘉庚建筑新生

接下来，让我们看一下现代的嘉庚建筑吧！

厦门大学嘉庚楼群

厦门大学嘉庚楼群建成后，成为新的嘉庚风格的标志性建筑，沿用"一主四从"的传统群体建筑形制，与群贤楼相呼应。

厦门T4候机楼

T4候机楼采用了当地建筑特有的飞檐、燕尾脊等元素，具有"大鹏展翅"的外观形象和内在寓意，外观设计堪称流线与立体、传统与现代的完美结合。

近代嘉庚建筑 VS 传统嘉庚建筑

用费德曼四步法来欣赏一下近代风格与传统风格的嘉庚建筑吧!

嘉庚楼群

VS

群贤楼群

描述

嘉庚楼群沿用"一主四从"的传统群体建筑形制,该建筑群位于芙蓉湖西侧湖畔,北面近校园南校门,南临群贤楼群。主楼造型运用传统的塔楼手法,运用红砖构建弧形屋脊,极具现代感。

群贤楼群是采用"一主四从"的传统群体建筑形制。具有古今、中西合璧的特色,清水雕砌特大的垂珠彩帘式吉祥图案,使得该建筑的风格独一无二。

"出砖入石"　　具有现代感的屋脊

门面石作拱门　　群贤楼长廊

分析

嘉庚楼群沿用燕尾脊的传统样式屋脊,还使用了新型材料,如弧形飞脊使用不锈钢饰面,体现出时代感,是传统屋脊的创新再造。利用红砖以及石柱等材料,达到"出砖入石"。

群贤楼群采用大坡顶式燕尾脊造型,绿色琉璃瓦屋面,一字形方案和内外廊结合式结构。群贤楼群以承重结构的内外墙和柱为石砌,楼板和屋架为木结构,装饰精美且别具一格。

解释

嘉庚楼群由厦门大学建筑系师生自主设计,主楼取名"颂恩楼",意在颂扬母校的栽培之恩。

群贤楼群的建筑风格,中式占主导地位,西式从属相辅,体现了陈嘉庚对传统文化和民族精神的崇尚。

评价

嘉庚楼群,无论是建筑理念的传承,还是建筑风格的发扬,始终散发着"嘉庚建筑"的独特魅力。在传统中有创新,在创新中有继承,构成嘉庚建筑的新时代特征。

群贤楼群将中西两种建筑文化巧妙地融合在一起,展示其和而不同的韵致,是对时代的深刻文化内涵的诠释和丰厚历史底蕴的揭示。

嘉庚建筑是当年陈嘉庚先生捐资兴学，创办厦门大学和集美学村时，亲自参与规划设计，融合中西创立的建筑风格。

正所谓"嘉庚瓦、燕尾脊、红砖墙、坡屋顶""穿西装、戴斗笠"。

群贤楼群

陈嘉庚像

陈嘉庚先生是爱国华侨，曾经留学南洋，归国后筹资建学，支持抗战。陈嘉庚一生为辛亥革命、抗日战争、解放战争、新中国的建设，以及民族教育作出了不朽贡献。他曾被毛泽东称誉为"华侨旗帜、民族光辉"。

作为嘉庚故里的集美区，整个区域里各种新老及改良的嘉庚建筑林立。除此之外，厦大漳州、翔安等地的新校区，也都按嘉庚风格设计建造。

嘉庚精神和嘉庚建筑都是中华大地上的瑰宝，也是陈嘉庚先生留给后人们的一笔极其宝贵的财富。

集美学村和集美新城的嘉庚建筑

视觉笔记——嘉庚楼群VS群贤楼群

接下来,让我们一起动手制作有关嘉庚建筑的视觉笔记吧!

嘉庚建筑视觉笔记

适合年级:高中

材料准备:笔记本、马克笔、手账贴纸、卡纸、剪刀、胶棒

活动时间:45分钟

制作嘉庚建筑立体模型

首先,制作好嘉庚建筑的立体模型,作为准备

组合

将制作好的嘉庚建筑模型粘贴在立体书上

3

注意粘贴的角度和契合度

4

粘贴另一页上的建筑

5

细化局部，粘贴建筑

6

整理画面细节，创作收尾

添加细节后就完成啦！快来一起动手制作吧！

嘉庚元素·创新融合——翔安机场设计方案

接下来，让我们来看一看翔安机场的设计方案吧！

厦门翔安机场暂定的设计方案

任务卡

翔安机场预计在2026年通航，请同学们将所学到的嘉庚建筑元素进行提炼，设计出别具一格的翔安机场候机楼方案吧！

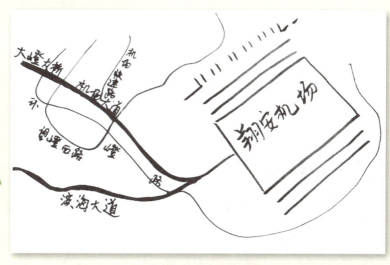

翔安机场的地理位置

拓展与实践

将设计方案进行实践，制作候机楼建筑模型。

"寻踪嘉庚情怀"展览

接下来，让我们了解一下展览的基本要素吧！

展览的基本要素

1. 光线与色彩：烘托展览氛围。
2. 标题与文字：吸引观者注意，通过文字还可传达更多的信息。
3. 空间与环境：巧妙地利用室内空间来展示展品，对于展览的效果十分关键。
4. 展品的摆放：须符合人的视觉习惯。
5. 展区设计图以及参观路线。

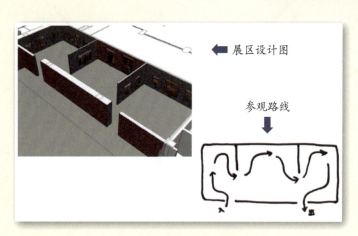

← 展区设计图

↓ 参观路线

流畅的参观路线能指引观众有序参观。

创意活动

策划"寻踪嘉庚情怀"展览，并邀请老师和同学们参观。

创意与表现：寻踪嘉庚地图

这堂课，我们将对代表性的嘉庚建筑进行实地速写，并结合校园路线创作完成"寻踪嘉庚地图"创意活动。

寻踪嘉庚地图

适合年级：高中
创作类型：综合材料
活动时间：90分钟

1

寻找灵感图

厦门大学是中国近代教育史上第一所由华侨创办的大学，坐落于厦门岛南端，北倚五老峰，南面隔海与南太武山相望，形成了以"群贤""建南""芙蓉"等楼群为代表的嘉庚风格校园建筑，它们体现着强烈的乡土特色，又体现着因地制宜的建筑构思和多元融合的创新精神。

2

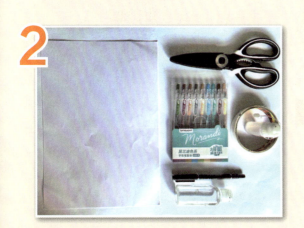

准备材料

彩色勾线笔、剪刀、玻璃胶、纸胶带、记号笔、四开厚卡纸

勾勒建南楼群外部轮廓

以速写方式勾勒细节

丰富画面调整收尾

勾勒芙蓉楼外部轮廓

把握明暗并刻画细节

增添草木丰富画面

丰富画面细节部分

别着急，
后面还有
……

10

剪下并用立体胶固定

11

按照地理位置拼贴

12

等比例手绘校园路线

13

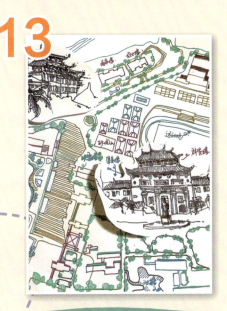

整理画面细节，创作收尾

作品完成示意图

希望同学们能够结合这堂课的创作活动，实地感受厦门大学的魅力，真切体会嘉庚精神！

创意与表现：嘉庚建筑扇面

南薰楼寓意陈嘉庚先生"教育兴国、科学兴国"的伟大理想。通过这堂课，我们将了解中国画的基本笔法，运用宋代的半角式构图，结合嘉庚建筑创作建筑扇面。

嘉庚建筑扇面

适合年级：高中

创作类型：综合材料

准备材料：纯色扇面、毛笔、墨汁、国画颜料、黑色勾线笔、铅笔

活动时间：90分钟

中国画中有工细画法如《四景山水图》，以及意笔画法如《江南水乡》。艺术来源于生活而高于生活，相较现实中的建筑，中国画能表现出清晰的建筑特征，工细画法巧妙而精细，意笔画法笔简而意远。

上图为散点透视，画面中有多个视角，呈现了画家走动的过程，可以理解为将一张张局部照片组合成一幅画，因此欣赏中国画时，会带给我们"人在画中游"的意境。

当代的设计师利用电脑能轻松地完成各类建筑的效果图，但在古代，要描绘一座宫殿则需要依靠画师的精湛技艺。

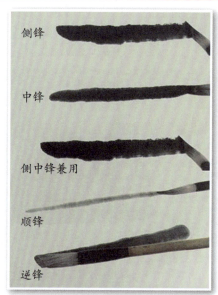

中国画常常利用毛笔线条的粗细、长短、干湿、浓淡、刚柔、疏密等变化，来表现物象的形神和画面的节奏韵律。

毛笔的笔头分三段，最尖的部分是笔尖，中部是笔腹，与笔管相接处为笔根。笔锋有中锋、侧锋、顺锋、逆锋的区别。

接下来让我们动手来制作一下吧！

1

寻找创作灵感图片

2

准备创作材料

3

根据画面确定构图

4

勾勒基本建筑造型

5

继续刻画主体细节

6

彩墨点缀上色

7

希望同学们能够弘扬中华文化，深刻体会陈嘉庚先生创新求实、艰苦奋斗、报效祖国的意志精神！

寻踪传统嘉庚建筑·高中欣赏学习单

近代嘉庚建筑 VS 传统嘉庚建筑

A 群贤楼群

近代嘉庚建筑：

传统嘉庚建筑：

C 道南楼

B 厦门T4候机楼

D 厦门大学嘉庚楼群

图片中哪些是传统嘉庚建筑？哪些是近代嘉庚建筑呢？请将字母填在方框中。

46

近代嘉庚建筑 VS 传统嘉庚建筑对比鉴赏

近代嘉庚建筑吸收了传统嘉庚建筑的哪些特点？选择两个建筑来对比鉴赏一下吧！

创意工作坊

嘉庚建筑扇面画

创作成果

灵感来源

翔安机场设计方案

翔安机场位置示意图

翔安机场暂定设计方案

制图：邱艺锋，图片出处：http://xm.fjsen.com/2017-09/21/content_20160064_all.htm

请提炼嘉庚建筑元素，设计你的翔安机场候机楼方案吧！

选取元素：_____

_____

设计说明：_____

设计草图

_____

_____

_____

_____

寻踪嘉庚地图

小组合作,一起来画一画具有代表性的嘉庚建筑,并将它们制作成一张嘉庚建筑地图!

小组成员:_____

小组分工:_____
_____

创作说明:_____
_____

参考图片

嘉庚建筑是中华建筑的瑰宝,嘉庚精神也是为后世所传颂的宝贵精神,请说一说你眼中的嘉庚精神吧!

与同伴们一起策划一下"寻踪嘉庚情怀"的展览吧!别忘了评价一下自己哦!

自我评价:☆☆☆☆☆   同学评价:☆☆☆☆☆

教师评价:☆☆☆☆☆   一句话评语:_____

我的眼中的嘉庚精神:_____

我的进步和有待提升的地方:_____

第4课 大"厦"之"门"

学习目标

◎ 认识厦门经济特区建立40余年以来重要的地标性建筑
◎ 能够运用多样的方法鉴赏厦门重要的地标性建筑
◎ 理解厦门城市精神与经济特区建立的重要意义

开放之"门"

1980年10月,国务院批准设立厦门经济特区,翻开了厦门开放发展的新篇章。如今,40余载岁月峥嵘,乘着改革开放的春风,曾经硝烟弥漫的海防前线,正向着一座现代化国际化城市迈进。建筑作为城市拓荒肇建的缩影,是厦门创造一个又一个举世瞩目的"特区奇迹"的见证者和亲历者。

厦门人民大会堂,1996

20世纪80年代的湖滨路(左)与厦门俯瞰图(右)

海沧大桥,1999

国际会议展览中心,2000

演武大桥,2003

闽南大戏院,2012

今日厦门繁华的夜景

想一想

你能为厦门经济特区建立40余年中的不同时间段出现的代表性建筑列一个时间轴吗?

世茂海峡大厦,2016

腾飞之鹭

湖里，2.5平方公里，是厦门经济特区的原点。1981年10月15日，随着工地上"轰"的一声巨响，厦门经济特区建设从此开始。其中，位于湖里区的厦门高崎国际机场，犹如一扇开放之"门"，连接四海、通达五洲，与世界分享厦门现代化的建设成果。

厦门机场候机厅旧址
（20世纪60—70年代）

厦门高崎机场原T1候机楼
（1983年）

1. 描述： 厦门高崎国际机场于1983年建成通航，是中国利用外资兴建的第一个机场。1996年11月，机场T3候机楼启用；2014年12月，T4候机楼启用。编写本书时，机场年旅客吞吐能力已超过2700万人次，成为中国东南沿海重要的区域性航空枢纽之一。

厦门高崎机场原T2候机楼
（1991年）

厦门高崎国际机场T3候机楼启用
（1996年）

> 运用模型和立体纸艺复原3号候机楼的基本结构，有助于我们更好地理解机场的建筑设计。

2. 分析： T3候机楼主楼外立面采取梯形跌落式大厝样式，清水钢筋混凝土屋架和桁架，充分结合了闽南的传统古厝特色。主楼两侧外墙采用圆弧形复合铝合金墙板，等距设圆形窗，像等待起飞的矩形飞机，宏伟壮观、气势非凡。

3. 解释： T3候机楼的设计将福建传统木建筑的屋顶架构进行提炼、简化，形成具有韵律感的双曲屋面，再现了闽南建筑特有的起翘屋顶与飞檐的造型，形如飞鸟展翅，轻盈活泼，具有很强的艺术性，试图演绎一种"闽而新"的效果。

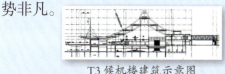
T3候机楼建筑示意图

福建红砖古厝坡屋顶与燕尾脊

T4候机楼屋面形态生成分析与屋顶坡面

厦门高崎国际机场T4候机楼
启用（2014年）

4. 评价： T3候机楼的设计既融合了闽南地方建筑特色，又展现了现代建筑的结构特性和简洁风格，已经成为厦门的标志性建筑和城市发展的独特记忆。

飞翔的白鹭　机场建筑抽象的燕尾脊

厦门翔安新机场效果图
（预计2026年通航）

加油站

2014年启用的T4候机楼与在建的厦门翔安新机场在设计上都抽象简化了传统闽南建筑的元素，形态飞扬挺拔，轻巧俊逸，恰到好处地体现了"如翚斯飞"的意境。建筑舒展双翼，恰似鹰击长空，寓意厦门的发展如大鹏般扶摇直上，鹏程万里。

评一评

1. 我知道了6座以上厦门经济特区建立以来的代表性建筑。
2. 我能够用3种以上的方法鉴赏厦门高崎国际机场的建筑设计。
3. 我感受到厦门承古融今、开放进取、勇于创新的城市精神。

第5课 蝶变之城

学习目标

◎ 了解厦门不同类型的代表性建筑，感受创新城市日新月异的变化

◎ 学会运用多样的方法鉴赏厦门不同年代建造的地标性建筑

◎ 理解厦门城市发展的成就，提升政治认同、文化自信与民族自豪感

拍摄不同视角下的双子塔，感受建筑多样的魅力！

海天漫步

厦门经济特区建立后，城市的天际线的高度不断被刷新，从1996年高达151.2米的闽南大厦，到2016年厦门新地标高达300米的世茂海峡大厦（双子塔）拔地而起，喻示着厦门在40余年里不断追求突破、实现超越的城市精神。

厦门闽南大厦，1996，151.2米

不同视角下的双子塔

厦门世茂海峡大厦（双子塔），2016，300米

海上明珠观光塔，2004，191米

杏林湾营运中心，2017，262.05米

厦门世茂海峡大厦，建筑造型似帆船，又融入厦门市花三角梅的元素，站在双子塔的55楼观光厅，从高空俯瞰，厦门的美景尽收眼底。

从沙坡尾看双子塔，厦门城市传统与现代在同一片街区中交汇

双子塔与演武大桥毗连，演武大桥别致的造型勾勒出厦门海域优雅的海岸线，蜿蜒的环岛路上来往车辆跨海穿梭、奔流不息，两座建筑整体构建出"上天跨海"的组合效果，是厦门城市现代化的标志。

想一想

你还知道国内外哪些著名的塔楼式建筑吗？试着与厦门的建筑比较一下，想一想这些建筑在造型、材料、结构、装饰工艺上有哪些异同点，融入了城市的哪些特色元素？

演武大桥及其观景平台，2003

扬帆起航

厦门国际会议展览中心是国内最早成立的大型现代化展览馆之一，展馆以其先进的设计理念、独特的布局造型和合理的功能定位饮誉业内外。自2000年9月主场馆投入使用以来，截至2019年12月，展馆共进行4次扩建，现由主场馆、厦门国际会展酒店、厦门国际会议中心、厦门海峡大剧院四部分组成，总面积超过60万平方米，是厦门市的标志性建筑之一。

厦门国际会议展览中心主场馆，2000

厦门国际会议展览中心主体建筑呈月牙形，如欲展翅腾飞的大鹏，又如起航的巨轮。其中，会展酒店全长325米，在视觉上犹如一艘整装待发的邮轮，正欲扬帆起航。

厦门国际会议展览中心酒店，2008

厦门国际会议展览中心四期建筑全貌，2000—2019

各个建筑在总平面布局和建筑造型上都具有较强的轴线对称关系，所有四期的建筑在总体布局上协调呼应、融为一体。

"歌诗达号"邮轮，意大利

厦门国际邮轮中心，2012

厦门人民会堂，1996

厦门人民会堂建成于1996年，是厦门市十大地标建筑之一。在建筑造型上体现出白鹭振翅，帆船启航之寓意。可见，厦门的海洋文化、乘风破浪的城市发展精神镌刻在各类城市建筑中。

加油站

2017年，金砖国家领导人峰会在厦门国际会议展览中心举办。会议的会标将巴西、俄罗斯、印度、中国和南非5个国家用5片不同色彩的风帆来表现，帆船的造型与国际会议展览中心建筑完美契合，也体现出厦门海洋城市的特色。

扫一扫观看金砖国家峰会厦门官方城市宣传片，了解厦门经济特区建立以来城市发展的成就。

作为厦门公共文化设施新地标，闽南大戏院在设计上从海岸城市出发，营造出陆地与大海相接处的波光粼粼的视觉特效，在理性规整的建筑造型中，兼具阳光与海浪的特点。

闽南大戏院，2012

探究与实践

学校美术馆准备举办一次反映厦门经济特区发展成就的建筑艺术展，如果你是策展人，你会如何设计展览的主题与策展方案，并且选择哪些代表性建筑作为展品呢？请设计你的策展方案，与大家分享一下吧！

评一评

1. 我学会了鉴赏厦门双子塔楼与厦门国际会议展览中心的方法。
2. 我理解了这些建筑具有的海洋文化的寓意以及厦门40余年来追求突破、实现超越的城市精神。
3. 我感受到社会主义制度与文化在厦门实践中的优越性。

创意与表现　云上建筑

学习目标

◎ 认识建筑的造型、色彩、材料与用途的关系

◎ 运用综合材料与立体构成法进行实践

◎ 理解建筑设计的创意与追求

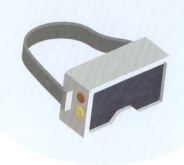

我们身边的各种建筑都是由不同的基本形体构成的。不同的构成形式能引发人们不同的联想，并赋予作品不同的象征意义。

材料会说话

所需材料：卡纸、订书钉、电线、棉花等

 线

细长的物体可以作为线材，营造出有序且丰富多彩的形式感。

 面

有"长度"和"宽度"的物体可以用作面材，同时通过折、曲、贴、插等方式，就能使之产生凹凸，从而制作出形态多样的作品。

 块

有"长度""宽度"和"厚度"的物体可以用作块材，利用块构成的原理将各种各样的物品有机地组合起来，便能够创造出充满美感的造型。

厦门双子塔

创造高楼

运用立体构成法，使用综合材料创作一件云上高楼作品。

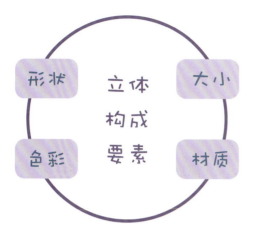

小贴士

立体构成是在立体空间内，利用重复、对称、近似、渐变、放射等构成形式和原理，进行既和谐有序又变幻无穷的视觉形式的组合与应用。立体构成是一种实用的设计方法，广泛应用于造型、雕塑和建筑领域。

知识窗

创作云上建筑作品的方法多种多样，除立体构成法，也可以使用生活中常见的材料如棉花，与平面拍摄结合，最终呈现出具有创意的云上效果。

学习评价

■ 作品结构稳定，造型富有创意，整体制作完整。
■ 作品能体现自己的设计意图和设计思维。

创意与表现 建筑"可阅读"

学习目标

◎ 认识建筑的形态特征，了解建筑的发展脉络

◎ 运用多种工具、材料和美术语言创作

◎ 理解建筑设计蕴含的思想和文化内涵

建筑设计中的空间塑造、材料搭配以及多维的形态，都展现出建筑本身独一无二的艺术魅力。

1. 细节挖掘

建筑元素的平面呈现

建筑实景照片

建筑材质的提取

根据建筑的外观、结构、材料，运用纸材料进行再现或转换。

通过纸张的剪裁、折叠、堆砌等方式，也可以模拟建筑的造型和纹理细节，丰富元素呈现的形式。

建筑外观纹理的提取

知识窗

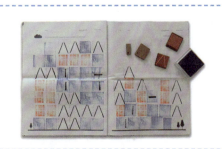

艺术家以法国勒阿弗尔的现代建筑为灵感，提取了建筑中的多项元素，创作了一份介绍城市建筑的"报纸"，并在报纸中将对应建筑的元素进行了创意表现。

2. 形态想象

建筑造型的创意联想

现代建筑新奇的造型给人们带来了全新的联想空间。从空间角度认识建筑形态设计，可以用纸张进行立体构成，搭建成一座微缩的建筑。

厦门火车站

厦门国际会议展览中心

从厦门火车站俊美飘逸的造型可以联想到展开的书册；厦门国际会议中心阶梯状的造型也能让人联想到层叠的书页……

关于建筑，你还能产生哪些具有创意的联想呢？

3. 创造呈现

建筑空间的可能性

运用所学的立体构成法，可以将"街上的建筑"转变为"艺术作品"。

准备材料：木板、刀片、白胶、白纸

第一步：准备材料，在预设位置做好标记，便于后续组合。

第二步：使用白胶将材料粘贴，形成稳定的结构。

第三步：利用多余的木板，加装塑料棒制成转轴结构。

完成：在转轴处安装书页，纸张展开的形式就如同扇形的建筑空间一样，作品完成！

学习评价

■ 能够充分、有效地运用多种材料、工具进行创意表达。
■ 在创作过程中理解建筑形态与设计追求的关系。

活动名称	"晨昏双子塔" 速写转轮
活动目标	以厦门世茂海峡大厦为主体，创作晨、昏场景的速写转轮
活动时间	90 分钟
活动对象	高中生
活动准备	纸餐盘、针线、颜料、毛笔、钢笔、剪刀
活动步骤	1. 欣赏厦门世茂海峡大厦的外形结构 2. 用纸餐盘创作"晨昏双子塔"速写转轮

厦门世茂海峡大厦

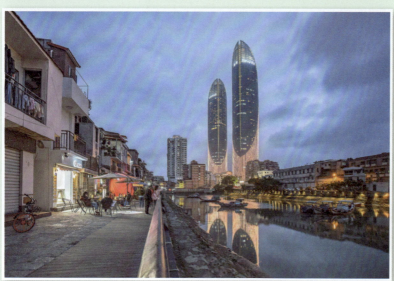

厦门双子塔指厦门世茂海峡大厦，于 2016 年竣工，占地面积约为 3 万平方米，高 300 米，位于厦门岛的海上门户地段厦港片区内，东依厦门大学、南止演武大桥、西望鼓浪屿、北靠万石植物园。建筑以对称风帆形呈现，与海浪相互呼应。双子塔不仅提升了厦门的城市服务功能，也推进了厦门的城市建设和产业发展，丰富了市民的商业消费生活。

双子塔掠影

 晨

昏

请转动一下试试吧!

速写转轮的创作步骤

步骤1 准备材料

步骤2 在餐盘上画速写

步骤3 剪下海、天部分

步骤4 画上晨、昏的颜色

步骤5 将两个餐盘一前一后叠放

步骤6 用线固定餐盘中心点

59

活动名称　英才校园空间设计

厦门英才校园规划图

校园的规划设计，属于环境艺术设计，需要经过绘制设计图和创作模型两个过程。设计图包括以二维空间形式描绘的平面图和以二维或三维空间形式表现的立体效果图。

英才校园一景

英才校园建筑物

加油站

环境艺术设计包括建筑外部空间环境景观、建筑物和建筑内部空间（即室内）三大部分。建筑物是"景观"和"室内"之间起承转合的环节。

厦门英才校园景观

英才校园景观一角

从狭义上来说，景观设计是指建筑外部空间环境，包括庭院、公园、城市公共空间中的广场、街道等环境的设计；从广义上来说，景观设计包括了城市建设、环境规划与管理等方面的内容。

室内设计是建筑空间设计的延续，空间是建筑的主体，而室内设计是对建筑空间的再创造。室内设计主要包括空间环境设计、装修设计和装饰陈设。

厦门英才校园建筑与功能分区

知识点

功能区分：环境设计中根据使用功能划分的各个区域。

平面图：按照一定的比例画出的平面地图，它常常以符号和数据标示设计空间各个功能区域的位置及所占面积。

效果图：虽然也是在平面上表现，但展现的是人在正常观察位置和角度实际看到的立体效果。

手绘淡彩效果图

计算机绘画效果图

创意活动一：构思并绘制校园平面图及效果图，可以采用铅笔淡彩画的形式绘制。

立体模型

立体模型是根据平面图提供的数据和效果图提供的立体视觉效果，按照一定的缩小比例，采用综合材料制作出来的环境空间和建筑物三维立体形态的造型实体。

创意活动二：根据校园规划平面图及效果图，制作建筑物立体模型，组合完成校园模型。

拓展与实践

运用所学的知识，对校园一角进行考察与分析，并对其室内空间进行设计与改造。

创意与表现：英才校园建筑模型

这堂课，我们将制作英才校园的实景建筑模型。

适合年级：高中
创作类型：综合材料
活动时间：60分钟

1 寻找灵感图

厦门英才学校，位于世界最宜居城市之一的美丽厦门，紧傍人文传统厚重、风光旖旎的集美新城。

2

准备材料

模型素材、胶水

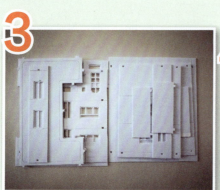
制作校园建筑部件

拼装建筑

完成主体建筑

制作其他部分

布局各个部分

增添草木丰富画面

作品完成了，你也快试试吧！

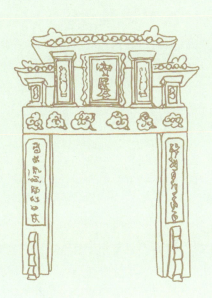

说　　明

　　本书所用图像主要由厦门英才学校相关老师提供，另有部分图像虽经多方查询，仍未能与著作权人取得联系。请相关著作权人看到此声明后，及时与厦门英才学校办公室联系(邮箱：3683771@qq.com)，校方会向您赠书并支付稿酬。在此向您表示诚挚的谢意！

厦门英才学校

福建建筑美育

融入中华优秀传统文化、
革命文化和社会主义先进文化的
中小幼美育教程

小学分册

钱初熹 / 主编

徐耘春　朱黎兵 / 副主编

清华大学出版社
北京

本书封面贴有清华大学出版社防伪标签，无标签者不得销售。

版权所有，侵权必究。举报：010-62782989，beiqinquan@tup.tsinghua.edu.cn。

图书在版编目（CIP）数据

福建建筑美育：融入中华优秀传统文化、革命文化和社会主义先进文化的中小幼美育教程 / 钱初熹主编. — 北京：清华大学出版社，2022.9
ISBN 978-7-302-61872-0

Ⅰ.①福… Ⅱ.①钱… Ⅲ.①美育—课程建设—研究—中小学 ②建筑美学—研究—福建 Ⅳ.①G633.950.2 ②TU-862

中国版本图书馆CIP数据核字（2022）第175858号

责任编辑：宋丹青
封面设计：傅瑞学
责任校对：王凤芝
责任印制：丛怀宇

出版发行：清华大学出版社
网　　址：http://www.tup.com.cn，http://www.wqbook.com
地　　址：北京清华大学学研大厦A座　　邮　编：100084
社 总 机：010-83470000　　邮　购：010-62786544
投稿与读者服务：010-62776969，c-service@tup.tsinghua.edu.cn
质量反馈：010-62772015，zhiliang@tup.tsinghua.edu.cn
印 装 者：小森印刷霸州有限公司
经　　销：全国新华书店
开　　本：210mm×285mm　　印　张：39.5　　字　数：1040千字
版　　次：2022年11月第1版　　印　次：2022年11月第1次印刷
定　　价：149.00元（全5册）

产品编号：094704-01

全国教育科学"十四五"规划2021年度教育部重点课题

"五育融合视域下小初高一体化美育课程体系建构及实施策略研究"

课题批准号 DLA210382

编 委 会

主　任：黄丽丽　付晓秋

主　编：钱初熹
副主编：徐耘春　朱黎兵
编　委：(以姓氏拼音为序)
　　　　高登科　赖敏丽　李　莉　李　睦　吕云萍　马慰斌
　　　　孙墨青　张　泽　张旭东　郑宝珍　郑杰才

目 录

第1课	走进沙坡尾	/1
第2课	古老安静的渔港	/5
第3课	走进红砖厝	/9
第4课	红砖厝的独特记忆	/13
	活动名称　"方方正正闽南红"储物盒	/21
	活动名称　追寻红色建筑	/23
	活动名称　集美学村慢时光	/32
第5课	走近海沧大桥	/47
第6课	探索演武大桥	/51
第7课	厦门国际会展中心	/55
第8课	魅力双子塔	/59
	活动名称　"五光十色夜海沧"小夜灯	/66
	活动名称　英才校园的别样风景	/68

第 1 课

走进沙坡尾

第1课 走进沙坡尾

学习目标

◎ 了解沙坡尾历史与建筑特点
◎ 能够从建筑五维度来欣赏沙坡尾
◎ 理解不同时期的沙坡尾

沙坡尾是厦门港的起源之地，从清代起就作为避风港。

1. 历史

明末清初—清末民初：渔民迁入

民国初期—1949年：渔区发展，港池建设

1949年—20世纪90年代：管理体制变革，渔港发展

20世纪90年代—2014年：渔业衰败，渔港没落

2015年至今：渔港退渔，整体改造

2. 功能

01 渔港
02 商港
03 军港
04 旅游
05 ____

知识窗

我们可以从建筑的历史、功能、空间、结构、造型与色彩方面进行欣赏。

试一试

你能从这五个方面向大家介绍一下沙坡尾吗？并尝试运用同样的方法，欣赏福州的三坊七巷。

3. 空间

沙坡尾街道建筑的空间构成表现为"建筑（内部空间）——街道（外部空间）"的关系。

内部空间

外部空间

4. 结构

空间还包括"第一次轮廓线"和"第二次轮廓线"。它们共存于避风坞商业街道之中，使街道空间呈现出真实、有活力的状态。

智慧树

芦原义信把"决定建筑外观的形态"称为建筑的"第一轮廓线"，把"建筑外墙的突出物（如店面招牌、居民晾晒的衣物等）所构成的形态"称为建筑的"第二轮廓线"。

5. 造型与色彩

沙坡尾是一处弧形的海湾，金色的沙滩连成一片，因此有"玉沙坡"的美称。

白天的沙坡尾和晚上的沙坡尾有哪些颜色呢？

评一评

1. 了解沙坡尾的历史与建筑特点
   🌼🌼🌼🌼
2. 运用所学的欣赏方法欣赏建筑
   🌼🌼🌼🌼

第 2 课

古老安静的渔港

第2课 古老安静的渔港

学习目标

◎ 认识沙坡尾的渔文化
◎ 利用情景剧深层次欣赏沙坡尾
◎ 激发文化认同感与家国情怀

沙坡尾渔文化

欣赏建筑艺术,还要由表及里真正走进去。接下来,让我们感受沙坡尾渔文化的独特魅力吧!

在避风坞内还生活着一类特殊的渔民,人称"疍民",他们以打鱼为生,每天给当地居民提供新鲜的海鱼。捕鱼归来时,港湾内整齐地排列着木质渔船,与岸边的老旧民居相呼应,形成一种特色的沙坡尾渔文化景观。

1. 渔市

每逢早晚疍民捕鱼归来,热闹的渔市买卖就在沿岸的石板路和小巷中如火如荼地开始了,这是沙坡尾生机活力的重要来源。

> **知识窗**
> 昔日的沙坡尾形成了一个为渔业生产服务的供应网，包括造船、制钓、打铁、制帆、染色等30多个行业。

2."延绳钓"

延绳钓是从渔船上放一根干线于海中，干线上系着等距离的支线、钓钩和浮子，借助浮子的浮力使支线钓钩上的鱼饵悬浮在一定深度的水中，引鱼上钩。

古建新生

沙坡尾的变迁不是简单的以新代旧，而是既挖掘本土资源，保留原生态的渔港文化，又引入创意产业，将闽南特色与现代艺术相结合，实现保护与开发并举。

试一试

渔夫　　船家

打铁匠　艺术家　街头艺人

鉴赏方法——情景剧

任选一个过去或者现今在沙坡尾的职业，并画出他们的职业符号，以小组为单位，说一说他们之间会发生什么有趣的故事呢？

评一评

1. 在欣赏过程中可以了解沙坡尾的渔文化
2. 乐于表达自己对沙坡尾文化的理解
3. 激发文化认同感与家国情怀

第 3 课

走进红砖厝

第3课 走进红砖厝

学习目标

◎ 认识红砖厝的特点
◎ 运用费德曼四步法欣赏红砖厝
◎ 理解红砖厝所蕴含的文化内涵

红砖古厝有着"雕梁画栋皇宫式"之称，仿照宫殿样式修建，形制宏伟，色彩鲜明。

除了沙坡尾，你是否还看到过漂亮的红砖、别致的屋檐、精美的石雕和木雕……

让我们一起去看看红砖厝吧！

营造材料

民居延续了中国传统砖木结构形式，并就地取材，大量采用闽南本地红砖为建筑材料。

问一问

1. 小组讨论：居民们为什么会就地取材呢？
2. 摸一摸：红砖厝是什么触感？

知识窗

我们还可以通过"摸一摸"来欣赏建筑哟！

智慧树

红砖厝具有"红砖白石双坡曲,出砖入石燕尾脊,雕梁画栋皇宫式"的特点。

造型

闽南地区的民居将屋脊末端向上拉伸成曲线,两端向上高高翘起,如同燕尾一般,形成了"燕尾脊"。

色彩

从建筑的屋顶、墙身到地面,视觉上普遍为砖红色,形成了"闽南红"的建筑特征。

加油站

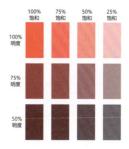

在古代,红色属于权贵阶级的颜色。但在闽南地区,民间大量运用,成为当地的重要标志。

在中国传统建筑中,屋顶形制有着严格的等级规定。屋脊起翘越大,意味着该建筑的等级越高。

精神

红砖厝体现闽南人不断拼搏、勇于进取的精神。

试一试

运用费德曼四步法欣赏红砖厝。

描述:＿＿＿＿＿＿＿＿＿＿＿＿＿

分析:＿＿＿＿＿＿＿＿＿＿＿＿＿

解释:＿＿＿＿＿＿＿＿＿＿＿＿＿

评价:＿＿＿＿＿＿＿＿＿＿＿＿＿

评一评

1. 认识红砖厝的材料、造型与色彩的特点
2. 感受闽南人不断拼搏、勇于进取的精神
3. 学会运用费德曼四步法欣赏红砖厝

第 4 课

红砖厝的独特记忆

第4课 红砖厝的独特记忆

学习目标

◎ 认识红砖厝的装饰图饰
◎ 做到深层次了解图饰的寓意
◎ 激发文化认同与家国情怀

建筑独有的雕饰纹样向人们传递着文化意义和时代精神的讯息。

今天就让我们近距离观察一下红砖厝吧！

象征意义

1. 墙身图饰

红砖组成的吉祥图案，有六角形、八角形、钱币形、葫芦形等，代表着不同的意义。

2. 梁架图饰

红砖厝梁架装饰以木雕为主。斗拱、柱头、梁架、门楣雕饰的主要内容是花、鸟、龙、凤等，表达对幸福生活的向往追求。

加油站

六角形代表"六六大顺"；八角形代表"八方如意"；钱币形代表着富贵财运；葫芦形与"福禄"音似，又有福气的意思。

连一连

图饰	象征
龙凤	富足
喜鹊	喜气吉祥
鱼	富贵、祥瑞

知识窗 如果一家规尾的图饰分别为书卷和长琴，可大概判断这家为书香门第，若规尾的图饰为元宝、云龙，则可推测此宅为官氏所居。

3. 规尾图饰

装饰呈对称性，都有一定的象征意义，常见的有八宝图纹：元宝、珍珠、如意、葫芦、书卷、花篮、灵芝、云龙。规尾的装饰图饰可以反映出居民的家况。

试一试

选择一个你最喜欢的红砖厝图饰，并画下来，再向大家介绍一下吧！

作品名称：_____

你的创意：_____

评一评

1. 认识红砖厝的图饰　　🌼🌼🌼🌼
2. 了解红砖厝图饰的寓意　🌼🌼🌼🌼

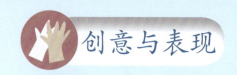

创意与表现

活动一

沙坡尾的前世今生——立体书

◎ 活动目标

结合沙坡尾的前世今生，掌握色调、透视原理、拍摄原理、彩铅技巧与立体书的技巧，制作一本承载着沙坡尾记忆、有温度的立体书。

◎ 活动准备

沙坡尾过去与现在的照片、铅笔、彩色铅笔、橡皮、记号笔、剪刀、胶水铅画纸等。

◎ 活动过程

构思—草图—正稿—细节—成书

小拓展

你能用同样的方法，做一本关于红砖厝的立体书吗？

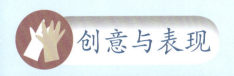

创意与表现

活动二

旧时光的留声机

◎ 活动目标

采访沙坡尾老一辈居民，挖掘建筑背后的故事，掌握立体书技巧（V型结构），利用色彩原理，制作旧时沙坡尾的立体书内页（第一、第二页）。

◎ 活动准备

录音笔、笔记本、铅笔、橡皮、记号笔、铅画纸、剪刀、胶带、胶水等。

◎ 活动过程

设计采访稿—实地采访—记录沙坡尾背后故事—语音转文字—创作立体书内页

采访稿问题
班级： 姓名： 学号： 第 组
1. 您在这里生活多久了？是当地人吗？
2. 您看到过或者听到过沙坡尾当年的繁荣景象吗？能与我们分享一下吗？
3. 您现在住的这个房子有什么故事吗？
4. 您愿意与我们分享一下您的故事吗？

◎ 活动评价

1. 掌握活动步骤 🌼🌼🌼🌼
2. 掌握立体书V型结构与色调 🌼🌼🌼🌼
3. 传承沙坡尾前辈记忆 🌼🌼🌼🌼
4. 作品的审美与创意 🌼🌼🌼🌼

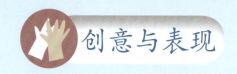

创意与表现

活动二

今天的文化创意港

◎ 活动目标

掌握摄影方法、彩铅技巧；了解空间中的透视关系；利用立体书结构（平行折线结构）创作沙坡尾今生的立体书内页（第三、第四页）、封面与封底，最终完成立体书。

◎ 活动准备

沙坡尾现在的照片、铅笔、彩色铅笔、橡皮、记号笔、剪刀、胶水、铅画纸。

◎ 活动评价

1. 在拍摄中学会了调节光圈与构图　　🌼🌼🌼🌼
2. 掌握立体书技巧：平行折线结构　　🌼🌼🌼🌼
3. 掌握彩铅技巧　　🌼🌼🌼🌼
4. 在创作中了解透视关系　　🌼🌼🌼🌼
5. 体现出现在沙坡尾的特色　　🌼🌼🌼🌼
6. 作品有自己的想法，具有审美与创意性　　🌼🌼🌼🌼

活动过程

1. 拍下现在的沙坡尾

2. 画下草图

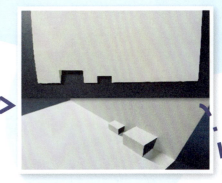
3. 正稿上做出立体结构

6. 画小船，上色并剪下

5. 上色

4. 正稿上用铅笔起稿

7. 将小船贴在立体处，并添加细节

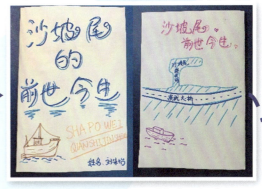
8. 完成封面、封底设计

扫一扫
观赏制作过程
视频

10. 完成立体书

9. 将页面粘贴在一起

19

展示交流与评价

活动三

沙坡尾的前世今生——立体书

◎ 活动目标

勇于展示自己的作品,介绍自己的创作理念与感想,传承前世今生沙坡尾的记忆,并学会尊重他人意见。

作品名称:_____

创作理念:_____

_____

感 想:_____

_____

◎ 活动评价

自评:

1. 主动展示作品,尊重他人想法　🌼🌼🌼🌼
2. 整理学习档案袋　🌼🌼🌼🌼
3. 发表自己的想法,传承沙坡尾渔文化　🌼🌼🌼🌼
4. 形成自己对于沙坡尾的独特记忆　🌼🌼🌼🌼

教师评语:

同学互评:

活动名称 "方方正正闽南红"储物盒

活动目标 以蔡式古民居建筑群为原型设计一件储物盒

活动过程 欣赏蔡式古民居建筑群，设计一件储物盒

活动时间 90分钟

活动对象 小学生

活动准备 A4卡纸、颜料、彩笔、直尺、胶水、铅笔、毛笔、剪刀

活动步骤
1. 欣赏蔡式古民居建筑群的颜色、结构、装饰内容
2. 裁剪硬卡纸，设计制作一件储物盒

跟随无人机的视野，我们一起来看看这是什么建筑群？

蔡式古民居建筑群

细节大发现

古厝红砖

蔡式古民居建筑群最动人的红色源自于此,古厝红砖是由泉州产的优质红壤土烧成,色泽艳丽,富有装饰性。

衍派与传芳

"衍派"指姓氏的发源,意在告诉子孙自己的祖脉源流。

"传芳"指姓氏中有高尚品行、杰出声望的祖先。

绿窗白栏

用青石与绣石作窗来装点墙面,使得建筑的颜色丰富,主次分明。

燕尾脊与龙吻

燕尾脊两端尖细翘起,像振翅高飞的燕子一样轻盈。遥想当年,勤劳勇敢的闽南人下南洋,燕子作为信使的象征,传递着亲人平安团圆的美好愿望。

龙吻是古代民间的一种吉祥物。将它塑造在屋脊之上,期望它敏锐的眼睛可洞察天气阴晴,保护屋宇。

填一填,能不能将文字与图片中的序号相匹配呢?

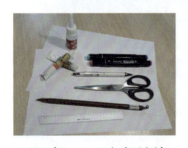

■ 步骤1 准备材料

■ 步骤2 画或打印出盒子的比例图

■ 步骤3 裁剪卡纸

■ 步骤4 粘贴卡纸

■ 步骤5 设计及绘制

活动名称　追寻红色建筑

红色之旅

古田会议被誉为人民军队建设里程碑，那么《古田会议决议》是如何产生的呢，跟着古田会议"专线巴士"的小导游一起来看看吧！

本站 辛耕别墅 站
下一站 望云草室 站

📍 辛耕别墅

这是我们的第一站辛耕别墅。你们知道吗，1929年在这里召开了红四军前委扩大会议，作出了召开古田会议的决定。

📍 辛耕别墅门楼彩绘

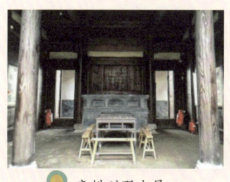

📍 辛耕别墅内景

知识窗

辛耕别墅是清代建造，原系民国时期长汀商会会长卢泽林的别墅，1929年红四军司令部和政治部曾设于此。

目前我们位于第二站望云草室。1929年12月初，毛泽东在望云草室起草了《古田会议决议》草案。

望云草室

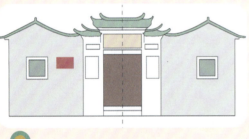

望云草室门楼色彩分布

翘角门楼，瓦当隐约透出绿铜色

石门楼横额雕刻"望云草室"四字

它的墙壁斑驳，非常有年代感。而且我发现它的左右两边对称，中间的屋顶往上翘。大门像嘴巴，两个窗户像眼睛，好有趣！

对联：座中香气循花出
天外泥书遣鹤来

望云草室门楼

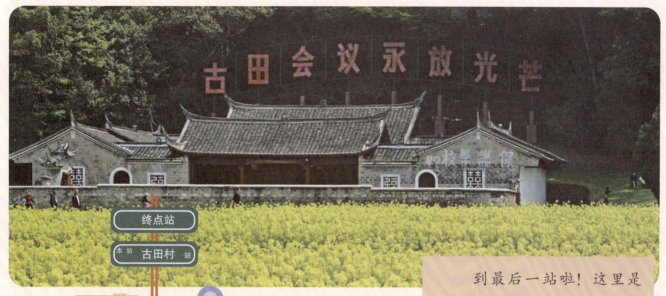

 古田会议会址（万源祠）

到最后一站啦！这里是古田会议会址。1929年12月28日在此召开了古田会议，通过了《古田会议决议》。

 万源祠内部

此处真实复原了古田会议召开时的情景，遗留有大会召开的横幅，"反对机会主义"标语，仿佛在诉说着先辈们艰苦奋斗的事迹。

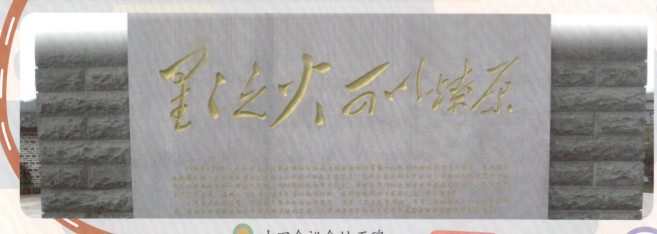

古田会议会址石碑

现在我们位于古田会议会址旁边的古田会议纪念馆，是以古田会议会址为依托建立的集文物收藏、资料研究和宣传教育为一体的专题类革命纪念馆，馆藏丰富，展现了古田会议的历史，弘扬了古田会议精神。纪念馆常年设展，我们一起进去看看吧！

 古田会议纪念馆外部

 毛泽东用过的油灯

古田会议纪念馆内部

　　1929年12月3日，红四军进驻连城新泉，毛泽东、朱德、朱云卿等人住在望云草室，在这里开展了政治、军事整训。不难想象深夜的"望云草室"依然透出一丝橙红色的光束。毛泽东在小油灯下，聚精会神地整理调查材料，饱蘸墨汁，挥毫疾书，为红四军党的第九次代表大会作准备。

毛泽东用过的木盒蝉形石砚

毛泽东用过的木笔筒

小结

古田会议"专线小巴士"已到达终点，这一路我们观赏了辛耕别墅、望云草室、古田小镇中的古田会议会址和古田会议纪念馆。我们走进革命家所处的时代，感受独特的历史气息，深刻地领悟到党领导人民在闽西南开展革命斗争中形成的革命精神。

课外拼贴小活动

跟着制作步骤，试着制作一幅建筑拼贴画吧！

1 ● 准备材料
铅笔、橡皮、勾线笔、卡纸、废旧海报或书籍、胶棒、剪刀

2 ● 绘制草图
选择特色的建筑，用铅笔绘制轮廓

3 ● 用剪刀将卡纸等材料剪成碎块

4 ● 将剪好的碎块，用胶棒粘贴在卡纸上

5 ● 拼贴完成

27

创意与表现：立体贺卡

让我们一起动手制作一张有立体感的贺卡吧！以此纪念心中的红色建筑。

活动名称：立体贺卡

适合年级：小学

创作类型：纸艺

准备材料：卡纸、铅笔、橡皮、勾线笔、剪刀、双面胶、彩笔

活动时间：40分钟

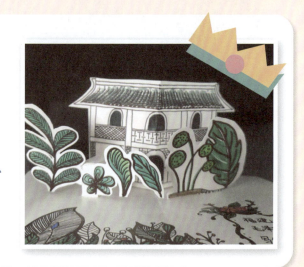

让我们先选一座喜欢的红色建筑，并观察一下它的特征，特别是它的外形轮廓、屋顶构造以及墙面的纹理哦！

毛泽东《星星之火，可以燎原》写作旧址协成书店

准备材料

卡纸、铅笔、橡皮、勾线笔、剪刀、双面胶、彩笔

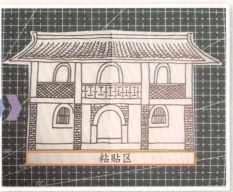
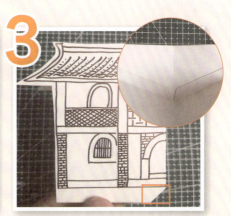

- 剪裁两张卡纸，一张用作贺卡，一张用作画建筑。
- 画好建筑后沿着边剪裁。记住建筑底部要留出2 cm的宽度用于粘贴哦！
- 将建筑对折，在对折处的粘贴区剪掉一个角，并将粘贴区向后折叠，粘贴在贺卡上。

- 画两组装饰并剪下来。
- 裁剪两条长短不同的细纸条，粘贴成方框形状。
- 将两组装饰分别粘贴在房子的左右两侧。

- 在贺卡上增加装饰，并写下与建筑相关的小故事或简介。

可折叠的立体贺卡完成啦！你也快来试一试吧。

创意与表现：邮票设计

邮票是贴在邮件上的邮资凭证。邮票虽小，却能体现一个国家或地区的历史、科技、经济、文化、风土人情、自然风貌等特色，我们一起动手设计我们家乡的红色建筑邮票吧！

活动名称：邮票设计

适合年级：小学

创作类型：平面设计与绘画

准备材料：白色卡纸、勾线笔、彩铅、尺子

活动时间：40分钟

了解观寿公祠并寻找灵感

观寿公祠外门楼为牌坊式木门楼，极具特色。屋顶翼角飞翘，下方有立柱支撑，门楼正中央悬挂着"观寿公祠"四个大字牌匾，建筑轮廓线优美，有着较高的欣赏价值和实用价值。

准备材料

白色卡纸、勾线笔、彩铅、尺子。

3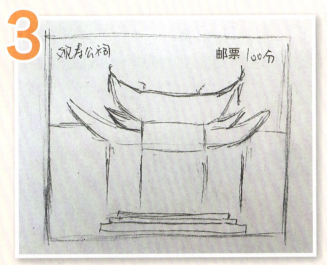

● 设计邮票的大小和形状，绘制草图。

4

● 勾勒建筑轮廓和邮票齿孔。

5

● 用彩铅上色，完成作品。

小知识

单枚邮票的外形除了几何形，例如矩形、三角形、圆形、菱形、平行四边形、五边形、八边形等，还有异形，例如水果形、钻石形、飞机形等。

欣赏更多的邮票作品，并动手尝试画一画吧！

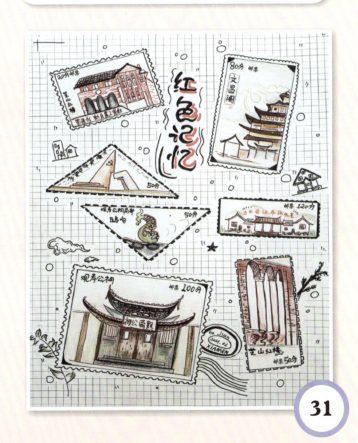

作品名称：

作　　者：

创作时间：

创作感想：

31

活动名称 集美学村慢时光

嘉庚建筑（道南楼和南薰楼）

集美学村是在陈嘉庚先生亲自指导下创立的融中西风格于一体的建筑，是典型的闽南侨乡的风格，或巍峨挺拔，或凌空欲飞，极富个性。其中道南楼和南薰楼最为出彩。

南薰楼

知识窗

"南薰"二字取自《诗经·南风歌》里的"南风之薰兮，可以解吾民之愠兮"，寓意陈嘉庚先生"教育兴国，科学兴国"的伟大理想。南薰楼的平面布局如飞机造型，依东高西低的地势建筑，以大台阶为基座。屋檐宽出挑，屋面的前部为平台和绿釉瓶围栏，平台上建了一座重檐攒尖八角亭，平台的后部为纵向式平瓦双坡顶。

探秘南薰楼

接下来,让我们探秘嘉庚建筑中的南薰楼吧!

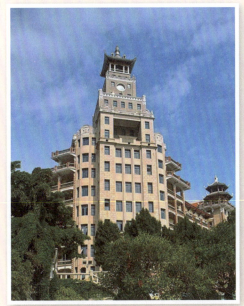
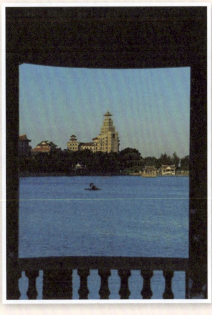

让我们一起欣赏南薰楼,并用思维导图的方法进行探秘吧!

形式:绿瓦飞檐,立面以白色细纹花岗岩和红砖构成,绿釉瓶栏杆、花岗岩和红砖的搭配相得益彰。

布局:采用明确的轴对称布局;主楼的楼顶为一座四角亭,两侧有护楼,形似鸟翼,翼端平台分别建有一座双层八角亭。

空间:三面砖柱外廊式、平顶围栏式大露台。屋面前坡中间断檐抬起构成T形脊三角山墙。

功能:教学楼、校舍。

材料:以白石为主,以红砖为辅。令人叹为观止的是柱头和挑梁等彩绘灰塑装饰,色彩艳丽。

　　南薰楼外观融合了中西两种不同的处理手法,西洋式的屋身与中国闽南式的屋顶。嘉庚建筑的石墙很注重综合使用各种不同类型的符号。屋檐上的蓝白花纹、窗洞的窗柱雕花、边线角隅的图案设计,都有其独到之处。

南薰楼所蕴含的嘉庚精神

1959年落成的南薰楼是陈嘉庚先生亲自督建的建筑绝唱。它见证了集美从海防前线到跨岛新区的蜕变。

南薰楼的名称出自先秦古籍《诗经·南风歌》中"南风之薰兮，可以解吾民之愠兮"的"南薰"二字，以示陈嘉庚先生一生兴学，发展国民素质以强国的心愿。

20世纪50年代南薰楼与龙舟池一带的旧貌

陈嘉庚先生不顾医嘱，多次从北京南下，带病亲自督工，南薰楼主楼才得以于1959年正式落成，一跃成为福建省内第一高楼，且凝聚了因地制宜的智慧。最大特征是中式楼顶和西式楼身，中式楼顶彰显陈嘉庚弘扬民族文化的壮志，更是民族精神的体现！

欣赏与评述：DIY南薰楼冰箱贴

一起动手试试制作一个南薰楼冰箱贴吧！

DIY南薰楼冰箱贴

适合年级：小学

材料准备：白陶泥、刻刀、颜料、磁铁等

活动时间：40分钟

1

寻找灵感图

南薰楼是嘉庚建筑的标志建筑之一，我们可以通过多角度观察来寻找自己需要的灵感素材。

准备材料

铅笔、白纸、颜料、白陶泥、刻刀、颜料、磁铁等

2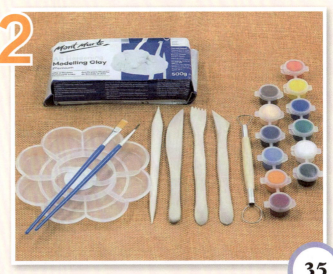

35

在纸上设计建筑形状

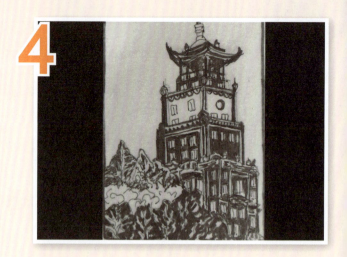
绘制主体部分

将设计的图案刻印在白陶泥上

上色和上亮光油

作品完成啦！
你也快来试试吧！

创意与表现：创意立体纸模型

下面让我们试试绘制一幅美丽的嘉庚建筑立体纸模型吧！

创意立体纸模型

适合年级：小学

创作类型：综合材料

活动时间：45分钟

了解南薰楼 寻找灵感图

南薰楼与延平楼毗邻，中隔李林园，主楼高达十五层，左右护楼高七层，如鸟翼后展，矗立在浔江西岸的制高点。整楼用细纹花岗岩建造，绿瓦飞檐，民族风格鲜明。南薰楼的建筑设计，蕴含着陈嘉庚先生一生兴学、造福后代的伟大理想。

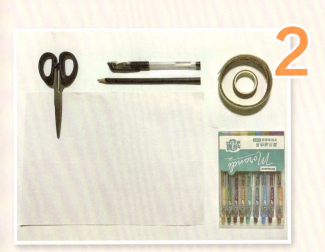

准备材料

剪刀、硬卡纸、铅笔、勾线笔、彩色马克笔、单面胶、双面胶

用铅笔勾勒南薰楼外部轮廓

用勾线笔进一步描摹主体造型

用彩笔进行上色，注意明暗表达

用勾线笔刻画建筑物周边草木

用马克笔对周边景物进行上色

裁剪时底部留白方便粘贴

通过这堂课的学习，希望同学们能够深刻体会陈嘉庚先生一生追求祖国强盛并为之奋斗的壮志！

下面让我们试试制作一幅美丽的嘉庚建筑立体纸模型吧!

是不是非常精致呢?

你认为还可以添加哪些细节呢?

评一评

通过这堂课，我学会了经典嘉庚建筑的描绘方法，感受到了平面作品转化为立体模型的创作乐趣，进一步理解了嘉庚建筑特色与建筑背后的人文情怀。

创意与表现：剪纸动画

嘉庚建筑记录了陈嘉庚先生创办集美学村和厦门大学的艰辛历程。这堂课，我们将结合中国传统的剪纸艺术，进行嘉庚剪纸定格动画的创作。

嘉庚剪纸动画

适合年级：小学
创作类型：综合材料
准备材料：彩纸、剪刀、铅画纸、铅笔、橡皮
活动时间：40分钟

1

寻找灵感图

群贤楼、建南楼、南薰楼

剪纸又叫刻纸，是一种镂空艺术，也是中国汉族最古老的民间艺术之一。剪纸在视觉上给人以透空的感觉和艺术享受，其载体可以是纸张、金银箔、树皮、树叶、布、皮革。

2

准备材料

彩纸、剪刀、铅画纸、铅笔、橡皮

对折彩纸

绘制草图

剪建筑内部结构

剪建筑外轮廓

展开建筑造型

根据上述方法制作第二个

制作第三个

拍摄成品图，利用相关软件制作定格动画

通过这堂课的学习，希望同学们体会到陈嘉庚先生的高瞻远瞩，以及他敢于突破传统、勇于创新求变的可贵精神。

集美学村慢时光·小学欣赏学习单

南薰楼的今昔

中华人民共和国成立初期的福建第一高楼南薰楼

现在的南薰楼

道南楼与南薰楼遥相呼应

南薰楼的一天

7:00

9:00

12:00

16:00

19:00

1959年正式落成的南薰楼，体现了陈嘉庚先生爱国强国的情怀。

在集美学村漫步，你还能找到以下这些美景吗？

鳌园

集美解放纪念碑

集美龙舟池

思维导图探秘

 创意工作坊

_____冰箱贴

灵感来源：_____

_____

准备材料：_____ 制作时长：_____

作品展示：

_____立体纸模型

灵感来源：_____

_____

准备材料：_____ 制作时长：_____

作品展示：

_____剪纸动画

灵感来源：_____

_____

准备材料：_____ 制作时长：_____

作品展示：

学习完本单元的课程，你有什么收获和问题？请写一写，并对自己的学习成果评价一下吧！

我的收获：

我的问题：

自我评价：☆☆☆☆☆

同学评价：☆☆☆☆☆

老师评价：☆☆☆☆☆

教师评语：_____

_____

第 5 课

走近海沧大桥

第5课 走近海沧大桥

学习目标

◎ 认识海沧大桥的历史、结构、造型与色彩

◎ 能够从多维度欣赏与分析海沧大桥

◎ 理解海沧大桥独特的文化意义

厦门40周年重要建筑的时间之旅

第一站：海沧大桥

海沧大桥是我国第四座大跨径钢箱梁悬索桥，是我国第一座特大型三跨吊钢箱梁悬索桥。

智慧树

悬吊结构在国内首次采用不设竖向塔支座的全漂浮连续结构，为世界上第二座采用此种结构的大型悬索桥。

建设历史

1996年12月18日，海沧大桥开工建设。

1999年12月30日，海沧大桥建成通车。

2010年12月30日，海沧大桥西引道立交正式竣工通车。

试一试 开动脑筋——连一连

拱桥　　　　　　　悬索桥　　　　　　　梁桥

48

建筑的结构

海沧大桥东航道桥为三跨连续全漂浮钢箱梁悬索桥，由西引道、西引道立交、东渡互通立交、东引道及附属工程等组成。

建筑的造型

海沧大桥凌空飞架，俊美飘逸。海沧大桥的桥柱各部结构采用曲线造型为基调的设计构思，线条流畅轻柔。

试一试

请试着从今天学到的这几方面向大家介绍一下你最喜欢的一座桥。

建筑的色彩

银蓝色的桥体与碧蓝天空相辉映，银灰色的桥身与蓝天、碧海、红花、绿树融为一体，宛如一道飞虹，又似一条银龙。

建筑的文化和意义

海沧大桥有效地改善了厦门西向进出岛交通，对厦门经济社会发展具有极其深刻的历史意义和现实意义，海沧大桥工程获评"改革开放35年百项经典暨精品工程"。

评一评

1. 认识海沧大桥的历史、结构、造型与色彩　🌼🌼🌼🌼
2. 能够从多维度欣赏与分析海沧大桥　🌼🌼🌼🌼
3. 理解海沧大桥特别的文化意义　🌼🌼🌼🌼

第 6 课

探索演武大桥

第6课 探索演武大桥

学习目标

◎ 认识演武大桥的历史、结构、造型与色彩

◎ 能够通过对比法欣赏与分析演武大桥

◎ 理解演武大桥独特的文化意义

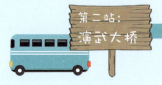

第二站：演武大桥

演武大桥是中国福建省厦门市思明区境内连接厦港街道与滨海街道的跨海大桥，位于厦门南侧海域之上，为厦门市环岛路的组成部分。

2000年7月，演武大桥一期工程开工建设。

2001年9月，演武大桥一期工程竣工。

2002年4月，演武大桥二期工程开工建设。

2003年9月，演武大桥全线正式通车。

建筑历程

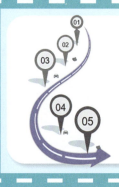

建筑的结构

演武大桥桥梁采用低桥位设计方案，由主线桥、演武立交、成功大道匝道、环岛干道匝道及附属工程组成。

52

建筑的造型

演武大桥桥梁外观设计独特、简洁明快。

画一画

想一想

观察并发挥想象,演武大桥像什么呢?

试一试

从历史、结构、造型、色彩对比欣赏与分析演武大桥与海沧大桥的异同。

建筑的色彩

白天与夜晚的演武大桥呈现截然不同的风貌,白天的银灰色与晚上的绚丽多彩形成了对比。

建筑的文化意义

在演武大桥外侧增设观景平台、增设马拉松主跑道和反映厦门文化特色的雕塑景观小品等,使得环岛路成为既能集中展示厦门滨海景观特色风貌,又能满足市民、游客体验海岛风情需要的文化游览空间。

评一评

1. 认识演武大桥的历史、结构、造型、色彩、文化
2. 能够通过对比法欣赏与分析演武大桥
3. 理解演武大桥独特的文化意义

第 7 课

厦门国际会展中心

第7课 厦门国际会展中心

学习目标

◎ 认识厦门国际会展中心的功能与空间

◎ 能够通过对话法欣赏与分析建筑

◎ 理解厦门国际会展中心独特的文化意义

第三站：厦门国际会展中心

建筑的功能与空间

主场馆

海峡大剧院

会展酒店

会议中心

想一想

转动脑筋想一想，建筑的各个组成部分的功能分别是什么呢？

智慧树

厦门国际会议展览中心共设22个展厅，可设7500个国际标准性展位。

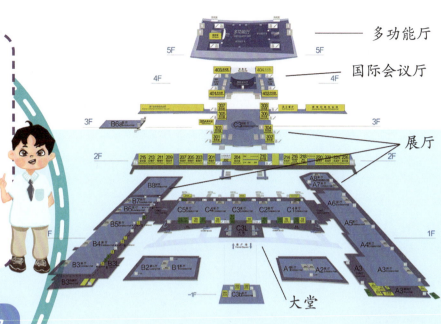

多功能厅
国际会议厅
展厅
大堂

建筑的造型与细部

厦门国际会议展览中心主体建筑如欲展翅腾飞的大鹏，又如起航的巨轮。四期建筑在总平面布局和建筑造型上都具有较强的轴线对称关系，协调呼应、融为一体。

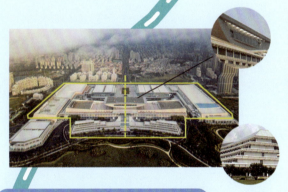

试一试

小组合作，角色扮演，采取对话法（导游和游客），从功能与空间、造型与细部、文化和意义角度欣赏厦门国际会展中心。

建筑的文化意义

厦门国际会议展览中心作为对外交流的重要窗口，厦门的企业从这里走向世界。这里汇聚人流、资金流，带动思明东部片区发展，使得整个思明东部成为一片经济与文化新区。

评一评

1. 认识厦门国际会展中心的功能与空间、造型与细部
2. 学会利用对话法欣赏与分析建筑
3. 理解厦门国际会展中心在改革开放中的重要性

第 8 课

魅力双子塔

第8课 魅力双子塔

学习目标

◎ 认识双子塔（厦门世茂海峡大厦）的功能与空间

◎ 学会运用费德曼四步法

◎ 理解双子塔的文化意义

第四站：双子塔

建筑的功能与空间

厦门世茂海峡大厦是集酒店、写字楼、SOHO办公功能的综合性建筑。

选一选

（多选题）通过所学，从以下选项中选择厦门世茂海峡大厦的功能。（　　）

A. 观光旅游　　B. 购物

C. 娱乐　　D. 餐饮　　E. 办公

建筑的造型

厦门世茂海峡大厦以风帆为造型，是延续旧城文脉、发扬新城文明的滨海门户建筑。双子塔的设计风格也体现了这座城市年轻、现代化的城市个性，突出了标志性景观设计的独特理念。

画一画

建筑的色彩

厦门世茂海峡大厦白天以天空的蓝色为背景，到了夜晚，它又变得灯光璀璨，美轮美奂。

试一试

运用费德曼四步法欣赏双子塔。

描述：_____

分析：_____

解释：_____

评价：_____

建筑的文化意义

厦门世茂海峡大厦的建设不仅能提升厦门的城市集聚辐射和服务功能，推进城市建设和产业发展，也将提升市民生活质量和水平，丰富经济文化生活。

评一评

1. 认识双子塔的空间与功能、造型与色彩、文化意义
2. 学会运用费德曼四步法
3. 激发文化认同与家国情怀

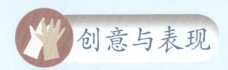

创意与表现

活动一

"马上就要到旅游节啦,现在我们要向游客们推荐改革开放以来的厦门重要建筑的旅游线路,为了吸引游客,大家能做一张宣传海报吗?"

活动名称
相约厦门——创作宣传海报

◎ 活动目标

将拼贴海报与改革开放以来的厦门重要建筑相结合,了解拼贴海报的形美,运用拼贴与散点构图法创作旅游宣传海报。

◎ 活动准备

摄影照片、铅笔、橡皮、蜡笔、记号笔、剪刀、胶水等

活动过程

1. 选择建筑

2. 拼贴海报

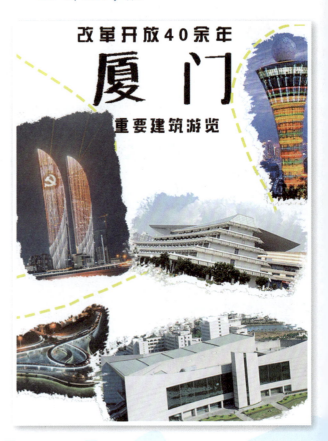

加油站

散点式构图法是将一定数量的对象散落在画面中的构图方法。

3. 补充细节

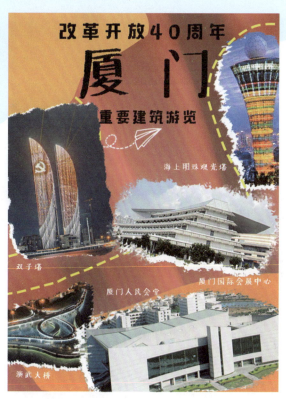

加油站

据说立体派拼贴的灵感来源之一是艺术家毕加索和布拉克看到巴黎街头贴满层层海报的墙面。

评一评

1. 了解拼贴海报的形式美
　　✿ ✿ ✿ ✿ ✿

2. 运用不同的手法与构图形式进行拼贴
　　✿ ✿ ✿ ✿ ✿

3. 作品的审美、创意性
　　✿ ✿ ✿ ✿ ✿

活动二

现在大家都是小导游，可以为你的游客们画一张手绘地图，并介绍一下改革开放以来的厦门重要建筑吗？

活动名称
美好的厦门之旅——手绘地图

◎ 活动目标

了解配色与透视原理，掌握彩铅技巧，了解改革开放以来的厦门重要建筑的特点，为游客画一张手绘地图。

◎ 活动准备

铅笔、橡皮、彩铅、记号笔、剪刀、胶水、铅画纸等。

评一评

1. 了解配色与透视原理　　　　　　　　✿ ✿ ✿ ✿ ✿
2. 掌握彩铅技巧　　　　　　　　　　　✿ ✿ ✿ ✿ ✿
3. 能够创作出体现建筑特点的手绘地图　✿ ✿ ✿ ✿ ✿

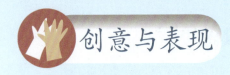

创意与表现

活动过程

1. 排布地图，画出草稿

2. 完善线稿，添加细节

3. 使用彩铅进行上色

加油站

掌握彩铅的叠色技巧你能发现更多的颜色哦，快来试一试，让你的画面更美丽。

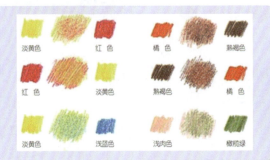

活动3

活动名称
私人定制——纪念品

> 旅程马上就要结束了，能为你的游客们做一个纪念小礼物，让他们带回家吗？

◎ 活动目标

掌握造型表现方法，了解卡通形象的特点，复习彩铅技巧，选择一座改革开放以来的厦门重要建筑，创作一个卡通可爱的留言夹。

◎ 活动准备

铅笔、橡皮、彩色铅笔、卡纸、软钢丝、超轻黏土、剪刀、胶水。

活动过程

1. 选择一座改革开放以来的厦门重要建筑

2. 设计留言夹正面卡通形象

想一想

如何能够把建筑拟人化、卡通化呢?

3. 记号笔勾线并进行上色

4. 剪下两个一样的轮廓

5. 设计留言夹反面

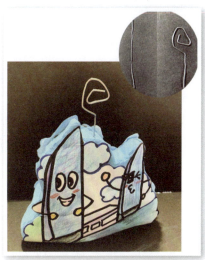

8. 用软钢丝弯成想要的挂钩

6. 将正面卡通形象粘上超轻黏土,并去掉多余的粘土

7. 将留言夹反面贴上

9. 完成作品,动手做一做吧!

评一评

1. 掌握并熟练运用彩铅技巧 🌼🌼🌼🌼🌼
2. 创作、设计卡通形象 🌼🌼🌼🌼🌼
3. 独立创作文创作品 🌼🌼🌼🌼🌼

活动名称 "五光十色夜海沧"小夜灯

活动过程 欣赏海沧大桥的夜景，设计制作一盏小夜灯

活动时间 90分钟

活动对象 小学生

活动准备 纸杯、牙签、颜料、毛笔、灯条、铅笔、橡皮、胶带

活动步骤 1. 欣赏海沧大桥的夜景，用线归纳大桥整体的结构
2. 以海沧大桥的夜景为灵感，设计制作一盏小夜灯

海沧大桥

海沧大桥是中国福建省厦门市境内一座连接湖里区与海沧区的跨海大桥，位于厦门西港中部，大桥全长6319米，桥面宽度32米，于1999年竣工，代表着20世纪中国桥梁建设的杰出水平。

五光十色夜海沧

海沧大桥的夜景是不是很美呢？让我们将它的美丽光影留在小夜灯上吧！

小夜灯的制作步骤

■ 步骤1 准备材料

■ 步骤2 在纸杯上画上海沧大桥的形状

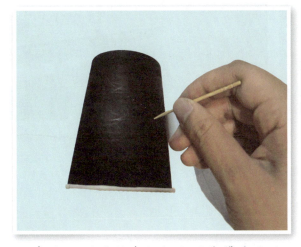

■ 步骤3 用牙签在纸杯上沿线戳出小孔

■ 步骤4 固定灯条

■ 步骤5 打开小夜灯

温馨提示：戳孔时一定要注意安全哦！请在老师的指导下进行戳孔。

活动名称 英才校园的别样风景

厦门英才校园全景

厦门英才校园幼儿部的室内空间色彩主要以蓝、黄为主，色彩明快、鲜艳，既符合幼儿心理特征又丰富了室内空间环境。

厦门英才校园幼儿部室内空间

厦门英才校园体育馆

加油站

厦门英才学校体育馆外观装饰极具特色，用其幼儿部、小学部、初中部、高中部的教学品牌形象对体育馆进行布置，既增添美感又将学校理念融于建筑之中。

校园里各色的景观共同构成了一道亮丽的风景线,让我们擦亮双眼,发现美吧!

厦门英才学校食堂

厦门英才学校食堂雅致明亮,白色的餐桌搭配彩色的椅子,金色的吊顶与大理石的吧台,具有现代感。

欣赏与评述：英才校园空间创意手工

下面让我们制作英才校园空间的创意手工作品吧！

英才校园空间创意手工

适合年级：小学

创作类型：综合材料

活动时间：40分钟

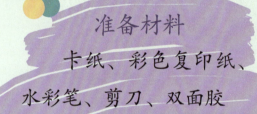

准备材料

卡纸、彩色复印纸、水彩笔、剪刀、双面胶

1

2

构思设计你想展示的空间结构

70

将纸张裁剪成正方形并沿对角线对折

在某一边进行剪裁

用彩笔上色，注意明暗关系

对各面进行绘制

对各面进行装饰

对立体空间进行细节的处理

作品制作好啦，你也快来试试吧！

创意与表现：英才校园创意刮蜡画

一起动手绘制一幅创意刮蜡画吧！

英才校园创意刮蜡画

适合年级：小学

材料准备：四开刮画板、竹笔、彩色勾线笔、记号笔、纸胶带

活动时间：90分钟

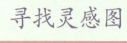

寻找灵感图

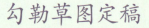

勾勒草图定稿

3
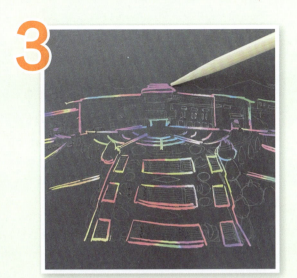
竹笔刮出轮廓

4
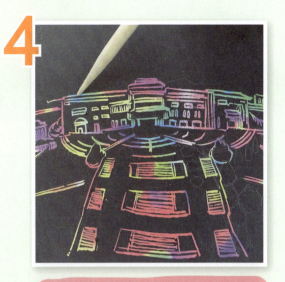
注重线条组织

5

融入正负色画法

6

建筑细节刻画

作品完成图

作品完成啦！
你也快来试试吧！

说 明

本书所用图像主要由厦门英才学校相关老师提供，另有部分图像虽经多方查询，仍未能与著作权人取得联系。请相关著作权人看到此声明后，及时与厦门英才学校办公室联系(邮箱：3683771@qq.com)，校方会向您赠书并支付稿酬。在此向您表示诚挚的谢意！

厦门英才学校